U0825127

简帛学理论与实践

第一辑

首都师范大学历史学院
中国社会科学院简帛研究中心　编

蔡万进　邬文玲——主编

GUANGXI NORMAL UNIVERSITY PRESS
广西师范大学出版社
·桂林·

简帛学理论与实践
JIANBOXUE LILUN YU SHIJIAN

责任编辑：梁鑫磊
助理编辑：楼晓瑜
责任技编：伍先林
装帧设计：刘瑞锋［广大迅风艺术］

图书在版编目（CIP）数据

简帛学理论与实践．第一辑 / 蔡万进，邬文玲主编．-- 桂林：广西师范大学出版社，2021.11
ISBN 978-7-5598-4324-1

Ⅰ．①简… Ⅱ．①蔡… ②邬… Ⅲ．①简(考古)－研究－中国②帛书－研究－中国 Ⅳ．①K877.54

中国版本图书馆 CIP 数据核字（2021）第 202396 号

广西师范大学出版社出版发行
（广西桂林市五里店路 9 号　邮政编码：541004
网址：http://www.bbtpress.com）
出版人：黄轩庄
全国新华书店经销
湖南省众鑫印务有限公司印刷
（长沙县榔梨镇保家村　邮政编码：410000）
开本：710 mm × 970 mm　1/16
印张：34.5　　字数：419 千
2021 年 11 月第 1 版　　2021 年 11 月第 1 次印刷
定价：128.00 元

如发现印装质量问题，影响阅读，请与出版社发行部门联系调换。

编辑委员会主任

卜宪群　刘乐贤　杨振红

主　编

蔡万进　邬文玲

编辑委员（以姓氏笔画为序）

卜宪群　于天宇　王天然　王风利　王　彬　石　洋　田　天
邬文玲*　庄小霞　刘　丽　刘乐贤*　刘同川*　刘晓满　苏　辉
杨　博　杨振红*　宋艳萍　张　瑞*　赵　凯　郭　晴　曾　磊*
蔡万进*　戴卫红

（加“*”者为本辑执行编辑）

创刊词

《简帛学理论与实践》,由首都师范大学历史学院与中国社会科学院简帛研究中心共同主办,不定期出版。

简帛学是20世纪初兴起的一门学科,迄今已有百余年的发展历史,并蔚然成为当今国际性的显学。省思简帛学百余年的发展历程,不难看出,简帛的实证性研究取得丰硕成果,但对于简帛研究的理论建构却严重滞后,以至于有关简帛学的学科名称与学科界限,定义、概念与范畴,研究对象、内容和范围,学科体系、属性与分支等一系列基本理论问题至今尚未明晰、廓清和解决。科学系统的简帛学理论体系尚未形成和确立,严重影响、阻碍了简帛学的学科建设和发展,与简帛学的国际地位也极不相称。因此,加强简帛学理论研究和建设,是当前一项迫在眉睫的重要工作。

简帛学理论研究与建设亟待加强,已成为当今学界共识。为此我们分别于2015、2016、2018年召开了三届以简帛学理论探讨为主题的"简帛学的理论与实践学术研讨会",先后组织了"简帛学理论的总结与创新"(《中国史研究动态》2016年第2期)、"国际简帛学体系的构建"(《河南师范大学学报》2016年第5期)、"出土简帛整理的理论与实践"(《郑州大学学报》2017年第5期)、"简帛学史的理论总结与研究"(《郑州大学学报》2019 年第 4 期)等四组笔谈共 18 篇有关简帛学理论思考的研究文章,初步形成了针对会议有关主题,于会前组织笔谈,进而举办会议以开展深入研讨的理论研究模式。创办本刊的意图即在上述形式之外,再为简帛学理论研究搭建和增添一个长效、专业和科学的学术交流平台与成果发表园地,这在现今的简帛学理论研究中应属首创之举。

本刊专注于简帛学理论的探讨,始终贯彻理论来源于实践的理念认识,坚持"根植研究实践,推进简帛学理论构建"的原则,扎实推进和引领当今简帛学理论的学术前沿研究,占据和把握简帛学理论研究的制高点。相信该刊的连续编辑出版,必将对推动简帛研究事业的发展和简帛学学科理论的建设,产生积极而深远的影响。

本刊坚持百花齐放和百家争鸣的方针,欢迎学界各位同仁不吝惠赐一切有思想、有洞见的简帛学理论与实践研究文章,共同为推进我国简帛学理论体系的构建做出贡献!

编委会

2019 年 9 月 1 日

目　录

序　言

收入本辑的34篇文章,包括四组已刊系列笔谈文章18篇,第一至三届"简帛学的理论与实践学术研讨会"部分参会交流和特约首发论文13篇,以及中外简帛学国际学术会议综述文章3篇,涉及简帛学理论的总结与创新、国际简帛学体系的构建、出土简帛整理的理论与实践、简帛学史的理论总结与研究、新出简帛研究、名家与简帛学、会议综述等七个方面,集中展示和反映了当前简帛学界有关简帛学理论研究与探索的新成果、新进展和新成就。

简帛学理论的总结与创新方面共7篇文章,其中4篇为原刊于《中国史研究动态》2016年第2期的"简帛学理论的总结与创新"笔谈文章,1篇为原刊于《河南师范大学学报》2016年第5期的"国际简帛学体系的构建"笔谈文章,另外2篇为参会首发交流论文。胡平生从简帛的本体、文字研究方面分析了简帛学理论的构建;刘国忠认为简帛的实证性研究并不意味着可以忽视理论建设,成熟的简帛研究理论可以使简帛研究工作如虎添翼,呼吁加强对简帛研究的理论建设;蔡万进基于对简帛自身基本属性与特征的认识提出了简帛学的学科分支划分新说;孙闻博围绕简帛学的史料把握与理论探求,分析了简帛学研究实践中的习用概念与用语边界、时空涵盖与演进线索、前后历史阶段比较的可能以及考古学与层次模式等问题;杨振红结合丰富的简帛学研究实践,梳理分析了简帛学的知识系统与交叉学科属性;王素梳理归纳业内外专家关于简帛学学科归属问题的观点,对简帛学的学科归属与理论构建提出了新的看法。贾丽英认为简牍编年已成为简帛理论研究中非常重要的课题,而分域编年是简牍编年中必须注意的问题。

国际简帛学体系构建方面的 4 篇论文,原为“国际简帛学体系的构建”笔谈(5 篇)的重要组成部分,刊载于《河南师范大学学报》2016 年第 5 期,内容关涉当今世界各主要简帛出土国家的简帛学研究整合、体系建构和可能性探索。韩国学者尹在硕针对中日韩三国出土共同的书写材料事实,提出“东亚简牍文化圈”的构想,认为有必要提出共同的研究课题和简帛学理论,采用统一的简牍学术语等;蔡万进从分析简帛学的研究对象入手,构建起中国简帛学的研究体系,在日本木简学、韩国木简学、中国简帛学和欧洲各地出土罗马帝国简牍的基础上,提出“国际简帛学”的概念,同时指出了国际简帛学体系构建的可能性以及中国简帛学在国际简帛学体系建设中的地位与作用;王元林在国际简帛学的视野下,系统介绍了日本古代木简的发现、研究、价值及其在国际简帛学体系构建中的重要地位;韩国学者金秉骏对朝鲜平壤出土的《乐浪郡初元四年县别户口簿》和《论语》简牍等汉代边境出土简牍进行研究,重点考察了秦汉帝国的边境统治问题和边民的帝国观。

出土简帛整理的理论与实践方面的文章共有 7 篇,其中 5 篇原为刊于《郑州大学学报》2017 年第 5 期的“出土简帛整理的理论与实践”笔谈文章,蔡万进对出土简帛整理尤其是初始整理的理论做了系统的总结;刘国忠肯定了流散简的学术价值,并以清华简为例,具体分析了流散简帛的整理方法;刘国胜等结合楚地战国、秦汉简牍再整理的实践,对简帛的再整理现象进行了理论总结与深化；张德芳通过追忆西北汉简整理的历史，阐释了不同历史阶段不同的简牍整理过程，总结了西北汉简整理的经验启示；宋少华通过回顾总结走马楼吴简前期的整理方法，阐释了吴简揭剥图及吴简考古信息的提取和保留在吴简整理与研究实践中的重要作用，充分肯定了考古学理论和方法在简牍整理中的作用。其他 2 篇为参会首发交流论文，贾丽英反思了当下简帛学学科存在的既是“显学”又为“冷门绝学”的矛盾与尴尬，提出了简牍文献整理的实用性、便捷性、系统性、科学性问题；郭伟涛系统梳理了 1949 年前后西北文书简编号方式与原则的历史变化，强调了简帛整理标准化的重要意义。

简帛学史的理论总结与研究方面的文章共 4 篇，原为一组同名笔谈论文，刊发于《郑州大学学报》2019 年第 4 期，分别由蔡万进、魏德胜、胡平生、马智全撰写。蔡万进针对当前我国简帛学史研究存在的不足，提出需要站在新时期的认识和理论高度去总结、构建简帛学史的体系、框架、结构和内容，并分析了简帛学史研究的重大学科理论价值和意义；魏德胜对简帛学史分期标准问题进行思考，提出以重要简帛的出土为核心，以百余年来重要简帛的出土为主线和节点，将中国简帛学百余年来的发展历史，前后相继划分为五期；胡平生通过对吉林大学《简牍学大辞典》编纂情况的系统介绍，分析指出了编纂《简牍学大辞典》在推动我国简帛学史理论总结与研究方面的重大学术价值和意义；马智全回顾了我国简帛目录编纂的历史，提出新编简帛目录的初步设想，探讨了简帛目录编纂在中国简帛学史理论总结与研究方面的地位和作用。

新出简帛研究方面的文章有 6 篇，涉及新出楚简、秦简、汉简、吴简等多领域的研究，均系国内首发。李家浩探讨了河南葛陵村楚简所记历日地支中使用的“嬛”等字的写法和读法；刘乐贤、晏昌贵的战国秦汉日书专题研究论文,分别对战国秦汉《日书》本体和日书中所见鬼神世界进行研究;巨正兴重点考察了《里耶秦简(壹)》所刊布的2627枚简牍中有明显灼烧痕迹残简的年代分布、内容分类;袁延胜分析研究了新近公布的4枚睡虎地汉简《户律》的价值;凌文超仔细辨析了走马楼三国吴简"隐核波田簿"简册的内容结构及其生成过程,并重新考察了三国孙吴临湘侯国陂塘的形制和兴复问题。这些简帛研究的具体实践成果,同样为简帛学学科理论的探讨奠定了坚实的基础。

名家与简帛学方面,共收录3篇文章,分别记述了李学勤、高敏和谢桂华先生生前在简帛学研究方面的成就,与既往不同的是,各篇均辟有专节分析总结三位先生在简帛学理论方法上的探索、造诣与贡献。李学勤、高敏和谢桂华等三位先生虽已仙逝,离我们而去,但他们生前对我国简帛学的学科发展和建设做出的重要贡献,永远都不会被忽视和遗忘。三篇追忆文章的作者刘乐贤、薛瑞泽和邬文玲,皆是各位先生的亲传弟子,同时也是简帛学理论研究的积极推动者,由他们对三位先生的简帛学研究实践和认识进行理论上的提升凝练,无疑也是对当今简帛学理论研究的丰富和发展,这也是收录三篇文章的用意所在。

会议综述共3篇,一是2018年9月21—22日由首都师范大学历史学院、中国社会科学院简帛研究中心共同举办的"第三届简帛学的理论与实践学术研讨会"综述;二是2018年12月17—20日由韩国庆北大学BK事业团亚洲研究所主办的"中国简帛学国际论坛2018:通过简牍材料看古代东亚史研究国际论坛"综述;三是2019年1月19日在日本东京市早稻田大学召开的由韩国木简学会、早稻田大学朝鲜文化研究所以及日本木简学会共同举办的"韩日木简学会学术会议"综述。因为三国三地召开的简帛学学术会议的有关主题和旨趣,都不约而同地关注到了国际简帛学研究尤其是中日韩简帛研究的整合协作、体系构建和简帛学理论建设，故而亦将这三次简帛学会议的综述纳入本辑，以期推动中外简帛学理论的共同研究与探讨。

本辑能够成书，首先，离不开学界各位师友的鼎力支持和悉心指导。坦率地讲，在学界沉浸和习惯于简帛的实证性研究的当下，力倡加强简帛学理论研究，完善简帛学学科体系建设，曲高和寡，甚至有嘲讽和质疑之声，如若没有来自学界各方师友的热情呼应、鼎力支持和悉心指导，我们不可能得以顺利组织和召开三届简帛学的理论与实践学术研讨会，成功筹划刊发四组有关简帛学理论探讨的系列笔谈，更不可能有今天《简帛学理论与实践》第一辑书刊的创意、成型和出版。

其次，离不开首都师范大学历史学院各位前辈、领导和同事们的无私关爱和热情帮助。首都师范大学历史学院作为国内外有影响的历史研究与教学专业学术机构，“敬畏学术，追求卓越”的院训、“将相无种，事在人为”的前辈创业精神，激发了我们无穷的克服困难、努力进取的动力；学院各位领导、学科和教学科研创新团队负责人以及同事们的关怀、信任和支持，为会议召开、笔谈组织和书刊出版等工作的开展，提供了充足的人财物保障，这是需要特别指出的。

再次，离不开中国社会科学院简帛研究中心诸位同仁的通力合作。中国社会科学院简帛研究中心是国内较早建立的以研究简帛为特色的专业研究中心，长期致力于推进简帛学的学科建设、新出简帛的整理研究以及国内外学者的合作交流，得到海内外简帛学界的广泛认同。简帛学的理论与实践学术研讨会除首届单独由首都师范大学历史学院主办外，第二、三届皆由首都师范大学历史学院与中国社会科学院简帛研究中心共同举办，于会前组织刊发相关“笔谈”亦由双方共同策划，本辑有幸在广西师范大学出版社出版,亦是承蒙中心的厚爱和积极联络。

在本书付梓之际,特别感念各方师友、领导和同仁长期以来无私的鼎力支持与帮助,恕不一一具名,谨此并致衷心的感谢和崇高的敬意!你们不离不弃的扶助将激励着我们继续前行!

蔡万进　邬文玲

2019 年 9 月 1 日

中国简帛学理论的构建

胡平生

（中国文化遗产研究院 北京 100029）

一百多年来，“简牍学”或者叫“简帛学”，从无到有，从小到大，现在已经发展成为社会科学中一个具有广泛影响力和众多研究者的前沿学科。21世纪伊始，又有一大批简牍被发现，如上博战国简、清华战国简、岳麓秦简、里耶秦简、北大汉简和秦简、五一广场东汉简等，令人应接不暇。有新材料就有新发现，并带来新成果，现在既要吸收新成果，也要总结提高，把一些认识升华到理论。简牍（帛）理论研究还有许多工作要做。简牍（帛）学理论的构建，主要内容应当包括两大块，一是研究作为文字载体的简牍（帛）实物的理论问题，二是研究简牍（帛）所载文字的理论问题。

一、关于简牍（帛）学理论的研究所谓两大块，前一块是简牍（帛）本体的研究，应包括简牍（帛）物质形态研究的所有方面，如简牍（帛）使用源流，制作与形制，长度、宽度、编绳、契口、容字、刻齿、封检、封装囊袋、传输的规律等。关于简册制度王国维曾提出著名的“分数、倍数”说：（1）古策长短皆为二尺四寸之分数,最长二尺四寸,其次二分取一,其次三分取一,最短四分取一;(2)牍之长短皆为五之倍数。最长为椠,长三尺,其次为檄,长二尺,其次为乘传,长一尺五寸,其次为牍,长一尺,其次为门关之传,长五寸。这种“理论”当然新奇可喜,也长期被学界信奉,它也反映了部分简牍长短形制的特点,但是如果对已经出土的全部简牍材料进行测量统计,就会发现这种“规律”并不存在,不符合事实。我对出土简牍材料进行考察检测后,总结出几条,即“遣册简,以主之尊卑为策之大小”“文书简,以事之轻重为策之大小”“书类简,以策之大小为书之尊卑”“律令简,三尺法与一尺法”,这至少比较符合实际情况,将来可以再做进一步研究。很多简册制度方面的现象是近些年来新发现的,像日本学者籾山明观察到汉简侧面的刻齿与简面上文字的数字有关联,终于发现不同形状刻齿代表了不同的数字。这是古人的“防伪、防篡改”办法。后来,我和日本大川、籾山教授及张春龙一起考察了里耶秦简,发现秦人的刻齿形态与汉人不同,他们另有一套。另外,北大汉简整理中,年轻学者孙沛阳发现了简册背面特意刻画的弧线,现在再来检视过去整理的简册,就看到许多都有这么一条线。有人怀疑北大汉简《老子》是伪简,我说单凭这条背划线就不可能伪。还有,像古人曾记载有“漆书”,我们怀疑是指“墨色黑而有光”,并非真用漆书写。现在看到南昌海昏侯刘贺墓出土漆屏风,上面除了有孔子像等图画,还密密麻麻写满了孔子生平、孔子及门弟子言行,确实是用漆写的“漆书”。总之,简牍(帛)物质形态方面需要认识、发现与研究的地方还有很多。

二、关于简牍(帛)学理论的研究两大块中的后一块是简牍(帛)文字的研究,包括简牍(帛)上书写的全部内容,也包括简牍(帛)文字的字体、书法等。过去的研究将简牍(帛)所载内容分为典籍类与文书类,典籍类包括可以在传世的典籍中找到依据的以及已经亡佚的图书，当然也包括各种图画。有学者按照《汉志》的分类将出土简牍（帛）所见典籍加以分类，有的按照经、史、子、集分类。典籍类简牍（帛）实际上还应当包括法律令。《汉志》据《七略》编定，即《六艺》《诸子》《诗赋》《兵书》《术数》《方技》，并没有收录法律令方面的书籍。法律令书籍是《隋书·经籍志》才开始著录的。《隋志》说"刑书之作久矣"，汉以后"令甲已下，盈溢架藏"，晋初"删而定之"，"有律，有令，有故事"，这才编为刑法篇。从出土简牍看，现在已发现了秦律令、汉律令、晋律及《奏谳书》《封诊式》等，都属于此类书，我们认为，都应当编入典籍类图书中。典籍类简牍（帛）研究的最高境界是将能够与传世文献对应的内容一一核实，比较错讹夺衍，追寻其流传、发展、演变的过程。对于那些后世已经亡佚的文献，或更为珍稀的文献，有的需要通过蛛丝马迹、片言只语追踪始源，探讨字义语义，探寻其所反映的思想学说的源流与学派。文书类的简牍（帛），主要是甘肃、新疆等西北边塞地区的烽燧遗址出土的简牍资料，如居延汉简、敦煌汉简等，是汉代居延都尉府、肩水都尉府的文书，研究者称之为"行政文书"。后来，在内地墓葬和井窖内陆续发现了各类文书简牍。如尹湾汉简中的《集簿》及各种簿籍，荆州南郡户口簿等簿籍，走马楼三国吴简户籍、赋税类文书等。随着出土简牍（帛）资料的日益丰富，我们对古代社会的方方面面，上到帝国中央，皇帝的诏令、大臣的奏疏，下到基层百姓的日常生活，有了从未有过的认识和了解。但是，老的问题解决了，新的问题又出现了，简牍（帛）的发现只会让我们拓展视野，深化认识，并不会让我们穷尽真相。简牍（帛）研究这两大块自然也不能截然分开，它们是相互依存，息息相关的，比如讨论简牍（帛）的辨伪，二者缺一不可，必须综合考量。我曾提出辨别伪简的四项原则：第一，文字、文法与文理；第二，质材与形制;第三,书法与书风;第四,来路与出处。其中第二项属于前一块,一、三两项属于后一块。脱离简牍(帛)实体及脱离简帛文字内容的鉴别,肯定会出偏差。

三、简牍(帛)研究的标准化与国际化问题。简牍(帛)研究的理论问题还有两个方面要加紧研究,一个是我说过的简牍(帛)整理研究的标准化问题。中国简牍的整理工作最初是西方汉学家做起来的,德国和法国学者孔好古、沙畹、伯希和、马伯乐等创建了一套工作程序和释读简牍的符号。后来,罗振玉、王国维在编纂《流沙坠简》时,也制定了自己的方法和一套释读符号。居延汉简、武威汉简直至20世纪70年代出土的简牍,整理者大都各有各的办法,各用各的套路,虽然也有一些共同的表述方式,但总体上是各自为政的。我提出应当由国家文物局牵头,召集各个有简牍(帛)发掘、保护、整理任务的文物考古单位和有关大学,研究制定简牍(帛)发掘、保护、整理的标准程序,我咨询过负责我国标准化条例制定的机构,像简牍(帛)的发掘、保护、整理,可以制定一个要求行业参照执行的标准化条例。我想到的简帛发掘、保护、整理国家标准大致应包括几个方面:1.制定简帛发掘与保护章程。2.简帛整理领导和工作人员资质认定。3.简帛整理保护研究经费申请与使用。4.简帛整理的时间规定。5.确定简帛整理成果的标准:(1)尽可能清晰的图版;(2)尽可能准确的摹本;(3)尽可能准确的缀合编联、释文、注释。6.简牍整理符号的统一。7.简牍整理报告的出版。希望有责任、有能力的机关和学校多一些担当,挑起这副重担。第二是中国简牍(帛)研究要搞好国际合作,要走国际化的道路。现在欧美日韩研究中国简牍的学者人数不少,总数应在百人左右。而欧美日韩,也有自己的简牍要整理研究。所以在简牍(帛)学领域,可以开展的国际合作内容很多。欧洲有罗马时期的简牍,在英国的罗马时期的长城附近雯都兰达出土，现在还在不断发掘中，我在大英博物馆也看过陈列，邢义田和旅英华裔学者汪涛都做过考察和介绍。牛津大学一位教授已经出版好几本研究专著。在中欧乃至东欧也发现过简牍，但报道与研究都很少。东亚地区的简牍数量很大，朝鲜出土简牍都是汉乐浪郡时期的遗物，他们秘而不宣，只有极少数的资料公布，还是由日本学者披露的，如平壤贞柏洞 M364 出土的简牍《初元四年乐浪郡户口簿》和《论语》。韩国出土简牍时代较晚，多用汉文书写（可能有韩语音读），属新罗时期的，也有中国典籍。我到韩国参观，发现他们的简牍上就有文字是刻上去的，很受启发，过去以为是古人的推测之词。日本发现简牍数量最多，总数有三四十万，但文献价值远不及我国的简牍。他们的整理研究总体比较滞后。东亚的简牍研究亟需协调。我曾介绍奈良国立文化财研究所在整理木简、释读文字时采用的一些符号：

· 表示木简文字有正反两面者。

o 表示木简上端或下端有穿孔。

…… 表示木简可以缀合，但中间有一字以上的缺失文字。

------ 表示木简纵向有横刻的线条。

□□□ 表示能够确认缺失字数者。

[ ] 表示不能够确认缺失字数者。

][表示其上或其下残断，推定有一个以上的文字。

■■■ 表示已经涂抹、无法辨识者。

ヽ 表示虽经涂抹，文字犹可辨识，加于原字左旁。

〔×〕 表示原字有误，后重新书写加以订正，将原字置于右侧，左侧加 · 号写订正文字。

「 」 表示异形字、追加字。

〔〕 校订文字中,表示应当订正本文的文字。

() 表示校注文字或说明文字。

カ 日语疑问词编者加注,表示有疑问。

ママ 日语用词,表示原文如此,文字没有疑问,但意义难以通解。

可以看到,这套符号与我国简牍(帛)整理所采用的符号相差甚远,将来尽可能地缩小乃至取消这类差别是我们的目标。我们认为,由于古代日本、韩国的简牍仍大量使用汉字,简牍整理与研究都面临相似的问题,达成一个三国专家学者共同认可的整理规范是有可能的。如果三国学者通过交流协商,对简牍整理使用的符号与规范能够取得共识,肯定是一件很有意义的事情。我们对简牍(帛)的研究还要拓展到同时代及前前后后的其他文字资料。像悬泉置遗址西汉末年的题记《四时月令诏条》,写在泥墙上,但是残断的简册上也有,当时是动用一切手段加以宣传的,不同的载体上的文字应该对照着进行综合研究。裘锡圭注意到马圈湾汉简封检里附了一片"赤蹏"(赫蹏),就是纸。这是简纸配合使用的最早例证。日本学者也讨论过魏晋时期简纸书信使用包裹的方式。我也曾指出,魏晋隋唐在纸上写字,界栏的高矮宽窄都是仿效简牍长宽之制。除了简帛与纸的关系,还有简帛与玺印的关系,简帛与石刻的关系,简与金属器、漆器铭文的关系,这些材料都需要深入研究,一一厘清。

关于秦汉的简牍制度,新出《岳麓书院藏秦简(伍)》所载《卒令丙四》[1]有相关的秦令,主要内容是:1.对书、请书、奏书等文书,不同事项不得写在一起,要一事一文,一文之长不得超过百简。2.一牍书写不得超过五行,五行牍宽一寸九分寸八(约今 4.3 厘米),四行牍宽一又三分之二寸(约今 3.8 厘米),三行牍宽一寸半(约今 3.4 厘米)。3.牍厚不得少于十分之一寸(约今 2.3 毫米),厚度不达标要处罚。4.长一尺二寸牍(约今 27.7 厘米),一行不超过廿六字;长一尺牍(约今 23.1 厘米),一行不超过廿二字。5.御用简牍长度定为一尺一寸(约今 25.4 厘米)。我们现在发掘出土的秦简牍绝大多数都是符合这一规定的。出土材料很好地解释了困扰我们很久的简牍制度迷惑。

---

[1] 陈松长主编:《岳麓书院藏秦简(伍)》,上海辞书出版社,2017 年,第 105—108 页。

简帛学的知识系统与交叉学科属性

杨振红
（南开大学历史学院 天津 300350）

20 世纪伊始，英籍匈牙利人斯坦因在甘肃敦煌及北部疏勒河流域一带汉代烽燧遗址中发现了 700 余枚汉代简牍。数年后，当国学大师王国维见到这批简牍照片时，兴奋难名。1925 年，他在清华研究院作题为《最近二三十年中中国新发见之学问》的演讲时，将“敦煌及塞上西域各地之简牍”与“殷墟甲骨文字”“敦煌千佛洞之六朝唐人所书卷轴”“内阁大库之书籍档案”并列为 20 世纪初中国四大新发现，并认为其中任何一种都堪比历史上孔子壁中书和汲冢书的发现。他甚至发出“今日之时代可谓之发见时代，自来未有能比者也”[1]的慨叹。自 20 世纪初迤至今日，中国简帛的发现层出不穷，数量达数十万枚之多，蔚为大观，较王国维见到的西北汉简丰富远矣。中国简帛所处的时代大体从战国中期到魏晋，该时期遗留下来的文字和传世文献有限，简帛的发现极大地弥补了这一不足，对于研究该时期的历史文化具有无可估量的史料价值。

[1] 王国维：《王国维遗书》第五册，上海古籍书店，1983 年。

比中国稍晚，日本、韩国、朝鲜等周边国家也相继发现简牍。20 世纪 20 年代日本首次发现木简，40 年代后在奈良平城京遗址陆续出土 40 余万枚木简。自 70 年代起，朝鲜半岛也不断发现木简，年代最早的为朝鲜平壤发现的中国汉王朝所建乐浪郡遗址中的简牍，年代为公元前 1 世纪至公元 3 世纪。韩国发现的木简年代主要在公元 6—7 世纪。日本平城京出土的木简年代则主要为 7 世纪后期至 8 世纪。[1] 朝鲜半岛、日本的简牍年代远远晚于中国，虽然当时已普遍用纸书写，但简牍依旧大量使用，由此可以确定朝鲜半岛、日本的简牍文化和其他文化一样深受中国的影响，是从中国依次传播过去并逐渐发展起来的。朝鲜半岛和日本的简牍的发现使得东亚地区的简牍文化连成一体，成为探索各国历史文化以及东亚各国交流史的重要材料。

一、简帛学科的建立与发展

处于新旧学交替时代的王国维，依然沿用传统说法，将简牍、甲骨文等研究称为“学问”。但他所说的“学问”基本上可以和现代所说的“学科”画等号，而且他提出西北地区发现的简牍“于史地二学关系极大”，已有将简牍与历史、历史地理学并列的意味。

1912 年王国维作《简牍检署考》一文，对简牍制度及其渊源进行考

[1] 参见[韩]李京燮《韩国古代木简与木简文化》，《中国社会科学报》2012 年 1 月 9 日；[日]冨谷至《日本出土木简流变》，《中国社会科学报》2012 年 1 月 9 日；杨振红、[韩]尹在硕《韩半岛出土简牍与韩国庆州、扶余木简释文补正》，载卜宪群、杨振红主编《简帛研究二〇〇七》，广西师范大学出版社，2010 年。

辨,可视为简帛学的开山之作。1914 年,罗振玉、王国维抽取斯坦因发现的588 件简牍、帛书等进行释文、分类和考释,撰著《流沙坠简》,成为简帛研究的奠基之作。20 世纪 30 年代,西北科学考察团在居延等地区又发掘采集了 1 万余枚汉简,1943、1944 年劳榦在抗战极其艰苦的条件下出版了《居延汉简考释·释文之部》和《居延汉简考释·考证之部》,公布了这批汉简的释文及考证成果。此后居延汉简研究吸引了注重新资料的中日汉晋史学者的关注。陈槃对简牍符号做了专门研究。[1] 50 年代初,日本学者森鹿三在京都大学人文科学研究所创办"汉简研究班",以这种新颖的形式进行居延汉简的教学和研究。50 年代至 60 年代,中国各地陆续有简牍出土,简帛研究日渐兴盛。60 年代初,陈梦家撰写了 14 篇西北汉简方面的研究论文(1980 年结集为《汉简缀述》,由中华书局出版),对汉简形制、简册制度、符号等进行综合研究,进一步奠定了简帛学的基础。除了东亚学者外,欧美学者也开始加入这一研究队伍中,如 1962 年钱存训在美国芝加哥大学完成博士论文《书于简帛》(*Written on Bamboo and Silk*),指导教师即为汉学家顾立雅(Herrlee G. Creel)。简帛研究取得诸多突破,初步展示了简帛学以及简帛学与历史学、考古学等学科相结合的方法、成效和魅力。

20 世纪 70 年代中国出土了银雀山汉简、居延汉简、马王堆帛书、睡虎地秦简等一大批简帛,内容包括已经亡佚的战国秦汉典籍、法律文书、日书等,震惊了世界,简帛研究迅速升温,成为热门学问。其中,睡虎地秦简的整理以速度快、质量高闻名于世,为简帛整理树立了典范。1975 年

---

[1] 参见陈槃《汉晋遗简偶述》,《国立中央研究院历史语言研究所集刊》第 16 本第 1 册,1948 年。

出现了专门的简牍研究杂志——《简牍学报》(台湾),1976年严一萍所著简帛学专著《帛书竹简》(台湾艺文印书馆)出版。同年日本创办"木简研究会",1979年创办《木简研究》杂志,同年大庭脩所著《木简》(学生社)付梓。80年代,中国又相继出版了几种简牍学专著。[1] 90年代,《简帛研究》、《简帛研究译丛》(均为中国社会科学院历史研究所主办,分别于1993年、1996年创刊)、《简牍学研究》(西北师范大学历史系等主办,1997年创刊)等专业性杂志相继面世。1991年,在甘肃兰州召开了第一届简牍学国际研讨会。1995年,中国社会科学院成立第一家简帛专门研究机构——中国社会科学院简帛研究中心。至此,简帛学已具备独立学科的基本要件。其间,学界曾就这一学科的研究对象是否包括帛书,这门学科应命名为"简帛学"还是"简牍学"展开了讨论。21世纪初,武汉大学(2003年)、复旦大学(2005年)、清华大学(2008年)、北京大学(2009年)、甘肃省文物考古研究所(2011年)等相继建立以出土简帛为中心的专门研究和保护机构。韩国也于2007年成立木简研究会。2000年,第一座简牍博物馆——长沙简牍博物馆成立。2014年由九校一院一所组成的出土文献与中国古代文明创新中心成为教育部第二批批准的协同创新单位。经历一个多世纪的发展,简帛学已成为一门国际显学。

然而,相较简帛学繁花似锦的研究实践而言,简帛学的学科理论建设却显薄弱、沉寂。这和与简帛学联系紧密的历史、语言文字、考古等学科重实践轻理论的现状亦相一致。然而,一门学问或者专门之学能够成长为一门学科,必须有其学科理论,否则便无法纳入现代学科分类之中,简

[1] 马先醒:《简牍学要义》,兰台出版社,1980年;林剑鸣:《简牍概述》,陕西人民出版社,1984年;等等。

帛学也不例外。

二、简帛学的知识系统

随着人类知识的丰富、扩展,学科划分精细化成为必然趋势。一般而言,学科成立有三个基本要素或前提,即特定的研究对象或研究领域,自成一体的理论体系或知识系统,以及独特的研究方法。简帛所具有的"物"的特性使得简帛学的研究对象很明晰,不容易发生混淆,即作为书写载体的简帛之"物"及其上的文字、符号、削琢刻划痕等人类有意识遗留的痕迹,其研究的领域也严格限定在简帛范畴之内。然而,说到简帛学的理论体系,却常常让人感觉茫然,不知从何谈起。但若将简帛学的理论体系换成知识系统的说法,则比较容易理解。简帛学统摄的知识内容大致可以概括为以下四个方面。

(一)发掘。简帛的发掘一般被纳入考古学范畴,但是简帛的特殊性又决定了其发掘不同于一般文物,必须有简帛学者的介入,或者由有简帛发掘经验的考古工作者来承担。科学发掘对于简帛来说意义重大,它不仅要求保证简帛的完整性,将发现的简帛从考古现场完整分离出来,而且还要求不人为破坏和遗漏其出土时的考古信息,必须对其出土状况例如所处地层、位置、排列顺序等进行完整、准确的记录,包括制作影像资料等。这些考古信息对于确定出土简帛的年代、性质、编联关系、内容等起着至关重要的作用。自 20 世纪 70 年代开始对出土简帛进行科学发掘,随着时间的推移,发掘技术不断提高完善。20 世纪 90 年代至 21 世纪初,以上海博物馆藏战国楚竹书和清华大学藏战国楚简为代表,数批战国秦汉简牍从海外文物市场回归,为一些博物馆、大学所收藏。这些出土地不详的简牍已经丧失考古信息,因此辨别其真伪的工作最为迫切和紧要。对这项工作必须持严谨、科学、审慎的态度,除了使用C14等科学手段外,还需要对简帛的材质、形制、文字、内容等进行认真辨析、研究。

(二)整理。简帛的整理分广义和狭义两类。广义的整理包括出土简帛的清理、剥离、编号、照相、扫描、保护、存放等工作。这种整理工作与发掘工作联系紧密,可以视为发掘工作的一部分或延续。随着简帛发现的日益增多,整理经验逐渐丰富,新的科学技术和仪器也不断应用到这项工作中。例如,在获取简帛图像方面,21世纪初中日学者共同完成的《二年律令与奏谳书——张家山二四七号汉墓出土法律文献释读》[1]初次采用红外线摄影技术,显现了人眼和传统照相技术无法辨识的部分字迹,使得释文和以此为基础的注释有了较大突破。现在这项技术已广泛运用。清华大学出土文献研究与保护中心则摸索出更为先进的红外扫描方法,即制作一个玻璃水槽,把简牍放在水槽中,有字一面朝下,将水槽放在红外扫描仪上直接扫描,可以获得更为清晰的图像。狭义的整理则仅指简帛文字的释读、残简的缀合、简册的编联以及对简文内容进行注释等。这种整理与研究工作关系密切,因此,我们放在下文"研究"中一并论述。

(三)研究。简帛研究可分为广义和狭义的研究。狭义的研究限定于简帛本身,包括对简帛之"物"形态的研究和对其上文字、符号等内容的研究两部分。广义的研究范畴更广,凡以简帛为主要材料研究语言文

[1] 彭浩、陈伟、[日]工藤元男主编:《二年律令与奏谳书——张家山二四七号汉墓出土法律文献释读》,上海古籍出版社,2007年。

字、历史、文献、思想史、天文历法、医学等自然科学史甚至书法艺术史者,均属于这一范畴。这里仅概述狭义研究。

第一,形制研究。即它是由什么材料制作的,是竹简、木牍还是丝帛等,木牍、丝帛等的材质是什么,形状是怎样的,长宽厚各是多少,是如何制作、编联的,等等。这不仅仅因为简帛本身就是简帛学的研究对象,而且简帛的形制与其上书写的文本内容、性质等关系至为紧密。最近的例子,2010 年北京大学出土文献研究所在整理入藏秦简时,意外发现竹简背面的刻痕与简文的编联密切相关,随后在包山楚简、上博简等简牍中也发现了这一现象。

第二,简帛所附着的考古信息研究。包括简帛是如何被发现的,是在遗址还是墓葬、水井中出土的,抑或是收集来的,出土、发现时的基本情况是怎样的,它们是如何放置的,简帛与简帛之间的位置关系是怎样的,随葬物之间是否有关联性,等等。《张家山汉墓竹简〔二四七号墓〕》[1]附录了"竹简出土位置示意图",为研究竹简卷放的形态、内容的编联等提供了重要参考。长沙走马楼三国吴简研究者注意到揭剥图对册书复原的重要性,因此整理者在此后的整理中加强了揭剥图的制作工作。

第三,断代。简帛究其根本是存在于某个历史时期的文物,因此,断定其年代是简帛研究题中自有之义。简帛的断代首先必须参考所出遗址(或墓葬、水井)以及同出遗物的断代结论。其次,简帛形制以及其上书写的文字、内容等也是断代的重要参考。两者若能互证,则可保证断代的准确性。

---

〔1〕 张家山二四七号汉墓竹简整理小组编著:《张家山汉墓竹简〔二四七号墓〕》,文物出版社,2001 年。

第四，释文。中国使用简帛的时代主要是战国至魏晋时期，这一时期正是汉字从籀篆、古文向秦小篆、汉隶、楷书蜕变的重要转型期。简帛出现以前，人们主要通过东汉许慎的《说文解字》和传世器物铭文等了解这一时期的文字情况。但简帛文字中出现了许多前所未见的字形，而且又多存在异体、通假、合字、省写或草写情况，朝鲜半岛、日本的简牍文字还存在大量自创文字，因此需要对简帛文字进行隶定，做出释文。这是简帛研究最重要的基础工作之一，简帛的价值首先需要通过释文来体现。很显然，语言文字学是释文必备的基本功，特别是战国及秦文字。但有时仅仅依靠语言文字学无法解决问题，这时历史学等学科的知识和考证方法常常可以发挥重要作用。运用既有的历史学等学科知识，可以将其内容串读下来，从而解决部分疑难字的隶定问题。而且，简帛的文字内容十分丰富，除了各种官私文书外，还发现了大量的儒家经典、诸子、史书、医书、日书、历谱等书籍，其中许多不见于传世文献，或者异于传世本。内容除了涉及历史外，还涉及文献、历法、医学、民俗等，释读这些简帛时，相应学科的知识亦必不可少。简帛上的符号均有特定含义，因此释文也包括符号的摹写。简帛学科成熟的一个标志即符号的摹写已基本约定俗成，实现了统一化。但目前一些符号的意义仍有待进一步研究。以往学界把简牍的刻齿归为形制范畴，但 20 世纪 90 年代以来，学者逐渐发现不同刻齿表示不同数字。因此，这类刻齿似也应归入释文范畴。

第五，内容研究、注释与译文。简帛之所以珍贵，最为重要的一点在于其上记载的文字均为第一手资料，大多为传世文献所不载，具有极高的史料价值。因此，对简帛文字内容的研究是简帛学的核心所在。我们需要通过研究搞清楚简帛记载的是什么内容，反映的是怎样的历史事实、制度与观念，记载的目的是什么。其中，题记（包括书名、章名、篇题、章题、尾题)等通常标示了简牍的文献性质,目次、编号等则对排列文献的顺序、编联等具有重要价值,因此,应予以特别重视。1978 年出版的睡虎地秦简整理本《睡虎地秦墓竹简》,不仅提供了高质量的释文、翔实的注释,还将简文译为白话文,将简帛整理推向一个新的高度。由于翻译为白话文的难度较大,一些简帛内容不适合翻译等原因,此后的简帛整理很少再做这项工作。另一方面,日韩等国特别是日本却开展了大量将中国出土简帛翻译成本国文字的工作。由于注释、译文大多被放在释文之后,作为整理本的一部分,因此,一般将这两项工作视为整理工作的一部分。这固无不可,但考虑到只有对简文内容有了充分的研究和认识之后,方可作注释和译文,故笔者将其置于内容研究范畴。

(四)保护。简帛无疑是重要的历史文物,一旦面世,利用科学手段保护其不受裸露环境的侵蚀和破坏,尽可能保持其出土时的状态,就成了重要课题和任务。保护工作一般也由发掘者和整理者共同来完成。

三、简帛学的交叉学科属性及其研究方法

在梳理了简帛学的知识系统后,我们就会进一步明确,简帛研究无法由考古学、历史学、语言文字学等单一学科独立开展,简帛学具有明显的交叉学科特性,它是在综合考古学、历史学、语言文字学、文献学、哲学等多学科基础上形成的新学科,这些学科是简帛学科存在和发展的基础,脱离上述学科,茕茕独立的简帛学科是不存在的。

简帛学的交叉学科属性对简帛学科的存在和发展方式、简帛学科的

理论和方法建设产生着根本性影响。在简帛学建立以前，从事简帛工作的学者大多来自考古学、历史学、语言文字学等学科，所接受的大多为本学科的系统培养和训练。除了少数贯通文史哲的大家之外，研究者的问题意识和研究方法等大都局限于本学科，所做的工作也分别归于本学科之下，成为本学科的一个分支或组成部分，不同学科之间存在明显的界限和隔膜。例如，战国简的文字或为篆书或为秦隶，难以辨识，为专门之学，因此，从事战国简研究的学者大多有古文字学背景。从事思想史研究者主要关注简帛中儒家经典和诸子文献，如《周易》《尚书》《诗经》《论语》《老子》《孙子》《尉缭子》等。按照中国的学科划分，思想史一般归入历史学，日本则将其归入哲学，若将两者结合起来更能凸显思想史的特色。因此，即使同样面对战国简，研究古文字者和研究思想史者所关心的问题往往大异其趣。历史学者则把目光投注在简帛所反映的史实、制度、沿革以及重大历史问题的讨论上，并以此促进对简帛文字的辨识、编联、内容的理解，促进历史研究的深入。从不同学科出发研究简帛，自然有它的优势，即有利于研究的专门化，但不可否认的是，它也存在不利因素，即缺乏综合的视角和方法。而且，从根本上来说，若简帛研究一直处于这样的状态，它只能维持在历史学、语言文字学、哲学等学科的分支学科的程度，而无法成为一门独立的学科。除此之外，国别之间也存在鸿沟。虽然学者都承认简牍文化以中国为中心，依次向朝鲜半岛、日本传播推广，但是将三者结合起来进行综合研究的工作仍很稀少，而这显然不利于研究的深入。

如前所述，至 20 世纪八九十年代，以专门论述简帛学著作的出版、简帛杂志的创办、简帛研究机构和研究会的建立等为标志，简帛学已经具备一门学科所需的基本要素，成长为实质上的独立学科。然而，简帛学事实上的独立虽然一定程度上促进了简帛学的发展，但是，对于简帛学的学科现状并没有产生决定性的质的改变。在2011年教育部颁布的《学位授予和人才培养学科目录》中仍没有简帛学的一席之地,简帛学仍然只能分别隶属于中国古代史、周秦汉魏晋考古、汉语言文字学、中国古典文献学、历史文献学、中国哲学等二级学科之下。而且,目前成立的简帛研究机构基本上都是虚体单位,挂靠于所属实体机构。简帛学的教学和人才培养显然受这种学科分类的制约和影响。而且,这种制约和影响不仅仅体现在体制所给予的学科发展空间受限上,更重要的是,在这样的学科分类体制下,研究者以及所培养的学生的思维往往受到所依托学科领域、理论和方法的禁锢。

1925年,王国维提出根据"地下之新材料"补正"纸上之材料"的"二重证据法",他倡导的实际上就是考古学与古文字学、文献学、历史学相结合的方法。在史学实践中,他亦注重"取外来之观念,与固有之材料相互参证"[1]。王国维适逢西学东渐的历史浪潮,提倡多学科融汇的交叉学科正是这一浪潮的重要理念之一。不惟王国维,20世纪以来不断有学者倡导推进交叉学科的研究和发展。截至今日,这一理念甚至已经成为学界达成共识的老生常谈。可以说,简帛学的建立正是考古新发现与这一理念结合的产物。然而,从目前的简帛学实践来说,这一理论在简帛学界的落实还远远不够,我们仍有很长的路要走。我们需要切实打破学科的分野,打破断代的分野,将简帛学科建成一个矗立于各学科之上的综合之学。同样,东亚简帛学的发展也需要打破国别史,进行深入的比较研究。只有这样,简帛学才能够成为真正的独立学科,简帛学研究才会有全面的质的飞跃。

[1] 陈寅恪:《陈寅恪史学论文选集》,上海古籍出版社,1992年,第501页。

对于简帛学建设的几点思考

刘国忠

（清华大学出土文献研究与保护中心 北京 100084）

最近40多年来，随着简帛资料的大量出土，简帛研究掀起了一次次的热潮。许多高校和科研院所纷纷成立了简帛学的研究机构，相关的刊物和网站犹如雨后春笋般地涌现，有关的学术会议也在国内外频繁举办，取得的学术成果令人目不暇接，特别是2014年以来在出土文献与中国古代文明研究协同创新中心的推动下，简帛学的研究得到了前所未有的发展机遇。这些现象表明：简帛研究已经成为一门学科，成为古代文史研究的热点，成为当今国际性的显学，一个简帛研究的新时代已经到来。当前，简帛研究虽然已成为“此时代学术之新潮流”，但是在具体的科研活动中，仍然存在不少薄弱环节，其中很重要的一点，是对于简帛研究的理论建设相对滞后。

大家知道，简帛研究更多地侧重于文字的识读、字义的训释、简序的编联、文献的对比、学术价值的辨析等诸多方面的内容，往往与具体的实证研究密切相关，并与制度史、社会史、学术思想史等研究有机结合，似乎不需要太多的理论建构。应该说,这种认识是不全面的。简帛的实证性研究并不意味着可以忽视理论建设,实际上,成熟的简帛研究理论可以使简帛研究工作如虎添翼。当前,加强对简帛研究的理论建设,已经是一项迫在眉睫的重要工作。谈到简帛学的理论建设,必然会涉及简帛学的称谓问题。长期以来,“简帛学”和“简牍学”二词同时并用,二者意思大同小异,很多时候可以互换,也并没有在学术界引起太多的歧义。不过仔细思量起来,“简帛学”的称法比“简牍学”更为合理和全面。“简帛”分别指简牍和帛书,与当代的有关发现正好能够对应,而且这一表达方式有历史的渊源,古代称之为“竹帛”,正好也是兼顾了简牍和帛书二者,比如《墨子》的《兼爱下》和《天志中》二篇都提到了“书于竹帛”一词;《汉书·艺文志》总结《诗经》之所以能够遭秦火而全部保存下来,是因为很多人能够背诵于心,“不独在竹帛故也”;《史记·孝文本纪》载汉景帝之语,称要使祖宗之功德“著于竹帛,施于万世”,都明确把竹简和帛书并列,二者均为当时最常用的书写材料。鉴于“简帛”一词与“竹帛”的对应关系,以及同时涵盖简牍和帛书二者的特点,如果需要进一步规范学科名称的话,用“简帛学”显然更为合适。考虑到日本、韩国及欧洲都曾有简牍的发现,为了更为规范和避免歧义,可以称“中国简帛学”。

简帛学的研究对象当然是简牍帛书,不过,在以往的研究过程中,学者们可能更多的是偏重于对简帛内容的研究,这显然是不够全面的。简帛学的研究应当包括对简牍帛书的保护、整理与研究等各方面的课题,而不能仅仅局限于文字内容的考释和研究。简帛文字内容的研究成果丰硕,为进一步地深入研究提供了丰富的经验。不过,学术界能够有机会直接参加简帛的保护与整理工作的学者毕竟是少数,笔者因为遇到了特殊的机缘,从 2008 年起一直参加了清华简的保护、整理和研究工作,不仅可以与清华简这批珍贵资料朝夕相处，而且也有机会与相关的专家一起共事多年，得以接触了一些相关领域的工作，因此在这里主要想就简帛保护与整理方面的理论与实践工作多说两句。简帛的保护工作是文物保护专家们多年来精心从事的工作，并已取得了很大的进展。帛书的发现迄今为止主要是楚帛书和马王堆帛书两批，在西北地区还有零星的帛书发现，而数量最大的发现则是集中于简牍方面，由于不同地区的地下环境存在很大的差异，西北地区气候干旱少雨，许多简牍以干简的形式存在，保存会相对容易一些；但在内地，大量的简牍则是因为墓葬或遗址中充满了积水，简牍浸泡于水中才得以保存下来，形成所谓的饱水简牍（马王堆汉墓帛书在地下时也是浸泡于水中的）。在地下水、微生物、酸、碱等共同作用下，这些饱水简牍吸饱了水分，强度降低，竹材内的纤维素、半纤维素大部分降解，简牍朽软脆弱，由于水的存在，简牍虽然仍能保持着完整的外形，但是轻轻一碰就有可能毁坏断裂。对这样“娇嫩”的文物加以保护，有许多世界性的难题，需要结合化学、物理学、微生物学、材料学等各学科的研究力量，进行多学科的交叉融合，共同攻关加以解决。因此，简帛学虽然是在研究遥远的过去，却能够而且必须与许多新兴的学科相结合，尤其是现代的高新科技成果，可以在简帛的保护工作中大展身手。

简帛的整理工作，也应在当代已有的条件下进行必要的改进。其中最为重要的一点，是要充分认识到简帛属于出土文物，因此必须按照考古学的有关标准和要求来加以整理。比如简帛的室内清理工作，就可以有一些新的思路。以往囿于拍照条件，对简帛进行拍照前，需要对粘附在简帛表面的污物进行清理，这一清理过程不可避免地会对简帛本身造成一定的损伤，甚至会造成对简帛的二次破坏，使得简帛上的字迹及其他重要信息受到不利的影响。当前红外扫描仪等设施已经在简帛清理过程中得到普遍应用,是否可以尝试在对简帛清洗之前先进行红外扫描,并拍摄和录制简帛表面的原有状貌,以利于从整体上保存简帛上的各种重要信息?因为这些信息很可能对以后的文字识别、编联缀合等工作提供重要的帮助。简帛材料的信息采集,也是一项重要的工作。简帛的整理与研究主要是依靠影像资料进行,所以影像图片的清晰程度及保存状况直接影响到简牍潜在价值的发掘程度,这种信息采集与考古学、文物修复、摄影技术等关系十分密切。近年来简帛材料的信息采集也有很大的发展,比如在简帛的信息采集过程中,已使用了像素高达8000万的相机系统,在对简牍现状的分析基础上,利用先进的“饱水拍摄法”等拍摄手段,获得了简牍的高清图像信息,其效果要远远超过以往拍摄的图片;再加上利用红外的照相或扫描方法,已经可以把很多过去无法用肉眼辨识的简帛文字识别出来,从而大大提高了简帛内容释读的可能性。在简帛信息材料采集过程中的另外一大飞跃,是对简帛信息的采集工作更加全面。以往对简帛信息的采集,只重视简帛正面有字的部分,对于简帛背面无字的部分常常忽视,相关的整理报告也没有提供这方面的信息,造成科研人员只能依据简帛正面的文字内容进行编联和缀合,往往造成众多的争论。在清华简的拍摄过程中,李学勤先生就反复强调,一定要重视简帛的考古学属性,对清华简的所有简背都要进行拍照,不管它们有字还是无字。当时清华大学出土文献研究与保护中心就是这么做的,也是这样公布清华简照片的。事实证明,这一做法十分正确,现在看到了清华简、岳麓简、北大简等简帛材料的背面信息之后,学者们的认识发生了很大的改变,原来竹简背面的竹节位置、刻划痕迹、反印字迹,甚至是粘附物的特征,都可以为竹简的整理和编联工作提供重要的帮助。因此近些年来,竹简的编联和缀合工作更加科学和有效。现在看来,用出土文物的标准对简帛进行整理和公布,确实是很有必要的。这也提醒我们,对于过去已经公布、但却没有竹简背面信息的相关材料,也需要利用现有的技术手段重新进行拍摄,特别是要留意和提供竹简的背面信息,这对于简帛资料整理工作的深入,实在是太重要了。我们也欣喜地看到,像银雀山汉简等重要资料已经启动了重新整理的项目,今后这方面的工作还有更大的发展空间。简帛的编联和缀合除了要按考古学的要求来进行之外,当前可能还存在需进一步改进的地方。我们知道,每一批简帛的整理工作,都会留下一些碎片无法拼接到简帛上,我们目前正在做的清华简整理工作也面临着同样的问题。这些碎片因为内容不全,没有上下文可以衔接,其学术价值往往要大打折扣。笔者常常在想,有没有可能利用一些先进的科技手段对其归属做进一步的分析呢?拿清华简来说,是否可利用竹简的纤维特点,对其残断的截面进行扫描,了解其纤维特征,再把它和其他字迹接近、内容相似的残简的残断截面进行对比分析。如果属于同一支简的话,其纤维特征应当基本一致,这会有助于我们对这些竹简归属作出准确的判断。再比如,是否可以利用当今的基因技术,通过对现有简牍基因的提取、分析和比对,来分析它们是否属于同一根竹子?如果能够确定它们有着相同的基因,那么属于同一篇简牍文献的可能性就会大得多。

总之,笔者觉得应当充分重视简帛资料的物理属性,为简帛的整理和研究工作服务,要做到这一点,势必要重视加强多学科的交叉合作以及当代的高科技成果在简帛整理过程中的运用。

简帛的整理及整理报告的标准化和规范化问题已经受到了许多学者的重视,当前的简帛整理报告总的来说还处于一种各自为政的状态,缺少一个比较规范的标准和要求,也存在整理水平参差不齐的现象。如何在尽量保留和体现各批简帛资料自身特色的前提下,编写出符合统一规范和标准要求的简帛整理报告,也是摆在学者们面前的一个重要问题,希望将来这一方面的工作能够得到更多的推动。

简帛的整理和研究工作还应当与国外的相关领域学者进行更多的合作和交流。当前,国际的中国简帛学研究者之间有着非常密切和频繁的合作和交流,但笔者觉得仅做到这一点还不够,中国的简帛学研究还应当与其他领域的学者展开更多的合作和交流,特别是与日本的木简学、欧洲和西亚的铭刻学及古文书学等领域的学者有更多的沟通与互动。比如日本发现的木简,其数量已有30多万,木简学的研究在日本已经非常成熟;再如20世纪四五十年代发现的死海文书,也已成为西方古文书研究的重要分支。这些领域的研究与中国的简帛学研究都有许多共通之处,如何在中国的简帛研究中借鉴和吸收国外学者的相关理论、方法,也是今后需要努力探索的一个方向。

简牍学的学科归属与理论建构

——简牍学的理论与实践断想之一

王素

（故宫博物院 北京 100009）

我在《关于吴简学学科建设的思考》一文中，曾指出“简”与“帛”作为概念有三点不相匹配：一、从使用时间看，二者不相匹配；二、从数量内容看，二者不相匹配；三、从学术积淀看，二者不相匹配。[1]《后汉书》卷七八《宦者·蔡伦传》说：“自古书契多编以竹简，其用缣帛者谓之为纸。”将“竹简”与“缣帛”亦即“纸”作为不同载体分别归类。张舜徽先生《中国文献学》认为记录古代文献的材料可分四类：一为甲骨，二为金石，三为竹木，四为缣帛和纸。[2] 将竹木分为一类，缣帛和纸为另一类，根据的就是

[1] 王素：《关于吴简学学科建设的思考》，载长沙简牍博物馆编《长沙简帛研究国际学术研讨会论文集》，中西书局，2017年，第21—30页。

[2] 张舜徽：《中国文献学》，河南人民出版社，1982年，第5—15页。按：本书又有上海古籍出版社新版，2009年出版。

前揭《蔡伦传》。这实际也是传统的分类。因此,本文不用“简帛学”概念[1],而用“简牍学”概念。

谢桂华先生说:“历经百年沧桑,通过几代学人的艰苦努力,简帛学已经发展成为一门专门的学问,并蔚为国际显学,受到世界学人的瞩目。”[2]需要指出的是,这段话,原出2001年,谢桂华先生参加“长沙三国吴简暨百年来简帛发现与研究国际学术研讨会”的大会发言。当然,不管是在当年,还是在现在,这都无疑属于事实。但问题是,简牍学作为“学问”与“显学”,是需要有理论支撑的。而纵观一百多年来,关于简牍学理论的论著,却寥若晨星。这与简牍学的发展盛况显然很不相称。近年来,有识者不断呼吁要对简牍学理论进行建构,盖源于此。但理论建构,首先需要确定其学科归属。因为,不同的学科,会有不同的理论,同时也会有不同的与该学科相配套的研究方法。

然而,关于简牍学的学科归属,却是言人人殊,迄无定论。业内专家的说法不少,初步归纳,主要有以下两种:

---

[1] 按汉魏时期“纸”就是“帛”,故“简帛”时代与“简纸”时代,在一段时间内,实际很难截然分开。《汉书》卷九七下《外戚下·孝成赵皇后传》:“武发箧中有裹药二枚,赫蹏书。”注引孟康曰:“若今黄纸也。”又引应劭曰:“薄小纸也。”孟康为曹魏前期人,所说“黄纸”有可能是指黄绢。应劭为东汉后期人,所说“薄小纸”有可能是指薄小绢。《后汉书》卷三六《贾逵传》:“书奏,帝嘉之,赐布五百匹,衣一袭,令逵自选《公羊》严、颜诸生高才者二十人,教以《左氏》,与简纸经传各一通。”李贤注:“竹简及纸也。”贾逵比蔡伦年长一辈,本传所说简纸应该是简帛。即其时抄《左氏》经传,不仅用简,也用帛。《晋书》卷四一《刘寔传》记寔著《崇让论》有云:“夫叙用之官得通章表者,其让贤推能乃通,其不能有所让徒费简纸者,皆绝不通。”寔为魏末晋初人,本传所说简纸仍有可能是简帛。

[2] 谢桂华:《回顾与前瞻——百年来简帛发展历程及其检讨》,原载长沙市文物考古研究所编《长沙三国吴简暨百年来简帛发现与研究国际学术研讨会论文集》,中华书局,2005年,收入其著《汉晋简牍论丛》,广西师范大学出版社,2014年,第485页。

一、成熟学科或独立学科

1974 年 6 月,台湾马先醒先生出版由劳榦先生题字的《简牍学报》第 1 期,为简牍学得名之滥觞。1984 年,林剑鸣先生参照日本的木简学,认为大陆也应正式称之为简牍学。[1] 2001 年,蔡万进先生认为:“简牍学已逐步发展成为一门具有严密规律,并积累了丰富研究资料和多方面研究课题的成熟学科。”[2] 2002 年,初师宾先生认为:“简牍学是与二十世纪同龄,并且开展最早的重要学科之一。”[3] 这是将简牍学视为成熟学科。

1993 年 10 月,李学勤先生主编《简帛研究》第 1 辑由北京法律出版社出版,李先生在《前言》中说:“今天简帛研究是学术界迫切需要的一门新兴学科。”此为简帛学得名之滥觞。2002 年,卜宪群先生认为:“简帛学是一门通过对地下发掘的含有古代文字的简牍帛书的系统研究来补充、修正传统文献所记载史实的科学。”[4] 这是将简帛学视为独立学科。

最值得关注的是谢桂华先生认为:“经过几代中外学者的共同努力,简帛学已经发展成为一门独立的学科。”谢先生这段话,最早出自 2003 年与沈颂金、邬文玲合作发表的总结 20 世纪简帛的发现与研究的论文[5],

---

[1] 林剑鸣编译:《简牍概述》,陕西人民出版社,1984 年,第 2 页,“前言”。按:林氏在“简牍学”三字下加注:“王国维《简牍检署考》。傅振伦《居延汉简·历代竹木简牍的发现》。沙畹《斯坦因发现的简牍》(法文,1913 年)。兰州大学编《简牍目录索引》《简牍简述》。”(第 5 页)意谓“简牍”二字出于彼书,非谓“简牍学”三字出于彼书也。

[2] 蔡万进:《中国简牍学百年回眸与展望之思考》,《许昌师专学报》2001 年第 3 期。

[3] 初师宾:《简牍学百年的思考》,载西北师范大学文学院历史系、甘肃省文物考古研究所编《简牍学研究》第 3 辑,甘肃人民出版社,2002 年,第 301 页。

[4] 卜宪群:《二十世纪的简帛学与史学研究》,《光明日报》2002 年 2 月 5 日。

[5] 谢桂华、沈颂金、邬文玲:《二十世纪简帛的发现与研究》,原载《历史研究》2003 年第 6 期,收入谢桂华《汉晋简牍论丛》,广西师范大学出版社,2014 年,第 430 页。

2004年撰写的纪念历史研究所成立五十年的文章沿用[1],与前揭2001年谢桂华先生的发言相较,仅仅过了两三年,简帛学就从"一门专门的学问"上升为"一门独立的学科"。这种飞跃,应与2001年"长沙三国吴简暨百年来简帛发现与研究国际学术研讨会"成功召开之后"简牍热"骤然升温有关。2004年,张显成先生也说:"现在已经形成了一门新兴的独立的学科——简帛学。"[2]

此后,简牍学或简帛学,作为成熟学科或独立学科,屡屡见诸相关论著。同时或稍后,将简牍学或简帛学,特别是简帛学,作为既定学科,在其下另设分支学科的言论也逐渐增多。譬如:2004年,张显成先生说:"简帛文献学是简帛学的一个分支学科,是研究简帛文献内在规律的专门学科。"[3]2006年,卜宪群先生认为:简帛学可以划分为简牍学和帛书学两个学科分支。[4] 2011年,李学勤先生说:"很明显,把简帛学划分为简帛书籍、简牍文书两个学科分支,不仅是发展趋势,而且还是当前的实际了。"[5]2016年,蔡万进先生认为:简帛学可以划分为简帛文化学、简帛文献学和简帛文物学三个学科分支。[6]

二、边缘学科或交叉学科

2011年3月,《中国社会科学报》记者采访卜宪群、陈伟等简帛专家,

---

[1] 谢桂华:《栉风沐雨成就斐然——五十年来历史所简帛研究回顾》,原载中国社会科学院历史研究所编《求真务实五十载:历史研究所同仁述往(1954—2004)》,中国社会科学出版社,2004年,收入其著《汉晋简牍论丛》,广西师范大学出版社,2014年,第474页。

[2] 张显成:《简帛文献学通论》,中华书局,2004年,第12页。

[3] 张显成:《简帛文献学通论》,中华书局,2004年,第12页。

[4] 卜宪群:《简帛学刍议》,《中国社会科学报》2006年11月2日。

[5] 李均明、刘国忠、刘光胜、邬文玲:《当代中国简帛学研究(1949—2009)》,中国社会科学出版社,2011年,第2页,"序"。

[6] 蔡万进:《简帛学的学科分支新论》,《中国史研究动态》2016年第2期。

撰写《简帛学:国际显学伴随隐忧》报道,说"简帛学天然地具有多学科、跨学科的性质",称"多位学者都认同简帛学具有边缘学科、跨学科的性质",等等。其实,这种观点,在此之前一直存在,在此之后也从未消歇。

2006年,卜宪群先生提出边缘学科概念。他说:"简帛学不仅可以与历史学相结合,而且由于它包含的内容十分丰富,又可以与多种学科相结合。例如,它与考古学就密不可分;而且随着简帛文字的系统整理与公布,运用简帛材料研究古文字、古汉语也将日益受到重视,因此简帛学与语言学也有密切关系。简帛中的文字、绘画,简帛中的科技、医学、民俗内容也都必须与多学科相结合研究。因此,简帛学含有边缘学科的性质。"[1]

2016年,杨振红女史提出交叉学科概念。她先对简帛学的知识系统进行详细的分析和探讨,然后以此为根据,说:"在梳理了简帛学的知识系统后,我们就会进一步明确,简帛研究无法由考古学、历史学、语言文字学等单一学科独立开展,简帛学具有明显的交叉学科特性,它是在综合考古学、历史学、语言文字学、文献学、哲学等多学科基础上形成的新学科,这些学科是简帛学科存在和发展的基础,脱离上述学科,茕茕独立的简帛学科是不存在的。"[2]

这两种学科归属,如前所言,主要是业内专家的说法。但考虑到在传世文献仍然占主导的时代,出土文献属于小众,简牍属于更小众,这两种学科归属,要想得到国家承认,实际上有很大难度。因此,业内专家,即使是这两种学科归属的提倡者,也难免会心存不同疑虑。譬如:2006年,卜

[1] 卜宪群:《简帛与简帛学》,《中国社会科学报》2006年2月28日。

[2] 杨振红:《简帛学的知识系统与交叉学科属性》,《河南师范大学学报》2016年第5期。

宪群先生即认为:“从目前关于简帛学学科内涵的争论来看,说它已经成为一门成熟的学科还不十分妥当。”[1]2016 年,杨振红女史指出:“简帛学(尽管)已经具备一门学科所需的基本要素,成长为实质上的独立学科。然而……在 2011 年教育部颁布的《学位授予和人才培养学科目录》中仍没有简帛学的一席之地。”[2]2017 年,蔡万进先生在谈出土简帛整理的学科属性时说:“出土简帛整理归根结底应属于传统文献学的范畴。”[3]蔡万进先生回归传统文献学的说法,是十分重要的务实观点。当局者易迷,旁观者常清。这其实也一直是业外专家的观点。业外专家对于简牍学的学科归属,主要持以下两种观点:

一、文献学科。自张舜徽先生撰写出版《中国文献学》,将甲骨、金石、简帛和纸文书悉皆收入其中,出土文献属于文献学,便是业外专家的普遍观点。杜泽逊先生最近撰文,谈文献学的方法、理论和学科建设,通篇没有提到出土文献,仅在最后涉及中国科学技术史时,才提到“古代的甲骨文、金文、陶器、石刻,这些文献的载体怎么进行鉴定,也需要科学技术”[4]。这反映出在一部分文献专家眼里,出土文献属于文献学科,原本毋庸置疑;而在文献学科,是传世文献占主导,出土文献无足轻重,提与不提,无伤大雅。

二、古文字学科。牛鹏涛先生最近撰文,谈关于中国古代文明研究问题,对传世文献较少涉及,将简牍学直接归属古文字学,称:“古文字学对于考古学和古代史的研究也贡献巨大,这一点在甲骨文之于殷商史、金文之于

[1] 卜宪群:《简帛学刍议》,《中国社会科学报》2006 年 11 月 2 日。

[2] 杨振红:《简帛学的知识系统与交叉学科属性》,《河南师范大学学报》2016 年第 5 期。

[3] 蔡万进:《出土简帛整理的若干理论问题》,《郑州大学学报》2017 年第 5 期。

[4] 杜泽逊:《谈谈文献学的方法、理论和学科建设》,《文献》2018 年第 1 期。

两周史的关系中体现得最为明显。20 世纪 70、80 年代以来，随着古文字材料的大量出土，尤其是青铜器、战国秦汉简牍等资料层出不穷，古文字学科加速成长，业已从‘绝学’变为‘显学’。”[1] 这反映在另一部分文献专家眼里，出土文献属于古文字学科，也毋庸置疑；而在古文字学科，则是出土文献占主导，传世文献没有太多话语权。

综上所述，固然仁者见仁，智者见智，各有成立的理由。但必须指出的是，在大陆，任何一门学科的建立，都需要面对现实，与教育部的学科门类挂钩，找到自己可能存在的位置。为此，我们得先了解教育部的学科门类设置情况。

根据教育部 2011 年颁布的学科门类，大致分“学科门类”“学科大类（一级学科）”“专业（二级学科）”三个层次，其中“学科门类”用两个代码表示，“学科大类（一级学科）”用四个代码表示，“专业（二级学科）”用六个代码表示。先看最新公布的文史两大门类的一级学科及与传世文献和出土文献相关的二级学科等设置情况：

05 文学

0501 中国语言文学　050104 中国古典文献学

0502 外国语言文学

0503 新闻传播学

06 历史学

0601 考古学　060106 专门考古（含：古代文字与铭刻）

0602 中国史　060202 历史文献学（含：敦煌学、古文字学）

[1] 牛鹏涛：《机遇与挑战：关于中国古代文明研究的几点思考》，《中国史研究动态》2018 年第 2 期。

0603 世界史

考古学原来一直只是历史学一级学科下的一个专业二级学科,2011年升为一级学科后,发展极为迅速。原来准备设置九个二级学科,其中包括古代文字与铭刻二级学科,但终因条件不具备,只设置了六个二级学科,将古代文字与铭刻包括在专门考古二级学科中。[1] 这个括在专门考古二级学科后的古代文字与铭刻,实际属于三级学科,但由于其内涵主要限于墓葬出土墓志、砖刻、买地券等铭刻文字,简牍并非铭刻,也并非墓葬常见出土文字,应该与该学科没有关系。

张舜徽先生撰写出版《中国文献学》,原意大概是想建立一个名为文献学的学科门类。因为文学与历史学两个学科门类虽然都有文献学二级学科,但搭配并不合理。譬如:文学学科门类的中国古典文献学二级学科,内涵实际仅限于传世文献。而历史学学科门类的历史文献学二级学科,后面括的古文字学(也应属于三级学科),虽与出土文献有关,但在大学,却一向是中文系课程,并非历史系课程。古文字学包括甲骨学(应属四级学科),甲骨文考释也一向是中文系的工作,殷商史研究才是历史系的工作。然而,尽管不合理,这种现状由来已久,想要改变实际很难。故前有张舜徽先生呼吁,后有杜泽逊先生呼吁,前后将近四十年,其声不绝于耳,希望文献学能够成为一个学科门类,实际上无此可能。

敦煌学能够从众多出土文献中脱颖而出,括在历史文献学二级学科后,排在古文字学前,成为事实上的三级学科,那是天时、地利、人和等多方面因素共同促成的。首先自然是著名史家陈寅恪先生1930年说过的两句至今仍振聋发聩的话,一为:"敦煌学者,今日世界学术之新潮流

[1] 王巍:《考古学成为一级学科的前前后后》,《中国文物报》2012年6月15日。

也!”二为:“或曰:敦煌者,吾国学术之伤心史也!”[1]这是一个极其重要的历史铺垫。当然,仅此还远远不够。1982年夏,时任教育部部长的蒋南翔到兰州大学考察,学校指派敦煌学专家齐陈骏先生全程陪同,包括去敦煌参观,一路上谈的都是敦煌学的话题。1983年8月,由教育部、文化部、中国社科院联合在兰州召开中国敦煌吐鲁番学会成立大会。会后,趁热打铁,常书鸿、傅振伦、季羡林、唐长孺、任继愈、段文杰等22位重量级学者联名给中央上书,请求中央对敦煌吐鲁番学的资料建设和人才培养给予支持。此次上书,堪称一路绿灯。中央很快批复,责成有关部门给新成立的中国敦煌吐鲁番学会下拨经费120万元用于资料建设,并指定教育部设立敦煌学三级学科用于人才培养。

需要强调的是,敦煌学的那种际遇,就是对敦煌学本身来说,也很难复制。20世纪90年代之后,敦煌吐鲁番学界的同仁,一直想把敦煌学从历史文献学后面的括号里摘出来,升为与历史文献学并立的二级学科,并为此做过很多努力,但很遗憾,至今未能如愿。当然,此一时彼一时,原因很多。但很重要的一点,是敦煌学的理论、方法,与历史文献学并无太大不同。学科建设有一个重要原则,就是“合并同类项”。考古学能够与中国史、世界史鼎足而三,就是因为它的理论、方法与中国史、世界史完全不同。那么,简牍学呢?

简牍学诚如一些专家所说,整理与研究,需要运用多学科、跨学科的知识。但它既然属于出土文献,那么,它的理论、方法,就必然具有文献的

[1] 陈寅恪:《陈垣敦煌劫余录序》,原载《国立中央研究院历史语言研究所集刊》第1本第2分,1930年,收入《陈寅恪集·金明馆丛稿二编》,生活·读书·新知三联书店,2001年,第266—267页。

基本属性。陈寅恪先生早在1942年就曾指出:“自昔长于金石之学者,必为深研经史之人,非通经无以释金文,非治史无以证石刻。群经诸史,乃古史资料多数之所汇集。金文石刻则其少数脱离之片段,未有不了解多数汇集之资料,而能考释少数脱离之片段不误者。”[1]意思说:“群经诸史”为传世文献,是“古史资料多数之所汇集”;“金文石刻”为出土文献,是“古史资料多数之所汇集”中的“少数脱离之片段”。传世文献与出土文献的关系,属于皮与毛、本与末的关系。而现在,常将这种关系皮毛混淆、本末倒置。特别是近些年来,常常听到,郭店楚简将改写思想史,清华楚简将改写上古史,长沙吴简将改写三国史,诸如此类大话,而事实上,历史是一种客观存在,早已定格,谁也改写不了。因此,作为简牍学,应脚踏实地,回归历史文献学,建构适合自己的理论。

历史文献学的理论与文献学大同小异。张舜徽先生《中国文献学》认为整理古代文献的基础知识有三:一曰版本,二曰校勘,三曰目录。[2]杜泽逊先生认为“文献学的核心内容是目录学、版本学、校勘学”[3]。仅排序不同,名称都一样。文献学的理论,则都是围绕目录、版本、校勘三者建构的。而目录、版本、校勘三者,也是历史文献学的主要内容;同样,也应是简牍学的主要内容。

简牍学研究应从目录学开始。一切学问,原本皆从目录学入门,简牍学当然也不能例外。顾颉刚先生回忆他十一二岁时,常去苏州观前街逛新旧书肆,说:“我去了,不是翻看他们架上的书,便是向掌柜们讨教版本

[1] 陈寅恪:《杨树达积微居小学金石论丛续稿序》,1942年书于桂林雁山别墅,收入《陈寅恪集:金明馆丛稿二编》,生活·读书·新知三联书店,2001年,第260页。

[2] 张舜徽:《中国文献学》,河南人民出版社,1982年,第53—162页。

[3] 杜泽逊:《谈谈文献学的方法、理论和学科建设》,《文献》2018年第1期。

的知识。所见的书籍既多,自然引诱我去研究目录学。《四库总目》《汇刻书目》《书目答问》一类书那时都翻得熟极了。到现在,虽已荒废了十余年,但随便拿起一册书来,何时何地刻的还可以估得一个约略。”[1]简牍学的目录学,也应包括顾颉刚先生翻熟的那些书目。这就是前文说的传世文献是皮毛之皮和本末之本。当然,简牍学也应具有符合自己特色的目录学。这就是简牍专业的目录学。主要可分三大类:一为简牍发掘论著目录学,二为简牍整理论著目录学,三为简牍研究论著目录学。

简牍学研究也有版本学与校勘学。以四部书《老子》为例,著名的就有马王堆帛书甲、乙本,郭店简本甲、乙、丙本,北大简本,此外,同属出土文献类,还有属于敦煌写本的索紞本和河上公本等。[2] 这些本子,文字各不相同,既需要与传世王弼本校勘,也需要彼此校勘。至于其他关于政治、经济、军事、交通、民族、文化等方面的简本文献,很多也都存在不同文本问题,需要加以校勘,以便求同存异。而根据简本文书进行历史研究,虽然另有价值与意义,但从“二重证据法”角度观之,仍不过是简牍学的版本学与校勘学的引申或深化而已。

简牍学学科归属的确定,对简牍学理论建构至关重要。需要指出的是,前揭牛鹏涛先生文章,将简牍学直接归属古文字学,只是近些年来才

---

[1] 顾颉刚:《〈古史辨〉第一册自序》,载其著《古史辨自序》上册,河北教育出版社,2000 年,第 32 页。

[2] 其中索紞本的真伪曾有争议。详参王素《西晋索紞写〈道德经〉残卷续论——兼谈西晋张儁写〈孝经〉残卷》,原载首都博物馆编《首都博物馆丛刊》第 17 期,北京燕山出版社,2003 年,收入其著《汉唐历史与出土文献》,故宫出版社,2011 年,第 209—218 页;王素《关于西晋索紞写〈道德经〉残卷的通信——以牟复礼先生回复马泰来先生的电邮为中心》,载《敦煌吐鲁番文书与中古史研究——朱雷先生八秩荣诞祝寿集》,上海古籍出版社,2016 年,第 19—25 页。

逐渐形成的民间观点。[1] 1978 年成立的中国古文字研究会,将研究内容主要限于商周甲骨文、金文及春秋盟书和战国文字,并没有给秦汉简牍预留位置。同样,教育部的学科门类,古文字学下,也从未听闻有简牍学的位置。这是值得简牍研究者深思和奋起直追的。我觉得,简牍学的学科归属和理论建构,可分两个阶段推进:

第一个阶段,先将简牍学自我归属历史文献学,然后围绕历史文献学的理论,建构简牍学的理论,争取得到教育部和中国古文字研究会的认可,在历史文献学后面括的古文字学下正式获得一席之地。

第二个阶段,围绕历史文献学的理论,不断深化和细化简牍学的理论,使之形成体系,相较于历史文献学的理论既有共性又有个性,以此为基础,再把握某种机缘,从古文字学下脱逸,争取在历史文献学后面的括号里,与敦煌学和古文字学鼎足而三,也成为一个三级学科。

这是一个比较切合实际的奋斗目标。我相信,随着简牍文献的不断出土和不断整理出版,简牍学的影响会越来越大,假以时日,这个奋斗目标一定会实现!

---

[1] 李学勤:《从“绝学”到“显学”——中国古文字学的繁荣发展》,《人民日报》2009 年 8 月 14 日。

简帛学的学科分支新论

蔡万进

（首都师范大学历史学院 北京 100089）

简帛学是20世纪创建并取得丰硕成果的一门重要学科。进入新世纪以来，随着简帛学的迅速发展，学科的研究越来越细化，简帛学的学科分支划分和研究便成为学术界无法回避、必须直面的问题。目前，有关简帛学的学科分支划分，主要有如下几种意见：

李学勤在《当代中国简帛学研究（1949—2009）》一书的“序”中指出：“事实上，历年出土的大量简牍帛书，依其本身性质，可划分为典籍和文书两大类，对两者进行整理研究的方法途径彼此有相当大的差异，所需要的知识手段也互不相同，应该作为两个学科分支看待……很明显，把简帛学划分为简帛书籍、简牍文书两个学科分支，不仅是发展趋势，而且还是当前的实际了。”[1] 卜宪群《简帛学刍议》认为：“用简帛学来规范这门学科的名称更妥帖。而在许多特定条件下使用‘简牍’二字，应表明它是简帛

[1] 李均明、刘国忠、刘光胜、邬文玲：《当代中国简帛学研究（1949—2009）》，中国社会科学出版社，2011年，“序”。

学的一个分支,简牍学应包括在简帛学的学科范围之内,正如还可以有帛书学一样。"[1]张显成《简帛文献学通论》说:"简帛文献学是简帛学的一个分支学科,是研究简帛文献内在规律的专门学科。"[2]谢桂华在回答记者采访关于"三国吴简"是否将成为一门类似于"敦煌学"一样的独立学科时表示,"'三国吴简'肯定能成为一门独立的简帛学学科"[3];石见《"敦煌百年"的曲折与"长沙吴简"的未雨绸缪》又首次提出"吴简学"的概念[4],表明两位都认为"吴简学"应该成为简帛学的一个独立学科分支。

上述诸家有关简帛学学科分支的划分,或以简帛内容性质划分,或以简帛载体不同划分,或以简帛属性特征划分,或以简帛国别时代划分,不一而足。由于研究者的认识角度各异,学界对于简帛学学科分支的具体划分各不相同,迄今尚存较大分歧和争议,这不仅与当今中国简帛学的国际"显学"地位极不相称,同时也严重阻碍了简帛学学科的进一步发展。分析存在上述问题的根源,笔者认为,应与学界对于出土简帛自身的基本属性与特征缺乏科学的认识和研究有关。

首先,出土简帛本身是一种文化遗物。这可以从三个方面来理解:一是简帛作为纸普遍使用之前的一种文字书写材料,无论在中国还是在世界范围内,其本身即是一种重要的文化现象和文化遗物,日本学者冨谷至著的《木简竹简述说的古代中国》,副题曰《书写材料的文化史》,从文化

[1] 卜宪群:《简帛学刍议》,《中国社会科学报》2006年11月2日。

[2] 张显成:《简帛文献学通论》,中华书局,2004年。

[3] 张邦卫:《"三国吴简"可成为一门独立的学科——中国社会科学院简帛研究中心主任谢桂华访谈录》,《长沙晚报》2001年8月18日。

[4] 石见:《"敦煌百年"的曲折与"长沙吴简"的未雨绸缪》,《中国文物报》2001年1月17日。

史的角度，清楚地表达了简帛自身的这一文化遗物属性与特征[1]；二是简帛在长期的使用过程中，其形制和使用方式多遵循一定的规则，此即简帛学界所谓的“简帛制度”，众所周知，文化有物质、制度、精神三个层面，简帛制度当是简帛文化的具体体现和重要组成部分；三是简帛资料是珍贵的文化遗产，简帛记录、承载、反映当时社会的文明创造和各个层面的文明积累，出土的简帛古书和简帛文书，不仅可以使我们能够以更广阔的视野纵览中国数千年文化史的全貌，同时也极大地充实了中国文化遗产的宝库，简帛资料的文化遗产意义，已经为越来越多的关心和热爱中国文化的人们所认识。[2]

其次，出土简帛本身是一种文献。张舜徽在《中国文献学》一书中曾指出：“‘文献’既是一个旧名词，自有它原来的含义和范围。我们今天既要借用这一名词，便不应抛弃它的含义而填入别的内容。近人却把具有历史价值的古迹、古物、模型、绘画，概称为历史文献，这便推广了它的含义和范围，和‘文献’二字的原意，是不相符合的。当然，古代实物上载有文字的，如龟甲、金石上面的刻辞，竹简缣帛上面的文字，便是古代的书籍，是研究、整理历史文献的重要内容，必须加以重视。至于地下发现了远古人类的头盖骨或牙齿，那是古生物学的研究范围；在某一墓葬中出土了大批没有文字的陶器、铜器、漆器等实物……那是古器物学的研究范围。这些都是考古学家的职志，和文献学自然是有区别的。”[3]出土简帛本身是文献，自然具有文献的一切属性与特征，突出表现为：一方面出土

[1] [日]冨谷至著，刘恒武译，黄留珠校：《木简竹简述说的古代中国》，人民出版社，2007年。

[2] 王子今、赵宠亮：《简牍史话》，社会科学文献出版社，2012年。

[3] 张舜徽：《中国文献学》，河南人民出版社，1982年。

简帛具有一般文献的文献学整理意义,即从文献学的角度出发,利用传统文献学的理论、方法与知识,对出土简帛进行录文、分类、编目、校勘、注释、翻译、索引、编纂、出版等工作,如尹湾汉简与《尹湾汉墓简牍》专题整理报告[1];另一方面出土简帛又具有一般文献的文献学研究意义,即传统文献学研究的内容,如年代、结构、体例、来源、辨伪、流传等,同样也适用于简帛文献的研究。尤其出土简帛典籍,或是流传到现在的传本,或是没有传世本的古佚本,有的则是与传世古籍部分篇章相合的另外一种版本,但无论何种情形,作为古书,学者首先都要对其进行文献学方面的研究。

再次,出土简帛本身是文物。其一,出土简帛是考古活动的产物,考古活动是简帛出土、发现的前提,尽管这种考古活动,一开始可能并不是专为寻找、挖掘简帛这种文物而进行的;其二,出上简帛本身是考古发掘出土的古代遗物,具有一般文物的考古学整理意义,换言之,就是可以将出土简帛作为出土遗物中的一种进行考古学的基础整理,全面记录和反映简帛文物自身的一切相关信息,如出土地点、方位(单元)、地层、原状、伴出物(共存关系)、尺寸、文字、图画等,最终以考古发掘报告形式公布,如《新蔡葛陵楚墓》与葛陵楚简[2];其三,出土简帛本身也同时具有一般文物的考古学研究意义,即依据简帛质地、外在形制特征等对出土简帛进行类型学研究,通过简帛纪年和文字内容的考释等对出土简帛进行分期断代研究,以及利用物理化学等现代科技手段对出土简帛进行科技考古研究和保护、开发利用等,需要说明的是,非考古发掘如盗掘出土的简帛,

[1] 连云港市博物馆等编:《尹湾汉墓简牍》,中华书局,1997年。
[2] 河南省文物考古研究所编:《新蔡葛陵楚墓》,大象出版社,2003年。

像近年陆续出现的上博简、岳麓简、清华简、北大简等，虽然非科学发掘出土，考古信息有所损失，但一般文物的基本特征并没有丧失，从这一点来说可与科学发掘的简帛等量齐观。简言之，出土简帛具有文物的一切属性与特征。

基于上述的分析可以看出，出土简帛本身既是一种古代文化遗物，同时又是一种宝贵的历史文献和考古发掘出土的珍贵文物，三重属性与特征集于一身，对于出土简帛，不仅需要进行文化学、文献学意义上的研究，而且也需要对出土简帛自身进行文物学意义上的研究，而对应出土简帛的文化学、文献学、文物学研究，自然就形成了简帛学的三个学科分支，即简帛文化学、简帛文献学和简帛文物学。

简帛文化学是一门揭示简帛自身各种文化信息、意义及其与中国文化关系的学问，也就是从简帛入手研究中国文化，从文化角度研究简帛。简帛作为文字书写材料，虽然并不局限于中国，在世界其他地区也有使用和发现，但以简帛作为普通书写材料而广泛使用的情况却只见于中国古代，简帛是同时期世界范围内影响最广、使用最普遍的书写材料和最大宗的文字资料，在中国和世界文化史上占有重要地位；简帛在长期的使用过程中所形成的各项制度和规定，是中国文化的有机组成部分，所凝固形成的知识、信仰、思想等又深刻影响了我国古代文化的诸多方面。简帛与文化的关系如此紧密，一门新的学科——简帛文化学的建立就势在必然了。简帛文化学以简帛的文化内涵为研究对象，利用文化学的理论、方法和知识，对出土简帛进行文化学方面的研究，深入发掘总结简帛文化的丰富内涵和历史影响。简帛文化学与简帛学两者的研究对象是一致的，都是出土简帛，但前者内涵与外延却较简帛学为小，因此，简帛文化学在学科定位上应从属于简帛学，为简帛学的一个独立分支学科。关于简帛文化学研究的内容,可以分为两个方面:一是要阐明揭示简帛本身蕴藏的丰富的文化信息和意义,包括简帛的起源、使用、形制、编联、版式、题名、符号等;二是要探讨简帛与中国文化的关系,在这一领域里,有大量可作的题目,有的已有人作过,如简帛与中国古代书籍制度[1]、藏书文化[2]等,有的无人问津,可作的文章和题目还很多,还需要深入探讨、发掘和丰富。

简帛文献学,作为简帛学的一个分支学科,其提出与系统论述当首推张显成著的《简帛文献学通论》。该书从文献学的视角,对简帛文献的发现、类别、史料价值、整理等进行了重点介绍和探讨,并从理论上论述了简帛文献学研究的对象和内容,这是近年来简帛学学科理论建设走向深入的重要表现。需要指出的是,该书对于简帛文献学的学科体系构建尚不完备,简帛本身是文献,但却是一种出土文献,对于出土文献的研究,除了依照和借鉴传统文献学的理论方法、结构体系、思路要求外,同时还需要从文献学角度,突出出土文献的文献特征,即其主要内容和方法始终要围绕出土文献自身逻辑性地展开。笔者认为,出土文献的学科理论体系应包括各类出土文献的考古发现、著录整理、载体演变、文本形态、文字形态、内容构成、史料价值等诸方面[3],简帛文献学学科体系亦应如是。

简帛文物学,即以简帛文物为研究对象的学科,这是由简帛的文物属性所决定的。简帛本身是文物,对于简帛的文物属性与特征的研究,自然就形成了一种以简帛文物为研究对象的专门学问。当然,简帛文物自身丰富的文物信息和巨大的文物学研究价值,也为简帛文物学这门学科的

[1] 耿相新:《中国简帛书籍史》,生活·读书·新知三联书店,2011年。

[2] 傅荣贤主编:《出土简帛与中国早期藏书研究》,知识产权出版社,2014年。

[3] 蔡万进:《出土文献类课程教学内容的研究与探索》,《历史教学问题》2014年第5期。

独立、形成奠定了基础。如今学界对于简帛这种文物的研究，已经有了明确的研究内容和任务，这是该门学科之所以、也应该独立成为一门学科的前提。科学的简帛文物学研究的内容应当包括：一是简帛出土规律，即简帛的调查、发现和发掘规律。目前简帛的出土规律大致有四种情况：出自未曾被盗掘的密封的地下墓穴，如马王堆汉墓帛书；出自古代堆放简牍或废弃物的废弃水井、深窖等，如走马楼吴简、里耶秦简；出土于长期极度干旱的荒漠地区，如居延汉简等西北简牍；出土于地下水位较高的地区，如湖北、湖南等地区出土的大量简牍。二是简帛文物的价值研究，重点涉及简帛书法、简帛绘画等艺术价值以及简帛文物的鉴定、辨伪等。三是简帛文物的科学保护研究，涉及出土简帛的现场保护、脱水保护和馆藏保护的现代科学技术、手段和理念等。四是简帛文物资源的开发利用。虽然简帛文物学与简帛学两者的研究对象都是出土简帛，但简帛文物学的内涵与外延却较简帛学为小，在学科定位上应从属于简帛学，为简帛学的一个独立分支学科。

简帛学的上述三个学科分支——简帛文化学、简帛文献学和简帛文物学的划分，较之其他诸家的学科分支划分意见，更符合当下出土简帛研究实际和出土简帛自身属性内在逻辑，应该成为现今简帛学理论研究的新成果、新进展。

简帛学的史料辨析与理论探求

孙闻博

（中国人民大学国学院 北京 100872）

自20世纪初西北汉简发现至今，简牍帛书的重要收获不断涌现。特别是近20年，无论在史料积累，还是学术贡献上，简帛学研究均迈入新境。伴随研究的开展，相关实践与理论的反思、追索不宜忽视。这里围绕史料把握与理论探求，谈四个问题：习用概念与用语边界；时空涵盖与演进线索；前后历史阶段比较的可能；考古学与层次模式。

一、习用概念与用语边界。简帛学实践首先直面的是概念、用语，作为问题展开与论证的基点，在使用时需要谨慎。下面的问题值得思考：以往研究中的一些习用概念是否合适，认识是否可取？简帛用语的边界变化是否需要注意？先说前者。在睡虎地秦简、里耶秦简与张家山汉简中，城旦舂、鬼薪白粲、隶臣妾等罪徒身份习见，以往多以"刑徒"称之。然而，这一用语实际较少见于秦及汉初的传世与出土文献。此时期法律用语"刑"，特指施加肉刑。而刑罚序列中，司寇、隶臣妾等附加刑多称

"耐",实多与"完"同义。[1] 故"刑徒"概念恐无法涵盖司寇至城旦舂全部群体。当时法律文献与行政文书更多使用"徒""徒隶""隶徒"等语词。又如"官奴婢"一语,在秦汉社会经济史研究中常被使用。作为私奴婢的对称,二者区别在隶属关系。然而检诸史料,下面情形值得注意:相对较为多见的是"人臣妾""人奴婢"等私奴婢称谓,秦及汉初文献很少出现"官奴婢"称谓。地方官府所役使的身份低于平民群体的人,主要是"徒隶"。那么,当我们指称当时隶属官府的相关群体时,使用何种用语较为适宜?其与"人臣妾""人奴婢"关系又是怎样?就需进一步思考了。《汉书·百官公卿表》云"典属国,秦官,掌蛮夷降者"。汉避邦讳,"秦官"应称"典属邦"。汉有属国并置属国都尉,而"典属国"抑或"典属邦"又为动宾短语。故归附蛮夷,习惯上被称为"属邦"。然而,秦及西汉前期,朝廷对归附蛮夷其实很少以"属邦"称之,而是多作"臣邦"。兵器题铭、封泥及传世文献所见秦、西汉前期典属国一职,实际却多作"属邦"及"属国",后者如此使用,与当时对归附蛮夷的称呼习惯,可相对照。再说后者。简帛文献中许多重要语词,边界存在伸缩变动。相较于强求整齐周遍,不妨考虑概念的大小广狭。秦汉赋役制度研究中,"徭"的概念基础而重要。立足当时人使用习惯,我们注意到:"徭"这一语词在具体使用时,存在大概念与小概念,即广狭之别。如"行徭"所显示,不同群体受差使而外出服役,皆可称"徭"。这既包括城旦舂、隶臣妾等徒隶服役,也包括官吏从事吏务。而"徭"除宽泛用义外,又有狭义。狭义"徭"集中指国家正役。秦及汉初,男子傅籍后一般每年服役 30 天,主要以"月为更卒"行徭,也

[1] 韩树峰:《汉魏法律与社会——以简牍、文书为中心的考察》,社会科学文献出版社,2011 年。

因需临时兴发。只有注意到“徭”存在大概念、广义指涉,讨论时对史料仔细推敲与区分,才能对小概念、狭义指涉下“徭”的内涵有更好的把握。又如“更”,松柏汉简《南郡卒更簿》,张家山汉简《二年律令·史律》《徭律》均出现“若干更”的表述。如果注意“更”同样存在广狭之别,广义“更”泛指轮番进行的供役方式,并将《二年律令·史律》《徭律》所见“若干更”从《南郡卒更簿》相关讨论中剥离出去,对狭义“更”的分析才会有所深入。秦汉年龄分层有大、小之别。依汉代情形,15岁以上为“大”,14以下为“小”。然而,汉代习惯是否适用于秦,秦代“小”在用语边界上是否存在变化,皆需考虑。秦初以身高傅籍,后傅籍以17岁,年岁较汉代偏低。《秦律十八种·仓律》言“小隶臣”转变为“大隶臣”,是通过“傅”来实现的。秦代又有“小爵”,为未达到傅籍年龄者所拥有的爵位,小爵身份者可单独立户。刘向《别录》有“长平之役,国中男子年十五者尽行,号为‘小子军’”的记述。汉初《二年律令·徭律》还出现“小未傅者”。由上,秦存在以“傅”划分大、小的方式。“小”,或至少广义一面,包括15岁以上的未傅籍群体。

二、时空涵盖与演进线索。“学习和研究某一时期的历史,首先要弄清楚时、地、人。”[1]平实之语,实为要义。使用简帛文献,需注意材料的时空涵盖。长江中游今湖南地区所见简牍,目前已形成战国至魏晋较完整的时间序列,无疑为地方行政制度研究、区域史探索提供了极佳的条件。不过,开展纵向梳理的同时,各简牍群的地域特征与可能的差异性仍需注意。在简帛文献研究中,传统史料与前人论说也多有需要检讨之处。如《汉书·百官公卿表》所言职官,何者可溯至更早,何者又不能推及太

[1] 周一良:《魏晋南北朝史论集》,北京大学出版社,1997年,第543页。

前,需加留意。严耕望《中国地方行政制度史:秦汉地方行政制度》的经典地位无可动摇,然所论是否可涵盖秦与西汉前期,不妨斟酌。治史向重变迁,留心演进线索的梳理。然就所得,或可反思:我们指出的演变线索,相对历史实际,波动幅度究竟怎样?习焉不察的前后相续下,又或存有怎样的历史暗流?以往开展长时段考察时,于制度演进多有由简而繁的先入之见。这固然受到材料方面的制约。然史料积累在时代先后上的寡多,并非全部原因。随着简帛文献的积累,秦官僚组织的复杂特征已引起学者注意。李学勤提到"秦的职官系统非常庞大复杂,汉初制度虽由之脱胎,但似已多有减省"[1]。秦汉地方行政制度研究以往涉及列曹,主要讨论两汉时期,认为地方机构大量设曹在西汉中期以后,而且往往将列曹与诸官不作区分,混一而论。现在利用里耶秦简等出土材料,相关研究不仅可以溯至秦代,而且有关列曹、诸官的具体情形,史吏、曹吏地位及其关系,也有了重新检讨的机会。秦汉地方行政制度演进中的变与不变及变动幅度,或可再作审视。

三、前后历史阶段比较的可能。强调"史学便是史料学"的傅斯年认为"史料学便是比较方法之应用","但史料是不同的……有一切花样的不同。比较方法之使用,每每是'因时制宜'的"。[2] 比较呈现差异,产生问题,促进研究。不过,史料具有复杂性,问题的解决也存在程度之别。由于秦汉史料的留存特征,欲实现对一些问题更系统、整体性的把握,前后历史阶段比较的引入,需要考虑。张家山汉简《二年律令》中多次出现"同产"。整理小组引《后汉书·明帝纪》注"同产,同母兄弟也"。张家山

[1] 李学勤:《张家山汉简研究的几个问题》,《郑州大学学报(哲学社会科学版)》2002 年第 3 期。

[2] 傅斯年撰,朱渊清导读:《史学方法导论》,上海古籍出版社,2011 年,第 74—75 页。

汉简研读班进一步认为“西汉时期之‘同产’亦指同父所生兄弟……故西汉早期之‘同产’不可排除其包括同父异母的可能性”[1]。“亦指”,“不可排除其包括……的可能性”,实为认同前说下的内涵扩展。而我们认为,“同产”指同父所生的同姓兄弟姊妹。至于同母异父,可称兄弟,虽是同母,却不属同产范畴。睡虎地秦简《法律答问》“同母异父相与奸,可(何)论?弃市”(一七二)作为一则旁证,相关史料价值有望进一步呈现:同母异父和奸出现在秦律司法解释《法律答问》中,正说明相对同产,当时人对此种情况存在疑问。而将前后历史阶段的比较引入,有关认识会更清晰:唐代同母异父姊妹入于缌麻,相奸,处以徒二年,强者流二千里。显然轻于与姊妹奸的绞。这不是同产中部分类别的量刑变轻,而正是沿袭秦汉时期同产与异父同母在概念上明确区别的结果。《二年律令·杂律》记“民为奴妻而有子,子畀奴主;主婢奸,若为他家奴妻,有子,子畀婢主,皆为奴婢”(一八八),“奴与庶人奸,有子,子为庶人”(一八九),涉及后代的归属与身份。奴与民为夫妻,生子随父,即归奴的主人所有,身份从贱为奴婢。而奴与庶人奸,子为庶人,身份上又是随母方从良,二者区别明显。这说明过去对良贱相奸的后代一定为贱,或身份一并随父或随母的认识过于简单。虽然杂律对此一并叙述,但我们注意到:仁井田陞复原唐令,良贱相奸与良贱为婚条目均引自《宋刑统》。而《宋刑统》中两者已明确区分,相应内容分别归入《杂律》与《户婚律》。故下列判断或更稳妥:秦汉良贱相奸的后代身份认定,应与良贱婚姻相区分。前者后代身份随母,或良或贱;后者则身份为贱,归奴或婢的主人。学者已注意到《二年

---

[1] 张家山汉简研读班:《张家山汉简〈二年律令〉校读记》,载张家山二四七号汉墓竹简整理小组编著《张家山汉墓竹简〔二四七号墓〕》(释文修订本),文物出版社,2006 年,第 205 页。

律令·史律》“五更”“六更”“八更”“十二更”“践更”及《徭律》“其非从军战痍也,作县官四更”(四〇九),与汉代正役相关的“月为更卒”“践更”有别。但如何进一步把握呢?考虑史、卜、祝及“非从军战痍”者身份具有特殊性,并联系唐代把各种有名目的职役和徭役称为“色役”,其中包括“由特殊身份的人或贱民充任的色役”等,“担任某种色役者可以免除课役或免除正役、兵役及杂徭”,相关思考有望深化。以往将秦汉“刑徒”作为综合群体的考察较多。对“刑徒”内部的关注,也多从法制史角度着眼,集中于刑罚等级本身。隶臣妾与城旦舂、鬼薪白粲之间究竟存在怎样的差异,并不十分清楚。如何在分析相关群体时,实现更系统的把握,是目前存在的主要问题。唐代社会身份低于平民的群体中,隶属官府一系由高到低有“杂户”“官户”(即“番户”)与“官奴婢”。如果我们在分析司寇、徒隶时,注意参考后世唐代群体的相关特征,则有望从后世面对等级身份群体所制规定中获得启发。如唐代杂户、官户差别是前者籍贯州县,后者隶属本司。这对把握司寇与徒隶的差别,是否能提供一些线索?唐代官户又称番户,番上服役;而官奴婢一般长役无番。这对比较徒隶中隶臣妾与城旦舂的服役方式,是否也能有所帮助?此外,简帛古书、文书研究应注意对敦煌吐鲁番文献分类体系、研究范式的参考与学习;前后比较的同时,关注长时段下的历史变迁。

四、考古学与层次模式。简帛学发展至今,学界一直注意历史学及文献学、古文字学与简帛学研究的结合。考古学与简帛学的关系,反而重视不足。简帛文献的本质属性是考古遗物。无论它们出自遗址抑或墓葬,都是相关考古学文化的重要构成。研究时应对同出古书、文书等文本资料群有整体把握,对简帛文献与其他考古器物有通盘考虑。只有从考古学角度对简帛资料群做好扎实的工作,研究时充分发掘和利用好相关考古学信息,才能使其在研究中发挥更大学术价值,实现简帛学的科学发展。李开元早年倡导多元化的新史学观念。从史学家的思维认识层次将史学划分为低层史学、中层史学、高层史学、哲学史学。不同层次史学有其不同的价值标准。很多易生混淆、模棱两可的问题,由此有望澄清。[1]在历史学、历史文献学、哲学、思想史、古文字学、古典文献学、科技史、天文学、医药学等专业学者进入简帛学研究领域,呈现不同治学风格背后,突显的其实仍然是问题取向与价值标准问题。简帛学研究"层次模式"的提法,应当积极考虑。

[1] 李开元:《史学理论的层次模式和史学多元化》,《历史研究》1986年第1期。

简帛理论中的分域编年

贾丽英

（河北师范大学历史文化学院 石家庄 050024）

秦汉史研究与其他断代史研究相比，最为尴尬的是传世史料稀少。所幸的是近百年来，尤其是近四五十年来，出土了相当数量的简帛史料，无疑，这为秦汉史研究带来了曙光。然而，除了出土于断代明确的墓葬或有明确出土地层的简帛之外，很多简帛材料的年代不够清晰，尤其是简牍。华中师范大学赵国华先生在宁夏固原会议时曾与笔者闲谈简牍，提及“我们不需要知道简牍的缀合、编联，我们最需要知道的是简牍材料的年代”。我想这可能是秦汉史研究者普遍的心声。我们在考证历史事实、研究历史现象时，不可避免地要用到简牍史料，但因无完整的编年体简牍，我们只能自己排比、断代，这就为研究工作带来了难度。在这层意义上，简牍编年成为简帛理论研究中非常重要的课题。

一

史书的体例历来有编年和纪传二体。刘知几《史通·二体》分析编年体之长短,“系日月而为次,列时岁以相续,中国外夷,同年共事,莫不备载其事,形于目前。理尽一言,语无重出。此其所以为长也”。其缺点则是重高才俊德、帝王将相,容易造成重要史料的遗漏,“故论其细也,则纤芥无遗;语其粗也,则丘山是弃。此其所以为短也”。事实上,编年体本身因分年纪事,容易分割历史事件和历史人物。

但从史料学的角度来看,编年体无疑利用起来更加方便。比如说我们熟知秦汉史料,但涉及具体历史事件的年代时,翻阅王云度先生《秦汉史编年》[1],比翻阅《史记》《汉书》等更加方便,尤其是对初学者。而简牍材料本身即为重要史料,且由于简牍的特性,编绳不易存留,编联完整的简册很罕见,简册复原工作困难。所以,简牍编年相对于编年体史书来说,就不存在分割历史的缺陷。

此外,除了残简、断简,简牍材料本身相对于文献材料来说要零散得多,我们可以通过对简牍的编年整理,划定简牍的具体或大体年代,以防初学者将东汉简用在西汉、西汉简用在东汉,将历史研究得越来越糊涂。同时,编年体时间上的纵向体例,便于史学研究者对简牍中所能反映的秦汉社会的政治制度、法律制度、职官沿革、公文传递、俸禄变迁等有一个规律性的认识。这一点对历史研究的重要性不言而喻。

---

[1] 王云度:《秦汉史编年》,凤凰出版社,2011 年。

二

不同区域出土的简牍，本身具有很强的地方特色以及区域关联性。简牍文献编年，只有对基本同一地域出土的且具有一定数量和规模的简牍进行编年才具有真正的史料学意义。因此，分域编年是简牍编年中必须注意的问题。事实上，从目前已有的研究成果来看，简牍文献编年主要集中在西北汉简。

以编年的方法研究汉简的最早是劳榦和日本的森鹿三先生。可参见劳榦《居延汉简考释·释文之部》《居延汉简考释·考证之部》[1]和森鹿三《关啬夫王光》[2]等系列著述。但以编年的体例进行研究的，我们见到的最早的应是陈直完成于1961年的《居延汉简系年》[3]。此篇对自武帝至和帝时期的642枚简进行了编年，其运用月朔干支、文献对比、简牍信息对比、职官郡国沿革等断代的方法论对后世简牍编年影响很大。稍晚1979年台湾吴昌廉《居延汉简系年考略稿》[4]，分六部分对简牍系年之可行途径、简文历谱与系年关系、地理因革与简牍断代、职官人物与简牍系年、劳贞一先生考订之断代简以及王莽简进行了系统深入的理论研究以及编年考订，在世界上引起很大反响。

---

[1] 劳榦：《居延汉简考释·释文之部》，四川南溪石印本，1943年；劳榦：《居延汉简考释·考证之部》，中央研究院历史语言研究所石印本，1944年。

[2] [日]森鹿三：《关啬夫王光》，《东洋史研究》1953年第12卷第3号。

[3] 陈直：《居延汉简研究》，天津古籍出版社，1986年。

[4] 吴昌廉：《居延汉简系年考略稿》，《简牍学报》1979年第8期。

20 世纪八九十年代至 21 世纪初简牍编年研究出现了几部力作。俞忠鑫《汉简考历》[1],对当时已公布的简牍进行了编年考证,但未分域,未录原简。李振宏、孙英民《居延汉简人名编年》[2],考订出有确切年代的 1400 余名屯戍吏卒。张德芳《悬泉汉简中若干纪年问题考证》[3]对悬泉汉简中与文献记载改元情况不符的 130 枚简进行了编年考订。最值得一提的是饶宗颐"补资治通鉴史料长编稿系列",共 8 册,由台北新文丰出版公司出版。其中与汉简相关的有饶宗颐、李均明《敦煌汉简编年考证》《新莽简辑校》,李均明《居延汉简编年》[4]。这是至今所见的最系统的简牍编年著作。

近年来胡永鹏《西北边塞汉简编年》[5],不仅探讨了简牍编年的方法,还对西北汉简可断代者进行了整体编年。蒙蔡万进先生提示,得知西北大学李迎春博士在做居延汉简和肩水金关汉简编年辑证的课题。希望不久的将来能见到他们的成果。

但是,我们注意到目前的简牍文献编年有这样的问题,即所有的简牍编年整理都是西北汉简,其他简牍的编年非常缺乏。比如秦简牍。尽管秦存续的时间短,但从秦史研究来看分清秦王国、秦帝国、秦王政、秦二世等时代也很重要。而且从目前公布的秦简牍来看,数量已成规模,仅陈伟

---

[1] 俞忠鑫:《汉简考历》,文津出版社,1994 年。

[2] 李振宏、孙英民:《居延汉简人名编年》,中国社会科学出版社,1997 年。

[3] 张德芳:《悬泉汉简中若干纪年问题考证》,载甘肃省文物考古研究所、西北师范大学文学院历史系编《简牍学研究》第 4 辑,甘肃人民出版社,2004 年。

[4] 饶宗颐、李均明:《敦煌汉简编年考证》,新文丰出版公司,1995 年;饶宗颐、李均明:《新莽简辑校》,新文丰出版公司,1995 年;李均明:《居延汉简编年》,新文丰出版公司,2004 年。

[5] 胡永鹏:《西北边塞汉简编年》,福建人民出版社,2017 年。

主编《秦简牍合集》[1]就录有7批秦简牍。现今数万枚的里耶秦简、岳麓书院藏秦简等也正在分批公布中。对秦简牍文献做分域编年已完全有了条件和基础。事实上王辉和王伟编著的《秦出土文献编年订补》[2]已涉及了秦简牍,把可断代的简给出了一个大致的年代。再比如战国简帛。楚地出土的简册是战国简中数量最大的,陈伟《楚地出土战国简册》[3]收录楚简牍有14种之多。而分域编年,一方面可以体现各诸侯国不同地域不同的社会风貌,另一方面对当代区域史和区域文化的研究也具有很重要的意义。

三

简牍编年,不是一个简单的年号梳理的工作。正如朱绍侯先生在给《居延汉简人名编年》作序时提道:"有人可能会认为撰写《编年》主要是一种资料排比工作,只要肯下苦功夫就一定会产生成果,殊不知搞任何一项古籍整理工作,都要有渊博的知识和深厚的考辨功力,而且还要有一个科学的研究方法。"

至少,从已有的编年工作来看,如果不能熟知文献学、考古学、简帛学、历史地理学等相关领域的知识和研究方法,史学编年工作是不能展开的。从邹衡夏商文化编年体系的创立[4]和王云度、饶宗颐、李均明等先

[1] 陈伟主编:《秦简牍合集》,武汉大学出版社,2014年。
[2] 王辉、王伟编著:《秦出土文献编年订补》,三秦出版社,2014年。
[3] 陈伟:《楚地出土战国简册(十四种)》,经济科学出版社,2009年。
[4] 邹衡:《夏商周考古学论文集》,文物出版社,1980年。

生的编年体著述就可窥见一斑。仅就简牍编年来说,要通过月朔干支来断代,就要熟知历学,仅这一点就不是普通史学工作者能做得来的;要通过职官、郡县沿革、人名、人物等来断代,就要熟知历史文献学;王莽简的断定,又要清楚王莽时期的特殊用词用字、官秩爵名、郡县名称等;借助简牍缀合、册书复原、简牍文例、字体等断定时代范围的,又须熟知简牍学;等等。就这一层面来说,简牍文献编年工作是一项很艰巨的工作。

自21世纪初有红外线扫描以来,中国大陆新公布出版的简牍多有彩色图版和红外线图版。比如多卷本不同年份出版的《北京大学藏西汉竹书》(上海古籍出版社)、《岳麓书院藏秦简》(上海辞书出版社)、《肩水金关汉简》(中西书局)、《里耶秦简》(文物出版社)等。即使是多年以前的简牍,也用红外扫描后重新发表。有代表性的如台湾"中研院"史语所编四卷本《居延汉简》("中央研究院"历史语言研究所),张德芳主编七卷本《居延新简集释》(甘肃文化出版社,2016年)。甘肃秦汉简牍集释孙占宇《天水放马滩秦简集释》[1]、张德芳《敦煌马圈湾汉简集释》[2]也是重新扫描的曾公布过的简文。红外扫描可以透视字迹模糊、简色发黑而肉眼无法看清的文字和笔画,比以往的图版都要清晰,减少了误释的可能。这为简牍文献的编年整理带来了便利。

此外,现代科技手段也为简牍编年研究带来可以展望的可能。胡东波等《北大西汉竹简的科技分析》[3],对北大收藏西汉竹简的材质、书写材料、编绳材质进行了科技分析。让我们设想,是不是现代的DNA技术可以测定出自同一根竹子或树木的简或牍?年代测算的科技手段是否可

[1] 孙占宇:《天水放马滩秦简集释》,甘肃文化出版社,2013年。
[2] 张德芳:《敦煌马圈湾汉简集释》,甘肃文化出版社,2014年。
[3] 胡东波、张琼、王恺:《北大西汉竹简的科技分析》,《文物》2011年第6期。

以将误差缩小到几年或更小？尽管目前这可能只是设想，但是我们也不能忘记红外线扫描本身应用于大陆简牍也是约2009年以后的事。近几年，将信息技术运用于简牍处理、识别和保护的成果也让人刮目，成都理工大学通信与信息专业的一批学生的成果，像杨斯涵《图像分割技术在简牍保护中的应用研究》[1]、刘瑛《OCR技术在简牍图像数字化中的应用》[2]、张阳洁《基于阈值的图像分割技术在简牍中的应用》[3]，利用计算机视觉技术，对简牍图像进行分割处理，为简牍文字的识别分析提供了便捷有效的方式。陈瑜《基于轮廓曲率的残断简牍匹配拼接关键技术研究》[4]，借助于计算机来实现残断简牍碎片的自动拼合，这一技术的运用将会为简牍缀合节约大量的时间。现代科技的进步、计算机的数字化分析，无疑会为简牍学、简牍编年工作带来曙光。

---

[1] 杨斯涵：《图像分割技术在简牍保护中的应用研究》，成都理工大学硕士学位论文，2006年。

[2] 刘瑛：《OCR技术在简牍图像数字化中的应用》，成都理工大学硕士学位论文，2007年。

[3] 张阳洁：《基于阈值的图像分割技术在简牍中的应用》，成都理工大学硕士学位论文，2010年。

[4] 陈瑜：《基于轮廓曲率的残断简牍匹配拼接关键技术研究》，成都理工大学硕士学位论文，2008年。

东亚简牍文化圈的形成与发展

[韩]尹在硕

（庆北大学史学科 韩国 大邱）

东亚简牍文化圈由东亚这一地理空间内共同出现的文化要素组成，是有史以来中国和以中国为中心的周边国家共有的历史发展产物。从地理位置来看，我们所说的东亚地区包括以位于北纬 40°、被誉为“世界屋脊”的帕米尔高原为圆心，呈扇面展开的地区，北面至北纬 50°萨哈林岛地区一线（帕米尔高原—新疆—阿尔泰山脉南部—蒙古—黑龙江北部—萨哈林岛[库页岛]），南抵北纬 20°越南河内一线（帕米尔高原—喜马拉雅山脉东面—西藏—河内），东面直到包括日本列岛在内的太平洋西岸地区，大致包括今天的中国、朝鲜、韩国、日本、越南等国家。

在传统时代，东亚地区周边的自然环境对人类的交流构成了极大障碍。北部一线横贯俄罗斯西伯利亚、蒙古以及中国东北部的寒带森林地区，阻碍了东亚文化与包括俄罗斯在内的东欧文化的交流；这一地区西、北部逐渐形成的沙漠与高原地带是阻隔西亚文化的主要原因；西部的喜马拉雅山脉阻挡了与印度文化的交流；北纬 20°以南的热带雨林气候影响了与东南亚文化的交流；日本以东的太平洋则封闭了与太平洋以东地区的文化交流。总之，东亚地区周边的自然环境阻碍了其他地区文化的流入以及东亚文化的对外扩张，导致这一地区的文化最终形成一个自成一体的、独立的文化圈。也正因为如此，当时文化最为发达的中国控制了这一区域的文化主导权，并长期保持着主导地位。正如西嶋定生所指出的，自汉代以来，中国以朝贡册封关系为媒介，从政治上控制了朝鲜半岛、日本、越南等王朝国家，并以这种国际关系上的优势为基础，将先进的中国文化传播至其他东亚国家，这一文化的核心内容包括汉字、儒家思想、佛教、律令体制等。[1]

对于东亚文化所具有的共同文化要素，以往学界往往只关注和研究其外在表现，对于上述核心内容的深层研究则明显不足。例如，汉字曾是东亚各国共同使用的文字，但是对于东亚地区记载汉字文化形成与发展过程的书写文化的研究却并不充分。而且，若强调东亚文化来源的同质性，容易联想到20世纪初日本军国主义者鼓吹的“大东亚共荣圈”，因此，对东亚书写文化的同质性进行探索和研究并非易事。

近年来，在全球一体化进程中，各地的政治、军事、经济区域划分逐渐形成。并且，比起硬实力（hardpower），以文化为中心的软实力（softpower）将成为主导21世纪世界体系的主要因素之一，而文化软实力体现在教育、人文、艺术、科学、技术等所有领域。这种软实力的开发与培育一方面体现在新文化的创造上，另一方面则体现在总结历史经验上。我们在对共通的文化要素进行再发现和再解释的过程中，也可以实现软实力的发

[1] ［日］西嶋定生：《世界史像について》，载《岩波講座世界歷史》25（月報3），岩波书店，1997年；《古代東アジアと日本》，岩波书店，2000年。

现与继承。与此同时,最近历史学界超越“一国史”,开始关注“地域史”“地球史”甚至“宇宙史”,其主要原因即在于21世纪世界政治、经济、文化、环境等已步入全球化时代。因此,从事超越“一国史”的软实力研究,不仅符合当前世界历史学界的研究潮流,也符合世界各国、各地区的共同利益。

因此,有必要对汉字文化形成与发展进行深入的实证研究。[1] 汉字在文化交流与传承过程中是最为重要的载体,在中国文化向朝鲜、韩国、日本、越南等地区传播时发挥了至关重要的作用。但是,迄今为止的研究仍主要集中在语言学领域,有关以汉字作为文化书写手段和工具的研究却十分稀少。当然,这首先是因为可供研究的有关书写文化的资料不足。

近年来,由于东亚各国均加强了考古发掘工作,各国先后出土了相当数量的记载东亚地区文化传播情况的汉字资料,其中最引人瞩目的就是简牍资料。春秋战国到秦汉时期是典型的古代中国文化的形成与发展时期,该时期的文化资料均是在简牍上书写而成。其影响已波及朝鲜半岛。大约在公元前300年,汉字从中国传到朝鲜半岛,这一史实已经得到考古资料的证实。公元前108年,汉武帝在朝鲜半岛北部和中国的东北地区设置乐浪郡,近来考古工作者在朝鲜半岛北部出土了相关简牍资料。而且,即使已经进入普遍用纸书写的时代,朝鲜半岛和日本仍出土了大量包括《论语》在内的木简资料。以汉字为载体的书写文化和以汉字为表达手段的儒家思想,自公元前2世纪以来便成为中国、朝鲜半岛、日本共同的文化要素,也成为东亚简牍文化的象征。其中,中国、朝鲜半岛、日本均

[1] 参见[韩]李成市《東アジア文化圏の形成》,山川出版社,2007年;[韩]李成市《古代東アジアの民族と国家》,岩波书店,1998年。

发现出土的《论语》简最具典型意义。

中国考古发现的《论语》简均为汉代遗物，主要有八角廊汉简《论语》、罗布淖尔汉简《论语》、悬泉置汉简《论语》和居延新简中发现的《论语》简四种。目前尚未发现汉代以后的简本《论语》，取而代之的是大量的纸写本《论语》。目前发现的年代最早的纸写本《论语》是出土于楼兰遗址的晋代写本《论语》，其余的均为唐写本《论语》。考古发现的简本和纸本《论语》是当时学习文化和儒学的入门读物，与当时的儒学教育特别是蒙学教育关系密切。

朝鲜半岛出土的《论语》简共有三批，即朝鲜平壤乐浪出土的《论语》竹简、韩国仁川桂阳山城出土的《论语》木简（推测年代为 4 世纪）和金海凤凰洞出土的《论语》木简（推测年代为 6—8 世纪）。三批《论语》简的年代分别相当于中国的汉至唐代。日本出土的《论语》简大约有 30 批，它们分别是奈良县飞鸟京遗址、飞鸟池遗址、石神遗址、藤原宫遗址、平城宫遗址、平城京遗址、东大寺遗址等出土的木简《论语》，兵库县袴狭遗址、芝遗址、德岛县观音寺遗址、滋贺县劝学院遗址、静冈县城山遗址、长野县屋大遗址群等出土的《论语》木简。日本出土的《论语》木简的年代为 7—9 世纪。[1]

中国、朝鲜半岛、日本出土《论语》简中，最令人瞩目的是八角廊《论语》简和乐浪《论语》简。八角廊《论语》简 1973 年出土于河北定县八角廊西汉中山怀王刘修墓，共 620 枚竹简，整理出释文 7576 字，是刘修死亡

[1] 参见木简学会编《日本古代木簡集成》，东京大学出版会，2003 年；《全国木簡出土遺蹟・報告書综覽》，奈良文化财研究所，2004 年。

的西汉宣帝五凤三年(公元前 55 年)之前流行的《论语》版本之一。[1] 乐浪《论语》竹简于 20 世纪 90 年代初在朝鲜平壤贞柏洞 364 号木椁墓出土,这里在汉代属乐浪郡,共发现内容为《论语·先进》的 33 枚竹简 589 个字,以及内容为《论语·颜渊》的 11 枚竹简 167 个字。[2] 从与《论语》简同出一墓的"●乐浪郡初元四年县别户口多少□(集)簿"木牍中的"初元四年(公元前 45 年)"来看,乐浪《论语》简的埋藏时间与八角廊《论语》简仅差 10 年左右,可知两处出土的《论语》简年代几乎相同,均属于西汉中晚期流行的《论语》版本之一。而且,乐浪《论语》简的形制、规格、字体、符号以及编绳方式、随葬书刀等,也与八角廊《论语》简十分相似。八角廊与乐浪《论语》简均为墓葬出土的典籍类竹简,在朝鲜半岛其他地区和日本均未出现,它表明在公元前 1 世纪中叶,以《论语》为代表的中国儒家文化及其意识形态已经传播到当时的边郡。由于乐浪郡是朝鲜半岛传播中国文化的重要基地,因此,应当认为古代朝鲜半岛的书写文化是通过乐浪郡接受中国的影响而发展起来,逐渐被纳入简牍文化圈的。

中、韩、日出土的《论语》简的用途与当时的儒学教育特别是蒙学教育关系密切。罗布淖尔、悬泉置、居延新简中的《论语》汉简出土于西北边塞的屯戍或邮驿遗址,它们常常和《仓颉篇》《急就篇》等字书和九九口诀表等一起出土,显然是当时的蒙学读物。它表明自汉武帝独尊儒术后,随着儒家文化教育的深入,《论语》越来越受人欢迎,渐渐成为汉代士子的启蒙读物。

---

[1] 河北省文物研究所定州汉墓竹简整理小组编:《定州汉墓竹简论语》,文物出版社,1997 年。

[2] 参见[韩]李成市、[韩]尹龙九、[韩]金庆浩《关于平壤贞柏洞 364 号墓出土竹简〈论语〉》,《木简与文字》2009 年第 4 号。

韩国桂阳山城、凤凰洞以及日本出土的《论语》简，与蒙学教育联系紧密。[1] 桂阳山城出土的《论语》简书写在已残的五面木觚上，五面均有墨书字迹，内容为《论语·公冶长》的一部分，推测这个木觚属于4世纪百济，原长约96厘米。凤凰洞《论语》简为6—8世纪新罗时期的四面木觚，四面均有墨字，已残，内容为《论语·公冶长》的中间部分，据推测原长约100厘米。如果桂阳山城《论语》简确属于4世纪，那么其年代明显晚于中国出土的简本《论语》，而与中国新疆楼兰出土的晋代纸写本《论语》年代接近。值得注意的是，当时的中国虽然是简、纸并用的时代，但纸张的使用远远比简牍普及。因此，韩国发现4世纪的《论语》木简，或者是因为纸张在朝鲜半岛的普及时间略晚于中国，或者是因为这件木牍的用途特殊。

桂阳山城和凤凰洞《论语》简的形制较为特别，均是四面或五面体的觚。觚在古代中国一般用来练习写字或抄写字书类的教材，中国出土简牍中就有《仓颉篇》《急就篇》等字书书写于觚的例子。[2] 而且，根据文献记载，韩、日古代的教育机构也把《论语》作为主要教学科目。因此，这两件《论语》觚的用途可能与中国出土的《论语》简或《论语》纸本一样，主要与习字或蒙学教育有关。如果它的长度确如推测的那样为100厘米左右，体积较大，那么，它很可能是放置在官学场所中让大家都能够看到并利用的《论语》学习工具。而这样的学习工具，在中国的出土简牍中尚未

[1] 参见[韩]尹在硕《韩国、中国、日本出土〈论语〉木简的比较研究》，《东洋史学研究》2011年第114辑。

[2] 参见李均明、刘军《简牍文书学》，广西教育出版社，1999年；[日]籾山明《削衣、觚、史书》，载汪涛、胡平生、吴芳思主编《英国国家图书馆藏斯坦因所获未刊汉文简牍》，上海书画出版社，2007年。

见到。

在日本出土的30余批《论语》简中,除了德岛县观音寺遗址出土的7世纪后期木觚上抄有《论语·学而》部分内容外,大多数木简和木觚上都是反复抄写《论语》的某段内容和句子,表明它们是习字简。[1] 因此,日本出土的《论语》简大体上和中韩两国的一样,与启蒙教育或习字密切相关。日本出土的7—9世纪的论语木简,和中韩两国出土的论语简牍在形制和内容上有相似之处,表明汉字、儒学以及记录这些内容的简牍文化是从中国通过朝鲜半岛传播至日本的。

综上所论,由于韩日两国同属于中国主导的东亚文化圈,其历代统治者长期崇尚儒家文化和推行儒学教育,学习《论语》成为儒学教育最重要的科目。因此,《论语》对三个国家的历史进程都产生过深远影响。汉字作为古代东亚书写文化圈的通行文字,简牍作为古代东亚书写文化的共同文字载体,在三个国家的文化交流方面发挥了至关重要的作用。《论语》简作为一个典型标志,具体而微地反映出三国间古代文化的交流状况。

除《论语》简外,中国的简牍文化对韩日两国书写文化的深远影响还表现在其他方面。例如,和乐浪《论语》简一同出土的汉元帝初元四年乐浪郡户口簿木牍,其形制、行文格式和内容等都与中国出土的汉代户口簿木牍相似。韩日两国出土最多的是标签类木简,其形制、用途和中国魏晋时期的木楬相似。可以确定,韩日两国出土的习字简均源于中国的习字木简(觚)。此外,中国、朝鲜半岛、日本出土的书刀、石砚、毛笔等工具也

---

[1] 参见[日]桥本繁《東アジアにおける文字文化の傳播:朝鮮半島出土論語木簡の検討を中心に》,载[日]福井重雅《古代東アジアの社會と文化》,汲古书院,2007年。

充分表明，与简牍相关的书写文化源于中国的简牍制度。

由此可知，对东亚简牍文化的深入研究是了解东亚地区历史文化核心主干的基础，也是今后在东亚文化圈内开掘和发展软实力的重要契机。为此，我们需要解决的课题有很多，例如隶属于东亚简牍文化圈的各国简牍学界有必要提出共同的研究课题和简帛学理论，采用统一的简牍学用语，三个国家的简牍机构共享从简牍发掘到整理、出版、保护的科学技术，互相交流，共同进行简牍的释文等等。为了实现这一目标，中国、朝鲜半岛、日本简牍学会需要联合主办定期的“东亚简牍文化国际研讨会”，通过对东亚简牍文化圈的共同研究，扩大东亚文化圈的视野，进而达到对彼此文化的深入了解，实现三国间和平、发展的共同目标。

中国简帛学体系构建新论

——兼谈国际简帛学体系构建的可能性

蔡万进

（首都师范大学历史学院 北京 100089）

简牍学，或兼包帛书而称简帛学[1]，有学者考虑到日本、韩国及欧洲都曾有简牍的发现，认为为了更为规范和避免歧义，可以称“中国简帛学”[2]，笔者认同并采用这种提法。中国简帛学是20世纪形成和发展起来的一门重要学科。百余年来，中国简帛学研究取得丰硕成果，学科建设获得长足进展，但不可否认，目前的简帛研究还存在诸多方面的不足，系统科学的中国简帛学体系亦尚未得到确立、构建，突出表现为迄今所见国内已出版的有关简帛学著作，其研究的内容及体系，仁者见仁，智者见智，各不相同。

台湾学者马先醒撰著的《简牍学要义》[3]是我国台湾地区和国人第

[1] 李均明：《秦汉简牍文书分类辑解》，文物出版社，2009年，“序”。

[2] 刘国忠：《对于简帛学建设的几点思考》，《中国史研究动态》2016年第2期。

[3] 马先醒：《简牍学要义》，台北简牍学会印行，1980年。

一部有关简牍学的通论性著作，正文 12 篇，即“简牍释义”“简牍时代”“简牍踪迹”“简牍初现与朝野倾动”“欧洲学人与汉晋简牍”“简牍本之经史子集”“简牍质材”“笔削与汗青”“简牍形制”“简牍文书之版式与标点符号”“篇卷与竹帛”“简牍之编写次第与编卷典藏”等，针对简帛形制、质材、内容、发现经过、研究概况，提供了全面而系统的新的综合整理。

林剑鸣在其《简牍学概论》讲义基础上，参考日本学者大庭脩《木简》一书，重又编译而成的《简牍概述》[1]，是中国大陆地区最早一部较系统全面地介绍简牍学基础知识的专著，主要有“解放前简牍出土的历史”“解放后简牍出土的历史”“简牍的形式和名称”“简牍中的法律文书”“简牍中的书籍”“简牍中的遣策”“简牍中的诏书”“简牍中政府下达的文书”“简牍中上呈和同级间的文书”“简牍中的通行证和身份证”“简牍中其他种类的文书”等 11 章，重点就简牍出土的历史、简牍的形式和名称以及简牍中出现的各种文体等进行介绍和解说。

高敏的《简牍研究入门》[2]，是中国大陆地区出版的又一部具有重要学术价值和影响的简牍学著作。是书共 9 章，分别为“绪论”“新中国建立前简牍出土的历史”“新中国建立后简牍出土的简况”“简牍文书的类别划分和书写体例、格式举例（上、下）”“云梦秦简的史料价值”“汉简的史料价值（上、下）”“秦简、汉简研究的状况与展望”等，较为全面地介绍和阐述了简牍的本身形制、出土历史、文书种类及其史料价值。

郑有国编著的《简牍学综论》[3]，系作者《中国简牍学综论》[4]的再

[1] 林剑鸣：《简牍概述》，陕西人民出版社，1984 年。
[2] 高敏：《简牍研究入门》，广西人民出版社，1989 年。
[3] 郑有国：《简牍学综论》，华东师范大学出版社，2008 年。
[4] 郑有国：《中国简牍学综论》，华东师范大学出版社，1989 年。

版,是中国大陆地区首部以“简牍学”冠名的研究出土简牍的专著。全书10章,分别题为“简牍的出土与整理”“简册制度”“简牍的内容”“简牍的整理及考释”“简牍研究的初始时期”“简牍研究的酝酿时期”“简牍研究的新时期”“秦简的出土及研究”“简牍学与诸学科的关系”“简牍研究的回顾与展望”等,系统总结、勾勒出一个世纪以来我国简牍研究的学术发展历程。

李宝通、黄兆宏主编的《简牍学教程》[1],是我国迄今出版的第一部简牍学教材,全书设为九章,前三章“简牍概论”“简牍出土情况”“出土简牍文字与书法艺术”,集中介绍了简牍学的基础知识;其余六章“简牍中的政治与法律制度”“简牍中的经济制度”“简牍中的军事活动”“简牍典籍与思想文化”“简牍中的民族政策及民族关系”“简牍中的社会生活”,比较全面地阐述了简牍资料反映社会历史文化的重要价值。

上述诸家简帛学著作的内容与体系设计,或是对我国简帛研究的学术史回顾与展望;或是侧重简帛史料价值的介绍与分析;或是主要针对简帛自身形制、内容的综合整理与研究。它们无疑都是中国简帛学研究的重要成果和中国简帛学体系构建的有益探索,具有重要的借鉴意义,但同时也说明,系统科学的中国简帛学体系至今还尚未定型和确立,仍存在较大分歧,这不仅与当前中国简帛学的国际显学地位极不相称,也严重影响了中国简帛学的理论建设和学科发展。

众所周知,简帛学的研究对象是出土简帛。我国古代历史上曾有过简帛发现的记载,但却没有简帛实物留存下来。近代简牍的发现始自1901年西方探险家斯坦因、斯文赫定在新疆尼雅、楼兰遗址的盗掘。迄

[1] 李宝通、黄兆宏主编:《简牍学教程》,甘肃人民出版社,2011年。

今为止，百余年来全国各地出土的简帛总量据统计已达 30 万枚之多。从出土实物的年代来看，上起战国，下迄魏晋，可见战国、秦汉、魏晋时期是我国古代简帛使用的高峰。从内容来看，书籍类中凡《汉书·艺文志》所列之六艺、诸子、诗赋、兵书、数术、方技等相关内容的文献无所不有；文书类中包括战国、秦汉、魏晋中央至地方官府的书檄、律令、簿籍、录课、符券、检楬等都有发现。从文字来看，有战国楚系简帛文字、战国至秦代的秦系简帛文字、两汉简帛文字、魏晋简帛文字等多种，涉及篆、隶、草、行、楷等汉文字体。中国简帛学应当是把上述全部出土简帛当作一个整体进行纵向、横向研究。至于我国境内出土的历代各类非竹木质类简牍（如玉简、石简、金简、铜简、铅简等）、非汉文简牍（如佉卢文、婆罗迷文、于阗文、龟兹文、回纥文、吐蕃文、西夏文简牍），以及纸取代简帛作为书写材料后出土的魏晋以降历代汉文简牍，由于它们不是主流，数量少，特征规律不明显也不系统，且其形制、用途、地位、作用等与简帛使用高峰时期的战国、秦汉、魏晋出土简帛不可同日而语，它们应是简帛制度、文化的余绪和影响所及，自然不应纳入简帛学的研究对象范围之内。

简帛学的研究对象是出土简帛，毋庸置疑，以上述地下出土简帛为研究对象的专门之学，则应是学界所称的“中国简帛学”。关于出土简帛研究，谢桂华曾指出：“大体上可分为简帛的基础研究和应用研究两个方面。所谓基础研究主要包括发掘报告、图版、释文、注释、语译、索引、字编、参考文献和论著目录等。而应用研究主要是应用新发现的简帛资料，结合传世典籍研究当时的政治、法律、经济、军事、文化乃至科技、民族关系、中外关系、语言、文字、书法等各个方面。”[1] 骈宇骞认为：“目前简帛研究

[1] 谢桂华：《百年来的简帛发现与简帛学的发展》，《光明日报》2001 年 9 月 4 日。

有两种趋向:一种是考古学和古文字的途径,以文字、音韵、训诂、校勘等方法,对简帛文献进行研究、考订、校释;另一种是历史学特别是学术史的途径,对简帛文献的思想内涵作出分析,对其史料价值进行发掘,辨章学术,考镜源流。”[1]关于简帛研究与简帛学的关系,高敏在《简牍研究与简牍学刍议》[2]中认为:“简牍学研究是任何简牍的基础研究和应用研究都不能取代的。”“简牍研究虽然与简牍学有密切关系,但把它完全混同于简牍学的说法是不可取的。这种说法的危害在于降低了简牍学作为一门学科体系的作用和地位”,“简牍学应当是把全部出土简牍当作一个整体进行纵向、横向研究,从而揭示我国古代简册制度的渊源、内涵、演变及其有关规律的学问。它的内容至少应当包括如下一些方面:简牍的发现史,包括自然发现和科学发掘史;简、牍、方、觚、札、检、楬、遣册等等不同简牍名称和涵义及其区别;简牍的制作材料与制作过程;简牍书写时所使用的各种符号及其意义;关于简牍本身按照书写内容不同的长短宽窄的法律规定及其变化发展;编制简册的各种有关规定与做法;书写简牍时按照简牍内容类别不同而产生的各种格式及其变化发展;书写简牍的字体变化及其发展规律,特别是战国简牍与楚简的字体特征与规律值得探究;不同时代的简牍书写时所使用习惯语言的揭示与归纳;整理与研究简牍的基本方法、途径与步骤的总结”。高敏所言的上述“系统的科学的简牍学的内涵”,虽然现在看来不免失之于窄,但其简帛研究不能混同于简帛学的认识和论断,对于厘清简帛研究与简帛学的关系,构建新时期系统科学的中国简帛学体系,却不啻醍醐灌顶,具有重要启发意义。

---

[1] 骈宇骞:《简帛文献纲要》,北京大学出版社,2015年,“前言”。

[2] 高敏:《简牍研究与简牍学刍议》,《光明日报》2002年4月30日。

综上所述,可以看出,造成当前中国简帛学研究没有一个确定的体系而致言人人殊,最根本的原因在于学界对中国简帛学的研究对象存在模糊认识。我们说中国简帛学的研究对象是出土简帛,这个提法并无任何不妥,但问题在于中国简帛学是研究出土简帛的文字内容,还是研究出土简帛自身的各种现象、特征与规律,到底哪些方面的研究才是属于真正的简帛学的研究内容与范围?如果说中国简帛学研究的是出土简帛的文字内容,则等于说出土简帛仅是古代文献的一种。我们知道,简帛所记内容十分广泛,其学术内容涉及所有人文社会科学和自然科学,按照常识,利用简帛文献资料开展的相关学科与领域的研究,则属于各相关学科的范畴,应由各相关学科总结综述,与简帛学无关,否则简帛学与人文社会科学和自然科学中的其他学科将难分彼此,同时也大大降低了简帛学作为一门学科体系的作用与地位。实际上,把出土简帛文字内容的研究视为简帛学,本身其实也是对于出土简帛的自身属性与特征缺乏科学认识的表现。研究表明,出土简帛本身既是一种古代文化遗物,同时又是一种宝贵的历史文献和考古发掘出土的珍贵文物,三重属性与特征集于一身,对于出土简帛,不仅需要进行文化学、文献学意义上的研究,而且也需要对出土简帛本身进行文物学意义的研究。[1] 因此,从文化学、文献学和文物学等角度,对出土简帛自身各种现象、特征与规律进行全面、系统、深入、科学的揭示、分析和总结,这才是中国简帛学真正研究的内容和方面,也是中国简帛学区别于其他任何一门学科的所在。

确定了中国简帛学的研究对象是“出土简帛自身的各种现象、特征与规律”这个主题,其理论体系便不难构建,与其他以出土简帛的学术内容

[1] 蔡万进:《简帛学的学科分支新论》,《中国史研究动态》2016 年第 2 期。

为研究范围的学科如哲学、文学、史学等的界限便不难区别,学界长期存在的“简帛研究”混同“简帛学”的不正确认识将得到消除,既往学界有关简帛学的定义、概念和范畴等的研究也因此而得到修正、补充和完善,有关出土简帛自身的各种现象、特征与规律等诸多方面的研究也将在这个主线下似珍珠串线而不再是一盘散沙。如前所述,简帛学是研究出土简帛自身各种现象、特征与规律的科学,出土简帛自身不仅是一种文化遗物(简帛制度),同时又是一种宝贵的文献(简帛文献)和考古发掘出土的文物(简帛文物),简帛学研究的内容与方面自然应紧紧围绕出土简帛自身这一特性和特征逻辑性地展开,并在此基础上,对简帛学的概念、定义、范畴等进行探讨,对有关简帛学的理论与方法进行思考,构建严密科学的简帛学研究体系(逻辑和学理)。具体言之,中国简帛学的研究内容可以归纳为以下六个方面。

第一个方面是对简帛学概念、定义和范畴的探讨与界定,具体涉及简帛学学科名称、研究对象与范围、内容与体系以及学科属性与分支、简帛使用发现史与学科发展史等,这是中国简帛学成为一门独立学科必须首先直面和回答的问题。关于学科名称,我们以为还是以“简帛学”命名较为准确和符合历史实际。关于简帛学研究的对象和范围,我们认为应是20世纪初以来百余年间中国境内各地出土的战国秦汉魏晋间简帛作为书写材料普遍使用时代的汉文简帛,至于20世纪以前的古代出土简帛、近代以来出土的历代各类非竹木质类简牍、非汉文的少数民族简牍以及纸取代简帛作为书写材料后出土的魏晋以降历代汉文简牍、世界其他国家出土简帛,则不应包括在研究对象范围之内,但可以参与中国简帛学的讨论、比较和建设。关于简帛学研究的内容及体系,我们认为应在厘清确定中国简帛学的研究对象是“出土简帛自身的各种现象、特征与规律”这个主题和出土简帛自身具有文化、文献和文物“三位一体”属性与特征这一认识下逻辑性地展开与构建。关于学科属性，简帛自身“三位一体”属性与现代学科分类都表明，简帛学是史学研究的一个领域，而非史学的辅助学科，应是“历史学”（大类）中“历史学其他学科”（中类）下的一个独立分支学科。有关简帛学的学科分支，我们认为出土简帛自身的属性与特征决定了简帛文化学、简帛文献学和简帛文物学是中国简帛学的三个学科分支。[1] 简帛学与分支学科的关系是，简帛学重在简帛本体研究，是对简帛自身各种现象、特征和规律的系统、全面、科学揭示，分支学科则是对简帛本体的专题、深入和拓展研究，是对简帛不同属性特征现象、规律和意义的揭示，两者研究的内容虽有交集，但各有自身研究的体系。关于简帛学的学科定义，可以概括表述为：中国简帛学是以 20 世纪初以来中国境内各地出土的战国、秦汉、魏晋间简帛作为书写材料普遍使用时代的汉文简帛为研究对象，综合运用考古学、语言文字学、文献学、历史学等多学科理论、方法和知识，揭示中国古代简帛制度渊源、内涵、演变及其规律，总结简帛文献文本形式、内容、整理与研究的基本方法、途径与步骤，以及探索简帛文物的价值作用、辨伪鉴定、科技保护与开发利用的一门学问。简言之，中国简帛学是研究出土简帛自身各种现象、特征与规律的学问。

第二个方面是对简帛学研究理论与方法的总结归纳。任何一门独立的学科都有自己一套严密成熟的理论体系和研究方法论，中国简帛学也不例外。百余年来的简帛学发展历程与研究实践表明，中国简帛学的研究理论与方法，主要来源于与简帛学关系密切的相关学科，即考古学、语

[1] 蔡万进：《简帛学的学科分支新论》，《中国史研究动态》2016 年第 2 期。

言文字学、文献学和历史学等。首先,出土简帛是考古活动的产物,本身是一种古代遗物,即一种带字的文物。既然是文物,就要遵照田野考古操作规程进行发掘、清理、保护,就要按照考古发掘出土遗物进行考古学意义上的整理与研究,记录下文字及其他一切相关出土信息,如出土地点、方位(单元)、地层、原状、伴出物、尺寸等等。换句话说,就是考古学的理论方法完全可以引入出土简帛的整理与研究当中。其次,出土简帛都是由不同时代的文字书写而成的,本身是古文字材料,既然是古文字,就需要综合利用传统文字学、训诂学、音韵学即语言文字学的理论、方法与知识,对出土简帛文字进行释读与考释。再次,出土简帛本身是古代文献,具有文献的一切属性与特征,既然是我国古代文献的一种,就具有文献学的整理研究意义,就能够利用文献学的理论、方法和知识,对出土简帛进行录文、分类、编目、校勘、注释、翻译、索引、编纂等整理以及对其来源、形成、内容、年代、结构、流传、典藏等进行研究。最后,出土简帛本身是史料,是研究和编纂历史所用的材料,而对于出土简帛史料价值的认识、研究、考证等,同样也需要利用历史学的理论、方法和知识。一般地说,出土简帛都要依次经过考古学、语言文字学、文献学的整理过程,最后才能为历史学等学科研究者所方便利用,因此简帛学与考古学、语言文字学、文献学、历史学等相关学科有着密切的关系,正是这种密切关系,决定了上述诸相关学科的理论和方法,同样可以引入简帛学的研究当中,使之成为简帛学理论与方法的有机组成部分。通过对简帛学与其他相关学科关系的梳理分析,借助考古学、语言文字学、文献学、历史学等学科的理论和方法,结合简帛学研究实际,总结、归纳、升华、产生出科学的简帛学理论与方法,庶几可以构建简帛学自身的理论体系与研究方法论。

第三个方面是对出土简帛自身各项制度的研究揭示。简帛在长期的使用过程中，形制和使用方式多遵循一定的规则，形成了一定的制度和规范，此即所谓的“简帛制度”。这种简帛制度，反过来又深刻地影响着简帛的使用，积淀形成独具特色的中国简帛文化，对这种文化现象和规律的揭示，自然应是中国简帛学的重要部分。简帛存在制度，自 1912 年王国维《简牍检署考》首次详考以来，久已成为学界共识，代有学者研究阐发，比较重要的有傅振伦的《简策考》[1]、劳榦的《居延汉简·图版之部》和《居延汉简·考释之部》[2]、陈梦家的《由实物所见汉代简册制度》[3]、马先醒的《简牍形制》及《简牍制度之有无及其时代问题》[4]、胡平生的《简牍制度新探》[5]等，从不同的角度对古代的简牍制度进行了多方面的探讨，取得了丰硕的成果，而且随着近年来简牍的不断大量发现和研究水平的不断提高，有关简帛制度的研究，不断有新的发现与进展，极大地丰富了简帛制度的内涵。目前简帛制度研究工作的重中之重，在于对既往丰富的简帛制度研究成果进行系统总结、归纳与整合，确立科学的简帛制度的内涵、逻辑和体系。我们认为，简帛制度一般地应包括简帛形制、编联、版式、题名、符号、文字等诸方面，涉及简帛自身材料应用的规律、编联形式的规律、版面形式的规律、标题格式的规律、符号应用的规律和文字演变的规律等，这些都是简帛自身外在形态和形式的反映，也是基于简帛自身形体由表及里认知的最基础和最基本的方面。

---

[1] 傅振伦：《简策考》，《考古社刊》1939 年第 6 期。

[2] 劳榦：《居延汉简·图版之部》，“中央研究院”历史语言研究所，1957 年；劳榦：《居延汉简·考释之部》，“中央研究院”历史语言研究所，1960 年。

[3] 陈梦家：《由实物所见汉代简册制度》，载其著《汉简缀述》，中华书局，1980 年。

[4] 马先醒：《简牍形制》，《简牍学报》1980 年第 7 期；马先醒：《简牍制度之有无及其时代问题》，载国际简牍学会编《国际简牍学会会刊》第 1 号，兰台出版社，1993 年。

[5] 胡平生：《简牍制度新探》，《文物》2000 年第 3 期。

第四个方面是对出土简帛文字内容本身的研究。对出土简帛文字内容本身的研究,实际上就是对出土简帛文献的整理研究。简帛首先应该是一种书写载体,继之才是在其上书写文字,形成一种文献。张舜徽在讨论“文献”的含义时曾指出:“古代实物上载有文字的,如龟甲、金石上面的刻辞,竹简缣帛上面的文字,便是古代的书籍,是研究、整理历史文献的重要内容,必须加以重视。”[1]既然“竹简缣帛上面的文字”是文献,那么在对上述简帛形制、编联等一系列外在形态和制度的研究揭示之后,接下来自然就应该对简帛上的文字内容本身进行文献学的整理与研究,具体应该包括如下一些方面的内容:简帛材料与简帛文字内容的关系;简帛形制与简帛文字内容的关系;简帛文字内容的性质、分类、结构(体式、格式)、来源、习惯语言表达;简帛文字内容整理的基本方法、途径与步骤以及简帛文字内容的数字化等。简言之,就是要从文献学的角度对出土简帛文字内容自身进行诸如性质、内容、分类、属性、价值等文献学意义和方面的现象、特征和规律的揭示研究。至于简帛文字学术内容的多学科具体研究,如前所述,因为不是简帛学研究、总结和综述的范畴,这里不作涉及。

第五个方面是对出土简帛自身的文物学研究。出土简帛本身是文物,对出土简帛自身进行文物学的研究,自然也是中国简帛学的题中应有之义。首先,出土简帛自身的文物学价值是多方面的,需要认真进行深入研究。研究表明,出土简帛自身具有独特的艺术、科学和社会价值,如简帛书法、绘画价值,简帛考古、文字、文献和历史价值,简帛教育价值及经济价值等。其次,非考古发掘出土的简帛自身需要进行辨伪研究。一则

[1] 张舜徽:《中国文献学》,河南人民出版社,1982年。

因为出土简帛具有重大价值,利益驱使,社会上不少不法分子作假简伪简的手段不断翻新;二则盗掘使大量简帛流散社会。对待非发掘品简帛,鉴定辨伪至关重要,学界需要花大气力对简帛自身各方面的特征规律进行讨论归纳。再次,出土简帛在进行和完成以上各方面的发掘、整理和研究过程之中、之后,简帛文物保护工作至为关键,不仅需要对出土简帛自身的物理、化学等特性进行研究认识,同时还需要探索、研究、制定科学的简帛出土现场、馆藏、库藏的文物保护技术、手段和方法。最后,简帛文物保护是手段不是目的,对于出土简帛文物还需要站在中华优秀传统文化资源的高度,对简帛文物资源的开发利用进行全面研究、科学规划,使之更好地为我国当前社会、经济和文化建设服务。此外,还有普及推广工作,尤其当下公共考古和公共史学方兴未艾,简帛学的公共普及推广应该引起重视。

第六个方面是对国际简帛学体系构建的可能性探索。简帛的使用与出土,除中国外,同时期或稍晚的世界其他国家和地区,如韩国、日本和欧洲等地,同样也都有使用和发现。在韩国,自 1975 年以来,迄今发掘出土的 6—8 世纪木简近千枚,韩国学者对此进行了多年的整理研究,提出了“韩国木简学”的概念[1];日本发现木简数量较多,截至 2008 年底,年代属于 7—9 世纪的出土木简总数超过 32 万枚,受到日本学者广泛重视,同样提出了“日本木简学”的概念[2]。自 1973 年以来,英国雯都兰达出土公元 1 世纪前后的罗马帝国木牍军事文书已达 1200 件,据估计在雯都兰

[1] 戴卫红:《近年来韩国木简研究现状》,载武汉大学简帛研究中心主办《简帛》第 9 辑,上海古籍出版社,2014 年。

[2] 王元林:《日本古代木简的发现与研究》,载中国文化遗产研究院编《出土文献研究》第 9 辑,中华书局,2010 年。

达底下可能保存的木牍在1万—10万件之间,这些木牍的形式与内容和中国汉代的居延、敦煌的简牍颇多类似,故有学者将之誉为"罗马帝国的居延与敦煌";此外,罗马时代的木牍过去在英国、德国、荷兰、法国、意大利南部、埃及、多瑙河中下游北岸以及瑞士等地都有发现。[1] 如今,各国简帛研究者已从专注本国简牍研究转向探寻世界各地出土简牍的共性、区别与联系,在努力使本国简牍研究国际化的同时,还试图整合、构建国际简帛学的体系,如韩国学者"东亚简牍文化圈"的构想,日本学者"东亚木简学"的提出[2]等。中国简帛学以其简帛出土数量大、年代早、种类全、延续久、制度规律显著、学科体系发展完善成熟、研究国际化程度高以及简帛制度、文化在历史上对于汉字文化圈地区辐射作用强等特点和优势,理应在当今国际简帛学体系的构建中占据中心地位,发挥主导作用。

自20世纪初以来,中国简帛学已走过了百余年的发展历程。目前首要的不是理论与方法的标新立异,而是要着眼于对百余年来中国简帛学研究成果的总结,并尝试用更为科学的体系加以统括,在此基础上做进一步的研究和创新。

[1] 邢义田:《罗马帝国的居延与敦煌:简介英国雯都兰达出土的驻军木牍文书》,载中国社会科学院简帛研究中心编《简帛研究译丛》第1辑,湖南人民出版社,1996年。

[2] [日]角谷常子:《东亚木简学的构建》,汲古书院,2014年。

国际简帛学视野下的日本古代木简

王元林

（中国文化遗产研究院 北京 100029）

截至目前，日本还没有出土过竹简和编缀的木简，所以在日本把传世和出土的简牍习惯称为“木简”。日本木简可分为正仓院传世木简和出土木简两大部分，而出土木简占绝大多数。日本木简自发现以来，随着整理研究的不断深入，同时伴随着时代的变迁、科技的进步和认识的深入，探研新领域、解决新问题的研究方法和理念越发进步，大量木简的许多深刻内涵将得到长期研究和揭示，必将在国际简帛学体系的构建中逐步占有重要地位。

一、日本古代木简的发现与木简学的发展

随着各类考古调查和发掘工作的开展，日本出土木简的遗址和数量不断得到积累。据奈良文化财研究所“全国木简出土遗迹报告书数据

库”和“木简数据库”最新数据显示,已公布的发现木简的遗址有1364处,出土木简389380枚。据不完全统计,截至2016年6月底日本全国各地区陆续出土木简总计近40万枚。与此同时,伴随着以考古发掘出土木简为基础的科学研究逐步开展,木简研究发展成为今天日本古代史研究中一门专门的木简学。到目前为止,日本木简发现与研究的发展历程大体可分为四个时期。

第一期是1915年至1961年,被称为木简研究的前史。日本木简发现较早,自20世纪初叶就已经开始出土,1915年在秋田县仙北郡藤木村拂田栅遗址西侧的怒遗址出土木简2枚,1928年在三重县桑名郡柚井遗址发现木简3枚,1930年在秋田县仙北郡拂田栅遗址出土木简2枚。虽然这几次发现的木简数量都很少,但确认了日本列岛地下埋藏有古代木简。由于当时发现的木简数量只有数枚,而且人们对简文的内容不甚了解,所以学术界没有予以重视,只是以发现的少量木简为基础开展了初步的探索性研究,出现了以泷川政次郎《短册考》等为代表的木简研究的先驱。

第二期是从1961年平城宫遗址发现木简至1979年木简学会成立。这是出土木简真正受到重视的时期。木简研究学术机构得以确立,研究的基础方法已经形成,研究成果不断涌现。随着考古工作蓬勃开展,新发现的木简资料更为丰富,日本全国各地出土的简帛资料数量之多、地域之广、内容之丰富,已远非以前所能比拟。1961年在奈良市西郊的平城宫大膳职遗址发掘出土木简40枚,更加证明木简曾作为书写材料被普遍使用。在后来的平城宫遗址考古发掘中,出土木简的数量逐年增多,平城宫成为日本国内出土木简枚数最多的遗址。随着都城和地方郡衙等遗址出土木简的数量大大增加,考古学家不但开始意识到古代木简的存在,而且逐步认为木简对古代政治、经济、文化等方面的研究极为有益,对于本来历史研究文献很少的日本古代史学界是巨大的刺激和推动。只要研究日本古代史,木简是必不可少的资料。以平城宫木简研究为发展基点,日本木简研究真正开始确立,形成自觉,并全面展开,涉及古代政治史、租税制度史以及古文书学样式、内容和形态分类、功能特性、材料木质等多个方面,取得了长足进展,为今天的木简研究方法奠定了基础。1975 年由日本著名考古学家坪井清足先生首先提出“木简学”或称“日本木简学”概念,从此,该提法在日本考古学界逐渐流行起来,逐步成为今天日本古代史研究中一门专门的学问。1979 年研究者们发起成立木简学会,在搜集、整理、研究、保存日本木简的同时还研究中国以及其他国家出土的简帛文献。

第三期是从 1979 年木简学会会刊《木简研究》编辑出版至 1989 年的十年。日本木简的出土遍布全国各地,出土数量激增,尤其是地方木简大量出土,且出土遗址的类型多样化。1988、1989 年平城京左京三条二坊长屋王(684—729)邸及二条大路遗迹分别出土 35000 和 74000 余枚木简,长屋王宫遗址历年出土的木简总数达 10 万枚,从质和量上均超过已往出土木简所获得的成果,给木简研究带来了飞跃发展的良机。在飞鸟京、藤原京、长冈京遗址以及太宰府和地方郡衙的遗址中也发掘出土了大量的木简,超过 1000 枚的遗址有飞鸟京迹、藤原宫迹、长冈京迹、太宰府迹、下野国府迹等。[1] 这个时期的木简研究作为古代文书学的一个分支,其基础已经形成,研究视野全面扩展,出现了一些新的研究方向,且不断细分,木简功能论不断深化,形成整体认识和把握的研究趋势,取得了

[1] 木简学会编:《日本古代木简选》,岩波书店,1990 年。

长足进展和丰硕成果,如东野治之对出土木简进行了较系统的综合性研究。[1]

第四期是从1989年至今,出土木简数量爆发性增加,古代史研究者们拥有了更新的重要研究课题,使木简研究迎来了新的局面,具有突出特征和新的研究动向。最近20余年间,各地出土木简的新遗址不断被发现,木简出土数量也在不断增加,尤其是兵库袴狭遗址、长野屋代遗址、福岛荒田目条里等地方官衙遗址出土了内容丰富的反映地方历史的木简。随着正仓院文书研究的不断发展和出土木简的深入研究,古文书学、史料学和古代史研究及发展出现了进一步检讨的契机,木简学研究的相关领域在不断扩展和深化,与国语学、文献史学、历史学、考古学、地理学、国文学、古文书学、古文字学、书法史等学科密切关联,呈现出各学科共同研究的良好局面;中国、朝鲜半岛和日本出土木简的比较研究也逐步得到重视,对日本木简的始源问题和与中国简牍、朝鲜半岛木简的关系进行判明,对木简从中国到日本的传播时期和过程问题进行详细考证;研究者还利用计算机等科学技术手段对大量木简进行精细调查,以考古数据为基础对木简的形制、内容、功能分类法进行全面检讨,解决了一些重要课题,并取得了突出成就。

日本木简学发展至今天,研究视野已经非常开阔,包括都城、王权、政务礼仪、行政管理、地域社会、文化、民俗、文学、国语、文字、书法艺术、东亚地区比较等多方面;木简学的研究手段逐步先进,已经形成了一套非常系统的整理研究和保护利用规范。学界不断编辑出版年刊杂志,已有近百种木简整理报告和研究论著出版,也有《日本古代木简字典》等工具书问世。今

[1] [日]东野治之:《日本古代木简研究》,塙书房,1983年。

后日本木简的研究课题还很开阔，木简研究者一定会推动木简学的不断进步并取得丰硕的科研成果。

二、日本木简的基本属性与文化遗产价值

随着出土木简的不断增多，以及对木简研究和保护利用的逐步深入，研究者对日本古代木简的出土遗址类型、木简材质、形制、内容、年代、价值等基本属性的认识和判断愈加深化。

从出土木简数量及地域分布来看，约九成为宫都及其周边遗址出土，一成出土于地方官衙等遗址。[1] 木简出土遗址的性质分属官都、国府、郡家、城郭、官衙、寺院、庄园、生产遗址、居馆、条里、水田、墓域、聚落村集及散布地等多个类型，其中以奈良平城宫和平城京、飞鸟京、藤原宫和藤原京、大阪难波宫、京都长冈宫和长冈京、平安京等都城遗址最为丰富。

关于出土木简的年代，根据部分纪年简和考古地层学、年代学等综合因素判定，从飞鸟时代（593—710）、奈良时代（710—794）、平安时代（794—1192）以至近代都有木简出土，主要集中在7—8世纪，但以8世纪奈良时代的木简居多，奈良时代是纸张开始普及的“纸简并用时代”，可以说日本也存在长时间使用木简的历史。到目前为止，已知日本最早的木简有奈良明日香村阪田寺遗址出土的7世纪前期“十斤”墨书物付札，难波宫迹朝堂院下层遗址土坑出土的戊申年（648）纪年木简等。

从藤原、平城两宫遗址出土木简来看，日本木简的材质大部分为针叶

[1] 木简学会编：《日本古代木简集成》，东京大学出版会，2003年。

树,阔叶树很少,而针叶树中以桧木最多,其次为杉木,还有少数材质不明者。从形制和尺寸分析,日本木简的用途多样,其形制也存在多样性,是由木简有别于纸文书的特性决定的,各种各样的功能和用途所对应而生的木简形制也就不同,截至目前可分为18种之多。其中狭长的短册型应为日本木简的基本形制,部分存在刻V字形槽或上下穿孔,便于处理处置和作出判断而编缀归结。在木简尺寸规定方面基本没有特定之制,如藤原和平城文书木简的长度普遍在12—26厘米之间,18厘米左右者数量很多,宽度2.5厘米、厚0.3—0.4厘米左右,而进贡物付札的长度略有差异,藤原木简10—16厘米者占多数,平城木简13—22厘米,这种尺寸范围只是大略显示而已。还有数量较多的削屑木简,削片极碎小,若能拼接并释读原文意思,将对木简功能的研究极为有益。除此而外,出土的少量横长形木简,用于多行书写简单的文章,如日本石川县出土的1件嘉祥二年(849)劝农文书"牓示札"较具特色。

从木简所记载内容与性质分析,较为繁杂,大致可分为这样五类。第一类是文书简,包括中央政府和地方行政机构官厅之间以及各级官吏之间的往复文书、行政实务等,从其所示的公文样式及包含内容的主要功能和用途方面,可分为封检、上行文书、下行文书和平行文书。第二类是付札木简,包括中国称为"楬"的货签、标签,即古代农民和从事其他职业的劳动者通过地方行政机构向中央政府交纳的各种纳贡物的清单,是与物品和人事的变动等相关联的记录。第三类是通关木简,相当于中国汉简的"传""符",出土数量并不多。[1] 第四类是书籍木简,包括《诗经》《论语》《尔雅》《文选》《王勃集》《千字文》《李善注文选》《魏征时务策》《乐

[1] [日]冨谷至:《日本出土木简流变》,《中国社会科学报》2012年1月9日。

毅论》等，作为练习之用而部分抄写，不为册书形式，可视为古代官僚学习中国典籍的教科书和学习用书。第五类是其他木简，包括地方经营、土地管理籍帐、稻作物四时月令读本、户令、医疾令、神祇、佛教经籍《观世音经》、万叶假名、习书等等。如在 0.6 米长的木简上用万叶假名书写一行《万叶集》诗歌，这些音义木简和万叶假名是与国语学有关的国语表记法、宣命书等，格外引人注目。

日本木简与中国古代简帛和世界其他地区出土的简牍文献同样都具有极为重要的文献价值，不仅丰富了古史研究资料，也的确解决了日本历史的一些重大学术问题，为国际简帛学的发展贡献了重要力量。在很长一个历史时期内，人们认为日本木简的时代较晚，在学术研究上产生了很多不解。所谓日本发现木简数量虽多但文献价值远不及中国甚至他们的整理研究总体比较滞后等说法值得讨论。

出土木简的文物价值，首先是对考古学研究起到了重大推动和促进作用。7—10 世纪前后的古代日本与同时期的隋唐时代相比，文献史料极为缺乏，而出土木简有助于判定古代官邸、郡衙等遗址以及共存遗物的性质和年代等。再者，推动了文献史学研究的发展，更是给日本古代史研究和对日本古代社会的认识带来了很大的冲击和影响，解决了一些重大的学术问题。如出土木简对 7 世纪后半叶建立天皇制以来直至 10 世纪前半叶的律令制国家时期的社会历史研究至为重要。1998 年奈良飞鸟池遗址出土的天武朝（673—686）“天皇”铭文木简是迄今为止发现的最早“天皇”称号的史料，有力地解决了“天皇”名号出现的时代问题，消除了传世文献中对于日本天皇称号的最早出现以及天皇制确立的多种疑虑。再如日本古代律令制国家形成前后地方行政组织和管理制度、中央政府租税征收制度、王室内部家政组织和管理体制以及古代文字发展演变史等问题,都得益于古代木简的发现和研究。

三、国际简帛学视野下的日本古代木简

日本木简出土数量巨大,超过了中国简帛30余万枚总数。若从国际简帛学体系中去审视日本木简的地位与作用,比较考察其出土数量、书写载体、文字形式、书写内容、使用沿革、文献价值等特质,以及关注木简研究的发展进步,则不难发现存在着诸多引人深思的问题,也会得出较为客观的评价。

第一,只有与国际上其他国家和地区出土的木简相比较,尤其是与中国和朝鲜半岛木简相比,我们才会发现日本木简具有这样一些特点:一、日本木简出现时代较晚,开始大量使用木简的时代是纸张不断普及的时期,是简纸并用的7—8世纪。二、迄今为止在日本木简中还没有发现过编联成册的简册,木简内容相对独立,这与国家颁布的律令、诏书、籍帐等长篇官方文书一般都写在纸张上有关。三、日本木简的使用主要是为了传递信息,在制作形制上比较随意,尺寸大小没有一定之规,缺乏定制。四、日本木简所载内容相对比较单一,主要为文书、付札和一些习书木简等。五、书写载体为木简,均写于木片之上,没有发现用竹片做的简。我们只有更加深入地探索其中隐含的独特的出土文献价值甚至文化特色,才能揭示出日本木简不同于其他木简的深层原因。

第二,日本和朝鲜半岛地区不断出土的木简更多地唤起了学术界关于东亚地区木简源流问题的深入讨论。日本和朝鲜半岛古代木简的源头

在中国应当是没有疑问的,但还存在诸多尚不明确的问题[1],所谓"日本木简源于中国简牍"[2]的命题还需要长期不懈地努力探索。中国、朝鲜、韩国、日本等国都属于东亚汉字文化圈,古代中国文明长期深刻影响朝鲜半岛和日本列岛,从出土简牍的时代和内容属性不难看出,确实存在着从中国大陆向朝鲜半岛和日本列岛先后传播的历史进程。随着中国简牍学研究状况的不断细化和深化,以及朝鲜半岛木简出土数量的增加和20余年研究工作的长足进展,中国、朝鲜半岛、日本列岛三地古代木简的比较研究变得尤为重要,探索研究日本木简的源流成为可能。

第三,纵观国际简帛的使用历史沿革,日本木简是世界简帛史上晚起的一个重要部分,也是国际简纸并用时代晚期的代表之一,是探索汉字文化圈国家早期书写材料研究的推动者,同时也成为深入研究日本古代史和东亚地区古代文化影响和文明交流的重要载体。日本木简的大量出土,深化了对汉字文化的东传发展和其在日本本土化演变历史的研究,极大地丰富了东亚汉字文化圈古代历史的研究内容,成为东亚文献研究的一大史料群。如在大阪市中央区的难波宫遗址发现的万叶假名文木简残片,被认为是目前最早的写于7世纪中叶的万叶假名文,是中国汉字日本化发展过程中的重要史料。再如一些书写《论语》等儒释经典及与中国唐人魏征有关的"特进郑国公魏征时务策壹卷"等实用性较强的类书木简,为这些古籍在东亚诸国的流传与认知研究提供了生动鲜明的第一手资料。

第四,国际范围内木简的使用并不只限于古代,尤其是东亚地区,以

[1] 徐建新:《出土文字资料与东亚古代史研究:以中日韩三国古代木简为例》,《古代文明》2011年第2期。

[2] [日]岸俊男:《木简研究》创刊词,1979年。

木简作为书写材料的简纸并用时代延续了很长时间。从中国出土的西汉中后期至魏晋南北朝时期的简帛,到朝鲜半岛出土的6—8世纪木简,都是简纸并用。而在日本则主要是7—8世纪,即所谓的日本木简时代,大量木简与正仓院传世纸文书并用。除此而外,在内蒙古额济纳旗黑城遗址也发现西夏时期简纸文书并用的现象,甚至在宋元时期沉船乃至14—15世纪的高丽和16—18世纪的日本城址和居住遗址中仍有木简发现。这些历史事实都说明,在纸张普遍使用的年代,简牍的使用虽然很少,但还在很长的一段时期延续使用,这是古人在历史长河中根据竹木简牍和纸张的性能与使用环境条件不同而作出的不同选择,简牍是缣帛和纸张不宜代替使用的文字标识性载体。所谓简纸并用时代木简担当着书写材料的补助作用的认识值得再探讨。

第五,日本的木简是怎样起源的?7世纪中期以前是否存在木简?这些问题目前还没有真正得到解决。据考古发现,在英国、意大利和瑞士等欧洲国家也发现过古代简牍,地缘相近的中国、朝鲜、韩国和日本等地更是发现了大量木简,这使国际简帛学走国际化比较研究的道路成为可能。人们可以彼此交流、探讨简帛整理的规范和研究方法,通过国际合作研究来逐步解决一些简帛学术问题。我们相信,随着东亚地区尤其是日本列岛、朝鲜半岛木简的不断出土和陆续刊布,日本木简的历史面貌会越来越清晰,日本木简学和中国简帛学一道,都属于国际汉学中的一门显学——简帛学的重要组成部分而深入发展。

四、日本木简研究与保护利用的启示

21 世纪的今天，环顾国际简帛学所走过的发展历程，日本木简整理研究与保护利用的一些积极做法和创新理念无疑值得我们思考，也的确给了我们很多有益启示。

首先，日本木简研究的学术机构成立较早，学术刊物持续创办，专门研究基础雄厚。如以奈良国立文化财研究所为中心，成立于 1979 年的日本木简学会，每年召开学术会议，并在 1976 年刊印的《木简研究集会记录（1—3）》的基础上创刊《木简研究》杂志，于同年编辑发行。该杂志以日本木简出土、研究、整理为中心，兼及日本周边木简研究状况的介绍与研究，每年出版一期，到 2015 年 11 月《木简研究》已出版第 37 号。奈良国立文化财研究所还建立了真正可供全球共享的木简数据库，形成了日本木简保护研究的主阵地。面对国际简帛资料的大量发现及其对当今文史研究的国际环境的深刻影响，日本国内长期形成的这种相对集中的木简研究的良好做法值得我们深思和借鉴。

其次，日本学界对于木简整理和保护研究已经形成了一套成熟的方法。如释文中所采用的各种记号，以及对每一枚木简整理提取的包括树种材质在内的信息要素等，非常细化。日本在简帛研究、保护、利用方面有固定的学术机构和比较成熟的科学方法。他们在研究机构和研究门类方面都比较细化，简牍的整理研究较为标准和规范，值得我们交流学习和借鉴参考，共同推动国际简帛学的不断发展进步。另外，中国一些重要的汉晋简帛材料已经出土了近 30 年,尚未得到有效的整理和出版,自发现以来鲜有系统面世,日本木简资料整理发表和出版快速高效的现状,同样值得我们借鉴和学习。

再者,面对东亚地区出土数量庞大的简帛资料,日本学界不光专注国内木简研究,而且历来重视简帛学研究的国际视野,对中国和朝鲜半岛出土的不同时期简帛资料也特别关注,且形成了良好的学术传统,是国际汉学研究的一股中坚力量。他们积极介绍和吸取外国学者的研究成果,在了解和把握国际简帛研究前沿动态的同时,也为日本木简研究提供了非常好的国际研究基础和视野。相反,目前,虽然中国国内简帛学的研究得到了前所未有的发展,取得的学术成果令人目不暇接,简帛研究已成为古代文史研究的新增长点,成为当代的显学,日益受到人们重视,但是中国简帛学界对日本、朝鲜、韩国乃至欧洲木简的介绍和研究,相对来说还比较少。因此,日本国内学者形成的简帛研究的国际视野以及一些精细的研究方法和保护利用手段值得我们借鉴。简帛研究是国际汉学的重要组成部分,在中国文化"走出去"战略引导的新时期新形势下,中国简帛学界不仅要继续深入研究中国大地上出土的简牍帛书和其他古代文献,还需要拓展国际视野,更应该积极主动参与国际范围的广泛交流与合作,把握和研究外国出土文献,关注国际简帛的历史面貌和学科建设,从而更好地推动中国简帛学以及国际出土文献研究和保护的共同发展进步。

最后,对于简帛研究对象的时代下限,我们的认识应该与时俱进,不断更新。正如中国考古和文化遗产研究保护的下限到底延续到何时一样,目前所谓夏、商、周"三代"以下不考古的传统认识已经打破,明清考古同样是考古,文化遗产研究保护的对象则更加晚近。诚然,考古史上还没有发现中国在 6—8 世纪大量使用简牍的状况,可以说基本上不使用这些书写载体了,而在日本7世纪中前期才出现的木简,到8世纪时却成为官民生活的必需品。因此,国际化的简帛学研究对象,不能仅限于中国学者传统的简帛时代的局限认识,只要是表达传递人类古代社会历史文化的所有出土(水)文献,都应当同等对待。文化遗产的价值是一样的,每一样木简的背后都代表了特定的时代和特定的文化内涵,有着不一样的古文献地域特色和浓郁的时代风格。只有这样认识,国际简帛资料才会不断得到有效利用,研究成果也会不断丰富和多样化。

秦汉帝国的边境：来自周边的帝国观

——国际简帛学视野下的边境出土简牍研究

［韩］金秉骏

（首尔大学东洋历史系 韩国 首尔）

因为权力存在于政治中心，所以规则是由中心制定并被制度化的。而想要将规则付诸施行，就要向周边派遣官吏。反过来，周边地区是受中心统治的区域，中央派出的官吏在周边施行中心制定的制度，贯彻中心的原则。所以，似乎可以说，如果理解了中心，就能够准确把握其基本结构。但这只是一种理想状态，规则最终如何适用现实仍主要取决于周边。虽然中心的统治者不得不为持续贯彻规则而考虑周边的立场，但和有着不同文化传统的周边地区人的感受肯定有所不同。所以，我们有必要反过来全面审视周边，尤其是在研究其周边存在问题的“帝国”的时候。

中国历史上的所谓“帝国”，一般被认为是由皇帝统治的国家，但至少其中一部分王朝是符合东西方世界均认可的“帝国（Empire）”这一概念的。“帝国”一般被定义为通过武力占领周边区域，将其变成自己的统治区域的同时，对其实行全面且持续的统治的国家。无论是罗马帝国、大英帝国等所谓的西方帝国,还是秦汉帝国、隋唐帝国、明清帝国,或是蒙古帝国等东方帝国,都具有这样的属性。也就是说,虽然王朝和帝国指的是同一实体,但王朝仅将居住于中心地区的编户齐民视为皇帝统治的对象,而帝国关心的对象还包括新占领地区被纳入统治的其他民族。在将以武力占领的区域纳入自己的疆土之后,各帝国在统治方式的问题上产生了差异,而统治方式往往是决定帝国能否持续的重要因素。有时对占领地施行高压式统治会招来被占领者的反抗,最终导致帝国崩溃。有时虽然采取了尊重被占领者习俗的统治方式,但仍激起边境的混乱。也正因如此,帝国的边境统治方式成为把握帝国特征的重要历史指标。

众所周知,简牍开辟了秦汉史研究的新纪元。那些秦汉时期简牍的主要内容如实地记录了在帝国中心制定且施行于全国的律令,以及依照这些律令推行的文书行政。这些都是真实反映秦汉王朝中心规则的内容。所以,大批学者开始关注律令和各种文书中记录的官制、身份及刑罚等内容,是理所当然的。但不可否认的是,大部分简牍实际上都出土于帝国的边境。也就是说,统治理念虽然在帝国中心制定,但在边境之地也得到了真正贯彻执行。因此,律令和文书行政在边境推行这一点,可以说是了解秦汉帝国特质的决定性一环。然而,这一点却往往为学界所忽视,甚至在研究像敦煌、长沙、武汉、里耶这些简牍出土地区时,也极少会有学者站在周边地区的角度来审视这些地方是如何接受中央统治的。因为无论如何,与边境相比,人们往往更关心中心。

自汉武帝在朝鲜半岛北部设立乐浪郡后,这里就成了秦汉帝国的边境。因此,站在这里,可以从一个特殊的、不同于中国的视角来审视秦汉帝国。更何况这里与中国国内的边境区域不同,因为它现在属于其他国家,这里的人显然更具备周边人的立场。事实上,历史上有很长一段时间,朝鲜半岛人都是以不同的角度来看待秦汉帝国的。亦即,在理解帝国中心制度这方面,比起强调普遍性而言,这里的人相对更关心周边地区的独特性和土著民问题,更重视土著民是如何抵抗帝国统治的,以及因为这些抵抗,帝国不得不降低统治强度,最终委任当地土著民来进行自治式统治,或干脆放弃这一区域等问题。不得不说,这样一个与帝国边境统治有关的主题,是一个能够很好把握秦汉帝国特质的主题。然而,在中国,研究自己国家历史的学者们只关注中心的普遍性问题;反过来,在韩国,作为外国史研究者的学者们只重视所谓周边地区的特殊性问题。其结果是,我们始终都无法正确地评价秦汉时代的帝国特征。

韩国学界之所以一度过分强调周边的特殊性,是因为在朝鲜半岛基本没有发现过秦汉时代的简牍。直到 1990 年,与西汉时期乐浪郡有关的简牍在平壤出土,才打破韩国学界的沉寂。当时在平壤市乐浪区域贞柏洞 364 号墓中发现了《乐浪郡初元四年县别户口簿》和《论语》。虽然这些资料无论是从种类上还是数量上来看都极少,但它们毕竟是从一直以来都在强调离帝国中心相当远、受到帝国统治力度微弱,且生存着妨碍统治的土著民、位于东方尽头的朝鲜半岛发现的。所以它与以往在敦煌和居延等地出土的资料一样,是全面把握秦汉帝国特征的难得资料。

本文将利用平壤出土的《乐浪郡初元四年县别户口簿》和《论语》,分三部分探讨秦汉帝国的边境统治问题。首先论述中心对周边的解读方式,或者说通过中心地区的律令和制度,来确认乐浪郡简牍文书所具有的意义,由此我们可以了解到中央统治是如何被贯彻到边境的。其次论述从周边解读周边的方式。关注边境地区,将乐浪郡简牍与中原以及其他边境区域出土的简牍进行对比,从而对乐浪郡简牍的意义加以补充。再次论述周边对中心的解读方式,通过我们所了解的乐浪郡简牍的意义,来进一步探讨中心帝国当时是如何计划统治和扩展边境的。事实上,这些方式不仅适用于乐浪郡简牍,也完全可以适用于其他的边境出土的简牍研究。

先讨论第一个问题。名为《乐浪郡初元四年县别户口多少□□》的木牍,横向 5 厘米,纵向 23 厘米。就是在这样一块小小的木板上,记录着西汉元帝初元四年乐浪郡 25 个县的户数和人口,此外,还附记了相较前一年人口的增减情况。此年乐浪郡有 43845 户,28 万余口,比前一年增加了 584 户、7598 口。

乐浪郡的户口簿就是这样一块小木牍,据此好像只能看到乐浪郡的县名和户口数。然而,如果了解中央颁布的律令中有关户籍的规定就会感受到,这个简单的户口簿其实蕴含着相当重要的意义。首先,户籍是每年八月在乡里制作出来的,户籍的副本和按里集计的账簿会被移送到县,而后封印保管于文书库,按县集计的簿籍再上报到郡。《乐浪郡初元四年县别户口多少□□》就是通过这些流程制作出来的。也就是说,乐浪木牍本身是通过由里典和里老所负责的百姓直接申报、乡里户籍的制作、向县里移送副本、封印保管等文书行政程序才成形的。

除了户籍外,乡里还同时制作如民宅园户籍、年细籍、田比地籍、田命籍、田租籍等各种账簿。此外,以此为基础,还会单独集计户口数的增减,年龄、性别数字,免老、新傅、罢癃数字,垦田、田谷数量。荆州市纪南镇松柏村出土汉简分别记录了南郡属县和侯国免老、新傅、罢癃的数字。尹湾汉简《集簿》依据这样的账簿制作出了各种项目的集计。尹湾汉简《集簿》所记录的项目之一——较前一年度的人口增减数,在乐浪木牍中也记录了。可见制作乐浪木牍的目的是为制作其他提供依据。

东汉末年的徐幹在《中论·民数篇》中说,制作包括户籍在内各种账簿的原因,是通过户籍制度掌握百姓的身份和财产,在此基础上建立各种行政制度,进行社会管理。天长县出土的户籍簿正面记录了户口集计,反面记录了算赋。它们和松柏汉简出土的各种免老簿、新傅簿、罢癃簿,尹湾汉简《集簿》中记录的户口数以及垦田、田谷数一样,都是为了征收税役而制作的。而且,只有制作了户籍,才能实现确保治安的什伍制和连坐制。也就是说,乐浪郡户口簿的制作,其实是为税役和治安而实实在在展开的一项基础性工作。

此外,将各种账簿一一制作、移送、接受、确认等复杂文书行政的存在,说明当时能够解读制作文书的多数官吏是各尽其责的。与此同时,当时在乡里安排了制作文书的乡啬夫,在县廷、诸曹和啬夫组织中则安排了令史和佐、史等吏员。

乐浪木牍户口簿虽然只是一块记录了乐浪郡所属 25 个县户口数的简牍,但它再现了当时在乐浪郡为了征收税役和施行律令统治,人们有条不紊地制定基础户籍和推行文书行政的事实,其工作成果是掌握了乐浪郡 43845 户和大约 28 万口的情况。根据以往研究,多数学者认为,在中心与边境的二元构架下,律令统治和文书行政只能在中心得以正常推行,对于边境居住的众多异民族却很难切实掌握他们的情况,所以,在边境地区是无法正常施行律令统治和文书行政的。然而,通过乐浪户口簿,我们至少可以了解到,郡县统治的原则无论是在内郡还是在边境都可以得到普遍实施。由此可以确认,帝国征服了周边异民族之后,既不放弃那些地方,也不将统治权委任给土著民,而是选择了普遍式的统治方式,将在中心实施的律令统治原封不动地施行于此。

在发现乐浪郡户口簿的墓葬中,还发现了一套《论语》。这套《论语》与河北省发现的定州本以及现在的通行本都无太大差异。儒学是帝国的核心理念，《论语》出土于处在帝国边境尽头的乐浪郡，说明当时帝国除了想要在边境尽头施行律令统治外，还曾试图实现思想文化方面的统治。

帝国对乐浪郡的统治，在设立郡县以后得以持续下去。乐浪郡设立于武帝元封三年（前 108），乐浪郡户口簿记录的时间是元帝初元四年（前45），前后经历了 63 年，这里的人口变为 43845 户、约 28 万口，比前一年户数增加了 0.64%，口数增加了 2.82%。此后又过了 47 年，即西汉平帝元始二年（2）的户口数被记录在《汉书·地理志》中，乐浪郡的户数为62812，口数为 406748。此间平均每年户数增加 0.79%，口数增加 0.76%，表明前文所说的律令统治和文化统治在此地确实得到了积极有效的实施。

再讨论第二个问题。除了律令外，大部分简牍都是在边境出土的。河西的敦煌和居延，以及湖南省的里耶，就是其中最具代表性的地域。如果说乐浪是汉帝国的东方尽头，那么敦煌和居延就是汉帝国的西方尽头。里耶则是边郡中一个遥远的、深处险峻群山之中的边县。在这些地方发现简牍，说明中央制定的律令和依其施行的文书行政曾在此处得以实施。就像乐浪郡户口簿所记录的那样，这些地区与内郡一样曾实施过积极的编户齐民统治。

然而，虽然在这些地方确实施行了基本的制度和律令，但无论如何不可能做到与内地完全一致。其原因有两个方面。

第一，为了防御国境之外的敌人，这些地方设有军事防御设施。敦煌汉简和居延汉简的大部分简牍，都是在构成这些防御设施的居延都尉和肩水都尉等都尉所属的候官和烽燧中发现的。根据里耶秦简中“皆蛮夷时来盗黔首徒隶□田者”（9-554）、“反寇攻离乡亭鄣吏卒各自备牢反时”（9-32）的记录可知，当地时常遭受蛮夷的攻击，为了抵御攻击，需从各处通过更戍("更戍士伍城父阳翟执"8-1517)、罚戍("罚戍士伍资中宕增爽署迁陵书"8-429)、适戍("城父蘩阳士伍枯娶贾人子为妻戍四岁……"8-466)、屯戍("廪人□出廪屯戍簪裹襄完里黑"8-1574)等方式来征集戍卒,配置在当地。特别是远离县城的启陵乡,一定配备了军事设施。乐浪郡也常受到周边高句丽和濊貊的攻击,所以设有东部都尉和南部都尉,在出土的户口簿上记录了其所属的县名。

第二,规模上的差异。比起内地来,边境各县的户口数相当少。根据《汉书·百官公卿表》可知,一般情况下一个县的规模为1万户。相比之下,边郡的户数则相当少。依据《汉书·地理志》可知,边郡只有1000户到3000户。边郡所属的边县户数更少。里耶秦简所录洞庭郡迁陵县的户数,在150户到200户之间。乐浪郡户口簿所录乐浪郡提奚县有173户,海冥县有338户,含资县有343户。不要说达到内地县的平均规模,就是一个乡(一乡1000户)的规模都达不到,充其量也就是内地两三个里(一里100户)的规模而已。

但这种差异只是站在中心的立场上对比得出的。因此,尽管强调中心和边境的差异,但这对于边境的认识并不会产生太大的影响。虽然帝国为了统治边境,在治民机构之外还增加了军事机构(部都尉),但这种军事机构并不具备治民的功能,像制作户籍和征发税役这类治民功能仍由郡县来担当。此外,虽然一个县连二三百户都不到,但县的组织机构、主管官吏以及依此而行的律令统治和文书行政,却与大县几乎没有区别。洞庭郡迁陵县设置了尉曹、吏曹、户曹、仓曹、司空曹、布曹、狱曹、令曹8曹和官啬夫主管的10余个部门、100余名官吏、400余名官奴婢,以及数百名戍卒。乐浪郡的边县也设有包括功曹在内的诸曹和主簿等。

最后讨论第三个问题。要准确把握帝国边境的情况,就一定要关注边境的人。因为帝国统治的不是地，而是人。帝国控制了周边之地后，并不会驱赶当地人，而是会想方设法将当地的土著民置于统治之下。虽然也有徙民的情况，但基本上会参照土著民的习俗在一定程度上改变统治方式。

需要注意的一点是，土著民也存在不同类型。比如，古朝鲜灭亡后，在其地域设置了包括乐浪郡在内的四个郡。当时这里的居民既有自春秋战国时代以来一直在此繁衍生息的土著民，也有西汉初期由燕国逃亡而来的卫满集团，这些人是古朝鲜的主要构成成员。除此之外，还有周边一些像真番一样曾臣服于古朝鲜的小国之民。那么，这个地区被控制后，帝国是统一管辖所有的人，还是将他们分开进行单独治理，是一个值得探究的问题。目前至少可以确认，帝国对古朝鲜直接统治的地域和臣服于古朝鲜的周边小国的对待方式存在差异。周边小国被划分为真番郡、临屯郡、玄菟郡，而乐浪郡设置在古朝鲜的中心位置。在实施郡县制之前，不同的社会发展阶段有着不同的统治方式，这可以通过秦占领巴蜀后施行不同的统治方式得以确认。帝国对身处周边小国包围之中的真番郡、临屯郡、玄菟郡，和巴郡一样，一定程度上允许延续此前的君长秩序，同时试图把它纳入郡县统治的制度之下。而对于曾是古朝鲜直接管辖下的乐浪郡，最终却和蜀郡一样，采取了将每个人都编入户籍的统治方式。

有意思的是，在君长秩序某种程度上被认可的情况下，将其纳入制度导致了户籍的异常。笔者注意到，在君长秩序被认可的情况下，每户的口数比平均数值高出很多。真番郡和临屯郡被废后，若按照乐浪郡户口簿初元四年（前45）的数字来计算，曾是古朝鲜直辖的地域每家平均口数为5.60口，但曾为真番郡和临屯郡的地域，数字达到了7.24—7.71口。据《汉书·地理志》载，元始二年（2）乐浪郡每户口数为9.48口，假定其中包括每家4—5口的一般小农的话,那么这个数字应该是将小君长当作户主,统计其麾下属民户口得出的结果。这样的例子不仅发生在乐浪郡,洞庭郡和迁陵县也是如此,应当为土著民的新黔首,106户中有成年男子1046名,一户之中竟然有10名以上的成年男子("新黔首户百六,男千卌六人,小男子□"16-950)。

此外,乐浪郡直辖地区还出现了旧统治阶层卫满集团和被统治阶层土著民这两种人。前者是自汉流亡而来的人,后者是具有悠久土著传统的群体。汉帝国占领了周边地区之后,是否会询问当地居民过去的出身,加以区别对待呢?对此,我们需参考张家山汉简和岳麓秦简的《奏谳书》案例,因为它们记录了秦占领楚、设置郡县时,对自秦逃往楚的秦人和本土楚人区别对待的情况。虽然理论上需要做更进一步的具体论述,但事实上在降服之时以及之后,是否系统地采取了申报编入秦户籍的措施才是问题的关键。

关注土著民,还需要考虑他们的语言和文化传统。处于帝国周边的诸多异民族和内地人有很多不同。他们有的不从事农业生产,而选择保持游牧或半农半牧的生产方式。不同的生产方式,应该对应不同的租税征收方式。对不从事农耕者是无法征收田租的,因此,就不得不考虑不同的征收方式会给这些人带来怎样的负担。

语言不同是一个很重要的问题,虽然在睡虎地秦律中有关于行政业务需通过文书形式来处理的规定(《秦律十八种·内史杂》"有事请也,必以书,毋口请,毋羁请"),但像语言完全不同的乐浪郡这种情况,除了更需要依赖文书行政外,还会产生一些更为复杂的问题。在占领初期,因为要处理紧急行政事务,所以不得不派遣熟知汉字和文书业务的内地官吏来此处充员。乐浪郡曾从辽东郡得到"初吏"的支持。洞庭郡迁陵县也如里耶秦简“资中县令史阀阅”简(8-269)所载,得到了他郡官吏的补充。

但是,随着时间的流逝,土著民最终还是要代替这些外地官吏来参与治理工作。所以,在文字方面对他们进行教育是当务之急,这时词汇和语法的冲突自然是不可避免的。乐浪郡所使用的土著语的语法结构不是“主—谓—宾”,而是“主—宾—谓”,而且还有终结形语尾和助词的问题。所以,渐渐地土著民也就不得不开始寻求其他适合自身的更好方式来解决语言问题。

我们以乐浪郡为中心讨论了土著民的问题。事实上,这种土著民的情况在帝国边境随处可见。几乎在同一时期被占领且设置了郡县的南越地区,和乐浪郡的情况十分相似。它由本来就居住在那里的土著民、从内地移居而来的赵佗集团以及周边臣属的小国构成。河西地区、西南地区的情况虽然在程度上有所不同,但显然也存在类似的土著民部族。所以,立足于作为周边地区的乐浪郡土著民的视角进行观察的研究,也适用于其他地域。

以上讨论了看待帝国边境地区的视角问题。乐浪郡户口簿和《论语》的出土让我们了解到帝国对边境地区和内地一样实行具有普遍意义的统治。但如果考虑到在边境居住的土著民和他们的出身、习俗以及语言等特殊性的话,则可以更加生动地再现当时帝国在边境实施的政策。无论如何,我们都应该摒弃以往认为边境是与中心相隔绝、绝对异质的特殊存在,以及中心的律令和制度单向影响边境的片面观念。

一个帝国的边境问题往往与其中心问题紧密相连。边境土著民的反应一定会引发统治者的应对,而怎样应对又是一个关乎帝国整体财政和军役征发的重要课题。《盐铁论》中大夫与贤良争论的很多内容,不正是与如何进行边境统治这一问题相关联吗?

出土简帛整理的若干理论问题

蔡万进

（首都师范大学历史学院 北京 100089）

“出土简帛整理”是一个特定的概念，仅指简帛整理的方面，不包括简帛的发掘、保护和研究等。自1901年新疆尼雅遗址近代第一枚汉晋简牍实物发现至今，出土简帛整理工作已走过了一个多世纪的历程。百余年来，既有众多出土简帛整理的成功实践，也有不少出土简帛整理的经验教训；既有诸多对于出土简帛整理有价值的前瞻性理论思考，但也不可否认仍存在一些有关出土简帛整理的认识误区与偏差，严重影响了简帛学的学科建设和发展。本文仅就出土简帛整理的基本过程与步骤、学科属性以及未来发展的方向及趋势等若干理论问题进行思考，不妥之处，敬请方家不吝指正！

一、出土简帛整理的基本过程与步骤

我国简帛出土的历史表明,古代简帛的发现不外有如下数种情况:一是自然发现,即无意的偶然的发现,我国古代起到19世纪末叶历代发现的简帛,都可视为简帛的自然发现[1];二是近代外国探险家的盗掘,如20世纪初斯坦因、斯文赫定等西方探险家在我国新疆、甘肃等地对于汉晋简牍的掠夺和盗掘;三是考古发掘,如1949年前、后由我国考古工作者自主进行的科学发掘所获得的大批古代简帛;四是21世纪以来国内部分文博单位与高校的购藏,如上海博物馆藏战国楚竹书、清华大学藏战国竹简、北京大学藏西汉竹书与秦简牍、岳麓书院藏秦简等。除去我国历史上发现的简帛,今天已无法接触实物,不甚明了其整理的具体步骤,本文不予讨论外,其他三种情况发现的我国古代简帛,尽管埋藏、出土和流散的方式各异,但其整理从实践看大致都遵循了基本相同的整理过程与步骤。概而言之,具体如次:

1.田野与室内清理

众所周知,简帛出土离不开考古活动,尽管这种考古活动一开始并不是专为寻找、挖掘简帛而进行的。当然,包括简帛在内的各种古代遗物的出土,一般都是在田野直接进行,但随着文物保护认识和技术的提高,目前对于简帛的考古,大多采用了整体提取后转移室内的方式,在室内继续进一步展开对古代简帛的考古发掘;近年出现的几批购藏简牍,由于失却

[1] 高敏:《简牍研究入门》,广西人民出版社,1989年。

了最初的田野考古信息,购藏单位对于这些简牍的考古,也都不约而同地将重点放在了简牍的室内考古环节,并由此总结、升华、形成了一套简牍室内考古发掘操作规程与方法。[1] 既然出土简帛是考古发掘出土的古代遗物,即出土简帛本身是文物,那么这就决定了出土简帛要像其他种类的出土文物一样,必须严格遵照田野或室内考古操作规程进行发掘、起取、清理与保护,必须按照考古发掘出土遗物进行考古学意义上的整理,记录下文字及其他一切相关出土信息,如出土地点、方位(单元)、地层、原状、伴出物(共存关系)等等,为后续出土简帛的文化学、文献学和文物学研究奠定基础,如是,则出土简帛的考古学整理当是出土简帛整理的重要环节和步骤,具有重要的学术价值和意义。

2.文字释读隶定

出土简帛是一种带字的文物,都是由不同时代的文字书写而成,本身即是古代的文字资料,既然是古文字,在经过了田野发掘、起取、室内清理与保护以及考古学意义上的初步整理以后,自然就需要对其上的文字进行释读和考释。这项简牍文字释读工作在我国古代被称为"隶古定"。《尚书·序》:"至鲁共王,好治宫室,坏孔子旧宅以广其居,于壁中得先入所藏古文虞夏商周之书及传、《论语》、《孝经》,皆科斗文字……科斗书废已久,时人无能知者,以所闻伏生之书考论文义,定其可知者为隶古定,更以竹简写之。"《晋书·束皙传》:"初,太康二年,汲郡人不准盗发魏襄王墓,或言安釐王冢,得竹书数十车……大凡七十五篇,七篇简书折坏,不识名题。漆书皆科蚪字……武帝以其书付秘书校缀次第,寻考指归,而以今

[1] 胡东坡、常怀颖:《简牍发掘方法浅说——以北京大学藏秦简牍室内发掘为例》,《文物》2012年第6期。

文写之。"这一概念发展至今天,其含义应是指出土简帛的文字释读,就是要将出土简帛中的"古代文字"隶定书写成"现代汉字"。与现代汉字直接对应的,就直接隶定书写成那个现代汉字;不能对应的,要根据古代文字的形体偏旁,用文字学、古文字学的理论方法和知识进行考释,照原字形隶写,留待后人考释。我国文字自身的"形""音""义"三位一体的特点,决定了对于出土简帛文字的释读与考释,既要注重从文字的字形入手,同时又要联系字音、字义。而我国与古代文字释读考释密切相关的知识与学问是传统的文字学、训诂学和音韵学,即所谓的"小学",亦即近代章太炎所称之"语言文字之学"和当代语言学学科中的"汉语言文字学"。准此,可知出土简帛的语言文字学整理是继出土简帛考古学整理之后的又一重要整理环节、阶段与步骤。

3.抄录写定释文

刘勰《文心雕龙·章句》曰:"夫人之立言,因字而生句,积句而为章,积章而成篇。"在完成上述对出土简帛的单字释读、隶定等语言文字学整理工作之后,无论从理论还是从实践的层面,接下来的工作自然就进入了对出土简帛释文的大规模录写阶段,这一过程完成的即是将释读、隶定的出土简帛文字(单字),通过全面录写,积字成句,积句成章,积章成篇,使出土简帛成为能读、可用和系统的文字记录资料,亦即所谓的"文献",为后续对出土简帛展开一系列的全面、系统、深入的文献学整理,提供基础文本。

4.缀合编连复原

出土简帛整理工作的最终目的和目标,是在最大程度上恢复简帛文本的原貌,即所谓的"文本复原"。从百余年来的出土简帛整理实践看,这一目的与目标主要是通过文字释读的准确、残断简帛的缀合以及散乱简册的复原等环节实现的。尤其是在对出土简帛文字完成上述语言文字学的整理工作——文字释读之后,残简缀合与简序排定就成为简帛类文献整理的核心环节。实际上,从百余年来的简帛出土和整理实践看,由于保存环境和其他方面的原因,我国境内各地出土的简帛大都普遍存在严重的残断、朽烂、编册散乱等现象,出土简帛整理的缀合编连复原工作相当繁重,整理者为此投入了大量的时间和精力,付出了难以名状的艰辛和汗水。

5.分类定名编目

在对出土简帛释文文本进行缀合编联等基本的文本复原工作之后,下一步自然就进入了对于该批出土简帛自身基本内容的了解、分析和认识。这一环节主要涉及出土简帛的内容组成、种类、性质、结构、体裁和题名等方面,表现在传统文献学的整理工作方面,即对该批出土简帛的分类、定名和编目。

6.校勘辨伪考证

出土简帛由于书手水平、埋藏环境等因素,自身难免存在文字上的衍、脱、误、增、讹等情况,整理过程中自然需要我们通过校勘工作去发现、指出;由于方言、流传和人为增删、窜改等原因,整理过程中同样也需要对出土简帛自身的真伪、完整性和异文、通假等问题进行辨伪、甄别、考证等。如果说对出土简帛的分类定名编目属于传统文献学上的对文献文本的形体认知(外部形态、内部结构)的话,那么对于出土简帛的校勘、辨伪和考证等整理工作,则应属于传统文献学上的对文献文本的内容实证。

7.标点注释翻译

简帛时代,去今久远,文字古奥,语义难明,加之句无现代点逗,严重影响了对出土简帛的阅读、理解和使用,为此现今多数出土简帛的整理都在一定程度上做有一些标点、注释和语译的工作,这方面整理工作的典范,当属《睡虎地秦墓竹简》[1]整理报告的出版,它为我国出土简帛整理贡献了标准,树立了标杆,产生了广泛和深远的影响。如今,出土简帛的标点注释翻译业已成为出土简帛整理的必备和必要环节。

8.编纂出版传播

在完成上述一系列的文献学整理工作之后,出土简帛整理就进入了它的最终编纂出版传播环节。这一环节的任务主要是对上述整理工作诸过程、各环节、各要素中所生成文字、图片、表格和索引的合成、印制和数字化,使之成为像传世文献那样的、可以被各学科研究者直接利用的文献资料,更加广泛地流传下去、传播开来。

综上所析,可以看出,出土简帛整理一般要经过上述三个基本过程,即出土简帛的考古学、语言文字学和文献学整理过程;八个基本环节,即田野室内清理、文字释读隶定、抄录写定释文、缀合编连复原、分类定名编目、校勘辨伪考证、标点注释翻译和编纂出版传播。这一过程与步骤的总结、归纳和认识,不仅有来自出土简帛自身文物、文字、文献、史料多重属性与特征研究发现的理论上的支持和学理、逻辑上的支撑,同样还得到了百余年来我国出土简帛整理实践的检验,因此大致科学地反映了出土简帛整理的一般规律。

[1] 睡虎地秦墓竹简整理小组编:《睡虎地秦墓竹简》,文物出版社,1990年。

二、出土简帛整理的学科属性

如前所述,出土简帛整理,无论从理论还是从实践层面看,一般地都应经过考古学、语言文字学和文献学的整理过程,才能最终成为像传世文献那样的、可以被各学科研究者直接利用的古代文字资料,尤其是历史研究的史料。因此,现今出土简帛的整理公布,据笔者的观察和分析,无怪乎有这么三种形式:一种是从考古学的角度,将出土简帛作为出土遗物中的一种进行考古学的整理,全面记录和反映简帛文物自身的一切相关信息,如出土地点、方位(单元)、地层、伴出物(共存关系)、尺寸、文字、图画等,最终以考古发掘报告形式公布,文字释文则以附录形式附在考古报告之后,如葛陵楚简与《新蔡葛陵楚墓》[1];一种是从文献学角度出发,将出土简帛作为古代文献的重要组成部分,利用传统文献学的理论方法与知识,对出土简帛进行录文、分类、定名、编目、校勘、辨伪、考证、标点、注释、翻译、索引、编纂、出版等工作,最终以简帛文献专题整理报告的形式公布,考古发掘报告则多以附录形式附于简帛文献专题整理报告之后,如尹湾汉简与《尹湾汉墓简牍》[2];第三种是既出版包含该批出土简帛的考古发掘报告,同时又出版该批出土简帛的专题整理报告,如云梦秦简与《云梦睡虎地秦墓》《睡虎地秦墓竹简》。尽管没有也不可能有单纯从语言文字学角度对出土简帛进行整理公布的,但出土简帛整理重要的、不可

[1] 河南省文物考古研究所编:《新蔡葛陵楚墓》,大象出版社,2003年。
[2] 连云港市博物馆等编:《尹湾汉墓简牍》,中华书局,1997年。

或缺的语言文字学整理过程，还是在不少的出土简帛整理报告中有所体现和反映，如《包山楚简》[1]正文中的“包山楚简文字的几个特点”及图版中所附的“字表”(图版一二二至一七七)。毋庸讳言，上述诸种情况客观上已经造成了出土简帛整理在学科属性认识上的混乱，迄今为止出土简帛整理尚无统一标准、要求和范式，整理工作各自为战，整理水平良莠不齐，整理报告内容结构千差万别。质言之，出土简帛整理归根结底应属于传统文献学的范畴。

首先，出土简帛本身是一种文献，是我国古代文献的重要组成部分。我国现存的传世古籍虽然号称繁巨，但也仅仅是我国古代茫茫书海中的一粟。由于历史上的天灾、战乱及统治者的政治需要等多种复杂的原因，古代无数的书籍材料屡遭毁灭。然而，也有一部分尽管长期失传，但却并未化为灰烬，原来它们安然埋藏在地下，在幽冥之域度过了上千数百年岁月之后，通过偶然的机会重现于世，简帛的出土即属此类。张舜徽在讨论“文献”的含义时曾指出：“古代实物上载有文字的，如龟甲、金石上面的刻辞，竹简缣帛上面的文字，便是古代的书籍，是研究、整理历史文献的重要内容，必须加以重视。”[2]既然“竹简缣帛上面的文字”是文献，那么出土简帛自然就具有一般文献的一切属性与特征，就能够而且也应该能够对其进行文献学意义上的整理与研究。换言之，即出土简帛具有一般文献的文献学整理意义，可以从文献学的角度出发，利用传统文献学的理论、方法与知识，对出土简帛进行录文、分类、编目、校勘、注释、翻译、索引、编纂、出版等工作。而上述这些工作皆是传统文献学中文献整理工作

[1] 湖北省荆沙铁路考古队编：《包山楚简》，文物出版社，1991年。
[2] 张舜徽：《中国古文献学》，河南人民出版社，1982年。

的重要组成部分,属于传统文献学的范畴,因此我们将出土简帛整理在学科属性上整体归于传统文献学的范畴是可以成立的。

其次,简帛的文献属性可以统摄、涵盖其他相关属性。研究表明,出土文献自身具有文物、文字、文献和史料的多重属性,并集多重属性与特征于一身。[1] 简帛作为出土文献之一种,也是出土文献中之大宗,其自身自然亦应同时具有上述多重属性,并集多重属性与特征于一身。出土简帛的文物、文字、文献和史料属性多元一体,相关属性都是附着于文献属性之上的,如出土简帛的文物属性,涉及的只是简帛文献的载体;出土简帛的文字属性,涉及的仅是简帛文献的文字形态,文字记录构成文献,文字附着于文献而存在,文献整理研究离不开对构成文献的字、词研究;文献是历史研究的史料来源,没有文献就没有史料,史料属性因文献而生、因文献而存,简帛史料属性同样亦附着于简帛文献属性。可见,出土简帛的基本属性虽然多元,但多元一体,文献属性是核心,其他相关属性都是附着于文献属性的,只有文献属性才能统摄、涵括其他相关属性。基于此,我们认为,虽然出土简帛整理过程中考古学、语言文字学等学科和人员参与到了出土简帛的整理过程,但本质上都是为出土简帛的文献学整理服务的,出土简帛整理实质上是对于出土简帛文献的整理,出土简帛文献的整理是传统文献学整理工作两大分支之一"出土文献整理和研究"的重要组成部分(另一个分支是"传世文献整理和研究"),所以,我们将出土简帛整理的学科属性整体归于传统文献学范畴是没有任何问题的,也是有理论上的根据的。

再次,出土简帛的古代文献性质和属性,决定了出土简帛整理的最终

---

[1] 蔡万进:《出土文献类课程教学内容的研究与探索》,《历史教学问题》2014 第 5 期。

成果，无论是在结构体例、体系思路，还是内容组成、手段方法等方面，必然要依照、遵循和利用传统文献学的学科体系、思路和要求逻辑性地展开，其主要内容、方面和工作始终要围绕出土简帛自身，即从文献学角度出发，以突出出土简帛的文献特征为主。现今我国大宗或重要出土简帛的最终整理公布，如长沙走马楼三国吴简、里耶秦简、上海博物馆藏战国竹书、岳麓书院藏秦简、清华大学藏战国竹简、北京大学藏西汉竹书等，无一例外地都采用了多卷本的简帛专题整理报告的形式，且自身所呈现出的体例、结构、内容、手段、方法和方式等，尽管整理者分属不同地区的单位和团队，但亦表现出惊人的相似或相同。简言之，即整理者不约而同地都将传统文献学中的文献整理工作手段和方法，引入应用到了出土简帛的整理工作当中。上述情况表明，随着学界对于出土简帛自身基本属性、特征以及出土简帛整理实践的理论思考和认识的深入提高，出土简帛整理的文献学学科属性越来越被广泛地接受，化为自觉和一致的行动，必将在未来相当长一段时期内引领和深刻影响着我国出土简帛整理国家标准的制定和简帛学未来的发展方向，促进简帛文献学这一简帛学独立学科分支的建设和完善。

三、出土简帛整理的未来发展方向及趋势

出土简帛整理已走过了一百余年的发展历程，积累了丰富的简帛整理经验与方法，毋庸置疑，这是我们需要认真学习和继承的。然而，面对当今社会飞速发展与广泛交互渗透的人文社会科学和自然科学，出土简

帛整理若仍一味固守传统、缺乏创新,不能从当前出土简帛整理工作所呈现的新特点与趋势中见微知著、洞察和把握出土简帛整理的未来发展方向及趋势,那也将是极其危险的。具体地说,相对于传统的出土简帛整理而言,现今出土简帛整理的标准化、数字化、科技化、协同化和国际化,当是我国出土简帛整理未来发展的重要方向和基本趋势。

1.出土简帛整理的标准化

出土简帛整理的标准化问题,最早应是由胡平生先生提出的,他在2007年发表的《论简牍整理国家标准的制定》[1]一文中,针对简帛整理工作中存在的种种情况与问题,向国家相关行政管理部门和学术界首次郑重发出了尽快制定简牍整理国家标准的建议和呼吁;2016年在《中国史研究动态》编辑部组织的"简帛学理论的总结与创新"笔谈《中国简帛学理论的构建》[2]一文中,胡先生就出土简帛整理的标准化问题,再次予以重申和说明,这些意见和建议,都是极富远见和卓识的,应予充分肯定、关注和研究、落实。首先,出土简帛整理标准化,是简帛学学科成熟的重要标志。简帛学是20世纪初创建、如今已发展成为一门研究对象、目标、任务明确,理论、方法、体系基本完备并取得丰硕成果的重要学科,出土简帛整理是简帛学理论和方法体系中的有机组成部分,出土简帛整理的标准化无疑是对简帛学学科建设和完善的重大贡献;其次,简帛整理方面的规范与标准,是我国行业标准化的必然要求和重要组成部分,出土简帛整理是一个操作性很强的过程和行为,如今"简帛学"业已单独列入《中华人民共和国学科分类与代码国家标准》"历史学"(大类)中"历史学其他

[1] 胡平生:《论简牍整理国家标准的制定》,载中国文物研究所编《出土文献研究》第8辑,上海古籍出版社,2007年。

[2] 胡平生:《中国简帛学理论的构建》,《中国史研究动态》2016年第2期。

学科”（中类）的独立分支学科——“简帛学”（小类），加速出土简帛整理过程、结果的规范和标准的制定，也是对中国标准化事业的贡献；再次，出土简帛整理的标准化，有助于人才的培养，简帛整理需要专门的人才，它的培养，除了传统的言传身教，当前最为要紧的是有一套规范和标准的制定，在全国颁行，前几年国家文物局委托中国文物研究所组织举办的包括出土简帛在内的出土文献抢救、保护、整理培训班[1]，虽是一种较好的形式，但由于缺乏标准，使得培训、考核缺乏标准要求，令人遗憾。

2.出土简帛整理的数字化

出土简帛整理的数字化问题，近几年在古籍数字化的影响、推动和启示下，也得到了一定关注，有关科研机构和高等院校做了一些工作，如台湾史语所的“汉代简牍数位典藏”“简帛金石数据库”以及香港中文大学的“竹简帛书数据库”，有关学者进行了一些简牍数字化问题的理论探讨，如苏卫国、王文涛的《简牍整理研究的现实困境与简牍数字化的发展方向》[2]和《试论简牍数字化的规范问题》[3]。总体而言，当前我国出土简帛整理的数字化水平比较低，开发的数字化产品水准与数量也相当有限，但简帛数字化是出土简帛整理未来发展的方向，亟待重视和加强。其原因有三：一是当今社会信息科技迅猛发展，数字化是这项技术得以高效采集、处理、传播海量信息的一个关键前提，信息技术的魅力能够使不同行业、不同领域的人们利用它来解决眼前棘手的问题，简帛学界也不例

[1] 李均明：《出土文献整理面临的机遇与挑战——从出土简牍谈起》，《中国文物科学研究》2006年第2期。

[2] 苏卫国、王文涛：《简牍整理研究的现实困境与简牍数字化的发展方向》，《鲁东大学学报（哲学社会科学版）》2011第6期。

[3] 苏卫国、王文涛：《试论简牍数字化的规范问题》，《鲁东大学学报（哲学社会科学版）》2012年第3期。

外,简帛数字化具有强劲和强大的技术支撑,不仅能够也应该能够解决简帛数字化过程中遇到的各类技术壁垒和难关;二是数字化是信息技术背景下当今我国人文、社会和自然诸学科发展的趋势,简帛学学科也是如此,我们应该把简帛数字化提升到信息技术背景下全新简帛学的高度来认识,不能把简帛数字化简单地视为简牍图版释文的数字存储与检索;三是当今简帛研究的需要,据统计,现今我国简帛出土已达 30 万枚(件),百余年来中外学者积累的简帛研究文献万余篇(部),远非 20 世纪初或上半叶仅凭个人目力和精力即能穷尽,不借助当今信息科学技术对出土简帛进行数字化处理,对于出土简帛的整理和研究,困难将是很难想象的,当今的简帛研究呼唤、需要简帛数字化。

3.出土简帛整理的科技化

传统的出土简帛整理,主要是靠人工,参与整理的人员也多为人文社会科学工作者,如今自然科学的发展,使自然科学的诸多方面的技术、手段等,开始大量应用到出土简帛的整理过程中。如红外线成像技术,大大提高了文字释读的效率和准确度;多尺度 Retinex 算法在简牍数字图像增强中的应用,大大方便了简牍考古工作者对于简牍文字的修复、提取[1];基于阈值的图像分割技术在简牍中的应用、OCR 技术在简牍图像数字化中的应用等,为简牍文字的识别分析提供了便捷有效的方式[2];基于轮廓曲率的残断简牍匹配拼接关键技术,借助计算机实现了残断简牍的自

[1] 汪刘艳、王绪本:《多尺度 Retinex 算法在简牍图像增强中的应用》,《计算机科学》2009 年第 3 期。

[2] 张阳洁:《基于阈值的图像分割技术在简牍中的应用》,成都理工大学硕士学位论文,2010 年;刘瑛:《OCR 技术在简牍图像数字化中的应用》,成都理工大学硕士学位论文,2007 年。

动拼合[1];如此等等,不一而足。随着现代科技的进步,出土简帛整理工作必将从传统的整理工作方式中解放出来,为简帛学发展带来新的途径和气象。

4.出土简帛整理的协同化

出土简帛整理的协同化,并不是新近才出现的事物,其实可溯源至20世纪70年代的马王堆汉墓简牍帛书、银雀山汉墓竹简、云梦睡虎地秦墓竹简"整理组",当时由国家文化部在全国范围内抽调了考古、文字、文献、历史及各方面的顶尖专家,共同参与对新出简帛的整理,其整理出版的简牍帛书报告,至今仍是出土简帛整理的典范,产生了广泛的学术影响。其后一段时间内,尤其是改革开放以后,由于我国科研管理体制转向"课题制"的变化,出土简帛整理领域出现了许多问题,滋生诸多弊端,引起学界的强烈不满。痛定思痛,进入21世纪以来,这一局面得到扭转和改善,内部多学科参与、外部多部门协同的简帛整理模式被近年来大宗或重要出土简帛的整理所广泛接受和采用,如长沙走马楼三国吴简、长沙五一广场东汉简牍、岳麓书院藏秦简、清华大学藏战国竹简、北京大学藏秦简和西汉竹书等,既提高了整理工作的水平和效率,又增强了整理成果的可信度和公信力。有理由相信,这一协同模式必将在现今及未来一段时期内继续成为出土简帛整理的基本范式,并加以继承发扬。

5.出土简帛整理的国际化

出土简帛整理的国际化问题,可作两个方面的理解:一是指中国境内出土简帛的整理,得到国际学者的广泛参与,世界其他国家出土简牍的整

[1] 陈瑜:《基于轮廓曲率的残断简牍匹配拼接关键技术研究》,成都理工大学硕士学位论文,2009年。

理,同样有中国学者的广泛参与;二是指简帛整理方面的规范和标准的国际化。第一个方面,应该说从近代中国第一枚汉晋简牍实物发现伊始,中国出土简帛整理即具国际性,21世纪以来,这一趋势得到进一步的加强,如岳麓书院藏秦简、清华大学藏战国竹简等的整理,不仅简牍整理专题研讨会、定稿会等邀请国外的中国简帛研究专家参加,甚至到欧美国家召开,整理小组中也不乏外国学者,如日本东京外国语大学德籍陶安教授即是《岳麓书院藏秦简(叁)》的整理主持者和撰稿者;相反,我国学者直接参与境外如日本、韩国木简整理的情况却少见或根本没有,尽管这些国家发现的多为汉文简牍(可能有韩语或日语音读),这与中国的简帛大国地位是极不相称的,应是我们今后努力的方向。关于简帛整理方面的规范和标准的国际化,即在于通过交流协商,使不同国家之间的出土简牍整理达成一致认可的整理规范,促进国际简帛学体系的构建。

此外,近年出土简帛的"再整理",如七卷本《长沙马王堆汉墓简帛集成》(中华书局,2014年)、四卷本《秦简牍合集》(武汉大学出版社,2014年)、七册本《居延新简集释》(甘肃文化出版社,2016年)等的出版,也是一种不容忽视的重要现象,并有不断发展扩大的趋势,如2015年3月中国文化遗产研究院与山东博物馆合作开展的"银雀山汉简保护、整理与研究"项目的启动等,因本文主要涉及的是出土简帛的初始整理,对于出土简帛的再整理现象,这里就不深入讨论了。

流散简帛资料的整理及其学术价值

刘国忠

（清华大学出土文献研究与保护中心 北京 100084）

20世纪以来，战国至魏晋时期的简牍帛书不断出土，为中国的历史研究增添了大量珍贵资料，并促使简帛研究成为一门当代显学。然而，由于盗墓活动的猖獗，许多重要的简帛资料如楚帛书、上博简、岳麓简、清华简、北大简、安大简等等，都并非通过正式的考古发掘而获得，而是出自盗墓贼之手，并经过古董商人的多次转手倒卖，辗转播迁，历经坎坷。这些简帛材料在流散过程中受到了很大的破坏，简帛上的许多珍贵信息也因此遗失，甚至连这些简帛的真伪也一度成为学术界讨论的重要话题。与此同时，一些不法之徒则利用学术界重视简帛资料学术价值之机，大肆仿制伪造简帛（主要以简牍为主，也包括一部分的帛书），到处兜售。一时之间，文物市场上假简充斥，不少学术机构和收藏家纷纷上当，这不仅使学术机构遭受了惨重的经济损失，而且其自身的学术声誉也深受影响。如何看待盗掘出土的简帛资料，怎样充分认识这些非发掘出土的简帛资料的学术价值？如何从事流散简帛资料的整理和研究？这些是摆在学者

们面前的重要课题。对于这些问题,我想可以从以下几个方面来加以考虑:

第一,我们应该注意到,由于盗墓活动的盛行,中国古代的许多珍贵文物已经或正在流散到世界各地。特别是最近三十多年来,盗掘活动的猖獗和文物流失的严重程度让人瞠目结舌,比如盗墓者在20世纪90年代对甘肃礼县秦公大墓的洗劫、对山西曲沃晋侯墓地的盗掘等,造成了无法挽回的巨大损失,让学者们痛心疾首。近年来广受海内外关注的江西南昌海昏侯墓地,就曾在2011年春天遭到了盗掘,据说当时的盗洞已经深达14.8米,由于当地的一个电工上山检查线路时正好发现了盗洞,村民随即向当地公安机关报案。由于发现及时,海昏侯墓地才得以幸免于难。据主持海昏侯墓地发掘工作的杨军先生说,当时如果是再晚一天接到当地群众的报告,海昏侯墓很可能就要遭到盗墓贼的洗劫[1],如果那样的话,该墓中的大批竹简和众多的精美文物又不知要流散到何方,这是一个比较幸运的例子。但是中国还有众多的墓葬和遗址,遭到了盗墓贼的频繁光顾和疯狂洗劫。实际上,如果我们回顾历史,包括商代的甲骨文、商周时期的众多青铜器如后母戊鼎、𠨘其卣、毛公鼎、散氏盘等,无不是因为盗掘才重现人间。文物的盗掘和走私行为造成了巨大的文化破坏,是一种可耻的行径,理应受到全社会的谴责与唾弃;不过,对于因盗掘而流散出来的文物,我们则应该理性看待。如果我们因为它们不是考古发掘品而一味拒之门外,采取不闻不问的态度,或者轻率否认它们的真实性和学术价值,那显然也是不可取的,因为这会使许多珍贵的材料置身于

[1] 参见“搜狐网”的报道《海昏侯墓考古领队杨军:再晚一天墓葬就被洗劫》(http://cul.sohu.com/20151217/n431658593.shtml)。

我们的研究范围之外，学者们研究成果的科学性也势必会大受影响。在20世纪上半叶，章太炎等几位著名学者曾怀疑甲骨文的真实性，对甲骨文等资料摒弃不用，使得其研究受到了很大的局限，殊为可惜。当然，在利用这些流散文物之前，它们的真实性首先需要得到证实。因此，对于流散文物的鉴别工作一直是学术界一个沉重的话题。

第二，墓葬或遗址中有简帛材料的出现，本身的概率其实并不大，据湖南、湖北等地的考古工作者介绍，他们平均要挖一千座左右的战国至汉晋时期的墓葬或遗址，才有可能发现一座含有简帛的墓葬或遗址。但是近年来随着中国的经济建设和土地开发工作不断加大，简帛的出土频率也大大加快；而盗墓贼的疯狂盗掘，又使得简帛的流散越来越多；同时一些不法之徒制造和贩卖假简，又使流散简牍的真伪鉴别成为一件很重要的工作。以清华大学出土文献研究与保护中心为例，在清华简入藏之后，不少收藏家或机构曾经与我们联系，希望把他们收藏的简牍转手给我们，这样的事情已经发生了数十次之多，然而经过仔细辨认，那些收藏家手中众多的"简牍"没有一批是真简，而是出自今人的伪造。即便是现在，如果有人有兴趣去北京的潘家园文物市场走走，那里兜售的"简牍"就非常之多，甚至到了要多少有多少的程度，足见这一领域真伪混杂的严重程度。由于简牍的造假行为泛滥成灾，对于简牍真伪的鉴别方法也亟待加以总结。在中国大陆，比较早就从事简牍帛书辨伪工作的学者，当属中国文化遗产研究院的胡平生先生，他在1998年曾在《中国文物报》上发表论文，对于香港中文大学文物馆所藏王杖简的真伪进行了鉴别；后来在《收藏家》1999年第2期上发表《古代简牍的作伪与识别》一文，归纳了辨别伪简的四原则，即"质材与形制；书法与书风；文字与文章；来路与出处"；他还就有关问题于2008年10月在美国芝加哥大学国际简牍论坛、2009

年3月在日本出土资料研究会山梨会议上做过专题讲演;后来他又写成专文《论简帛辨伪与流失简牍抢救》,发表于《出土文献研究》第9辑(中华书局,2010年),对有关问题进行了进一步的总结和阐发。此后还有一些关于简牍真伪的讨论文章,不过其深入程度尚不及胡先生的有关论作。

第三,对于非发掘品的简帛资料,其辨伪工作应当严格遵循科学的理论和方法。比如对于简帛材料年代和材质的测定,对于简牍的契口、编绳痕迹等的观察,对于简帛上面所写墨迹的检测,对于简帛书写特点和字体特征的辨识,对于简帛正面和背面各种信息的分析,以及对于简帛内容的全面研读,等等,都是我们判别简帛真伪的重要依据。最重要的是,简帛材料是以文字内容为主的资料,造伪者想要以假乱真,编写出两千多年以前的文献或档案资料而不露出任何马脚,其实是根本不可能的。目前所见的伪简,其造伪方法不外是抄写古书、抄写已出土的各种文字材料或者是对上述两者进行一些拙劣的改窜;而伪简所使用的简牍材料、笔墨以及书写文字的特征等等,也处处都会露出破绽,根本无法与真简相提并论。因此,伪简和真正的古代简帛之间其实是存在着天壤之别的,比较容易做出正确的判断。正如胡平生先生所指出的那样:"从专业的眼光来审视,简牍的作伪一般并不很高明。"只要具备简帛学的相关素养并进行细致分析,假简还是能够得到辨识的。特别是到了今天,随着学者们认识水平的大幅提高和科技检测手段的不断深入,造假的简帛材料在相关领域的专家眼里,基本上是无法遁形的。

第四,作为非发掘品的简帛材料,一旦经过学者们的细致分析和认真甄别,确定是真实可靠的材料之后,它们就具有了与正式发掘的简帛材料一样的重要性,需要进行细致的整理与研究。近年来几批非发掘品的简帛资料,最后是由数家高校和博物馆入藏,特别是相关高校入藏简帛资料后，往往利用和发挥高校学科众多、相关人才集中的优势，在简帛资料的整理和研究方面开展了卓有成效的工作。我们以清华简为例，具体分析流散简帛的整理方法。

清华简于2008年7月入藏清华大学，但经科研人员检测，竹简在流散期间由于没有得到科学的保护，已经出现了菌害霉变的现象，处境十分危险，科研人员随即展开了紧急的抢救性保护工作，这一抢救性保护工作的目标，是对清华简进行清洗、去污、去霉、杀菌，使清华简摆脱危险的处境，消除可能存在的任何隐患，从而为此后竹简的照相及日常保养打下了坚实的基础。由于清华简距今已经两千三百多年，在墓葬中一直被水浸泡，在地下水、微生物、酸、碱等共同作用下，吸饱了水分，强度降低，竹材内的纤维素、半纤维素大部分降解，竹简朽软脆弱，不过由于水的存在，竹简仍能保持着完整的外形，但是轻轻一碰就有可能毁坏断裂。另外，竹简在墓内的浸泡过程中，竹简内部及其表面积累了很多无机物和有机物，一些污物甚至已经在竹简表面形成一层坚硬的外壳而很难去除。清洗工作既要去除竹简表面上的污物甚至是污物结成的硬壳，又不能让字迹损坏，加上竹简本身又极度朽烂，用力不当就会受损，因此这一清洗工作要求工作人员精力高度集中，不能有任何的疏忽或闪失，否则就会出现灾难性的后果。在科研人员的精心努力下，经过三个多月的努力，竹简的抢救性保护工作最终顺利完成。

由于清华简在盗掘和流散过程中，绝大部分的竹简早已散乱无序，基本上已经无法提供竹简排序的参考价值，只有后来被命名为《筮法》的一卷还保持着成卷的状态，十分珍贵。因此科研人员对于《筮法》卷的揭剥工作进行了全程的摄像，保存了珍贵的第一手资料；对于其他已经没有排序意义的竹简，科研人员不仅很好地在不损坏竹简的前提下完成了对它们的清洗保护,而且对于竹简上的一些特殊现象如残留的丝线、朽烂的丝带和编绳的痕迹等等,也都想方设法地予以保护,从而留下了许多珍贵的原始信息,为此后的竹简照相及编排整理提供了坚实的基础。

竹简的整理与研究有赖于高质量的竹简照片,为了拍好清华简的图片,科研人员走访了国内多家高校及考古文博机构,了解当前竹简拍照的主要方法和存在的问题,在此基础上与清华大学美术学院摄影实验室合作,创造性地采用了一种新的饱水竹简拍摄法,圆满解决了长期以来一直困扰学术界的竹简拍摄中的光斑问题。拍摄好的清华简照片不仅颜色饱和艳丽,而且竹简与文字的颜色反差显著,从而完美地展现了清华简的效果,获得了学术界的交口称赞。清华简拍摄过程中总结出来的经验,后来在出土简帛的拍照工作中也得到了普遍的推广。

在随后进行的清华简整理工作中,最关键的环节是清华简的编连与排序。科研人员在充分了解清华简的特点之后,试图通过对清华简中的各种信息进行综合分析,从而来编连竹简。[1] 这些信息主要有:

(1)简的长短和宽窄。“清华简”最长的 46 厘米左右,最短的才 10 厘米,就像书本有 16 开、32 开一样,同一篇文章,简的长、宽会基本一致,因此可以先根据竹简的长短、宽窄等信息进行大致的归类。

(2)契口和编绳的位置。契口和编绳类似于书本的装订点,不同的

---

[1] 相关内容可参看刘国忠《走近清华简》(高等教育出版社,2011 年)、孙沛阳《简册背划线初探》(载刘钊主编《出土文献与古文字研究》第 4 辑,上海古籍出版社,2011 年)、李均明与赵桂芳《清华简文本复原——以〈清华大学藏战国竹简〉第一、二辑为例》(载李学勤主编《出土文献》第 3 辑,中西书局,2013 年)、萧芸晓《清华简〈算表〉首简简序及收卷形式小议》(载武汉大学简帛研究中心主办《简帛》第 10 辑,上海古籍出版社,2015 年)、贾连翔《战国竹书形制及相关问题研究——清华大学藏战国竹简为中心》(中西书局,2015 年)等相关论著。

书籍编绳位置也会有所不同,找到编绳位置再进行对比研究,也有助于竹简的编排。

(3)版式。清华简出自多位抄写者之手,不同的抄写者风格不太一样,有些简的抄写者喜欢"顶天立地",不留页眉页脚;有些人则偏爱留白,天头地脚空白较多,这些特点也可以帮助工作人员进行分类。

(4)字体和字符间距。清华简的不同抄写者书法也很不一样,有的简字迹极其工整,有的则较为随意;有的简文字写得很大,有的则写得非常纤细;有的简字与字的间距较大,有的则十分紧密。这些风格也是分类的重要依据。

(5)篇题和次序编号。清华简的背面常常保存有一些篇题,比如有一篇在简背题名为"周武王有疾周公所自以代王之志",其内容则是《尚书》的《金縢》篇。篇题往往书写在简文最后一支简的简背,竹简的抄写者往往会先对书写篇题的位置进行刮削处理,以便于书写。清华简中也发现了较多的竹简次序编号,绝大部分都写在竹简背面,这些次序编号一般都写在竹节之处,书写之前已将竹节做了刮削处理。这些信息对于竹简的分篇、排序起了重要的作用。

(6)刻划痕迹。以往的简牍整理报告很少提供竹简的背面信息,因此竹简的背面情况学者们很少能够了解,北京大学的学者最早发现北大简背面往往有一些刻划的斜线,后来在清华简中也发现同样的现象,竹简背面的划痕问题才第一次为学者们所获知,现已成为竹简编排时最重要的依据之一。

(7)竹节位置和竹简粘附物。竹简加工时,同一个竹筒加工出来的竹片一般都在一起,因此抄写竹简时,同一篇简文所用的竹片往往关系非常密切。由于竹简的背面正好是竹子的蔑青那一面,可以很好地体现竹子的本来面目,因此科研人员可以通过观察竹简的背面特征来更好地看出各支竹简之间的相互关联。有时候竹简背面的粘附物也会对竹简编联有很好的作用。比如在清华简《算表》编连过程中,科研人员发现在简背粘有很多已朽烂的丝带,并在多枚简上留下了痕迹。由于清洗过程中科研人员非常细心,这些朽烂的丝线都得以完好保存。科研人员根据这些丝带残留物在各枚竹简中的相互位置,重新将其编联,现已取得了圆满成功。这一成功案例,更使我们认识到竹简各种信息所蕴含的重大价值。

(8)竹简收卷方式和反印墨迹。竹简是用丝线编连的,为了便于携带或存放,往往需要收卷起来,收卷的方法一般是以首简或尾简为中轴向另一端卷起,有时候也采用一种两侧先分别对折,再向中间对折的收卷方式。不同的收卷方式会使简上的墨迹反印在竹简的不同位置上,这些信息也非常有利于竹简的编连和复原。另外,还有学者指出,竹简背面的水渍形状等现象,也有助于我们判断竹简在墓葬中的相互关系。

(9)竹简内容。竹简内容是最重要的判断标准之一,以上所有对竹简信息的搜集分类,最后都要根据内容来进行调整、印证,判断归类、编排、缀合是否正确。

与传统的简帛整理工作相比,当前通过整理流散简帛资料而总结出来的简帛整理方法,比以往的简帛整理工作有了很大的提高,这一方面有赖于新的科技手段的运用,另一方面就是充分重视对简帛各种信息的综合利用。清华大学出土文献研究与保护中心主任李学勤教授一再强调,竹简既是古代的文字载体,同时也是考古学的遗物。竹简的整理编连应当借鉴考古学中对出土文物的修复方法,综合出土遗物中的各种信息加以进行。这些年在流散简帛材料整理研究工作中,最为基本的一点,就是将简帛材料作为特殊的文物看待,对流散简帛材料的信息予以全面的提取和细致的分析。这种对简帛材料认识的进步，很好地推动了流散简帛整理工作的发展。北京大学的胡东波等先生曾发表了《简牍发掘方法浅说——以北京大学藏秦简牍室内发掘为例》（《文物》2012 年第 6 期），提出了对这些流散简帛资料进行“室内发掘整理”的概念，从中也可以看出考古学的方法和理论对于流散简帛整理工作的重要意义。

第五，目前包括流散简帛材料在内的出土文献研究已经成为当今古代文史研究的显学，但是我们对于当前研究工作的水平还要有清醒的定位和估计。每一批简帛材料都具有其独特的学术价值，而且由于简帛材料是以文字为主，更容易与传世古书相对照印证，对于历史学、古文字学、古文献学、学术史等学科的直接作用也会更加显著。但是我们目前对这些流散简帛材料的研究，还只是处在初级阶段。已经公布的几批非发掘品简帛中，楚帛书虽然在 20 世纪 40 年代即已出土，但其研究工作远远没有结束，一直到今天，学者们还在不断推出新的研究成果，这篇帛书对于战国时代数术的研究发挥了重要的作用；上博简的儒家著作、岳麓简的法制史材料、清华简的经史类文献和北大简的《老子》等书都是近些年才刚刚整理公布，研究工作才刚刚启动，更需要进行长期深入的研究，不能指望在短期内完成研究工作。

第六，近年来流散简帛材料的整理和研究工作有力地推动了简帛学学科的深入发展。当前，清华大学、北京大学、湖南大学、安徽大学等高校都购买和收藏了竹简，这些珍贵出土材料对于这些学校人文学科的发展起到了重要的推动作用；由于上述高校汇聚了各个学科的众多人才，在整理和研究这些非发掘品的简帛资料过程中，这些机构推陈出新，在简帛的整理与研究方面取得了许多突破。比如在竹简信息的提取方面，兼顾了竹简背面信息的提取，并注重将竹简背面信息的分析与竹简的整理、缀合和研究工作结合起来;在竹简的拍照、扫描和整理工作中逐步形成了一套行之有效的规范和方法;在人才培养方面开始形成了新的机制和培养模式;等等。更为重要的是,在推进非发掘品简帛资料的研究过程中,清华大学和北京大学、复旦大学、吉林大学、中国人民大学、中山大学、湖南大学、首都师范大学、安徽大学以及中国文化遗产研究院、中国社会科学院历史研究所等11家高校和科研机构,联合建立了"出土文献与中国古代文明研究协同创新中心",开展了众多协同研究创新的工作,比如对马王堆帛书、银雀山汉简的重新整理,对长沙五一广场东汉简牍的合作整理研究,等等。这一协同创新中心的建立,极大地改变了中国简帛资料研究的面貌和格局,将对这一学科的建设和培养发挥重大的作用。

楚地出土战国秦汉简牍再整理的学术反思

刘国胜　王谷

（武汉大学历史学院 武汉 430072）

20 世纪 50 年代以来，在今湖北、湖南、河南、安徽等省境内，考古发掘出土了大量战国、秦代和西汉时期的简牍。出土这些简牍的地区，历史上曾为楚国所辖，在秦灭楚后至西汉早期仍不同程度地受到楚文化的影响，大体上属于楚地的范畴。[1] 楚地出土的战国、秦汉简牍年代比较明确，内容十分丰富。该批简牍的出土与公布开阔了人们的学术视野，是弥足珍贵的学术资源，当中的一些重大发现为相关的学术研究注入了新的活力，对相关学科的发展产生了深远影响，在简牍学术发展史上具有里程

[1]　"楚地出土文献"概念的使用，较早见于饶宗颐、曾宪通先生撰著《楚地出土文献三种研究》（中华书局，1993 年），书名所指楚地出土文献三种即是"随县曾侯乙墓钟磬铭辞""长沙子弹库楚帛书"和"云梦睡虎地秦简日书"。关于秦灭楚后至西汉早期受楚文化影响的楚国故地的区域范围，可参看俞伟超《关于楚文化形成、发展和消亡过程的新认识》，载中国历史博物馆考古部编《中国历史博物馆考古部纪念文集》，科学出版社，2000 年，第 153—161 页；李学勤《简帛与楚文化》，载其著《简帛佚籍与学术史》，江西教育出版社，2001 年，第 17—26 页。

碑意义。如1975年湖北云梦睡虎地11号墓秦简的发现与研究,为利用简牍开展秦汉史研究树立了典范,从真正意义上拉开了海内外学者共同参与、合力研究简牍文献的序幕。1986年湖北荆门包山2号墓楚简的出土,掀起了战国文字研究的热潮,由此奠定了战国简牍在古文字研究领域的突出地位。1993年湖北荆门郭店1号墓楚简的面世,促进了简牍文献研究的多学科交叉渗透、相互借鉴,彰显了简牍学作为国际显学的应有地位。

简牍具有编绳编连、竹木材质、沾墨书写等有别于其他出土文献的自身特征,也由此造成了简册易散乱、简片易断碎、字迹易模糊的状态。作为地下发掘出土的一类史料,相比传世文献,包括简牍在内的出土文献的文本复原是自然要面对的一项基础性工作,它是我们正确理解出土文献内涵和以之为史料开展学术研究的必要前提。简牍资料整理的两大主要任务,即简序复原和文字考释是一项长期艰巨的工作。正如陈伟先生所指出:“任何一批时代较早的出土文献,都会在原始资料公布之后有一个历时较长,由较多相关学者参加的讨论过程,才能在文本复原和内涵阐释上,达到较高的水平,形成大致的共识。对于用古文字写成的先秦竹简资料来说,由于文字辨识和简序排定上的难度,尤其如此。那种毕其功于一役的愿望或期待,是很不切合实际的。”[1]

简牍的再整理是指在简牍文献初始整理之后所开展的基于文本整理与内容解读的研究工作。严格地讲,简牍的再整理应是简牍初始整理的全面改进和深化,是在原整理基础之上吸收已有研究成果,最大限度地改进图像,完善考释,并有针对性地开展文本内涵的综合研究,是一项非常

[1] 陈伟:《郭店竹书别释》,湖北教育出版社,2003年,第3页,“绪言”。

有意义的科研工作。

近些年来，楚地出土战国、秦汉简牍的再整理工作在持续开展。自2003年始，在陈伟先生主持下，武汉大学简帛研究中心联合湖北、河南、湖南、甘肃、四川等地多家文博单位和科研院所先后实施了教育部哲学社会科学研究重大课题攻关项目“楚简综合整理与研究”和“秦简牍的综合整理与研究”。“楚简综合整理与研究”课题，对在2003年以前已经刊布的简册资料重加整理，并对楚简作了总体研究，纳入上述楚简攻关项目的简牍资料有湖北荆门包山2号楚墓简牍，荆门郭店1号楚墓竹简，江陵望山1号、2号楚墓竹简，江陵九店56号、621号楚墓竹简，黄冈曹家岗5号楚墓竹简，随州擂鼓墩曾侯乙墓竹简，河南信阳长台关1号楚墓竹简，新蔡葛陵1号楚墓竹简，湖南长沙仰天湖25号楚墓竹简，五里牌406号楚墓竹简，杨家湾6号楚墓竹简，常德夕阳坡2号楚墓竹简等14批，其成果《楚地出土战国简册(十四种)》与《楚地出土战国简册研究》(全十卷)已相继出版[1]，带有图版的释文、注释本也将由文物出版社陆续出版[2]。“秦简牍的综合整理与研究”课题，2008年立项，对历年出土的秦简牍7批，即睡虎地秦墓简牍(含睡虎地4号墓木牍和11号墓竹简)、龙岗秦墓简牍、郝家坪秦墓木牍、周家台秦墓简牍、岳山秦墓木牍、放马滩秦墓简牍等简册资料重新整理，这大致只是较早出土的几批，其成果《秦简牍合

[1] 陈伟等:《楚地出土战国简册(十四种)》，经济科学出版社，2009年;《楚地出土战国简册研究》(全十卷)，武汉大学出版社，2010年，包括陈伟《新出楚简研读》、丁四新《郭店楚竹书〈老子〉校注》、陈仁仁《战国楚竹书〈周易〉研究》、曹建国《楚简与先秦〈诗〉学研究》、虞万里《上博馆藏楚竹书〈缁衣〉综合研究》、宋华强《新蔡葛陵楚简究初探》、晏昌贵《巫鬼与淫祀——楚简所见方术宗教考》、吴良宝《战国楚简地名辑证》、萧毅《楚简文字研究》、李明晓《战国楚简语法研究》。

[2] 陈伟:《楚简册概论》，湖北教育出版社，2012年，第76页。

集》(4卷6册)和《秦简牍合集·释文注释修订本》(4册)亦相继出版面世。[1] 这是迄今为止楚地战国和秦简牍最重要的两次较大规模的系统整理工作。楚地出土西汉简牍的再整理也有开展,如江陵张家山247号汉墓司法文书简的再整理。[2] 近期,我们在继续完成楚简攻关项目的包山楚简再整理的同时,也对随州孔家坡8号汉墓简牍、江陵凤凰山西汉墓简牍进行了再整理工作。以下我们结合上述简牍再整理的实践,就楚地战国、秦汉简牍再整理的工作经验、方法以及新获研究心得谈几点不成熟的看法。

一、再整理工作要有明确的研究目标

简牍文献再整理的基本目标是提升简牍文本整理与综合研究的水平,形成具有更高质量、更为完善和更加可靠的文本。不同简牍的再整理可能有不同的具体目标,有的侧重简牍内容的再研究,有的则是注重文本整理,还有的是两者兼顾。楚简、秦简攻关项目是将获取的最佳简牍图像作为项目简牍整理的一个重要目标,以保障文本整理尤其是文字释读工作拥有良好的基础资料。同时也还考虑到纳入研究的简牍文献出土历时较长,部分简牍的初始整理图版不清晰,相当一部分简牍受脱水等因素影响,保存现状不如当初,使得红外拍摄的效果打了折扣。有明确的研究目

[1] 陈伟主编:《秦简牍合集》(壹、贰、叁、肆),武汉大学出版社,2014年;陈伟主编:《秦简牍合集》释文注释修订本(壹、贰、叁、肆),武汉大学出版社,2016年。

[2] 彭浩、陈伟、[日]工藤元男主编:《二年律令与奏谳书——张家山二四七号汉墓出土法律文献释读》,上海古籍出版社,2007年。

标,工作的开展才有针对性。为了能够获取最佳简牍图像,我们努力加强与简牍收藏单位及简牍整理报告出版、发表单位的密切合作,争取更多的支持。尽管在这一工作当中遇到了不少困难,但正因为制定并坚持这样一个目标任务,大家齐心协力、多方寻觅资料,在顺利开展红外简牍拍摄的同时,还十分难得地取得了绝大多数简牍最好版本的常规照片,应该说是较为圆满地达成了目标。

二、掌握初始整理的基础信息与研究现状,不断检验、完善和丰富再整理的内容

如何通过再整理工作完善之前文本整理的不足、纠正存在的错误,这就要求我们必须掌握初始整理的基本成果并跟踪后续研究进展,了解发掘报告相关简牍的基础信息,尽可能接触简牍实物,有课题意识地投入再整理工作的各个环节,不断检验、完善和丰富再整理的内容。

江陵九店56号楚墓《相宅》简45是该篇的首简,开头的四字"凡相坦树",在原整理报告的图版中缺失了右半边,原整理者注释说:"竹简出土清理时右半尚存,释文是根据当时的记录释写的。"[1]我们注意到了这个问题,在九店楚简红外拍摄过程中就特别留意小片简,最终找到了图版缺失的右半边,将其缀合在大片里并拍照,弥补了原整理报告的缺憾。[2]

信阳长台关1号楚墓的简2-016、望山1号楚墓的简146,原整理者

[1] 湖北省文物考古研究所、北京大学中文系编:《九店楚简》,中华书局,2000年,第110页。

[2] 陈伟等:《楚地出土战国简册(十四种)》,经济科学出版社,2009年,第318页。

视之为竹简,一并与同墓其他竹简统一编号。实际上,通过仔细观察,它们都应当不是竹简,而是系于器物上的签牌[1],此外在曾侯乙简的再整理中还新发现了一枚签牌[2]。将这些原本不当归入竹简的签牌鉴别出来,既厘清了竹简文本内容,也为签牌的研究增添了材料。近期,我们在对江陵凤凰山8号汉墓的再整理中发现,该墓简130、134有对称切口,长度较短,当不属于竹简,而是两枚系在随葬的米袋上标明所盛稻米数量的签牌,其形制与马王堆1号汉墓出土的米囊签牌基本一致。

竹简背划线的问题是近来多有讨论的热点问题之一。业已公布的清华藏楚简、岳麓藏秦简、北大藏汉简的背划线资料已引发学界的广泛探讨。包山楚简整理者曾注意到包山卜筮祷祠及司法文书简的背划线,报告云:"有少量竹简背面有刻刀划出的斜线,或墨笔划出的墨线,相邻的简有的可据此依次相接,有的则互不相关。这两种线道可能是在编联之前做的某种记号。"[3]近期,我们在湖北省博物馆保管部库房观测了包山卜筮祷祠简,54支卜筮祷祠简中除14支没有简背墨划线外,其余40支简的简背均有墨划线。原整理者编连有简209—211、简212—214、简216—217、简226—227、简230—231、简236—238、简242—244、简245—246等八组简,每组中简的墨划线皆可依次相连,其竹节、契口亦可大致对齐。而剩余其他竹简中的相邻简背面的墨划线并不连贯。包山楚简是目前所见科学发掘楚简中背划线信息最为丰富的战国简,清华藏简的背划线属于书籍简,包山简背划线则属于文书简,将两者联系起来考察背划线的制作和用途,应当是有益的尝试。同时,包山卜筮祷祠简背划线或许能为卜

[1] 陈伟等:《楚地出土战国简册(十四种)》,经济科学出版社,2009年,第286、382页。
[2] 陈伟等:《楚地出土战国简册(十四种)》,经济科学出版社,2009年,第341页。
[3] 湖北省荆沙铁路考古队编:《包山楚墓》,文物出版社,1991年,第267页。

筮祷祠简的重新编排提供新的线索。

在包山楚简再整理的工作过程中，我们比较注意竹简形制方面的检视。我们发现，卜筮祷祠简的契口并不是全部处于简的同等位置上，其中至少有两支简的契口明显与众不同，其竹节所在位置也与其他简存在差异。有迹象表明，包山卜筮祷祠简不是编连一册的，存在竹简使用不一的现象，此或许说明这些卜筮祷祠简不是统一抄写好并随葬的，这些简有可能就是记录占事的原简，汇集在一起后随葬入圹。

另外一个值得注意的情况，就是现存卜筮祷祠简的长度与原整理报告给出的数据有较大差距，一概都变短了，连带上、下契口距离简首、末端的尺寸也有缩小。如现存的简 226 实测长 61.7 厘米、宽 0.6 厘米，上、下契口分别距离简首、末端 17.8 厘米和 16.1 厘米，而发掘报告给出的数据则是简长 68.4 厘米、宽 0.8 厘米，上、下契口分别距离简首、末端 19.2 厘米和 17.5 厘米。现存包山竹简已经脱水处理，有一定收缩应是正常的，但长度方面有如此大的变化，似乎也不好用竹简脱水来解释。究竟何种原因导致这一现象还有待探察。

三、高度重视简牍红外线影像的摄取

大多数出土简牍都或多或少地存在字迹漫漶不清而难以辨识的情况，个别简牍在出土后可能因为保护方面的疏漏等原因而收缩变形以致简文漆黑一片，这些都增加了简牍文字释读的困难。红外线有较强的穿透力，经红外线照射，一些肉眼不易分辨的墨迹很淡或杂乱成团的简文，便能够显现相对清晰的笔画,从而达到复原字迹的效果。在楚简、秦简攻关项目中,我们利用日本早稻田大学、美国芝加哥大学赠送的红外成像设备,极尽所能地投入人力,自始至终依靠红外线成像技术来最大限度地获取清晰的文字影像,进而通过多种图像资料的相互比对,辨识疑难字,取得了可喜的进展,经项目改正的原未释、漏释或误释字有上百个,补充了部分缺失常规照片或常规照片无法利用的简牍的影像。简牍红外影像的获取对攻关项目较高质量的完成起到了至关重要的作用。

简牍红外拍摄工作是一项十分细致的工作。出于保护简牍的考虑,一般情况下,简牍的提取是需要文保人员来操作的,拍摄也基本要求一次完成,避免反复搬动简牍。因此,简牍的红外拍摄需要多人协作、专人拍摄、专人放置、专人回收。同时,工作人员还应当提前熟悉拍摄对象的基本状况以及需要重点关注的竹简或竹简局部。对重点部位可以采取微调多张拍摄以备选。通常来讲,除关键性的疑难字外,较模糊的竹简端头、断口处的字迹以及重、合文等都是需要格外留意、加强拍摄的地方。例如,包山简牍中遣册的简260,起首字是"一"字,其几乎是挨着首端的边缘写的,又因为仅有一横笔,故容易因端头的析裂而褪去墨迹、模糊不清。事实上,在原整理报告的简牍图版,这个"一"字基本看不清了,整理者释文也漏释,大概是认为此处无字。红外影像则让此处的"一"字原形毕露。[1]

需要指出的是,经脱水处理的简牍,字迹会不同程度地变淡,有的本来墨迹就有脱落的文字在脱水后甚至字迹荡然无存,影响了红外摄取的效果。一些简牍在脱水处理后会出现破碎现象,其中尤以秦简较为普遍。

[1] 陈伟等:《楚地出土战国简册(十四种)》,经济科学出版社,2009年,第125页。

相比于时代在前的战国简牍以及其后的西汉简牍,秦简牍的制作不够精细、加工不到位,竹简既薄又窄,属不易保存的一类简牍。因此秦简牍的红外拍摄需要格外小心、细致,对于碎片状竹简,拍摄时就需要耐心拼对,尽可能地维持原状。

当前,一些研究机构已经使用红外扫描设备。与以往红外数字拍摄成像有所不同,简牍红外扫描是通过对简牍实物的全覆盖扫描获取文字图像。通常情况下,红外扫描获得的图像色调较均匀,清晰度也普遍较高,值得推广。当然简牍实物的红外扫描也对简牍的保护提出了更高的要求。

四、切实加强简牍数据库的建设

数据库是简牍整理工作中十分得力的学术工具。在楚简、秦简攻关项目的开始阶段,相关的检索单字、辞例的数据库即基本完成,并已投入使用;项目具体实施过程中,又设专人长期维护、扩充简牍字形辞例数据库。简牍数据库的主要作用是提供简牍文字的字形和词、句的检索,为项目研究提供资料保障,结果表明,它们对《楚地出土战国简册(十四种)》和《秦简牍合集》的完成都发挥了至关重要的作用,在简牍再整理工作中做出了重要的贡献。

红外影像与数据库结合利用会更有助于疑难文字的辨析。例如:包山楚简中的司法文书《廷志》简 155 的字迹相对其前后简较为模糊,简文

“之行”之上两字,原整理者释为“襄陵”,我们曾怀疑是“敬陵”。[1]“陵”前一字简文较模糊,红外影像相对清晰,但有些笔画不好确定。通过检索“楚简单字、辞例数据库”并仔细比对收录的“敬”“襄”及从“襄”之字,可以确定“陵”前一字从米从襄,字也见于仰天湖楚简 34 号,原释“襄陵”大体不误。简 155 又有一个出现多次的“只”字,原整理者释为“足”,同样依靠数据库检索“足”“只”字并对照该字的红外影像,不难认出应该就是“只”字。

目前,简牍数据库的建设越来越得到重视,有一定规模的简牍整理工作都会建有与之匹配的数据库。简牍数据库的切字、偏旁拆分、辞例编撰等都是很实在的工作,很锻炼人。因此,从实际出发,利用简牍数据库的建设来培养学生的专业技能,提高学生的业务水平和科研能力,也是为未来我国出土简牍整理工作提供生力军和后备人才的重要途径,必须予以高度的重视。

如今,我国出土简帛的再整理大有如火如荼、不断扩大之势,西北地区有马圈湾汉简、居延新简,长江以南有马王堆汉墓简帛,黄淮地区有银雀山汉简,等等,但不可否认,在我国学术大繁荣、科技大进步的今天,大规模开展对已出土简帛进行再整理工作的,武汉大学简帛研究中心近年实施的教育部哲学社会科学研究重大课题攻关项目“楚简综合整理与研究”和“秦简牍的综合整理与研究”课题,可谓先行一步,不仅为上述现今已完成的或正在组织开展的再整理项目提供了范例,也对当今众多出土简帛的初始整理工作产生了重要影响,因此,对于现今我国出土简帛的再整理现象进行理论总结和深化,无疑具有重要的学术价值和意义。

---

[1] 陈伟等:《楚地出土战国简册(十四种)》,经济科学出版社,2009 年,第 318 页。

西北汉简整理的历史回顾及启示

张德芳

（甘肃简牍博物馆 兰州 730000）

1901年，斯文赫定（Sven Hedin）和斯坦因（Marc Aurel Stein）分别对楼兰和尼雅汉晋文书的发现，揭开了近代西北简牍的发现历史。但汉简的发现主要始于1907年斯坦因在敦煌的发掘。此后一百多年当中，西北汉简的多次重大发现推动了中国学术界简牍整理研究的持续发展。

虽然简牍整理和研究密不可分，整理中有研究、研究中有整理，在工作过程中往往都是穿插交互进行的，但由于工作侧重点不同、工作对象不同，两者却又可划分成完全不同的两个阶段。本文主要谈西北汉简整理的历史，以敦煌汉简、居延汉简、居延新简为个案，阐释不同历史阶段不同的简牍整理过程及其给我们的启示。

1949年以前出土的敦煌汉简，主要是斯坦因1907年和1914年即所谓第二次中亚考察和第三次中亚考察在敦煌挖掘的汉简。两批汉简的整理过程有很多故事，也有很多可总结的东西。1907年掘获的汉简，斯坦因交由法国学者沙畹（Edouard Chavannes）进行整理，六年之后的1913

年,沙畹在牛津大学出版了《斯坦因在东土耳其斯坦发现的汉文文书》。[1] 书中收录出土文书991件,其中有敦煌汉简705件。当年底,寓居日本的罗振玉得到此书,便和王国维一起用了两个月时间写成了《流沙坠简》,这是迄今为止被简牍学界看作开山之作的经典。但是沙畹发表的705枚汉简中只有一半有图片,其余一半只有释文。没有图片部分,罗、王只能靠沙畹的释文进行考释。沙畹的书中为什么只有一半的文书有图片,而另一半则没有图片?不得而知。后人猜想,可能是沙畹只把照片清晰、品相好的汉简收录书中,对一些不太清晰或品相不好的则摒之不用。今天看来,这显然是一个缺陷。斯坦因第三次考察所获敦煌汉简,先交沙畹整理,后因沙畹去世而转交其弟子马伯乐整理。马伯乐的整理工作旷日持久,直到1953年即他去世八年后,在他妻子的多方奔波下,其所著《斯坦因第三次中亚考察所获汉文文书》才在牛津出版,时隔发掘时间将近四十年。[2] 该书收录出土文书607件,其中有敦煌出土的汉简166枚(34枚缺图片)。中间还有一个插曲,即当时留法学子张凤[3]在法国曾帮助马伯乐整理汉简。1925年回国时马伯乐将汉简的照片作为礼品赠送张凤,相约马伯乐的成果发表后可以研究发表,约时三年。可是马伯乐的成果迟迟发表不了,国内学术界比如叶恭绰等人又极力怂恿,张凤便于

[1] Edouard Chavannes, *Les Documents Chinois Découverts par Aurel Stein dans Les Sables du Turkestan Oriental*, Oxford University Press, 1913.

[2] Edouard Chavannes, *Les Documents Chinois de la Troisième Expédition de Sir Aurel Stein en Asie Centrale*, Oxford University Press, 1913.书中收录斯坦因第三次考察所获汉简166枚。

[3] 张凤(1887—1966),字天方,浙江嘉善人。清光绪三十年(1904)秀才,辛亥革命前加入光复会。1922年公费留法,1924年获法国巴黎大学文学博士学位,1925年回国。先后任暨南大学教授、教务长等职。1945年被聘为上海市博物馆筹备委员会委员。1949年后历任浙江省考古学会常务委员、省文史馆馆员。

1931 出版了《汉晋西陲木简汇编》[1]，公布了斯坦因第三次考察所获汉简。此举虽满足了中国学界及时进行学术研究的渴望，但却由此引起了一场风波，马伯乐将张凤告到了国际法庭上。官司虽然打赢了，张凤的人格却受到了人们的质疑。

1984 年，林梅村和李均明搜罗斯坦因两次发掘和夏鼐、阎文儒在敦煌发掘的汉简出版了《疏勒河流域出土汉简》，纠正了不少错误并重新编号。林、李二位先生共收集 1949 年以前敦煌出土汉简 951 枚（中间缺号 28 个，实际收简 923 枚，另附罗布泊汉简 71 枚）。这项工作第一次将斯坦因两次在敦煌发掘的汉简见诸沙畹、马伯乐已经发表者编汇在一起，让人看到了释文的全貌。但《疏勒河流域出土汉简》没有图版，而且用简体字出版，也都是遗憾。直到 1990 年，日本学者大庭脩在亲往大英图书馆考察的基础上，出版了《大英图书馆藏敦煌汉简》，第一次把斯坦因两次在敦煌发掘并已公布的汉简图版和释文对应汇编在一起，给研究工作带来了极大的方便。但《大英图书馆藏敦煌汉简》在国内并不流行，直到今天也没有通行的译本，看到的人不多。[2]

1991 年，甘肃省文物考古研究所编辑出版了《敦煌汉简》，收录简牍 2485 枚[3]，同时用繁、简字体两个版本出版，力图将敦煌出土的所有汉简收集进来，其中 1949 年以前收录了斯坦因两次发现的汉简和夏鼐、阎文儒在敦煌发现的汉简，总共 946 枚。1949 年以后主要收录了敦煌马圈

[1] 张凤编：《汉晋西陲木简汇编》，有正书局，1931 年。

[2] [日]大庭脩：《大英图书馆藏敦煌汉简》，同朋舍，1990 年。书中收录斯坦因两次考察所获敦煌汉简和夏鼐、阎文儒在敦煌发掘的汉简共 951 号。其中缺 13 个号，实际收录 938 简。尚有 41 件没有照片。

[3] 简本收 2484 简。

湾汉简、玉门花海、酥油土和其他零星地方出土的汉简,总共1538枚(其中马圈湾1217简,其他地方321简)。同样是采取了重新编号的方法,1—2484,流水号。此书在收录斯坦因两次在敦煌发掘的汉简时,只是参考了沙畹、马伯乐的著作,没有见到大庭脩在前一年出版的《大英图书馆藏敦煌汉简》,所以沙畹、马伯乐书中所缺的照片,该书也只能付诸阙如,从这个意义上说,该书仍然是个残缺本。

1989年下半年兰州大学郭锋到大英图书馆工作,又发现很多斯坦因考察所得但未曾刊布的资料,其中就包括很多汉简。[1] 2004年,伦敦大学汪涛、大英图书馆吴芳思邀请海内外学者集中伦敦,才把斯坦因未刊汉简近2300片整理出来,并于2007年由上海辞书出版社正式出版,书名《英国国家图书馆藏斯坦因所获未刊汉文简牍》。[2]

综上可知,从1907年斯坦因发现第一批敦煌汉简到2007年《未刊汉文简牍》的出版,整整一个世纪。虽然出版公布西北出土汉简总数只有3000多枚(包括2004年整理的未刊部分),但它影响很大,连同此前斯坦因和斯文赫定在楼兰、尼雅发现的汉晋文书,奠定了中国简牍学的基础。

西北地区出土简牍这长达一个世纪的整理过程,有几个明显的特点:一是时间跨度大,从斯坦因和沙畹起,经过了数代人的努力。二是一开始就引起了海内外一流汉学家的高度关注,英、法、德、日以及我国的罗振玉、王国维都曾集中研究并取得了卓越成就,使中国简牍学一开始就成为海内外学人关注的国际显学。三是为中国历史文化的研究打开了一片新

---

[1] 郭锋:《斯坦因第三次中亚探险所获甘肃新疆出土汉文文书》,甘肃人民出版社,1993年。

[2] 汪涛、胡平生、吴芳思主编:《英国国家图书馆藏斯坦因所获未刊汉文简牍》,上海辞书出版社,2007年。

天地,此后大量简牍的发现,在某种意义上讲,只是踵事增华,汇入潮流。

但这一百年来,中国和世界都发生了很多变化。中国从清朝末年经过辛亥革命进入中华民国,又经过共产党领导进入中华人民共和国时期;世界经过两次世界大战,经过冷战,又进入了今天这样一个全球化的时代。所有这些都给这批汉简的整理打上了时代烙印。本来是中国的文物却收藏在英国的国家图书馆,给中国学者的研究造成很大困难。就连沙畹和马伯乐的著作在中国也未曾翻译出版。时至今日,我们还没有一部完整的、收录齐全的、图版和释文都比较理想的整理成果。我们所看到的只是部分陆陆续续的零星整理研究。这些成果,虽为我们早期的研究提供了很大的便利,但也存在明显不足:一是客观原因所致,图版不够清晰。过去的摄影技术同今天不能相比,数码摄影还没有产生,尤其是红外线技术还没有出现,沙畹等人只收录了清晰的图版入书。大庭脩的书虽然收录了较全的图版,但相当一部分不清楚、不理想。二是由于上述的原因,释文水平不高,有很多可借助红外线释读的文字,过去用肉眼是无法释读的,所以一百年过去了,文字的释读远没有达到理想的水平。三是排版不科学,也是过去技术的限制,释文不能紧随图版,而是把图版和释文人为割裂开来,图版与释文分而为二,先把释文排在一起,然后再附上一部分图版。严格说这也不算大问题,但给读者造成了很大的不便,即看图版不能同时看释文、看释文不能同时看图版。看释文的时候要想看图版,必须按号检索,再找图版。几个来回下来,已觉精力不及。四是编号不统一,给阅读理解造成很大的混乱。斯坦因发掘时标有出土号,沙畹整理时又有自己的编号,马伯乐整理时也有一套自己的系统。张凤搞《汉晋西陲木简汇编》,又有张凤的编号,林梅村、李均明所编《疏勒河流域出土汉简》又重新编了流水号,《敦煌汉简》收录时,又把所有敦煌汉简再作一次统一编号。编来编去凌乱不堪,让读者无所适从。上次胡平生先生谈到简帛研究的标准化和国际化问题,指出编号就是一个亟需标准化的问题。[1] 一件出土文物或者一枚汉简,编号就是一个身份证,只能是唯一的,不能有多个。遗址出土物的编号应该包括出土时间、发掘地点、探方、层位以及该层位的序号。墓葬或古井出土物除了出土地编号外还应该有简牍的顺序号,不能谁整理谁编号、谁出书谁编号。林梅村、李均明先生的《疏勒河出土汉简》和1991年甘肃考古所的《敦煌汉简》就是一个明显的例子。把所有汉简重新编号,书后再附编号索引表。此举给读者平添了很多麻烦。五是繁、简字体的问题,不管是《疏勒河流域出土汉简》还是《敦煌汉简》《居延新简》所出简体本,都有很多使用的不便。繁简转换有很多不对应,这是大家都知道的,用简体字整理出版出土文献,会给今人和后人造成很多麻烦,这里不多说了。六是发掘报告问题。既然是出土文献,就涉及出土的时间、地点、探方、层位以及墓室中摆放的位置、形态和相关文物的所有情况,即考古发掘要求的各种要素。没有了发掘报告,资料就不完整,研究就会受到限制。可我们的发掘报告整理出版历来都十分滞后,有些甚至就不了了之,即没有发掘报告的出版。斯坦因三次中亚考察所写《古代和田》《塞林提亚》和《亚洲腹地》,严格说起来算不上规范的考古报告,但就是上述三书,我们也不是轻易能看到。三书的英文版分别出版于1907、1921和1928年,由巫新华等人翻译出版的《古代和田》《西域考古图记》和《亚洲腹地考古图记》也都与原书出版相隔了90

[1] 胡平生:《中国简帛学理论的构建》,《中国史研究动态》2016年第2期。

年到 100 年的时间。[1]

居延汉简的整理虽不同于早期敦煌汉简的情况,但也有自己的特殊经历。首先经历了十四年抗战的炮火硝烟,后又经历了海峡两岸的分隔,汉简的整理留下了这一时代的烙印。1931 年 5 月居延汉简运到北京后,先在北平图书馆由傅振伦和傅明德负责拆包、清点、登记、编号、制卡、存放,由马衡、刘半农等人负责释读,但实际上只有马衡一人在缓慢工作。后来搬到北大崧公府,增加贺昌群、余逊、劳榦等人同马衡一起整理。但卢沟桥事变后,为了安全,又把汉简运到香港。1940 年 8 月又因太平洋战争爆发把汉简运到美国,25 年后的 1965 年又从美国运回台北。[2] 居延汉简的保护和整理实际上牵动了很多人和事,但是最终成果的形成给人的印象则是由劳榦先生一个人完成的。在当时特定的社会环境下,劳榦先生在四川的李庄完成了最初的释读,并于 1943 年出版了手写的石印本《居延汉简考释·释文之部》,又于次年出版了《居延汉简考释·考证之部》,1957 年又在台湾出版了《居延汉简考释·图版之部》。与此同时,大陆则出版了《居延汉简甲编》,后又于 1980 年出版了《居延汉简甲乙编》。台湾则于 1981 年出版了马先醒先生等人编著的《居延汉简新编》。谢桂华、李均明、朱国炤又于 1987 年编辑出版了《居延汉简释文合校》。所有这些都给研究者提供了极大的方便,使居延汉简的研究取得了丰硕成果。但是仔细检讨起来,仍然存在着类似于敦煌汉简整理过程中存在

---

[1] [英]斯坦因著,巫新华等译:《古代和田——中国新疆考古发掘的详细报告》,山东人民出版社,2009 年;[英]斯坦因著,巫新华等译:《西域考古图记》,广西师范大学出版社,1998 年;[英]斯坦因著,巫新华等译:《亚洲腹地考古图记》,广西师范大学出版社,2004 年。

[2] 张德芳:《居延汉简及其相关的人和事》,载张德芳、孙家洲主编《居延敦煌汉简出土遗址实地考察论文集》,上海古籍出版社,2012 年。

的那些问题。令人欣喜的是,时代在发展、技术在进步,整理工作也在不断改善提高,最近台湾史语所又在利用红外线技术重新拍照重新释读居延汉简,2014 年开始出版第一卷,每年一卷,到明年最后一卷即第五卷即可全部出完。贝格曼的《额济纳河流域考古报告》经索摩斯特洛姆(Bo Sommarstrom)整理,作为西北科学考察团第 39 本和第 41 本报告于 1956、1958 年正式出版。最近我们又将其翻译成了汉文。[1] 如此,海峡两岸通力合作、珠联璧合,使居延汉简的整理臻于完善。今年已是西北科学考察团成立 90 周年,是居延汉简发现 87 周年。可见,居延汉简的整理达到今天这样的程度,同样是经过了数代学人的共同努力,经过了一个漫长的过程。

居延新简同长沙马王堆简帛、山东银雀山汉简都是 20 世纪 70 年代的重大发现,整理工作也受到各方面的高度重视。需要说明的是,居延新简一开始包括甲渠候官、第四燧和肩水金关所发现的全部汉简。当时计划以《居延新简》为总书名,以“甲渠候官、第四燧”和“肩水金关”为副标题,分为姊妹篇。但是《居延新简——甲渠候官与第四燧》出版后,《居延新简——肩水金关》却迟迟未能出版。时过 17 年后,《肩水金关汉简》则于 2011 年分五辑陆续出版,整理出版形式完全不同,也就没有再采取上面的书名。但两者的整理过程是一致的,在此过程中,人们也习惯把两者统称为“居延新简”。

关于居延新简(包括金关汉简)的整理过程,笔者在《肩水金关汉简(壹)》的前言中有过详细记述,摘引如下:

---

[1] [瑞典]博·索摩斯特洛姆编,黄晓宏、张德芳、张存良、马智全译:《内蒙古额济纳河流域考古报告》,学苑出版社,2014 年。

发掘结束后的初步整理和释文初稿是由初世宾同志主持并以此前省博物馆成立的简牍整理研究室为依托而于一九七五年完成的。这次整理工作探索、总结出了一整套工作程序和记录规范，为后来甘肃汉简的整理遵为范式。第一步：拆包清点，清洗泥沙，对能够缀合的断简加以拼接；第二步：按出土时间、地点、探方、层位逐简进行编号；第三步：填写档案；第四步：拍照和释文校正。前两步是基础，后两步是重点。其中档案记录包含编号、质地、尺寸、形制、草图、完残程度、文字、书体、格式、时代纪年、内容、校释者与校释时间等十多项要素，涵盖了每支简牍所能显示的所有信息。比如草图一项，不仅要勾勒出每简的基本轮廓和细部特征，还要将简上的文字、符号摹写其上。因而，完成档案记录，也就完成了最初的释文。至于释文校正，就是把档案上的释文誊录下来，再依照原简和照片反复辨识和校改。当时形成的这些程序和规范成为西北汉简整理的基本步骤和工作方法，至今具有借鉴意义。1980年代初，国家文物局成立古文献研究室，在唐长孺先生的领导下，调集全国著名专家和部分发掘工作者前来北京集中分组对长沙马王堆汉墓帛书汉简、山东银雀山汉简以及居延新简进行再次整理。甘肃省博物馆初世宾、任步云、何双全，古文献研究室于豪亮、李均明，中国社会科学院历史研究所谢桂华、朱国炤参加了西北汉简的整理，主要是依据照片和上述释文初稿，对简文进行反复校改。[1]

---

[1] 甘肃简牍保护研究中心、甘肃省文物考古研究所、甘肃省博物馆、中国文化遗产研究院古文献研究室、中国社会科学院简帛研究中心编：《肩水金关汉简（壹）》，中西书局，2011年。引用时有删节。

我本人参加了《肩水金关汉简》的后期整理,也参加了悬泉汉简整理的全过程。档案是专门印制的表格,誊写稿纸也是专门印制的八开专用纸。现在回想起来,真是恍若隔世。现在可用电脑轻松完成的事,当时得用艰苦的劳作完成。光誊写释文一项,专门请字写得好的同志,一遍遍、一年年地誊抄,光誊写的稿子就装满了几个柜子。显然,上面讲到的那些程序和规范,是手工时代的产物。现在我们从手工时代进入了数据化时代,上面说到的那些做法,在今天已经是轻而易举就能完成的事。

1990 年文物出版社出版了《居延新简——甲渠候官与第四燧》的简体本,1994 年中华书局又出版了图文并排的繁体本。由于技术条件的限制,上面在敦煌汉简和居延旧简整理出版中存在的问题,也都在居延新简的整理出版中同样存在。图版不清晰影响释文的准确,排版不科学影响阅读的效果。就连释文的排版也不能像今天这样自如,得请专门的书法家手工缮写。到后来我们整理出版《肩水金关汉简》时,这些问题就基本解决了。

《肩水金关汉简》分五辑十五分册从 2011 年开始出版,到 2016 年全部出齐。《肩水金关汉简》的整理出版,比起《居延新简——甲渠候官与第四燧》,应该说后来者的精细化程度很高,很多方面都解决了以前整理出版中存在的问题。一是在此之前我们组织了一个强有力的整理班子。甘肃简牍博物馆、甘肃省文物考古研究所、甘肃省博物馆、中国文化遗产研究院、中国社科院简帛研究中心等五家单位再次抽调人力集中整理。参加者中有参加过最早发掘的专家,有最早参加过整理的人员,也有在这一领域有深厚造诣的学者;其中有老一辈学者,也有青年一代的后继者。二是利用了红外线技术和彩色拍照,这是过去所没有的。尤其是红外线技术,就是近几年的事。利用红外线技术基本解决了图版的清晰问题,图版可以将原简上的信息几无遗漏地呈现出来。对研究者来讲,若对某些释文有怀疑,完全可以根据自己对图版的认读重新作出考释。三是排版的科学性,图片和释文密不可分,对读者来讲就是很大的方便。这些都是简牍整理史上划时代的革命。为了弥补《居延新简——甲渠候官与第四燧》在整理出版方面的不足,我们又完成了《居延新简集释》,包括了上面所说的红外图版和彩色照片,更正了过去释文中的错误,排版上图文并列,并以"集释"的形式作了适当注释。注释或有不准,仅供一般读者参考。高清图片公布后,研究者可完全根据自己的理解作出新的解释。不管是居延旧简还是居延新简及金关汉简(也包括《额济纳汉简》),整理工作做到今天这样的程度,应该是海峡两岸整理工作者贡献给学界的重要成果。顺便说一下,悬泉汉简更是西北汉简的大宗,目前我们正在上述经验的基础上不断完善,加快整理步伐。我们计划 2017 年 9 月可出第一卷。

西北汉简被发现至今已经一百多年了。一百多年来,一代一代前辈学者的艰苦努力,奠定了我们今天的整理基础,也使简牍学成为今天这样的规模和气候。但是回顾这一百多年来的整理研究,也给我们很多启示。一是科学规范的发掘是后期整理的基础。这一步骤从开始到后来是逐步实现的。最早斯坦因的发掘是一种寻宝式的乱挖,以致现在还有一些简不知出土在哪里而无所归宿。二是标准化的编号。一件出土文物最好只有一个编号,而且如何编法要服从规范。现在是发掘有发掘的原始号、入藏有博物馆的入藏号,如果整理者按自己的系统再编一个号,麻烦就越来越多,以致每本书后都得有一个各种编号的对照表。编号的位置也值得研究。过去是按照一般文物编号的方法,把编号直接写在简背或简侧。实践证明,这种方法对简牍有很多弊端。有些简背原有笔道或文字,只是当时未能看清楚,再把今人的编号写在上面,无意中损坏了文物。应该把编号写在装简的盒子上或者玻璃管上,要么挂上标签也行,切忌把编号直接写在简牍文物本体上。三是全部信息的完整采录。一枚简反映的信息可能很多,只有文字和照片是不够的。上面提到的那些要素,不仅要全面采集,而且要同简文、图版同时公布。四是清晰的照片,包括红外线和高分辨率的彩色照片,不光让人看清文字,还应让人看到原色原样的原简,红外线不能代替彩色照片。五是准确的释文和适当的注释。当然准确是相对的,那就尽可能少有错误。有些文字当时看不清不认识,到后来却突然认识了,这也是常有的事。像《睡虎地秦墓竹简》那样,有一些适当注释便于阅读。注释不能多繁,但要精准。六是科学的排版印制,不光要图文对应,还有一个繁简字和异体字的问题。繁简字的问题上面已经说过了,对一些异体字及异写异构,我们现在都改成了通行汉字,主要是排字太麻烦。但我一直觉得这种做法不妥,对研究文字形体难免会误导。七是发掘报告的及时公布。有些报告拖了几十年,人事沧桑,已经没人关心了。文物法对此虽有明确规定,但具体实施和操作不理想。八是数字化工作的加强。这是时代的要求,这样更便于简牍的保护及资料的存储、流传与使用,数字化处理是时代的要求。上述林林总总说来容易做来难,哪一项缺环都会给后来的工作带来不便,甚至是人力物力和其他社会资源的更大成本的投入。

关于长沙走马楼吴简前期整理方法的观察与思考

宋少华

（长沙简牍博物馆 长沙 410002）

1996 年，长沙五一广场走马楼街出土了 10 万余枚三国吴简。该批竹简形制独特、内容丰富，涉及孙吴政治、经济、军事、交通、法律等诸多方面，具有重要的史料价值，引起中外学术界的广泛关注。经过发掘者与整理者的共同努力，到目前为止，已完成了走马楼吴简全部资料的整理。走马楼吴简拟刊行 12 卷，现已出版公布了《长沙走马楼三国吴简 · 嘉禾吏民田家莂》和《长沙走马楼三国吴简 · 竹简》壹、贰、叁、肆、柒、捌等 7 卷。笔者全过程主持、参与了走马楼吴简的发掘、保护和整理工作，浸染其中多年，感触良多。本文仅以个人工作实践视角比较简牍整理的不同方法与路径,阐释对吴简前期整理方法与效果[1]的观察与思考。

一、简牍整理方法之比较

在我国简牍整理实践中,不同历史时期、不同的整理研究团队,对于不同来源简牍的前期整理方法各有区别。兹择几个案例略加说明:

1.甘肃肩水金关汉简

1972—1974 年,甘肃考古工作者在额济纳河流域汉代肩水金关遗址中发掘出土了 1.9 万余枚简牍,近年来已分五辑陆续整理出版。有关肩水金关汉简的初步整理,实际上初世宾先生于 1975 年已基本完成,当时的整理者总结了一整套工作程序和记录规范,即:“第一步:拆包清点、清剔泥沙、对应能够缀合的断简加以拼接;第二步:按出土时间、地点、探方、层位等因素逐简进行编号;第三步:填写档案;第四步:拍照和释文校正。前两步是基础,后两步是重点,其中档案记录已含编号、质地、尺寸、形制、草图、完残程度、文字、书体、格式、时代纪年、内容、校释者与校释时间等十多项要素,涵盖了每支简牍所能显示的所有信息。”[2]当时形成的这些程序和规范,成为后来西北汉简整理的基本步骤和工作方法,至今具有指

---

[1] 本文所谓的“前期整理方法”概念,是指简牍在室内整理时所进行的清理、揭剥、编号、登记、绘图、照相、观察记录等各项工作,它是后期整理(释文、考订等)及研究的重要基础。或有学者称“简牍考古学信息提取”及“简牍室内考古发掘”的不同提法,皆属此概念范畴。

[2] 甘肃简牍保护研究中心、甘肃省文物考古研究所、甘肃省博物馆、中国文化遗产研究院古文献研究室、中国社会科学院简帛研究中心编:《肩水金关汉简(壹)》,中西书局,2011 年,“前言”。

导意义。

2.湖北江陵张家山汉简

1983年12月,湖北省考古工作者在江陵张家山二四七号汉墓清理出土了1236枚(不含残片)竹简。该墓是一座土坑木椁墓,葬具一椁一棺,椁室分头箱和棺室两部分,竹简置于头箱里,伴出随葬物还有漆耳杯、漆奁、漆盒、漆盘、木俑、铜鍪、铜蒜头壶等。从残存的竹编可知,竹简原置于竹笥中,由于受到淤泥及其他文物的挤压,竹简已有损坏,卷束已散开并有不同程度的移动。从竹简的堆积状况可以判断,各种书籍是各自成卷,然后堆放在一起的。整理时参照竹简堆积情况,按竹简形制、字体和简文内容分篇、系联,也只能恢复各书的大致编联次序。[1] 彭浩先生在谈到整理的体验时说:"各种律名都单独书写在一枚竹简上,与相关的律文简失去联系,加之律文简在墓葬中无规则的位移、残断、朽烂等原因,竹简的系联已非原貌。恢复律文原有的分类和编连次序,对于准确地理解汉律,进行深入研究,无疑是一项十分重要的基础工作。"[2]

3.清华大学藏战国竹简

清华简属非考古发掘出土竹简,2008年由清华校友出资于香港购买后无偿捐予母校,接近2500枚。专家们从考古学、历史学、古文字学等角度出发,对清华简的时代、内容做了鉴定,指出"从竹简形制和文字看,这批竹简应是楚地出土的战国时代简册"。经碳14年代测定及树轮较正竹简年代,认定该批竹简的年代为公元前305±30年,相当于战国中期偏晚

[1] 张家山二四七号汉墓竹简整理小组编著:《张家山汉墓竹简〔二四七号墓〕》,文物出版社,2001年,"前言"。

[2] 彭浩:《读〈二年律令〉中几种律的分类与编连》,载张家山二四七号汉墓竹简整理小组编著《张家山汉墓竹简〔二四七号墓〕》(释文修订本),文物出版社,2006年。

时期。[1]

清华简因属非考古发掘品,与之密切相关的考古信息的缺失是一大遗憾。“清华简各篇的次序在流失的过程中早已散乱,之后被人用保鲜膜包裹成若干包。我们在清洗保护的过程中,发现各包之间的简经常是相互关联的,属于同一篇的简文往往是在不同包裹的竹简中出现,这一方面证明了竹简早已毫无次序,同时也证明这些包裹的竹简应该是同一批出土的文物,最大的可能是出土于同一墓葬。”[2]

清华简的内容以书籍为主,是珍贵的简牍佚籍,因其竹简内容的重要性,前期整理工作的最关键之处是要不惜一切代价保护竹简上的文字。其工作步骤依次分为五步:第一步,去掉保护膜;第二步,清除竹简表面污物;第三步,对竹简进行杀菌处理;第四步,竹简重新浸泡保存;第五步,拍照记录。[3]

4.北京大学藏秦简牍

北大秦简亦属非考古发掘出土简牍,2010 年由香港冯燊均国学基金会于境外回购捐赠北京大学,约 810 枚。这批简牍初入藏时被淤泥包裹,黏为一束,外覆黑色塑料膜。在进行室内揭剥清理时还保存着成卷的简册状态,共有 10 卷竹简。经科技检测在秦简编绳中发现的华支睾吸虫卵以及竹简卷四《道里书》中所见地名大多在秦南郡范围,尤以安陆、江陵出现较多,据此类原因,整理者认为这批简牍可能出自今湖北省中部的江汉平原地区,初步判断这批简牍的抄写年代大约在秦始皇时期,简牍的主

[1] 刘国忠:《走近清华简》,高等教育出版社,2011 年。
[2] 刘国忠:《走近清华简》,高等教育出版社,2011 年。
[3] 刘国忠:《走近清华简》,高等教育出版社,2011 年。

人应是秦的地方官吏。[1]

北大秦简课题组根据简牍保存的状况,认为简牍的室内考古发掘过程和原理在以往的著录中较少,因此决定组建简牍发掘组,集中考古与文物保护方面的人员,对竹简进行室内发掘整理。通过室内发掘为以后竹简的室内发掘保护在方法技术甚至理念上进行了有益的探索,其获得的重要认识与做法归纳起来有四:

一是简牍室内发掘不同于一般的田野考古发掘,随着清理工作的进行,可随时在顶面和四周五个立面观察竹简的整体情况。

二是传统田野发掘、保护原理与方法适用于简牍发掘、保护。遵循(考古)地层学的基本原理,利用平、端(剖)面相结合来判断叠压关系的发掘方法,应是简牍发掘的首要依据。强调在清理过程中将竹简整体旋转再按原始编卷顺序一周一周地编号、揭取的旋转式方法并不可取,弊端较多。因实际操作中无法严格按编连顺序进行旋转清理,而是将其分解为可以操作的层;同时还要注意部分竹简因长期浸泡、编绳糟朽、卷帙散乱出现首尾相互反压的情况,即类似田野考古中次生堆积的反压现象。

三是简牍材质为有机物,因受保护时间的限制,不宜在空气中暴露时间过久。在保证准确的原则下,根据提取的不同状况,采取传统田野考古绘图方式或高清数码照相等快捷方式,进行编号、记录、保存图像资料。

四是为便于观察对象的信息,需要设计登记表、统计表和观察记录表,对简牍特征的观察包括分类、外部、契口、刻画痕迹、编绳的形状与位

---

[1] 北京大学出土文献研究所:《北京大学藏秦简牍室内发掘清理简报》,《文物》2012年第6期;北京大学出土文献研究所:《北京大学藏秦简牍概述》,《文物》2012年第6期。

置、尺寸、书写文字的数目,及使用痕迹、编连关系等,并将上述信息制成数据库输入电脑,以便于检索、查阅和研究。[1]

通过上述四个案例的比较,我们可以看出对于不同历史时期、不同出土地点、不同来源、不同保存状态的简牍的前期整理方法是有差别的,整理工作是发展变化的。上举案例虽非典型,但亦可从中窥见我国简牍前期整理方法演进的历史与现状,其总趋势是不断地精细化、规范化、程序化、数字化,对考古学理论方法在简牍整理中的作用,无论是发掘出土简还是非发掘出土简的整理者,也都给予了充分的肯定。当然,我国简牍的发现、数量与整理的案例远远超出上述所举,其前期整理的方法,因内容属性、学科要求的不同,各有侧重、各见所长,同样可以作用于简牍研究之中。考古学理论方法在其中的活用只是方法之一,其科学性、优越性逐渐地为越来越多的案例所证明,并为人们所接受和利用。北大秦简牍课题组发挥自身教研优势,将简牍前期整理工作推进到一个新的阶段,形成了一套较为完备的室内考古发掘技术流程和发掘方法,确定了一整套适用于饱水竹简发掘的工具和仪器,通过实践证实了饱水竹简的最佳保存环境和保护方法,为以后同类遗存的发掘和清理工作积累了经验,提供了有益的参考。毋庸置疑,北大的实践经验是具有积极意义的。虽然它的整体程序因田野考古信息的缺失而存在着无法弥补的缺环与遗憾,但在室内整理方法探索这一环节上却为同类遗存的发掘、整理树立了可资借鉴、较为科学规范的标尺,是值得充分肯定的。

[1] 胡东坡、常怀颖:《简牍发掘方法浅说——以北京大学藏秦简牍室内发掘为例》,《文物》2012年第6期。

二、走马楼吴简的前期整理方法

走马楼吴简出土于20世纪90年代中期，是配合城市基本建设通过抢救性的考古发掘所获得的，其数量之多、堆积之丰厚，迄今为止仍居我国一次性出土简牍之首。整理之始确定以何种方法为指导至关重要，我们在实践中的做法是：不仅在发掘过程中以考古学理论为指导，严格按照考古发掘操作流程完成田野发掘的任务，而且在前期整理方法上，在当时较为简陋的工作环境、保护条件下便已有意识地将考古学的理论方法运用其中。在制定《长沙走马楼三国简牍保护整理项目总体实施方案》的工作指导原则时就已明确提出："简牍保护与整理是互为密切联系的两大方面，保护工作包括改善和控制保管条件、揭剥与清洗、脱色拍照与记录、为长期保存及展出而进行的脱水等，是整理工作的前提和基础；整理工作包括对揭剥清洗过程的详细记录，对脱色后的简牍进行拍照、释读、编校、出版，其始终贯彻考古学、文献学、历史学的观察与研究方法。"[1]

由于简牍长期埋藏于地下，材质糟朽严重，因此简牍的清理揭剥，首先是要保证简牍本体安全，不可人为地过多翻转、扰动，使之遭受二次侵害、损伤。在前期整理实践中我们总结经验，及时制定出《长沙三国吴简清洗揭剥工作流程》，严格地按照考古清理的操作规则，运用揭剥技巧，按其保存状况及叠压层次，分坨、分层、分面细心地进行揭剥，揭剥的方式采用分层式、环绕式或分层环绕相结合等方式。同时用图纸、照片、文字细

[1] 长沙简牍博物馆：《嘉禾一井传天下》，岳麓书社，2016年。

致地做好揭剥的记录工作,记录的内容包括区位、层次、排列、数量、卷折面及裹夹的包含物,诸如木简、木楬、封检等。这一工作程序及要求始终贯穿简牍清理揭剥的全过程。

具体来说,每坨简的形状各不相同,揭剥方式也随情况而变化。一般情况下,是依据肉眼可以观察到的层面,自上而下分层进行揭剥与揭剥记录。但是人体肉眼观察到的每层的层面并不是水平的,存在着凹凸不平的情况,揭剥图上所显示的水平层面,只是为了方便标示每枚简排列的位置,难以确保每层面的简牍之间一定存在着必然的联系。当遇到呈收卷状的成坨简时,我们假定它有可能为一较完整的册书,在不伤及简牍的情况下,采取由外至里揭取的方法。吴简墨书的正文大多书写在竹黄面,少部分书写在竹青面,这是吴简书写的特点。我们将书写墨书的竹黄面称为正面,未写字的竹青面称为背面。根据对吴简揭剥的长期观察,我们发现一些成卷的册书,由于受到外力的挤压已变成椭圆或扁平的形状,其最大径的边缘或核心的地方常会出现数枚简的字面(竹黄面)相贴的情况,这便成为我们用以判定该册书的核心或边缘的依据。揭剥时当发现某坨简上半部正面朝下、下半部正面朝上、边缘处正面与正面相对时,我们就判断它有可能为一卷册书,从而予以细致的揭剥与记录。揭剥图中每枚竹简正面用直线表示,背面用曲线表示。关于木牍、木楬,则正、背面皆用直线表示,有字的一面另加文字说明。

室内清理揭剥的记录与田野考古过程的记录要保持连贯与延续,我们将简牍的编号分为五个等级:

一级编号用罗马字母表示。这一级代表的是分区,共分Ⅰ、Ⅱ、Ⅲ、Ⅳ区。每区的情况各不相同,Ⅰ区为井内扰乱简;Ⅱ区简牍保存较为完整;Ⅲ区为井壁坍塌后遭挤压下沉、错位的简牍;Ⅳ区为小部分的大木简。

二级编号用英文小写字母表示。这一级代表的是区内各段简牍。各区中有若干段，用段这个概念是考虑到段比坨长，一长段可由若干小段组成。当然，段的情况各有差别。例如，对未经扰乱的简牍，主要指Ⅱ区，现场清理后，其叠压关系比较清楚。其段是按各自的排列走向确定的。再如Ⅰ区，实仍为扰乱的部分，按跌落后叠压的层次，是由上至下揭取的。其段都不太长，因跌落而散乱。对于Ⅰ区而言，仍是借用考古学上的层位叠压概念来处理这种扰乱无序的状况。这个“段”所表示既是跌落在上层的几坨简，也是叠压在下层散落开的几堆简。

三级编号用阿拉伯数字表示。这一级代表的是某段中的某小段。因某段过长，现场揭取不易，为不使简牍损伤而将其分成若干小段。若该级编号无小段，则不分，直到坨，即第四级。

四级编号用带圈的阿拉伯数字表示。这一级代表的是某段或某小段中的某坨。坨与坨之间所包含简牍的数量不等，少则数十枚，多则数百枚、数千枚。

五级编号用简牍《揭剥编号对应表》内的阿拉伯数字表示，为每一坨简牍按序揭剥后的流水编号。该表排列二种对应数据，一为揭剥清理总编号，一为每坨的简牍序号。

归纳揭剥图中编号层级的关系，一级编号代表区，二级编号代表段，三级编号代表小段，四级编号代表坨，五级编号代表单枚简。例如已发表的《竹简·肆》卷揭剥图：Ⅰ-a-①，即发掘Ⅰ区a段第①坨简。又图三十：Ⅰ-c3-⑥，即发掘Ⅰ区c段3小段⑥坨简。又如《竹简·柒》图十八：Ⅱ-c-②，即发掘Ⅱ区c段②坨简。

上述五个等级的编号基本上反映从区域—大段—小段—坨—单体简这样一种逐层的隶属关系。通过这种层级隶属关系，我们可以在更为扩大的空间范围内对简文的内容进行综合考察与辨析。

绘图与文字记录工作贯穿揭剥的全过程。我们知道揭剥图及相关的记录是整理的基础,包含着各种重要的简牍自身的信息。因此在清理揭剥简牍时即规定,凡是列入考古发掘编序的段、坨都必须按程序清理、记录,不必用过多的精力刻意关注揭剥简牍中单支简文与简文之间的关系,发现有联系就做,没有关联就不做。面对数量巨大的简牍,那样做既耗费时间,又不可能在短时期内弄清楚想要解决的问题。实践证明,我们采取的方法是恰当的、正确的。这样"盲揭"的结果,虽增加了很多的工作量,但却保证有价值、可利用的信息不会被漏掉。[1]

经过1997—2003年长达6年之久的努力,长沙市文物考古研究所、长沙简牍博物馆共同完成了10万余枚吴简的清洗、揭剥工作,其中有字简7.6万余枚,完成不同种类的考古揭剥图的绘制记录400余幅,其中200余幅及相关记录已随吴简各卷刊布。这是在当时的工作环境、技术手段、操作方法、认知条件下,我们所能达到的程度。自然,不足与缺憾亦随其中,本文在其后亦会谈及。

三、走马楼吴简前期整理工作的启示与意义

走马楼吴简前期整理工作漫长而艰苦,前期整理的程序和方法也可以说在当时是无前例可循的,是在摸索中总结出来的,其中既有成功的经

[1] 长沙简牍博物馆:《嘉禾一井传天下》,岳麓书社,2016年;宋少华:《长沙三国吴简的现场揭取与室内揭剥——兼谈吴简的盆号和揭剥图》,载长沙简牍博物馆、北京大学中国古代史研究中心、北京吴简研讨班编《吴简研究》第3辑,中华书局,2011年。

验和可行的方法,当然也不可否认一定存在某些方面的不足、缺憾和教训。回顾走马楼吴简二十余年的整理研究实践,我们认为具有如下几方面的启示与意义:

1.吴简揭剥图的作用与功能在后续的吴简整理研究中得到了充分发挥

走马楼吴简前期整理工作中,我们高度重视吴简揭剥图的绘制工作,并为此付出了大量的时间、精力和汗水。从走马楼吴简二十余年来的整理研究实践看,这一工作不仅非常必要,其作用与功能在后续的吴简整理研究中的充分发挥也超出了预期,有力地推动了走马楼吴简的全面整理与研究。目前较多地利用吴简揭剥图,在吴简册书簿籍复原研究方面成果较突出者,当首推凌文超先生,其研究成果体现在氏著《走马楼吴简采集簿书整理与研究》一书。[1] 凌氏认为简牍揭剥图是吴简簿书复原整理与研究最为基础也最为重要的考古学依据,其主要作用有三个方面:第一,以揭剥图为依据,考察简与简、简层与简层甚至揭剥图与揭剥图之间的关联,有助于判定簿书的编连、收卷以及各组成部分的编列次序;第二,揭剥图有助于判别簿书的内容构成,避免混淆不同簿书中内容、格式相近的简牍;第三,揭剥图有助于探讨走马楼吴简在J22中简册的位置关系,因为走马楼吴简各简册在古井中放置的状况关系到古井简牍这类独特埋藏方式的探讨,揭剥图为相关研究提供了条件。凌氏对抢救清理吴简时按顺序盛装简牍的盆号以及室内清理竹简时记录每枚简的编号(清理号)的重要作用给予了细致的关注,对简牍遗存信息也都给予了深入发掘和有效利用。他运用上述方法整理出来的"嘉禾四年小武陵乡吏民人民

[1] 凌文超:《走马楼吴简采集簿书整理与研究》,广西师范大学出版社,2015年。

妻子年纪簿”“小武陵、南乡等吏民人民年纪口余簿”“郡县吏兄弟叛走人名簿”“兵曹徙作部工师及妻子簿”“库布账簿”“库皮账簿”“隐核波田簿”,以及“库钱账簿”“举私学簿”“隐核新占民簿”“上中下品户数簿”“隐核州军吏父兄子弟簿”等[1],便是其潜心观察、用心思考、抽丝剥茧、精心梳理所得之收获。当然吴简揭剥图不是万能的,它所起的作用也无需过度放大,它自身存在着不足与缺憾,如扰乱、扔弃、挤压、人为分割、肉眼观察揭剥层面等诸多因素的影响,其所能发挥的作用还存在一定的局限性,仍有待研究者用更为科学的方法,细致地加以梳理,谨慎地甄选剔抉。

2.重视简牍考古学信息的提取是后续整理研究的关键

重视走马楼吴简考古学信息的提取和保留,为当下众多学者的进一步整理研究提供方便。笔者极少涉及吴简的具体研究,更无意对研究方法妄加评判,只是比较关注与思考吴简前期整理的程序、方法、过程、结果和作用。从观察比较当下众多学者利用吴简考古学信息的情况来看,其结果尚差强人意。有学者指出,简帛学发展至今,学界一直注意历史学及文献学、古文字学与简帛学研究的结合,对于考古学与简帛学的关系反而重视不足。[2] 令人欣慰的是,随着时间的推移,这种状况已有了较大的改观。据笔者所知,目前已有不少学者开始重视将吴简前期整理的成果(考古学信息等)结合到研究中来,并颇有创获。以凌文超先生为例,我们在观察凌文超先生对吴简簿书复原研究过程的思路、方法以及结果时,发现其对考古学提供的整理信息关注、理解、利用的程度,已达到较为深

[1] 凌文超:《走马楼吴简库钱账簿体系复原整理与研究》,《考古学报》2015 年第 2 期;凌文超:《走马楼吴简举私学簿整理与研究》,《文史》2014 年第 2 期。

[2] 孙闻博:《简帛学的史料辨析与理论探求》,《中国史研究动态》2016 年第 2 期。

入的境界,对二者的相互关系、相互作用的阐述也颇为深刻、恰当。在纷繁杂芜、重复单一的出土新材料中逐渐地探索出一条研究方法的路径,其归纳总结的吴简簿书整理原则"从整体到局部""存小异求大同""由此及彼",可谓多年研究的切身体验,绝非空泛之语。凌氏将这种研究方法称作"二重证据分合法"[1],颇有创意。这一辩证认识既有实战之用,又进一步丰富增强了"二重证据法"的深刻内涵与指导意义。

如果说北京大学对所藏数百枚秦简牍室内考古学信息提取的方法,因其精耕细作而显精细缜密不失为典范的话,那么对于数量庞大的吴简的考古学信息提取,就其方法、思路及实践的结果而言,则可谓导夫其先路的探求者。两者各着其色,主旨不谋而合,皆以考古学理论方法为指导,为简牍的研究提供了保障,其前后的整理实践丰富了我国简牍学整理研究的理论方法和路径。笔者相信,简牍整理方法、研究方法的日臻完善成熟,必为吴简学科的建设乃至中国简帛(简牍)学科的建设提供坚实的基础,开创学术研究的新局面。

3.吴简整理与研究的相互作用

在吴简研究方面,运用不同方法取得成果的学者不胜枚举,经统计,截至目前中外学者已发表研究论文600余篇,研究专著多部。兹仅列举运用"简牍文书学"之方法与吴简前期整理成果互为作用之例予以观察。

"简牍古文书学"研究方法的开创源于日本学者,产生于20世纪七

---

[1] 即从新、旧材料中产生相对独立的认识,暂且搁置并积累差异,是为"分";随着研究的推进,当条件成熟时,再在众多新、旧材料认知差异中推演出新的更有说服力的结论,是为"合"。在吴简研究中,"合"以"分"为基础,"分"以"合"为目的。只有重视"分"的意义,吴简的学术价值才既不会被放大,也不会被曲解或忽视,在研究中才会与传世文献相得益彰,发挥其应有的作用(凌文超《走马楼吴简采集簿书整理与研究》,广西师范大学出版社,2015年)。

八十年代。最早把古文书学研究方法应用到中国简牍研究中的学者是森鹿三、藤枝晃两位先生,其后大庭脩、永田英正先生进一步加以完善。尤其是永田氏的簿籍集成方法被学界推崇为最正宗的古文书学方法,又称永田流派。所谓“简牍古文书学”,即研究者从简牍本身入手,从古文书而非单纯史学角度,从记载样式(书式)、出土地点(包括原简编号顺序)、书法笔迹、书写材料、木简形状、简牍内容等多个角度入手,把缀合、复原、集成简牍作为最基础的工作;在此基础上,尽力恢复汉代文书的真实面貌。针对各类简牍文书的书式、内容、使用方法进行考察,进而复原或阐释文书自书牍制作、文字书写、文书制成到文书流转、意图传达、事务办理、发挥效力等方面的运作流程与制度功能,进行“文书行政”的研究。[1] 日本学者开创的研究方法,其后得到中国大陆学者的认可与借鉴,并充分利用这种方法对出土简牍进行整理研究,取得了可喜的成果。

可以看到,运用“简牍文书学”之法在吴简的分类、集成、简册复原、簿籍复原等方面的研究成效突显。比如侯旭东先生首先利用《竹简·贰》提供的揭剥图,对广成乡广成里“吏民人民口食簿”进行了册书复原,讨论了册书的构成、形制及其反映的相关问题[2];继而又成功地整理出“嘉禾六年广成乡弦里吏民人民年纪口食簿”[3]。邓玮光先生利用《竹简·叁》揭剥图,运用“纵向比较复原法”对三州仓“月旦簿”进行了复原

[1] 何立民:《“简牍古文书学”研究的扛鼎之作——读日本学者永田英正氏〈居延汉简研究〉》,《南方文物》2011 年第 3 期。

[2] 侯旭东:《长沙走马楼吴简〈竹简(贰)〉“吏民人名年纪口食簿”复原的初步研究》,《中华文史论丛》2009 年第 1 期。

[3] 侯旭东:《长沙走马楼吴简“嘉禾六年(广成乡)弦里吏民人名年纪口食簿”集成研究:三世纪初江南乡里管理一瞥》,载其著《近观中古史——侯旭东自选集》,中西书局,2015 年。

与研究。[1] 鹫尾祐子先生利用《竹简·贰》中揭剥图以简牍长度和记载格式区分出两种构成不同、由不同机关制作的名籍。[2]

由此联系到吴简的整理研究,凌文超先生以对吴简研究的体验与观察,提出构建吴简文书学的设想。[3] 苏俊林先生在反思吴简研究方法后,提出共同制作可供检索的释文文档与吴简数据库,以实现研究路径的突破与创新。[4] 王素先生则从简帛的概念辨析出发,考察国内学科申请建立的条件与历程,提出吴简学学科建设应首先具备四个方面的条件,即研究对象和研究材料、研究机构和研究人员、研究理论和研究方法、研究组织和研究刊物。[5] 可谓言简意赅、旨意深远。即使吴简学科建立之途漫长而遥远,其提出的应当具备的四项基本条件仍给予当下我们踏实用心做好吴简整理研究以非常重要的启示。

---

[1] 邓玮光:《对三州仓"月旦簿"的复原尝试——兼论"纵向比较复原法"的可行性》,《文史》2014年第2期。

[2] [日]鹫尾祐子:《长沙走马楼吴简连记式名籍简的探讨——关于家族的记录》,载长沙简牍博物馆、北京大学中国古代史研究中心、北京吴简研讨班编《吴简研究》第3辑,中华书局,2011年。

[3] 凌文超:《走马楼吴简采集簿书整理与研究》,广西师范大学出版社,2015年。

[4] 苏俊林:《走马楼吴简研究方法述评》,载《第二届简帛学的理论与实践学术研讨会论文集》,2016年。

[5] 王素:《关于吴简学学科建设的思考》,载《第二届简帛学的理论与实践学术研讨会论文集》,2016年。

简牍文献学整理刍论

贾丽英

（河北师范大学历史文化学院 石家庄 050024）

20 世纪以来，随着简牍文献的不断出土公布以及研究的深入，一门新的学问简牍学逐渐形成。日本学者太田辰夫将文献分作两大类，即“同时资料”和“后时资料”。“‘同时资料’指的是某种资料的内容和它的外形（即文字）是同一时期产生的。甲骨、金石、木简等……‘后时资料’基本上是指外形比内容产生得晚的那些资料，即经过转写转刊的资料。”[1]简牍学显然属于“同时资料”。不用说律令、簿籍、符传、检楬之类，就是典籍文献，即便不是著于那个时代，也是那个时代所传抄使用的，带有那个时代的风貌。众所周知，先秦秦汉史研究相对其他断代史研究来说，最为尴尬的是传世史料稀少，简牍文献的出土无疑是非常值得庆幸的事情。自 20 世纪 70 年代以来，简牍学的研究取得了令人瞩目的学术成就。业

[1] [日]太田辰夫：《中国语历史文法》（修订版），北京大学出版社，2003 年，第 374—375 页。

内研究者甚至将之视为“当今人文学科领域的一门国际性‘显学’”[1]。但是,2018 年 6 月 6 日,全国哲学社会科学工作办公室发布《关于组织实施冷门“绝学”和国别史等研究专项的通知》,“简牍学”赫然在冷门绝学之列。我们自己认为是“显学”,而在大众的认知中却是“冷门”。这不得不引起我们的思考。毋庸置疑,历史学本身的基础学科特点是其重要原因,同时,简牍学本身的文献整理不足,导致文献传播渠道不通畅,不能被广泛认知,也是不容忽视的。

简牍文献属于出土文献,如蔡万进先生所言它具有一般文献的所有属性和特征。[2] 我们知道,传世的文献资料卷帙浩繁,甚至说堆积如山。正是经过一代代校雠学家们整理、编纂、注释等烦琐的工作,才使“杂乱的资料条理化,古奥的文字通俗化明朗化”,否则“学者们也是无法去阅读去探索的”。[3] 简牍文献整理除了要利用文献学的理论和方法进行录文、分类、编目、校勘、注释、翻译、索引、编纂、出版等工作外,作为简牍文献的使用者,笔者认为简牍文献学整理有其自身的特点,以下几个方面需要特别强调。

其一,简牍文献整理的图版释文。自 21 世纪初有红外线扫描以来,中国内地新公布出版的简牍多有彩色图版、红外线图版、释文几部分。不同的部分功用略有不同。“彩色图版呈现简牍原物之形状、大小、色彩、文字、书体、格式等等”,“红外线图版透视字迹模糊、简色发黑而无法看清

---

[1] 李均明、刘国忠、刘光胜、邬文玲:《当代中国简帛学研究(1949—2009)》,中国社会科学出版社,2011 年,第 3 页。

[2] 蔡万进:《出土文献类课程教学内容的研究和探索》,《历史教学问题》2014 年第 5 期。

[3] 张舜徽:《中国文献学》,中州书画社,1982 年,第 4 页。

的文字和笔画”。[1] 除了集中释文,彩色和红外线图版左侧并附相应释文,以供研究者比对。典型的如《肩水金关汉简》。有的图版还配有放大版,释文与注释一并刊发,如《北京大学藏西汉竹书》《岳麓书院藏秦简》等。不仅是新公布的简牍,即使是以往公布的,也用红外扫描后重新发表。有代表性的如台湾“中研院”史语所编《居延汉简》,张德芳主编《居延新简集释》。这样严谨的简牍文献整理,为研究者提供了很大的便利,值得提倡。但是,此类大部头简牍版本,价格昂贵,图版竖排,除了简牍学研究者会购置研读外,其他历史研究者很难利用。所以,简牍文献整理还应注重实用性。考虑人们的日常阅读习惯,采用横排释文单行本。像《张家山汉墓竹简〔二四七号墓〕》(文物出版社,2006 年)释文修订本、陈伟主编《里耶秦简牍校释(第一卷)》(武汉大学出版社,2012 年)都是利于翻阅、省时省力的版本。而且,只有释文没有图版,价格相当于普通纸质图书,可以为一般历史研究者接受,有利于简牍学在研究者当中的传播和使用。

其二,简牍文献整理的电子资料库。大数据时代,电子数据库的应用为科学研究提供了以往任何一个时代都不能达到的便利程度。简牍文献整理中电子资料库的建立,应该是时代的需求和产物。据邢义田先生介绍,目前台湾学者使用的主要是两个数据库,一个是“汉代简牍数位典藏”,一个是“文物图象研究室资料库”。前者收录了“中央研究院”史语所收藏的汉简共 11000 余枚,可以提供汉简基本资料、释文以及彩色照、

[1] 甘肃简牍保护研究中心、甘肃省文物考古研究所、甘肃省博物馆、中国文化遗产研究院古文献研究室、中国社会科学院简帛研究中心编:《肩水金关汉简(壹)》,中西书局,2011 年,第 1 页。

红外线照、反体照等数位影像,以及居延汉简的遗址查询,汉简研究的便利不言而喻。后者是一个综合文物图象资料的检索系统,包括简帛金石资料库全文、书目,居延汉简补编图象系统、武氏祠画象检索系统等。日本木简的电子检索系统更加发达,奈良文化财研究所有一个“木简库”,包括“木简数据库”“木简图象数据库·木简字典”两个数据库。截至2018年3月共收录了日本全国各地约53000件木简,而且随着木简的出土,资料库在不间断地更新中。“木简库”系统不仅可以检索记载在木简上的文字、文字图象,还可以检索与木简相关的各种信息。如木简的外形、出典、大小尺寸、出土遗址、材质树种等,有日文、英文、中文、韩文四种语言,供全球免费使用和下载。值得注意的是“木简库”还有“繁体中文”和“简体中文”两个版本,使用起来非常简捷便利。而我们中国大陆近四五十年来出土的楚简、秦简、汉简、吴简、魏晋简等,在数量上远超台湾“中央研究院”所收藏的西北汉简,在文字信息量上远超日本木简。但是,我们至今没有一个简牍电子检索系统可以使用。这不仅使研究者使用不便,网络信息的缺乏,也使大众不能广泛知晓。这可能是现代社会简牍文献整理中存在的突出问题。

其三,简牍文献整理的编年问题。简牍文献不同于一般传世文献,成卷成册的简册少;同时,简牍文献也不同于其他出土文献,简册编联的绳子容易腐朽,散乱残断比较严重。而且简牍书写材质的使用在中国古代自先秦、秦汉至魏晋上下有几百年的时间。因此弄清简牍的年代,以防将东汉简用在西汉、西汉简用在东汉,从史料学的角度来说非常重要。只有对简牍所反映的时代有了准确的把握,史学研究者才能对简牍中所能反映的社会政治制度、法律制度、职官沿革、公文传递、俸禄变迁等有一个规律性的认识。

其四,简牍文献整理的考古学信息。作为出土文献,考古学整理是其公布发表前的必要工作。简牍文献也不例外。从现有的简牍文献公布来看,其考古学整理大体分三种情况:第一种是简牍文物有出土地,但相对数量较少的,在考古发掘报告中将简牍作为出土文物之一,进行介绍并公布释文。像《长沙马王堆一号汉墓发掘报告》(文物出版社,1973 年)、《新蔡葛陵楚墓》(大象出版社,2003 年)等;第二种是简牍文物有出土地,同时数量上为大宗的,将考古发掘以简牍为中心形成发掘报告,其他文物一并介绍。《长沙尚德街东汉简牍》(岳麓书社,2016 年),上编为"长沙尚德街出土简牍古井发掘报告",下编为"长沙尚德街出土东汉简牍及释文"。其他还有如《长沙东牌楼东汉简牍》(文物出版社,2006 年)、《尹湾汉墓竹简》(中华书局,1997 年)等,有的发掘报告在简牍及释文前,有的附录于后。第三种为没有明确出土地的简牍,将实验室考古信息作为附录附于简牍释文之后。如通过购买渠道来的岳麓书院藏秦简,没有经过科学发掘,最早的出土情况及相关信息无法获知,就附录了"正背对照图版""揭取位置示意图""卷册结构表""卷册复原示意图"等实验室考古相关信息。通过背面划线及背面反印文、揭取位置来确定缺简、验证简序、做卷册复原等。无疑这些工作所包含的信息也是很有意义的。

宋少华先生曾提及最早长沙吴简中的竹简因遭施工机械的严重破坏与扰乱,在进行抢救性整理时,用大盆装了 65 盆。竹简[壹]和竹简[叁]在凡例中就如实地注明了盆号和简号的关系。没有想到的是谷口建速先生能够敏锐地利用盆号和简号之间的信息进行研究,探讨了竹简[壹]第6 盆 1717-2503 和 12 盆 5136-7135"月旦簿"相对集中的原因。[1] 由这

[1] 参见宋少华《长沙吴简中的"月旦簿"与"四时簿"》,《文物》2010 年第 2 期。

个例子可以看出即使是实验室考古信息,尽管有时整理者自己还不明白这些信息的重要性,也需尽可能多地保留,也许会取得意想不到的效果。而事实上,现今简牍文献的考古学整理,并不完全是科学严谨的。有的没有考古学整理,有的只是在前言中简单交代出土概况,尽管有的简牍确实是考古挖掘而出的。这就给使用者、研究者带来很大的不便。不能不说这其实是简牍文献整理中的缺憾。当然,简牍文献的来源渠道多样,比如通过购买或捐献获得的简牍、各种馆藏简牍等,难以取得相关考古信息,也在情理之中。

此外,简牍文献的再整理也值得一提。出土文献有这样一个特点,即都会在原始资料公布之后,经过较长时间、较多学者研究讨论,对文献的文本理解和阐释才能达到一定的水平,形成大致的共识。[1] 但是,相关简牍文献的研究成果,除了常规的期刊外,还散落在国内外各类辑刊、报刊、论文集、专著等著述中,搜索起来相当不易。更不用说,参与简牍研究的学者本身因视角、学识等不相同,对同一条简文的认知,存在这样那样的差异。普通历史学的学者要使用这些材料就要花大量的时间和精力去甄别、辨析、判断。所以,对公布了一定时间段的简牍材料进行汇集、考释,对历史研究显得尤为重要。幸运的是以陈伟先生为首的武汉大学简牍团队出版了四卷本《秦简牍合集》(武汉大学出版社,2014 年),以张德芳先生为首的西北汉简团队出版了七卷本《居延新简集释》(甘肃文化出版社,2016 年)。甘肃秦汉简牍集释及其他相关简牍的集成、校释类也在有序出版中。尽管简牍文献的再整理"无比艰辛",但也是功德无量的。

综上,简牍文献学整理经过几十年的探索,已取得了斐然的成就。但

[1] 参见陈伟《郭店竹书别释》,湖北教育出版社,2002 年,"绪言"。

是作为一门“小众”的学问,它在一定程度上还不能被历史研究者便捷地利用,不能被普通民众广泛地认知。因此简牍文献整理的实用性、便捷性、系统性、科学性等问题仍需要各方面的共同关注。相信通过国家政策的支持、专业工作者的不懈努力,简牍学能尽快走出“冷门绝学”的状态,不仅被大众广泛认知,还能在教育部“历史文献学”二级学科中占有一席之地。

西北文书简的编号

郭伟涛

（清华大学出土文献研究与保护中心 北京 100084）

在开始正文之前，首先界定一下“西北文书简”的范围。中国境内出土的简牍，按照内容大致可分为典籍简与文书简。具体点说，文书简是指官府行政作业过程中产生的各种簿籍、上下行文等简册。就出土特点而言，文书简可分两类：一类如敦煌汉简、居延汉简、悬泉汉简等，主要出自边塞烽燧、传置等面积开阔的官署遗址；一类如走马楼吴简、里耶秦简、五一广场东汉简等，出自开口狭窄、层位分明的官署古井内。烽燧传置出土的文书简，因主要分布在甘肃、新疆境内，学界有时亦称之为西北简。从这个意义上讲，本文讨论的西北文书简，主要限定于敦煌汉简、居延汉简、悬泉汉简、楼兰简等，不包括西北地区出土的天水放马滩秦简、武威汉简、上孙家寨汉简等墓葬出土的典籍类简牍。

那么，为何讨论文书简编号这一琐细微小的问题呢？笔者以为，简牍编号属于简牍整理工作的一部分，反映了简牍整理的标准化问题。而这个问题，恰恰是中国出土简帛文献整理方面存在的一个缺陷和积弊，给研究与利用简帛带来诸多不便,目前关于简帛整理的规范化与标准化已有不少呼声。[1] 而简帛整理的规范化与标准化,不仅体现在图版、释文、整理符号等方面,还应考虑到简牍编号的系统性与合理性。因此,一定程度上可以说,编号虽小,所涉事大。

梳理相关情况可以发现,以 1949 年中华人民共和国成立为契机,西北文书简的编号,大致存在两个明显有别的阶段。因此,本文大致按照简牍发掘与整理的时间先后,系统梳理西北文书简的编号,考察其编号方式与原则,为今后简帛整理的标准化提供一点粗浅意见。

一、1949 年以前的简牍编号

早期汉文简牍的发现,与西方探险家有着密不可分的关系。1901 年初,即将结束第一次中亚考察的英国籍匈牙利探险家斯坦因,在尼雅遗址发掘出土数十枚魏晋简。这基本上就是最早的一批西北文书简了。简牍采用多级编号,具体如 N.V.NXV.188,N 表示尼雅,V 表示第五地点,NXV

---

[1] 邢义田:《对近代简牍著录方式的回顾与展望》,原载史学评论社编《史学评论》第二期,成文出版社,1980 年,此据作者《地不爱宝:汉代的简牍》,中华书局,2011 年,第 579—600 页;胡平生:《论简牍整理国家标准的制定》,原载中国文物研究所编《出土文献研究》第 8 辑,2007 年,此据《胡平生简牍文物论稿》,中西书局,2012 年,第 488—506 页;胡平生:《中国简帛学理论的构建》,《中国史研究动态》2016 年第 2 期;刘国忠:《对于简帛学建设的几点思考》,《中国史研究动态》2016 年第 2 期;蔡万进:《出土简帛整理的若干理论问题》,《郑州大学学报(哲学社会科学版)》2017 年第 5 期。

表示第五地点的某处,188 表示该位置出土的第 188 号文物。[1] 这一编号体系,涵盖遗址从大到小的多个组点,且所有遗物统一编制流水号。当然,受限于主客观因素,斯坦因的发掘远不如今天规范科学,编号也存在不少问题[2],但就编号系统性而言,已经做得很不错了。

较斯坦因稍晚几个月,瑞典探险家斯文赫定发现了楼兰古城,并在该地掘得简牍一百多枚。[3] 这批资料最后由德国汉学家孔好古(August Conrady)整理出版,直接编制 1、2、3、4 的流水号,没有反映出简牍的出土信息。[4]

1906 年至 1908 年斯坦因进行了第二次中亚考察,1913 年至 1916 年斯坦因进行了第三次中亚考察。两次考察均到达楼兰地区,并掘获简牍。更为重要的是,在今敦煌地区的汉代烽燧遗址,获得了大量汉简。[5] 这批资料,斯坦因同样采用多级编号。楼兰简牍的编号,具体如 L.A.I.i.1,其中 L 表示楼兰,A 表示楼兰地区的某个遗址,I 表示遗址内的某个遗存,

[1] [英]奥雷尔·斯坦因:《古代和田——中国新疆考古发掘的详细报告》,1907 年初版,此据巫新华等中译本,山东人民出版社,2009 年,第一卷第 358—364、376—381、427—448 页,第二卷第 112—114 页。

[2] 林梅村:《楼兰尼雅出土文书》,文物出版社,1985 年,第 7—8 页,“前言”。

[3] [瑞典]斯文·赫定:《罗布泊探秘》,原为长篇巨制 *Scientific results of a journey in Central Asia* 1899-1902 的第二卷,1905 年初版,此据王安洪、崔延虎中译本,新疆人民出版社,2013 年,第 813—849 页。

[4] August Condary, *Die Chinesischen Handschriften-und Sonetiger Kleinfunde Sven Hedins in Lou-lan*, Stockholm, 1920, pp. 76-140.

[5] [英]奥雷尔·斯坦因:《西域考古图记》第十一、第十五至二十章,1921 年初版,此据巫新华等中译本,广西师范大学出版社,1998 年,第 224—270、339—449 页;[英]奥雷尔·斯坦因:《亚洲腹地考古图记》第七、第九至第十二章,1928 年初版,此据巫新华等中译本,广西师范大学出版社,2004 年,第 271—411、450—606 页。

i 表示文书的具体出土地点,1 表示文书的顺序号。[1] 敦煌汉简的编号,具体如 T.VI.b.i.2,其中 T 表示敦煌,VI.b 表示烽燧,i 表示烽燧内某地,2 表示该地出土的第二枚简牍。[2] 需要指出的是,这两次考察简牍,未与其他遗物合在一起编号,而是单独编号。

斯坦因按照遗址及遗址内不同地点给简牍和其他遗物编号,在考古报告与遗址平面图的参照下,可以准确而系统地了解各遗址及遗址内各地点之间的关系,为单独研究某个遗址地点出土的文书,以及综合研究多遗址地点出土文书之间的关系提供了基础资料,十分合理。以今天的眼光看,若要充分发挥文书简的价值,准确清晰的出土地点是不可或缺的。比如文书简研究形成的若干经典方法,如册书复原、简牍集成等等,就离不开简牍的出土地点。出土地点的重要性,学界基本上已经形成共识。[3] 当然,严苛一点说,第一次考察将所有遗物统一编号,要比后两次考察将遗物分类编号的做法更为合理,更能反映遗址单元内所有留存物品的彼此关系。当然,这可能带来著录上的不便。

斯坦因前两次中亚考察所获汉文资料,包括简牍、纸文书,都交由沙

---

[1] [英]奥雷尔·斯坦因著,巫新华等译:《西域考古图记》,广西师范大学出版社,1998 年,第 251—270 页;[英]奥雷尔·斯坦因著,巫新华等译:《亚洲腹地考古图记》,广西师范大学出版社,2004 年,第 336—346 页。

[2] [英]奥雷尔·斯坦因著,巫新华等译:《西域考古图记》,广西师范大学出版社,1998 年,第 429—449 页;[英]奥雷尔·斯坦因著,巫新华等译:《亚洲腹地考古图记》,广西师范大学出版社,2004 年,第 577—606 页。

[3] [日]森鹿三:《居延汉简研究序说》,《东洋史研究》1953 年第 12 卷第 3 号;陈梦家:《汉简考述》,原载《考古学报》1963 年第 1 期,此据作者《汉简缀述》,中华书局,1980 年,第 2 页;陈公柔、徐苹芳:《大湾出土的西汉田卒簿籍》,原载《考古》1963 年第 3 期,此据徐苹芳《中国历史考古学论集》,上海古籍出版社,2012 年,第 346、355 页;谢桂华、沈颂金、邬文玲:《二十世纪简帛的发现与研究》,原刊《历史研究》2003 年第 6 期,此据谢桂华《汉简简牍论丛》,广西师范大学出版社,2014 年,第 460—461 页;等等。

畹(Edouard Chavannes)整理。沙畹整理斯坦因第一次考察在尼雅遗址所获的简牍和纸文书时,没有重新编号,而是沿用斯坦因的原编号,但未按照原编号次序进行考释研究。[1] 但在整理斯坦因第二次考察所获资料时,沙畹即给每枚简牍重新编制1、2、3、4的流水号,并在破折号后注明斯坦因原编号,书后附录新编号与斯坦因编号的对照表。[2] 斯坦因第三次考察所获资料,原本也交由沙畹整理,因后者去世,其弟子马伯乐(Herni Maspero)接手整理,迟至1954年马伯乐去世后方出版。马伯乐完全仿照沙畹的体例,简牍注明长宽,重新编制1、2、3、4的流水号,破折号后注明斯坦因原编号,附录两套编号的对照表。[3] 需要指出,沙畹、马伯乐的新编流水号,并未依照斯坦因的原有顺序,而是进行了前后调整。

沙畹、马伯乐之所以重新编制流水号,可能是因为后两次考察简牍较多,如果完全按照斯坦囚编号,则组点较多,显得零碎,似乎不便著录。当然,也不能排除两人对简牍编号的考古学属性认识不足的可能。不过,两人在新编流水号之后附注了斯坦因原编号,相较斯文赫定和孔好古完全无视简牍出土地的编号方式,多少还是值得肯定的。但是,毕竟存在两套编号,已然造成了混乱。

斯坦因发掘的简纸资料,很快即传到国内,国内学者在简牍编号与刊布方面的尝试也值得注意和反思。如罗振玉、王国维在接到沙畹撰著的

---

[1] [英]奥雷尔·斯坦因著,巫新华等译:《古代和田——中国新疆考古发掘的详细报告》附录A《在丹丹乌里克、尼雅和安迪尔遗址中出土的中文文书》,山东人民出版社,2009年,第585—590页。

[2] Edouard Chavannes, *Les documents chinois découverts par Aurel Stein dans les sables du Turkestan oriental*, Oxford: Imprimerie de L' Université, 1913.

[3] HenriMaspero, *Les documents chinois de la troisième expédition de Sir Aurel Stein en Asie centrale*, London: The Trustees of The British Museum, 1953, pp.1-51,图版第1—8页。

斯坦因第二次考察资料书稿后,重新隶定简文,并加以考释,写成著名的《流沙坠简》一书。该书按照简牍内容,分为小学、术数、方技、簿书、戍役、禀给、器物、杂事等八类,每类下再编1、2、3、4的顺序号。[1] 而曾在法国留学的张凤,因为协助马伯乐整理汉简,回国时得其赠予简牍照片,遂贸然于1931年提前公布相关资料。不过,张凤没有重新编制简号,而是将若干枚相关简牍排在一起,拟定名称,书后附表注明简牍出土地及斯坦因编号。[2] 另外,1930年、1934年,黄文弼两度前往罗布泊,在其北岸土垠遗址掘获数十枚汉简,按照释官、释地、释历、释屯戍、释廪给、释官、释器物、释古籍、杂释的大条目,编制总的流水号。[3]

《流沙坠简》开创的著录体例,融资料刊布与个人研究为一体,在简牍整理与研究史上影响至深,一直延续到今天。张凤、黄文弼的刊布方式与编号原则,明显仿照《流沙坠简》。而张凤给简牍拟定名称的做法,则较罗、王更进一步,倒是与敦煌文书十分相似。不过,敦煌文书通常书写内容较多,拟定名称也在情理之中,而西北文书简除了"永元器物簿""甘露二年御史书""隧长党病书"等少数明确可编联者外,多数都呈现断简残篇的状态,似乎无必要拟定名称。而且,秦汉文书简和敦煌社会经济文书,在当时行用的时代未必都有专名,有时甚至直接以月日干支命名,往往有悖于今人的拟称,因此,给出土文书拟定名称的必要性尚值得怀疑。

斯坦因三次考察获得简牍的前后,还有三批零星资料。一是1909年

---

[1] 王国维、罗振玉编著:《流沙坠简》,1914年初版,1934年修订,此据何立民点校本,浙江古籍出版社,2013年。

[2] 张凤:《汉晋西陲木简汇编》,1931年初版,此据《汉简研究文献四种》(下册)影印本,北京图书馆出版社,2007年,第543—661页。

[3] 黄文弼:《罗布淖尔考古记》,1948年初版,此据线装书局影印本,2009年,第179—220页。

日本大谷探险队橘瑞超在楼兰地区发现简纸文书，但因成员缺乏考古学素养和历史知识，包括著名的李柏文书在内，这批简纸文献的具体出土位置没有留下相应记录，编号也只能采取流水号。[1] 二是1920年周炳南在敦煌小方盘城附近沙滩中掘得17枚汉简，但因其未说明采掘地点及方位，后来诸家刊布材料时只能编制流水号，无法反映出土信息。[2] 三是1944年冬夏鼐、阎文儒在敦煌烽燧遗址发掘数十枚汉简。[3] 夏鼐仿照斯坦因的方式，将简牍编号为T14N1-4、T17N1-38、T23E1-6，文中称为“敦十四新获第一简”“敦十七新获第一简”“敦二十三戊第一简”等，简后括注长宽厚尺寸。[4] 其中的敦十四、敦十七等，用的是汉代烽燧的斯坦因编号。这批简牍大部分藏在台北，史语所重新整理刊布时沿用了黄文弼的编号。[5]

1949年以前在西北地区出土刊布的文书简，还有一大宗，就是著名的居延旧简。居延旧简是1930年代贝格曼（Folke Bergman）在今额济纳河流域汉代烽燧遗址发掘的，后来存放在十二只木箱里，运至北平进行整理。据协助整理的傅振伦回忆，“打开每箱之后，按原编包数排好，再拿出木简由我编号，一一用柔毛笔去尘，再交傅明德用红朱笔在简无字处一一

[1] [日]香川默识编：《西域考古图谱》，1915年初版，此据影印本，浙江人民美术出版社，2018年，第205—227页。

[2] 李均明、何双全编：《散见简牍合集》，文物出版社，1990年，第1—3页；甘肃文物考古研究所编：《敦煌汉简》，中华书局，1991年，简号1431—1447。

[3] 这批汉简的发掘经过，详见阎文儒《河西考古杂记》，《社会科学战线》1986年第4期。

[4] 夏鼐：《新获之敦煌汉简》，原载《国立中央研究院历史语言研究所集刊》第19本，1948年，此据夏鼐《考古学论文集（外一种）》，河北教育出版社，2000年，第169—205页。

[5] 简牍整理小组编：《居延汉简补编》，“中央研究院”历史语言研究所，1998年；简牍整理小组编：《居延汉简（肆）》，“中央研究院”历史语言研究所，2017年，第287—291页。不过，黄文弼编号中E对应弼“敦二十三戊”之“戊”，所指为何，笔者一直不解。

写上新号。编号从破城子开始,按出土地由北而南编写。如3.5号即是破城子出土第三包的第五枚。一枚而显然分为数片者,各注号码及ABC等字母,仍包在一起"[1]。据此可知,居延旧简原本是装在包裹里,运到北京之后是按照包裹进行编号的。当然,每个包裹的出土地,此前是做有记录的。

比较而言,居延旧简的编号不尽如人意,不如斯坦因编号完备。以包裹号作为序列进行编号,是看不出简牍的发掘地点与位置的。不过,从贝格曼去世后出版的发掘报告看,当初发掘时每个遗址内部都细分了不同的地点,并记录了各地点出土遗物的名目和数量。[2] 因此,居延旧简编号的疏失,似乎不应归责到发掘者身上。另外,前述引文虽说编号从破城子(A8)开始,自北而南编写,但实际上这批简牍的包裹号较具跳跃性,即同一遗址出土简牍的包裹号并不连续。如破城子简牍的包裹号,包括3、4、6、8、17、18、21、23、24、26、27、28、30、33等,而A33遗址包括5、7、10、11、12、13、14、20、31等包裹号,两遗址包裹号相间。其他遗址亦如此。[3] 何以如此,目前还未见到相关说明。

居延旧简的原编号,虽然不尽如人意,但以包裹号系联简号的方式,多少还能反映出部分简牍的出土地信息。不过,后来很长一段时间内,因为各种主客观因素的限制,这样一套编号也没有被整理者妥善吸收采纳。如劳榦1940年代刊布释文时,虽然沿用了这套编号,但未按照包裹号顺

[1] 傅振伦:《第一批居延汉简的采集与整理始末记》,《文物春秋》1987年第1期。

[2] [瑞典]弗克·贝格曼考察,[瑞典]博·索玛斯达勒姆整理:《内蒙古额济纳河流域考古报告》,1956、1958年初版,此据张德芳等中译本,学苑出版社,2014年。

[3] 详情可见中国社会科学院考古研究所编《居延汉简甲乙编》下册附录一《额济纳河流域障隧述要》及附表二《居延汉简标号表》,中华书局,1980年,第323—327页。两表存在部分误差,如前表著录A42遗址出土简牍包裹号仅有86而无354,后表两者皆有。

序公布，而是借鉴罗振玉、王国维的做法，将简文分为文书、簿录、信札、经籍、杂类等若干类，简牍重新编制 1、2、3、4 的流水号，括注原包裹编号。[1] 1957 年居延旧简公布图版，也未按照包裹顺序。[2] 1960 年劳榦再次刊布释文时，即配合图版逐页公布释文，自然也未按照包裹顺序。[3] 这样的处理方式，不仅没有体现简牍的出土地信息，而且造成资料利用上的极大不便。

二、1949 年以后的简牍编号

1949 年之前，东西方探险家罔顾禁令不断踏足西北地区，大肆盗掘偷运，文物流散世界各地，包括简帛、纸文书在内的各种文物资料，先后由众多学术背景迥异的汉学家进行独立的整理研究，这可能也是导致简牍编号体例花样百出的原因之一。1949 年后，各地考古和文保事业进入具有统一章程和指导政策的新局面，西北文书简的编号也走上大致有规则可循的道路。

1973 年、1974 年，甘肃考古工作者重新勘察今额济纳河流域，也就是居延旧简出土的汉代烽燧遗址群所在地区，又陆续发掘了肩水金关汉简和居延新简两大宗汉简。这两批简的整理，始于 1975 年初，大约费时两

---

[1] 劳榦所作的居延旧简释文，早期有两个版本，一是 1944 年中央研究院历史语言研究所石印本（此据《汉简研究文献四种》影印，北京图书馆出版社，2007 年，上册第 1—644 页），一是 1949 年上海商务印书馆印制的，两者都是分类公布释文。

[2] 劳榦：《居延汉简 · 图版之部》，"中央研究院"历史语言研究所，1957 年。

[3] 劳榦：《居延汉简 · 考释之部》，"中央研究院"历史语言研究所，1960 年。

年,全部简牍都做了相应档案,其中就包括“按方位、层次、单元、次第等进行编号”。[1] 编号的标注方式,与居延旧简相同,都是在简牍侧面或背面用毛笔直接写上[2],而非现在通行的在固定附着物上记录编号[3]。

居延新简发掘在后,但出版在前,其编号具体如 EPT1:1、EPW:1、EPC:1、82EPC:1、EPS4T1:1、EPS4C:1、ESC:1 等。其中,EP 代表额济纳河流域破城子,EPW 代表破城子坞壁内,EPC 代表破城子坞外灰堆,82EPC 代表 1982 年破城子采集简,EPS4 代表甲渠塞第四隧遗址,EPS4C 代表第四隧采集简,ESC 代表卅井塞次东隧遗址,T 代表探方,F 代表房屋,N 表示地点不明的简牍。[4] 金关简发掘尚在居延新简之前,但迟至近年才出版,其编号原则与居延新简相近。简号有 73EJT1:1、73EJH1:1、73EJF1:1、73EJT4H:1、73EJD:1、72EJC:1、72EDAC:1、72ECC:1、72ECNC:1、72EDIC:1、72EBS7C:1、72EBS9C:1 等。其中,72、73 表示发掘年代,EJ 表示额济纳河金关,EJD 表示金关东面的烽燧(即 T168 遗址),H 表示灰堆,EJC 表示金关采集简,EDAC 表示大湾采集简,ECC 表示查科尔帖(即 A27 遗址)采集简,ECNC 表示查科尔帖南烽燧(即 T154 遗址)采集简,EDIC 表示地湾采集简,EBS7C 表示布肯托尼(即 A22 遗址)第七隧采集简,72EBS9C:1 表示布肯托尼第九隧采集简,T、F 用法与

---

[1] 初世宾:《居延考古之回顾与展望》,载甘肃省文物局、丝绸之路杂志社编《甘肃文物工作五十年》,甘肃文化出版社,1999 年,第 142—143 页;初世宾《居延考古之回顾》记述,与此基本相同(载中国人民政治协商会议甘肃省委员会文史资料和学习委员会编《甘肃文史资料选辑》第 51 辑,甘肃人民出版社,2000 年,第 14—15 页)。

[2] 如 73EJD:317 简的 C 面,尚可看到“73 金东一隧:317”字样,应是当年编号原貌。

[3] 居延新简、金关简也存在细小的残片,未必能直接在上面书写简号,目前还不清楚这类简是如何标注简号的。

[4] 甘肃省文物考古研究所等编:《居延新简——甲渠候官》,中华书局,1994 年,“凡例”。

居延新简相同。

居延新简和金关简的编号体系,较为全面地反映了简牍的出土信息,包括发掘时间、遗址、遗址内的地点(探方或房间)和简牍流水号,系统合理,在西北汉简整理的规范化与标准化方面堪称重要节点。西北地区后来出土的多批简牍,基本上都是仿照居延新简和金关简进行编号的。

比如,1979 年马圈湾遗址发掘简牍一千多枚,具体考古编号如 79DMT1:1,D、M 分别代表敦煌、马圈湾,T 表示探方,T1 表示一号探方,后面的阿拉伯数字表示探方出土简牍的流水号。1986 年在地湾(A33 遗址)发掘的 700 多枚地湾汉简,“简牍编号一律依发掘出土时的编号,不再另编新号。编号中包含四个要素,即发掘时间、出土地点、探方编号以及每简在探方中的顺序号”[1]。具体包括 86EDT1:1、86EDH:1、86EDHT:1、86EDT5H:1、86EJC:1 等。另外,1977 年在嘉峪关市玉门花海农场附近的汉代烽燧,采集汉简 91 枚,编号具体如 77JHS:1。1981 年在敦煌酥油土汉代烽燧(D38)采集的七十多枚汉简,编号具体如 81D38:1。[2] 敦煌市博物馆在 1986 年至 1988 年间,分别于后坑墩(DHC:1—17)、马圈湾(DMC:1—4)、小方盘城(DXFC:1—2)、臭墩子(DCC:1—2)、小方盘城南第一隧(DN1C:1—5)和第二隧(DN2C:1—12)、盐池湾墩(DYC:1—11)、小月牙湖东墩(DXYC:1—19)、安敦公路沿线的汉代悬泉遗址(DQC:1—64)、大坡墩(DDC:1)等地采集汉简一百多枚。这些简牍的编号原则,也都与居延新简、金关简相同。可惜这一详备合理的考古编号,在后来刊布

[1] 甘肃简牍博物馆、甘肃省文物考古研究所、出土文献与中国古代文明研究协同创新中心中国人民大学分中心编:《地湾汉简》,中西书局,2017 年,“凡例”。

[2] 嘉峪关市文物保管所:《玉门花海汉代烽燧遗址出土的简牍》,载甘肃省文物工作队、甘肃省博物馆编《汉简研究文集》,甘肃人民出版社,1984 年,第 9—14、28—33 页。

时未能全部采用(详后)。

值得特别称道的,是1990—1992年甘肃省文物考古研究所在敦煌甜水井附近的汉代悬泉置遗址发掘的悬泉汉简。这批简牍三万多枚,有字者两万多,虽然目前尚未正式系统刊布,但从此前披露的数据看来,悬泉简采取了多级编号。具体如Ⅰ90DXT0116②:3,Ⅰ表示悬泉置遗址的Ⅰ区,90表示1990年发掘,DX表示敦煌悬泉置,T0161则是探方编号,②表示第二层堆积,冒号后面的数字则是简牍揭取的流水号。[1] 这一编号后出转精,不仅分区、分探方,还分了层位,为未来开展简牍的文书学研究奠定了基础,是目前所见西北汉简,甚至中国境内出土文书简中编号最为全面而合理的。当然,悬泉简编号的合理完善与考古发掘工作的充分细致是分不开的。[2] 期待以后的简牍发掘与整理,都能像悬泉简一样充分而完备。

上面涉及的居延新简、金关简、敦煌简、悬泉简等,都是在甘肃考古文保部门的主持下进行整理的,其编号原则较为接近,也在情理之中。而内蒙古文保部门于2000年前后发掘的额济纳汉简,也采用了类似的编号体系,具体有99ES16ST1:1、99ES16SD1:1、99ES16SF1:1、99ES17SH1:1、99ES18SH1:1、2000ES7SF1:1、2000ES7S:1、2000ES7SH1:1、2000ES9SF1:1、2000ES14SF1:1、2002ES12SH1:1、2002ES18SH1:1、2002ESCSF1:1等。其中,99、2000表示年份,E表示额济纳,S表示烽燧,7S表示第七隧、9S表示第九隧,CS表示额济纳旗查干川吉烽燧,T表示烽燧内的台阶,D表

[1] 郝树声、张德芳:《悬泉汉简研究》,甘肃文化出版社,2008年,“凡例”。

[2] 甘肃省文物考古研究所:《甘肃敦煌汉代悬泉置遗址发掘简报》,《文物》2000年第5期。

示过道。[1] 稍后不久出版的释文校正本，也沿用了这套编号。[2] 新疆考古部门1980年在楼兰古城发掘了数百枚魏晋南北朝时期的简牍，编号如80LBT：001[3]，体例与额济纳汉简差相仿佛。三地文保部门使用同一套编号系统，很可能缘于国家文保部门的统一规定和考古学界的约定俗成，同时也凸显出这套详细著录考古信息的编号体系的合理性与科学性。

不过，仔细推敲1949年后西北文书简的编号，依然存在一些有待改进之处，大致有三点：(1)出土地点标以汉代烽燧名称而非遗址考古编号；(2)未注明简牍出土地点；(3)编号的出土地点指向不明。下面依次评述。

第一点，就是编号中的简牍出土地点，有时直接采用依据简文推定的汉代烽燧名称，而非惯常所用的遗址编号。比如，居延新简中的EPS4C：1、ESC：1分别代表甲渠塞第四隧和卅井塞次东隧。额济纳汉简更是几乎全部采用此方式，如99ES16ST1：1、99ES17SH1：1、99ES18SH1：1、2000ES7SF1：1、2000ES9SF1：1、2000ES14SF1：1、2002ES12SH1：1编号中的16S、17S、18S、7S、9S、14S、12S，分别代表汉代的第十六、第十七、第十八、第七、第九、第十四、第十二隧。不过，汉代烽燧名称的推定往往众说纷纭，难有定论，如考古编号为T9遗址出土的汉简，整理者以第十六隧进行编号(99ES16S)，但该地很可能是第十七隧，而第十六隧还有位于A5、A6遗址的观点。[4] 而且，即使学者意见一致，推定出来的也只是某个时

[1] 魏坚主编：《额济纳汉简》，广西师范大学出版社，2005年，“凡例”。

[2] 孙家洲主编：《额济纳汉简释文校本》，文物出版社，2007年。

[3] 侯灿：《楼兰新发现木简纸文书考释》，《文物》1988年第7期。

[4] 邢义田：《全球定位系统(GPS)、3D卫星影像导览系统(Google Earth)与古代边塞遗址研究》附录《汉代居延甲渠河北塞烽燧配置的再考察》，此据作者《地不爱宝：汉代的简牍》，中华书局，2011年，第248—257页。

间段内的烽燧名称,隧名在此前此后可能发生改变。另外,部分亭隧往往是多个机构合驻,如P1遗址不仅驻有甲渠塞第四隧,第四部也驻在该地,T130遗址也不可能仅仅驻扎次东隧[1],居延新简仅采用隧名进行编号(EPS4C、ESC)似有顾此失彼之嫌。因此,使用遗址的考古编号而非推定的古代官署机构名称进行编号,应是较为科学合理的。当然,有些出土地点在当地民众的生活中有其约定俗成的名称,如A8遗址为破城子,A33遗址为地湾,A35遗址为大湾,D21位于马圈湾湖滩东侧的戈壁走廊上,因此使用今名俗称进行编号倒也无可厚非。

关于第二点未注明简牍出土地,这方面以额济纳汉简最为突出。该批简牍编号中的出土遗址几乎全部标以拟定的汉代烽燧名称,共涉及第七、第九、第十二、第十四、第十六、第十七、第十八等七处遗址,但整理者仅交代第十六燧指T9遗址[2],其他六处遗址的考古编号或具体位置均未提及。这么做的结果,就是学界根本不知道这些简到底出土在哪里。[3] 不得不说,额济纳汉简编号的疏失,令人极感遗憾。

关于第三点,简牍编号中的出土地点指向不明,体现在金关简中的

[1] T130遗址出土简牍,不仅有次东隧的封检和楬(ESC:26、ESC:29),还有次东部的册书标题简(ESC:10),以及供给伏胡隧(ESC:32)、常胜隧(ESC:34)、闲居隧(ESC:35)、累胡隧(ESC:36)、候之隧(ESC:37)、孤山隧(ESC:40)、乘胡隧(ESC:41)、殄胡隧(ESC:42)、第十五隧(ESC:43)、南界候长(ESC:45)、孤山候长(ESC:47)、累虏候长(ESC:38)、次东候长(ESC:68)、鄣卒(ESC:55、ESC:66)等吏卒某月廪食的粟米记录简。由此可见,该地绝不可能仅仅驻扎次东隧,或许还驻有次东部候长及某个仓储机构。

[2] 魏坚:《额济纳旗汉代居延遗址调查与发掘述要》,载魏坚主编《额济纳汉简》,广西师范大学出版社,2005年,第7页。

[3] 当然,整理者提供了一幅"居延遗址汉代亭障分布地图"(见魏坚主编《额济纳汉简》,广西师范大学出版社,2005年,第6页),根据第十六隧位于T9遗址这一定点,上下数数,所谓的第七、第九、第十二、第十四、第十七、第十八等亭隧,可能是指T15、A7、A6、T10、T8、T7等遗址。但是这么做,总归是存在很大风险的,远不如整理者明确指出具体地点。

72EBS7C、72EBS9C 系列简牍。两个编号分别表示布肯托尼第七隧、第九隧的采集简,但布肯托尼就是 A22 遗址,并非一个较大的地区单元[1],其下编制的第七、第九隧不知何在。另外,前引额济纳河流域 T154、T168 遗址采掘的简牍,编号为 ECNC、73EJD,CN、JD 分别表示查科尔帖南面的烽燧和金关东面的烽燧,远不如直接采用 T154、T168 进行编号更为明确。敦煌汉简中的小方盘城南第一隧(DN1C:1—5)和第二隧(DN2C:1—12)采集简,也存在类似问题。当然,如前所述,遗址本身也因考古工作主持者或机构的不同,而存在多套不同的考古编号,但总体趋势是逐渐形成了一套约定俗成的遗址编号。因此,简牍编号的出土地,还是应该尽力采用约定俗成的考古编号。

此外,“居延新简”的命名也受到学者的质疑,如大庭脩就主张不称新旧而以发掘年代命名,居延旧简、新简分别称为 1930—1931 年居延汉简、1973—1974 年居延汉简,将来再出土居延汉简亦可以此类推。[2] 严格地说,这倒也不失为一个值得重视与考虑的建议。

三、简牍的再整理

1949 年以前的简牍整理刊布,受到时代和环境的制约,往往将陋就简,不很理想。不仅文字释读方面存在各种问题,在出版印制上也有很多不足,如简牍图版模糊不清,资料没有完全刊布,或者分散刊布于多种图

[1] 吴礽骧:《河西汉塞调查与研究》,文物出版社,2005 年,第 146 页。

[2] [日]大庭脩:《汉简研究》,1992 年初版,此据徐世虹中译本,广西师范大学出版社,2001 年,第 4 页。

书,读者不易寻获等。因此,西北各批次文书简都启动过多次再整理。分析其编号体例的变迁,也饶有意义。

首先是敦煌汉简。如前所述斯坦因第二次中亚考察所获的简牍出版较早,在罗振玉、王国维的再整理之外,劳榦曾汇集沙畹、王国维、贺昌群诸家的释文,于1949年刊布居延汉简释文时,作为附录予以公布。简牍依照沙畹的次序,重新编制1、2、3、4的流水号,部分流水号括注斯坦因原编号。[1] 另外,劳榦还曾对张凤《汉晋西陲木简·二编》收录的斯坦因第三次考察所获简牍,做过释文校订和相关考证,简牍编号自然一仍张氏之旧。[2]

斯坦因第三次中亚考察所获简牍出版较迟,而沙畹、张凤关于斯坦因第二次考察所获简牍出土地的说明又颇多错误,有鉴于此,林梅村、李均明编集《疏勒河流域出土汉简》予以补充纠正。该书搜罗斯坦因两次考察汉简,按照遗址位置,自西向东,每一遗址依出土号从小到大,重新给简牍编制1、2、3、4的流水号,书后附录流水号与斯坦因、沙畹、马伯乐、王国维、张凤等编号的详细对照表。[3] 不过,该书仅有释文,没有简牍图版。沙畹、马伯乐两书也没有全部公布简牍照片。1990年大庭脩将此前已经刊布的斯坦因两次考察简牍,全部重新拍照出版,这才了却学界一桩夙愿。不过,该书也是重新编制1、2、3、4的流水号,书后附录了玉门花海、马圈湾、酥油土、罗布淖尔等地零星出土的汉简,每批也都单独编制流水号。[4]

[1] 劳榦:《居延汉简考释释文之部》附录《敦煌汉简校文》,商务印书馆,1949年。
[2] 劳榦:《汉晋西陲木简新考》,“中央研究院”历史语言研究所,1985年。
[3] 林梅村、李均明编:《疏勒河流域出土汉简》,文物出版社,1984年,第2页。
[4] [日]大庭脩:《大英图书馆藏敦煌汉简》,同朋舍,1990年。

斯坦因第三次中亚考察所获简牍和纸文书,马伯乐仅公布六百多枚。后来中国学者郭锋前往大英图书馆工作,发现还有近千枚未公布,但多残碎,其中就包括六十多枚已经编号的敦煌烽燧简牍,于是择取了其中四枚尚可辨识文字的简牍予以公布。包括简牍在内,郭锋公布的文书都是依照大英图书馆馆藏号,并附以原出土地编号。为查阅方便,另编了1、2、3、4的流水号。[1] 不仅如此,斯坦因第二次、第三次中亚之行,还获得数千枚简牍削衣残片,但因为没有编号,不清楚出土地和批次,一直没有公布,直到2007年才整理出版。简牍自然只能依据意义不大的馆藏号,重新编制流水号。[2]

如前所述,敦煌地区1980年代零星采获多批次简牍,有些刊布、有些未刊布[3],甘肃省文物考古研究所1991年将这些新获简牍,与斯坦因两次发掘及夏鼐所获汉简,汇为一书编辑出版。其中,1970—1980年代发掘采集的简牍,虽然都有详备合理的考古编号,但为统一体例,整理者将所有简牍放在一起新编了1、2、3、4的流水号,书后附录对照表。[4] 这套资料是目前所见搜集敦煌汉简最为全面的。而1979年发掘的马圈湾汉简,因为数量较多,近年又利用红外摄像技术单独出版了集释本。该书简牍图版分彩色和红外两种,每枚简牍照片之后均录有释文,十分便利使

[1] 郭锋:《斯坦因第三次中亚探险所获甘肃新疆出土汉文文书》,甘肃人民出版社,1993年,第113页。

[2] 汪涛、胡平生、吴芳思编著:《英国国家图书馆藏斯坦因所获未刊汉文简牍》,上海辞书出版社,2007年。

[3] 仅酥油土、玉门花海两地出土简牍,刊布于甘肃省文物工作队、甘肃省博物馆编《汉简研究文集》,甘肃人民出版社,1984年,第1—33页。

[4] 这个汇集本,出版了两套书,一是前引甘肃文物考古研究所编《敦煌汉简》,图版和释文均有,另一个是吴礽骧、李永良、马建华等编校的《敦煌汉简释文》(甘肃人民出版社,1991年),仅有简体释文。

用。殊为可惜的是,该书没有使用 79DMT1:1 这种原有考古编号,而是另行编制 1、2、3、4 的流水号,书后附录对照表。[1]

由上可见,敦煌汉简经过多次的再整理,几乎每次整理都是重新编制流水号,以至于学者引用时不知所从,翻检核对又极费工夫。这一现象颇受诟病,是有原因的。[2] 而且,照此趋势,未来在敦煌地区再出土简牍,后续汇总时势必又要重新编制流水号,编来编去带来诸多不便。

实际上,敦煌汉简的出土与编号情况,与楼兰简十分相似。楼兰简纸文书,先后出土五批,且中间又有两次汇总整理,几套编号十分复杂,侯灿经过比对分析,最终选用斯坦因的分级编号法,根据出土地点,将五批文献按组点和文书出土时间先后进行统一编号。[3] 这样做,五批楼兰文献都有了一个固定的较为合理详备的编号。以后楼兰再出土简纸文献,亦可纳入此编号系统,而不必更改前五批文献的编号。笔者以为,敦煌简牍也不妨采用这一方式,统一纳入 1949 年后形成的编号系统,新编一套固定的简号。

再来看居延旧简。居延旧简原本存放在北京,因局势动荡,先后辗转至香港、美国,最后落户台湾[4],但早期整理拍摄的照片留在了大陆,1959 年中国科学院考古所根据搜集到的照片重新整理出版了《居延汉简

[1] 张德芳:《马圈湾汉简集释》,甘肃文化出版社,2013 年。

[2] 苏卫国、王文涛:《简牍整理研究的现实困境与简牍数字化的发展方向》,《鲁东大学学报(哲学社会科学版)》2011 年第 6 期;张德芳:《西北汉简整理的历史回顾及启示》,《郑州大学学报(哲学社会科学版)》2017 年第 5 期。

[3] 关于楼兰简纸文献的出土及编号情况,参侯灿《楼兰汉文简纸文书集成》,天地出版社,1999 年,"前言""楼兰发现遗存汉文简纸文书研究综述"及"凡例"。

[4] 关于居延旧简播迁各地的历史,参沈仲章口述、霍伟记录、胡绣枫整理《抢救"居延汉简"历险记》,《文物天地》1986 年第 4 期;邢义田《傅斯年、胡适与居延汉简的运美及返台》,原载《"中央研究院"历史语言研究所集刊》第 66 本第 3 分,此据作者《地不爱宝:汉代的简牍》,中华书局,2011 年,第 389—424 页。

甲编》。不过,《甲编》未沿用原有简号,而是重新编制 1、2、3、4 的流水号,书末附录两套编号对照表。[1] 当然,重新编制流水号而不使用原编号的做法,可能与当时尚不清楚全部居延旧简的出土地有关。1962 年 3 月考古所清理西北科学考察团的档案时,发现了居延旧简早期的登记册——"采集品已/未释文及已/未照相标记",记载了全部简牍的出土地。[2] 于是,1980 年出版《居延汉简甲乙编》时,《甲编》简号因改版不易,继续使用顺序号,而《乙编》则采用了原有简号。[3] 在此稍后,台湾简牍学会出版了《居延汉简新编》,虽然未及利用《甲乙编》,但也是按照简牍原有编号,从小到大依次刊布的。[4] 这一原则,在后来的几次整理中都得到应用。如谢桂华、李均明等重新校释简文,即沿用简牍原有编号,并制作前几次整理本的相关索引表。[5] 入藏台湾的居延旧简,后来又经过两次整理,也是沿用原有编号,书后附录简牍出土地。[6]

因为种种原因,居延旧简有少量简牍流散出来,分别收藏在中国国家博物馆、国家图书馆、上海博物馆、南京博物院及台湾、华盛顿等地。这些简牍并没有跟居延旧简一起统一编号,因此《甲编》《乙编》整理部分藏品

[1] 中国科学院考古研究所编:《居延汉简甲编》,科学出版社,1959 年。

[2] 中国社会科学院考古研究所编:《居延汉简甲乙编》下册,附录一《居延汉简的出土地点与编号》,中华书局,1980 年,第 291 页。

[3] 中国社会科学院考古研究所编:《居延汉简甲乙编》,中华书局,1980 年,"编辑说明"及"凡例"。

[4] 马先醒等编:《居延汉简新编》,简牍学会,1981 年。

[5] 谢桂华、李均明、朱国照:《居延汉简释文合校》,文物出版社,1987 年。

[6] 简牍整理小组编:《居延汉简补编》,"中央研究院"历史语言研究所,1998 年;简牍整理小组编:《居延汉简》(壹、贰、叁、肆),"中央研究院"历史语言研究所,2014、2015、2016、2017 年。

时,采取附录的方式,以“附+流水号”进行编号。[1] 《合校》予以沿用。[2] 史语所重新整理时,则根据收藏单位编制简号,如中国国家博物馆藏简新编号为 NMC1—5,中国国家图书馆藏简新编号为 NLC1—4。[3] 这套编号标注了简牍的收藏单位,相对来说更为明确合理。[4]

今天看来,居延旧简经过几十年的刊布与研究,其编号是不太可能重新按照出土地进行编制了。不过,若能将简牍出土地较为方便地呈现在读者面前,比如在每页天头或地脚注明该页收录简牍的出土地信息,读者阅读时就不必频繁翻检书后附录了,可带来不少便利。

捎带提及,居延新简的再整理沿用了原编号。[5] 这是理所当然的,这批简牍的绝大部分,编号都比较合理。

四、余论

笔者之所以不厌其烦梳理文书简的编号情况,有一个背景考虑就是

[1] 中国科学院考古研究所编:《居延汉简甲编》,科学出版社,1959 年,“附录”;中国社会科学院考古研究所编:《居延汉简甲乙编》,中华书局,1980 年,“附编”。

[2] 谢桂华、李均明、朱国照:《居延汉简释文合校》,文物出版社,1987 年,第 669—677 页。

[3] 简牍整理小组编:《居延汉简(肆)》,“中央研究院”历史语言研究所,2017 年,“前言”及“附录”。

[4] 史语所新编的简号与《合校》的对照表,可参鹰取祐司《〈居延汉简释文合校〉与〈居延汉简〉简号对照表》,2018 年 10 月 19 日发表于简帛网(http://www.bsm.org.cn/show_article.php? id=3236)。

[5] 马怡、张荣强主编:《居延新简释校》,天津古籍出版社,2013 年;张德芳主编:《居延新简集释》,甘肃文化出版社,2016 年。

敦煌文献编号的前车之鉴。斯坦因收集的敦煌写本与其他文物，收藏在英国多家博物馆，由多位学者参与整理，此后又启动多次再整理，以至于同样存在多套编号，造成使用上的不便。[1] 另外，中国国家图书馆所藏敦煌文献，前后存在十套编号，复杂性可想而知，最后花费很多功夫统一编制新号。[2] 敦煌文献编号的错综复杂千头万绪，给文书简的编号敲响警钟，应避免重蹈覆辙。

可以说，编号是反映简牍之间彼此位置关系的最直观信息，因此，最能反映考古现场简牍出土位置信息的编号，就是最科学的编号方式。此前有学者提出编号就是简牍的身份证，只能是唯一的，不能有多个，呼吁简牍编号应涵盖出土时间、发掘地点、探方、层位及层位序号等要素。[3] 笔者高度认可这一主张，这种基于考古学的编号，最能体现简与简、简与其他遗物之间的关系。不过，需要稍作补充，一是如前所述，遗址应标注考古编号而非推定的古代官署机构名称，二是如果发掘涉及遗址分区——如悬泉简，或者简牍出现成坨存在的现象——如五一广场东汉简，又或者大坨简牍提取后分装在不同盆里——如走马楼吴简，那么在编号时就应该加入相应的分区、坨号和盆号等信息。

这里再次补充说明，笔者之所以一再强调按照考古学原则进行简牍编号，是因为这一编号能“比较系统、清楚、全面地反映各个遗址组点的情况，为学界研究各遗址组点出土的简纸文书的内涵与其外延关系，提供了

[1] 具体情况可参荣新江《敦煌学十八讲》，北京大学出版社，2001年，第87—96页。

[2] 国图所藏敦煌文献及其编号情况，参方广锠主编《中国国家图书馆藏敦煌遗书总目录·新旧编号对照卷》，中国人民大学出版社，2013年，“序言”。

[3] 张德芳：《西北汉简整理的历史回顾及启示》，《郑州大学学报（哲学社会科学版）》2017年第5期。

最基本的信息”[1]。这一原则,不仅理论上可行,具体实践中亦产生了许多成功的例证,值得在简牍整理方面大力推广和普及。

如果多说一点的话,不仅仅是编号,简牍在发掘、保存、整理过程中也存在不少问题。(1)简牍发掘或采集之后,其原始考古状态转瞬即逝,因此考古现场的科学而详尽的记录极为重要,是未来开展简牍整理与相关研究的基础。如金关发掘期间,工作人员前往地湾、大湾采获汉简96枚[2],这批简尚未见公布,似已不知所踪,可能就是早期记录不及时所致。(2)简牍存放、整理时,难免会有因简牍调取而发生的位置变动,进而产生混淆的风险,如岳麓简近20组简原始编号重复[3],因此每次操作一定要有详细的记录。(3)简牍保护工作中,工作人员对简牍所做的工作,如化学医药品的填充所带来的简牍膨胀变形等信息,也应该有记录和文字性说明。这一点,走马楼吴简做得比较好。[4] 这些记录,对于相关研究非常重要,往往起到意料之外而点石成金的作用,应该在适当的时机,以合适的方式——包括发掘报告、整理报告或影印原件等,予以公布。

简牍到今天,可算是井喷式发现。不研究简牍,几有“不预流”之虞。

---

[1] 侯灿:《楼兰汉文简纸文书集成》,天地出版社,1999年,第27页,“凡例”。

[2] 初世宾:《居延考古的回顾》,载中国人民政治协商会议甘肃省委员会文史资料和学习委员会编《甘肃文史资料选辑》第51辑,甘肃人民出版社,2000年,第6页。

[3] 李洪财:《岳麓秦简的简号问题》,2017年2月11日发表于简帛网(http://www.bsm.org.cn/show_article.php? id=2726)。

[4] 荆州文物保护中心、长沙简牍博物馆:《走马楼三国吴简保护修复报告》,文物出版社,2017年。

对于简帛学的建立,学界也呼吁倡导再三。[1] 尽管建立简帛学这一学科的必要性与合理性尚值得进一步考虑,但简帛文献对先秦秦汉史的巨大推动作用,是有目共睹的。笔者期待业界对简牍发掘、存放、保护、整理、刊布等形成基本共识,制定合理科学的作业流程。具体而言,如何发掘、发掘中需要注意什么,如何保护存放、使用何种器皿、存放记录如何做,拍照、释读等整理的基本步骤有哪些,刊布时采取什么形式比较合适,以及亭塞简、古井简、墓葬简,甚至购藏简等在发掘、存放、保护、整理、刊布时各有何特点,需要分别注意什么,等等,急需形成科学可行的基本操作规范。当然,这些实践性较强的问题,需要在具体的作业流程中慢慢摸索,才能形成大致可循的规则,但同时也需要主事者有意识地加以推动。1931 年西方学术界针对写本、纸草、碑铭等古典文献整理的体例与规范达成共识,形成了著名的莱顿公约(Leiden Conventions)。[2] 这不失为对中国简帛学界的一种启示和催促。[3]

---

[1] 比如,首都师范大学召开多届"简帛学的理论与实践"学术研讨会,《中国史研究动态》《河南师范大学学报(哲学社会科学版)》《郑州大学学报(哲学社会科学版)》等刊物也组织了多场相关问题的笔谈,胡平生、刘国忠、蔡万进、杨振红等纷纷对简帛的整理与简帛学的学科属性发表意见。参胡平生《中国简帛学理论的构建》,《中国史研究动态》2016 年第 2 期;刘国忠《对于简帛学建设的几点思考》,《中国史研究动态》2016 年第 2 期;蔡万进《简帛学的学科分支新论》,《中国史研究动态》2016 年第 2 期;蔡万进《中国简帛学体系构建新论》,《河南师范大学学报(哲学社会科学版)》2016 年第 5 期;杨振红《简帛学的知识系统与交叉学科属性》,《河南师范大学学报(哲学社会科学版)》2016 年第 5 期。

[2] David M. Schaps, *Handbook for Classical Research*, London and New York: Routledge, 2011, pp.221-222.

[3] 中国简帛学界,已有个别学者注意及此(张忠炜《里耶秦简博物馆藏秦简概说》,载里耶秦简博物馆、出土文献与中国古代文明研究协同创新中心中国人民大学中心编著《里耶秦简博物馆藏秦简》,中西书局,2016 年,第 5—6 页)。可惜,"常闻楼梯响,不见人下来"。

唯笔者从未深度参与或观摩简牍整理,上述想法只是在日常阅读及学习中产生的一点体会,纯为纸上谈兵。愚者千虑,或有一得,刍荛之议,智者鉴焉。

简帛学史研究的理论价值及其意义

蔡万进　郭　晴

（首都师范大学历史学院 北京 100089）

任何一门学科的发展均离不开对其自身发展过程的省思。简帛学自1901年瑞典人斯文赫定、英籍匈牙利人斯坦因在我国新疆尼雅、楼兰遗址发现汉晋简牍，迄今已走过了百余年的发展历程，并蔚然成为国际显学。百余年来，尤其是20世纪末、21世纪初的简帛发现与简帛学一百周年（2001年）之际，学界对于简帛学发展历程的总结与关注不断增加，产生了一批有价值的简帛学史研究成果，举其荦荦大端者，主要有以下数种：

沈颂金《二十世纪简帛学研究》[1]一书，试图对百年来中国简帛学界的研究成果做全面清理、总结和评价。该书扼要概述了20世纪简帛研究的进展，总结了20世纪在简帛研究上成就最大的王国维、劳榦、陈梦家的学术贡献和特点，从"从秦简看秦代的历史地位""简帛的发现与楚文化研究""郭店楚简与先秦学术思想""汉简所见西北地区的交通运输及其相关问题""出土简帛与文学史研究""汉代边塞吏卒的文化教育和娱

[1] 沈颂金：《二十世纪简帛学研究》，学苑出版社，2003年。

乐活动”“从出土文物看秦汉时期的民间信仰”等角度,探讨了简帛学对于推进20世纪学术史发展的重要意义,且最后以专章形式论述了简帛学研究的理论与方法。

赵超的《简牍帛书发现与研究》[1],作为“二十世纪中国人文学科学术研究史丛书”之一种,分设“中国古代简牍帛书的考古发现”“简帛的考古发掘、科学保护与对古代简帛制度的研究”“出土简牍帛书与有关的考古学研究”“简牍帛书中的古代文书整理与研究”“简帛中的古代经籍、佚书与古代思想史、学术史的研究”“古代简帛文字的研究与收获”等诸章,总结回顾了中国简帛研究走过的百年历程以及所取得的丰硕成果。

骈予骞、段书安编著的《二十世纪出土简帛综述》[2],全书由“综述篇”“资料篇”“论著目录篇”三部分组成,是对百年来简帛学发现与研究的概括总结。本书“资料篇”所收内容从1900年至2002年,凡属已公布了的墓葬、遗址中出土及征集、收购来的绝大部分简帛都收录进来;“论著目录篇”所收内容是在1903年至2002年间出版、发表的论著,其中也包括了有关日本学者的论著;“综述篇”从简帛文献学的角度,对20世纪出土简帛文献进行了全面论述,涉及简牍帛书的起源、形制、缮写与削改、题记、文字、内容与分类等。

李均明、刘国忠等著《当代中国简帛学研究(1949—2009)》[3]一书,从新的视角考察了现代中国简帛整理与研究的情况。书中根据简帛的自身特点,将出土简帛分为简帛典籍、简牍文书和帛书三大部分,即本书之

[1] 赵超:《简牍帛书发现与研究》,福建人民出版社,2005年。

[2] 骈予骞、段书安编著:《二十世纪出土简帛综述》,文物出版社,2006年。

[3] 李均明、刘国忠、刘光胜、邬文玲:《当代中国简帛学研究(1949—2009)》,中国社会科学出版社,2011年。

上、中、下三编；每编之后又大致分为相关发现概况、基础研究、专题研究三部分，介绍百年来出土的所有简牍与帛书概况，解析简帛自身所包含的各种规律及百年来简帛研究的曲折历程、各种观点的交锋、代表人物等。该书向广大读者展示了简帛学这一新兴学科的发展轨迹和丰富内容。

郑有国《台湾简牍研究六十年》[1]，是一部对我国台湾地区简牍研究历史进行总结与回顾的学术史著作。书中将台湾简牍研究分为三期，即1949年至1974年为第一时期、1974年至1991年为第二时期、1991年至今为第三时期，并分设专章就各时期的简牍研究主要学者、重要成果等进行总结介绍，不仅注重学术内容的铺陈，更能读出学者的人格特征、学术风范和时代印记。

综观上述诸种简帛学史著作，在肯定其取得不少成绩的同时，不可否认还存在诸多方面的不足。突出表现为：一是概念体系和内容研究各异，缺乏对系统科学的简帛学史体系构建的深入思考和探讨；二是分期不明确，缺乏对百余年简帛学发展阶段的科学分析和各阶段各时期的特征把握，研究平面化，没有“史”的立体感；三是理论凝练不够，重具体研究成果呈现，缺乏在学术史的回顾与展望中提炼简帛学的基础理论。简言之，当前的简帛学史研究，既往虽有过一定工作，但还很不够，需要站在新时期认识和理论的高度去总结、构建简帛学史的体系、框架、结构和内容。如同文献学学科之有中国文献学史研究、语言学学科之有中国语言学史研究等，简帛学作为20世纪初发展起来的一门新兴学科，亦应有其专门之学——中国简帛学史的研究。对百年简帛学史进行总结研究，写出一部比较系统全面和科学的中国简帛学史著作，不仅势在必行、迫在眉睫，

[1] 郑有国：《台湾简牍研究六十年》，福建人民出版社，2011年。

同时也有着重大的学科理论价值和意义。

第一,通过对简帛学史的总结与研究,丰富完善简帛学的学科体系。现代学科研究表明,任何一门成熟的学科,都必须具有明确的研究对象、系统的理论与方法以及学科发展史,即通常所谓的“体”“法”“史”“论”,把这些融为一体进行系统研究,构成一个完整的学科体系。简帛学自然也不例外。简帛学的“体”即研究对象,就是出土简帛,以出土简帛为研究对象,对出土简帛自身外在形态、内在结构的各种现象、特征和规律进行研究揭示的学问,就是简帛学;“法”即整理研究出土简帛的方法,出土简帛的文物、文字、文献、史料基本属性与特征等决定了简帛学与考古学、语言文字学、古文献学、历史学等学科有密切的关系,以上相关学科的方法自然同样可以应用到出土简帛的整理研究过程当中,与简帛学自身特有的研究方法一起,构成简帛学的方法论体系;“史”即简帛学发展的历史,厘清中国简帛学发生、发展、演变的脉络,揭示各个时期各个阶段中国简帛学的全貌及其特色;“论”即简帛学的基础理论,包括简帛学的定义、概念与范畴,研究对象与范围,内容与体系,学科属性与分支等。如是,简帛学史研究则无疑应是简帛学学科体系的有机组成部分,而对于简帛学史的总结与研究,则毫无疑问地丰富完善了简帛学的学科体系。但从上述数种概述性的学术史著作来看,当前的简帛学史研究,无论是在对百余年来简帛学学术史资料的整理方面,还是在简帛学史研究自身的理论建设方面,都可以说是还远远不够,需要就简帛学史研究的相关理论与实践问题进一步展开探讨。其包括:1.中国简帛学史研究的对象和范围;2.中国简帛学史研究的目的与任务;3.中国简帛学史的自身特征与特点;4.中国简帛学史的分期与阶段划分;5.中国简帛学史的体系、框架、结构和内容;6.中国简帛学史研究的理论、方法与手段;等等。

第二,通过对简帛学史的总结与研究,推动简帛学理论体系的构建。简帛学理论研究与建设亟待加强,已为当今学界共识。为此我们分别于2015年、2016年、2018年连续召开了三届以简帛学理论探讨为主题的"简帛学的理论与实践学术研讨会",先后组织了"简帛学理论的总结与创新"(《中国史研究动态》2016年第2期)、"国际简帛学体系的构建"(《河南师范大学学报》2016年第5期)、"出土简帛整理的理论与实践"(《郑州大学学报》2017年第5期)等三组笔谈,本人也相继发表了《简帛学的学科分支新论》[1]、《中国简帛学体系构建新论》[2]以及《出土简帛整理的若干理论问题》[3]等有关简帛学理论思考的研究文章。实践和学科研究表明,基础理论历来都是在学术史的回顾与展望中提炼出来的。譬如简帛学研究对象,这是简帛学理论的基本问题,一般认为简帛学的研究对象就是出土简帛,这个提法并无任何不妥,但实际上通过对该问题大量学术史资料的梳理研究发现,却存在着简帛学的研究对象究竟是"出土简帛的文字内容",还是"出土简帛本身各种现象、特征和规律"的不同认识和争议;同样,也是在对大量简帛学学术史资料研究的基础上,获得了集文物、文字、文献、史料四大基本属性与特征于一体的出土简帛,本身不仅是一种文化遗物,同时又是一种宝贵的文献和考古发掘出土的文物,对出土简帛自身上述文化遗物、文献、文物诸现象、特征、规律的揭示、分析、归纳和总结,即构成了简帛学研究的主要内容和诸方面这一科学认识,最终确定了中国简帛学的研究对象是"出土简帛本身各种现象、特征和规

[1] 蔡万进:《简帛学的学科分支新论》,《中国史研究动态》2016年第2期。

[2] 蔡万进:《中国简帛学体系构建新论》,《河南师范大学学报(哲学社会科学版)》2016年第5期。

[3] 蔡万进:《出土简帛整理的若干理论问题》,《郑州大学学报(哲学社会科学版)》2017年第5期。

律”这个主题。循着这一主题,使简帛学的学科界限,简帛学的定义、概念和范畴,简帛学的研究体系、学科分支等其他一系列基础理论问题得以廓清、补充、修正、完善和确立。[1] 简帛学史的总结与研究,推动了简帛学理论体系的构建。

第三,通过对简帛学史的总结与研究,促进了国际简帛学体系构建可能性的探索。众所周知,简帛的使用与出土,不惟中国,同时期或稍晚的世界其他国家和地区,如韩国、日本、欧洲大陆与英国等地,同样也都有使用和发现。如今,各国简帛研究者已从专注本国简牍研究转向探寻世界各地出土木牍的共性、区别与联系,试图整合、构建国际简帛学的体系,如韩国学者“东亚简牍文化圈”构想[2],日本学者“东亚木简学”的提出[3],中国学者“国际简帛学”的倡议(“国际简帛学体系的构建”笔谈,《河南师范大学学报》2016 年第 5 期)等。不容否认,中国简帛学以其简帛出土数量大、年代早、种类全、延续久、制度规律显著、学科体系发展完善成熟、研究国际化程度高以及简帛制度、文化在历史上对于汉字文化圈地区辐射作用强等特点和优势,理应在当今国际简帛学体系的构建中占据中心地位、发挥主导作用。百余年来,随着大量简帛资料的不断出土和整理研究实践的长期积累,中国简帛学留下了丰富的简帛学学术史资料。通过梳理这些学术史资料,一方面可以发现中国简帛学国际化的滥觞及其与 20 世纪初一批西方探险家有密切的关联,早期简帛发现与研究离不开西方探险家,这一特殊群体在简帛学史上应予关注,并关注他们的简帛

[1] 参见蔡万进《中国简帛学体系构建新论》,《河南师范大学学报(哲学社会科学版)》2016 年第 5 期。

[2] [韩]尹在硕:《东亚简牍文化圈的形成与发展》,《河南师范大学学报(哲学社会科学版)》2016 年第 5 期。

[3] [日]角谷常子:《东亚木简学的构建》,汲古书院,2014 年。

学研究贡献；另一方面，外国学者的中国简帛学研究及其成果，以及中国学者的外国简牍研究及其成果，同样亦应是中国简帛学史总结和研究的重要组成部分，它们共同为国际简帛学体系构建的可能性探索提供了学术支撑和线索。如戴卫红《韩国木简研究》[1]一书中有关韩国出土新罗、百济时期"椋"字木简的考察，研究指出"椋"是与粮食、物品储存有关的官府仓库系统，百济时期既有属于内官系统的外椋部，也存在归属不明的"仲椋"；新罗时期"椋"有仲椋、下椋之分，是有瓦的地上建筑，有专门的"椋司"来管理。"椋"在中国现存的传世文献中，未见有仓库之意，而它从木京声，在词源、词义上与表仓廪之意的"京"同源；从建筑形制看，"京"底部当有立柱或高台，为地面建筑物，与椋的建筑形制相合。4 世纪末逃亡到朝鲜半岛的中原汉人的壁画墓中，出现了储存食物的"京屋"；5 世纪初的高句丽壁画墓中出现了表仓库之意的"椋"；从 1972 年古照遗迹（日本松山市南江户 4 丁目）发掘出土的屋梁、楼板、桩柱等建筑物的木材部件复原的古坟时代前期即 4 世纪时期的高床仓库，以及日本出土的 22 枚写有"椋"字的木简，反映了"椋"这样的含义及建筑形制是经由百济流传至日本列岛的，从简牍内涵上诠释了中日韩三国简牍文化的关系。又如韩国学者尹在硕《以简牍为中心看东亚记录文化》[2]一文，从中日韩三国出土的论语简、九九表木简入手，探讨了中日韩简牍文化的关系。所有这些，从文化的内在关联性上为国际简帛学体系构建的可能性提供了证据和思路。简帛学史的总结与研究，有力地推进了国际简帛学体系构建可能性的探索。

---

[1] 戴卫红：《韩国木简研究》，广西师范大学出版社，2017 年。

[2] [韩]尹在硕：《以简牍为中心看东亚记录文化》，载《中国秦汉史暨石家庄区域文化国际学术研讨会论文集》，2018 年。

对简帛学史分期标准的思考

魏德胜

（北京文献语言与文化传承研究基地

北京语言大学文献语言学研究所 北京 100083）

从20世纪初以来，简帛的出土、研究已经历了一百多年。对这一百多年的学术史进行分期，总结各阶段的学术成就，是简帛学学科建设的基本内容。对于简帛学史的分期，过去曾有过两分、三分、四分等多种意见。[1] 这些论著对简帛学研究作了初步的总结，但都没有明确分期标准，因此直接导致结论经不起推敲。

对简帛学学术史划分段落离不开标志性事件，因而确定标准是关键性问题。过去的分期研究关注过的标志性事件主要有中国现代简帛学史中第一枚汉文简牍的出土、第一批汉晋简牍的出土、其他重要简帛材料的出土、最早简帛研究论著的发表、重要简帛文献的整理出版，甚至重大的政治社会事件等。应该说，这些重要事件都对简帛学有重大影响。那么，

---

[1] 魏德胜：《略谈中国简帛学的分期问题》，《鲁东大学学报（哲学社会科学版）》2013年第6期。

这些事件中哪些可以作为简帛学分期的标准呢?

我们认为,分期的标准最好能统一。目前多数分期确定不同的阶段所使用的标准不同,前后标准不一会影响分类的结果。我们以前的分期也存在同样的问题。因此分期工作的第一步是确定统一的标准。

权衡这些标志性事件的相互关联,我们觉得要以重要简帛的出土为核心,即简帛学分期以重要简帛的出土为主线。简帛学的特点是其研究对象不是传承有序的存量资料,而是考古发掘偶然所得。简帛的出土具有突发性、偶然性、不确定性,什么时候、什么地方出土什么简帛,都不是我们可以掌控的。这些特点决定了简帛学的立足点在于重要简帛资料的发掘出土,重要简帛的出土是一切后续研究的原点。从学界的反应也可以明显地感受到这一点。每一次简帛的新发现,都能激发起大家的学术研究热潮。差别只是越重要的简帛材料,兴奋持续的时间会越长,波及的面也更广,其影响也更加深远。所以,我们要把目光聚焦在简帛的出土上,而不只是整理成果的出版及后续的研究上。简帛出土引起的汇聚效应,使得它常常不是孤立、单一的事件。比如斯坦因在西北发现了汉晋简牍,一方面是引起众多研究者的关注,成功吸引了中国学界及国际汉学界;另一方面也引来了更多的探险者,发掘出更多的简牍文物,也因而产出了一系列的重要成果。出土、整理、研究是一个连续的链条,缺一不可。而这个链条的起点就是简帛的考古出土。简帛的出土推动了学术研究,甚至决定了整个研究的走向。循着这一思路,我们以历年来重要简帛的出土为主线,尝试对百年简帛学历史上的重要节点进行一一梳理。

中国现代简帛学的起点,就是以近代历史上第一次发现典型的简帛实物为标志,即 1901 年英国人斯坦因(1862—1943)在尼雅发掘出土的汉晋简牍。[1] 斯坦因到达尼雅的时间是1901年1月28日,这里散布着一些房屋的遗址,斯坦因发掘到大量佉卢文木牍和羊皮书,在编号为N.xv的遗址中还出土了汉文简牍。这些汉文简牍上明确写有西晋武帝的纪年,可以确定这些简牍是汉末、西晋时期的。近代简帛的发现始于外国人,其释读研究同样也始于外国人。法国汉学家沙畹(1865—1918)1907年发表了《丹丹乌里克、尼雅、安迪尔发现的汉文文书》,开启了近代中国简帛释读研究的先河,其成果写进了斯坦因的考古报告《古代和田》中。罗振玉、王国维著《流沙坠简》也释读了这批简牍。中国简帛学从一开始就具有国际化的特点,虽然其中有些无奈与被迫。其实,沙畹1905年发表的《纸未发明前之中国书》、王国维1912年在日本发表的《简牍检署考》,都提到斯坦因、斯文·赫定在中国西北发掘出土简牍的事情,只是他们当时都还未接触到简牍实物或照片。

我们把1901年作为简帛学的起点,而第一个阶段的特点就是以外国探险家的活动为中心。除了英国人斯坦因以外,还有瑞典人斯文·赫定、日本大谷光瑞考察团的橘瑞超等,他们疯狂盗掘中国文物的活动在1930年前后终止。斯坦因的第四次考察为1930—1931年,迫于中方的压力而提前结束考察活动并离开中国,外国人在中国大规模挖掘宝藏的时代至此终结。几乎同时,瑞典人斯文·赫定为了他的第四次中国西北探险考察再次来到中国,由于中国学界的努力,这次考察变成了一次中外合作的考古调查,并签订了有利于中方的协议。1927年斯文·赫定以及瑞典考古学家贝格曼(Folke Bergman)等与北京的中国学术团体协会徐炳昶等

[1] 斯坦因于1900年12月在新疆和田丹丹乌里克发掘出第一枚汉文简牍,但写于唐代,时代较晚。参见胡平生《20世纪出土的第一支汉文简牍》,《文物天地》2000年第5期。

联合组成西北科学考察团,并于1930年在额济纳河流域发掘出土了一万余枚居延汉简,因此震惊世界。这一事件标志着中国科学发掘简牍的开端,成为中国简帛学史上的一个标志性事件。因此,我们把1930年居延汉简的出土作为第二个阶段的开端。

我们将20世纪开始的二三十年作为我国现代简帛学发展的第一个阶段,也可以从王国维先生那里得到启示。1925年王国维先生在清华国学院的《最近二三十年中国新发见之学问》讲演中指出:“自汉以来,中国学问上之最大发现有三:一为孔壁中书,二为汲冢书,三则今之殷墟甲骨文字、敦煌塞上及西域各处之汉晋木简、敦煌千佛洞之六朝及唐人写本书卷、内阁大库之元明以来书籍档册。此四者之一已足当孔壁、汲冢所出。”他以敏锐的洞察力认定这些新发现定会发展成为中国之“新学问”,并断言:“故今日之时代可谓之发见(现)时代,自来未有能比者也。”王国维先生认为这些发现是学术史上的空前盛事,是前无古人的。这二三十年的四大发现可以与西汉以来两千年间的发现相匹敌,可见王国维先生对这些发现寄予厚望。近一百年来的学术史证明,他当时的论断是无比英明的。20世纪初的这些发现深刻影响了中国近代以来的学术发展,成就了20世纪中国学术研究的辉煌历程。对于简帛学来说,20世纪开始的三十年就是简帛的发现时代,出土了一批有重要价值的汉晋简牍,出现了一批有引领性意义的重要成果。学者们第一次目睹了汉晋简帛时代形成的书写材料和墨迹,纸本时代的人类终于可以与两千年前简帛时代的人类直接对话了。其意义是划时代的,我们于近百年后也终于能够理解王国维说的“发现的时代”了。20世纪初的二三十年,注定要在中国的学术史上留下浓墨重彩的一笔。

至于把1930年居延汉简的出土作为我国现代简帛学发展的第二个

阶段的开端,那是因为居延汉简是中国人自始至终参与发掘,实物留存中国,并由中国人自己主导整理研究的第一批简牍,也是第一次单次出土万枚以上的简牍,其影响一直波及今天,其有关研究不仅限于中国学者,也吸引了众多日本、欧美等地学者的长期关注。从时间点上看,第一阶段的结尾与第二阶段的开端有些许交叉:斯坦因1931年结束所谓考察离开中国,西北科学考察团1930年发掘出土居延汉简。但鉴于居延汉简发掘在中国简帛学史上的重要性,我们还是以它为标志确定新阶段的开始。居延汉简出土后被运至北京,参与整理者先后有马衡、傅振伦、傅明德、向达、劳榦、贺昌群、余逊等。抗战期间,居延汉简被寄存于美国国会图书馆。劳榦1943年、1944年根据简牍照片在四川出版了《居延汉简考释·释文之部》《居延汉简考释·考证之部》。

此外,这一阶段,西北科学考察团的中方队员黄文弼在新疆罗布泊北岸考察时,发现了一座西汉时期的烽燧遗址,发掘出土西汉简牍71枚。这是中国学者第一次在考古发掘中出土汉代简牍,这批简牍也是新疆地区出土的年代最早的简牍实物。黄文弼著《罗布淖尔考古记》,考释了这批简牍。1944年,中央博物馆、中央研究院、北京大学文科研究所共同发起组织了西北科学考察团历史考古组,夏鼐、严文儒在敦煌小方盘城以东的汉代遗址,又掘得汉简76枚。夏鼐著《新获之敦煌汉简》,刊布了48枚简的图版及释文考释;严文儒著《河西考古杂记》,介绍了该遗址的考察及汉简出土的情况。

黄文弼、夏鼐等所掘获的汉简虽然数量不多,但却是中国学者独立从事汉简科学发掘整理的开端。当时军阀混战,日军侵略步步进逼,野外考古工作条件艰苦,甚至有生命危险,他们以考古发掘实践有力地抗击了外国列强以探险考察为名疯狂盗掘我国文物、破坏古代遗址、将简牍等文物走私出境及对我国进行文化侵略的行径。所以，这个阶段也是中国学界自强觉醒、奋起抗争的开始。当然，国力的衰微必然带来简帛文物的流失，除了 20 世纪初斯坦因、斯文·赫定、橘瑞超等盗运出境的西北简牍外，1942 年前后出土的长沙子弹库楚帛书也在出土后不久即被偷运至美国。这是目前为止出土年代最早的帛书，其命运也是中国战乱时期大量文物外流的一个缩影。

第三个阶段开始于 20 世纪 50 年代。中华人民共和国成立后，文物考古工作也随即展开。中国科学院考古研究所在湖南、河南等地的考古发掘中出土了一批战国楚简，如 1951 年在长沙五里牌出土楚简残片 38 枚、1953 年在长沙仰天湖发掘出土楚简 43 枚、1954 年长沙杨家湾发掘出土楚简 72 枚、1957 年信阳长台关出土楚简 137 枚。这一系列的考古发现，对于中国简帛学研究具有重大意义。一是首次发现了战国楚简，从而把中国使用简帛的时间又向前推进了一百多年；二是这些简牍都出土于墓葬中，进一步确认上古时期有以简帛随葬的习惯，虽然 1942 年前后出土的长沙子弹库楚帛书也是由墓葬中出土，但由于是盗掘出土的，很多考古信息因之阙如。20 世纪 50 年代一系列楚简的出土，打破了前期只有西北汉晋遗址出土简牍的格局，简帛学的内容自此大为改观，这是简牍学界的大事件。

20 世纪 50 年代出土的重要简帛还包括武威《仪礼》汉简。1959 年，甘肃武威出土汉代《仪礼》简甲、乙、丙三种残本，共有九篇，27400 余字。这是重要经典的重大考古发现。中国科学院考古研究所陈梦家先生主持整理，1964 年文物出版社出版了《武威汉简》，公布了简牍图版、释文等。由此发端，陈梦家先生的研究重心从甲骨卜辞、金文转向了汉代简牍，到他 1966 年去世，共撰写了 14 篇汉简研究论文，后结集为《汉简缀述》。这一成果代表了中国大陆20世纪60年代简牍研究的学术水平。

这一时期,居延汉简研究专家劳榦先生移居中国台湾,于1957年出版了《居延汉简·图版之部》,1960年重新整理出版了《居延汉简·考释之部》,由此开启了中国台湾简帛研究之路。1965年,寄存在美国国会图书馆的居延汉简回归中国台湾。

巧合的是,日本对中国简牍的研究也始于20世纪50年代初。1951年森鹿三在京都大学人文科学研究所创立居延汉简研究班,参加者有贝家茂树、藤枝晃、大庭脩,以及英国人鲁惟一等。从此日本进入研究中国简帛的黄金时期。

简帛学史的第四期同样是在偶然发现出土重要简帛中拉开帷幕的。1972年山东临沂银雀山汉墓出土大量汉简,1973年前后湖南长沙马王堆汉墓出土大量汉代简帛,这些重量级简帛的出土是简帛学史上的标志性大事件。当时由文物出版社牵头,调集全国古文献、古文字研究领域的专家,会集在北京沙滩红楼,成立了简帛整理小组,集中力量进行整理考释工作。1973年河北定县汉简出土、1975年湖北云梦睡虎地秦简出土,都先后在红楼成立整理小组集中进行考释工作。后来又增加了居延新简、阜阳汉简等。这种会聚精兵强将集中整理的工作模式,速度快、效率高,可谓是举全国之力,因此在较短时间内涌现出了一大批高水平的研究成果,也造就了一大批高水平的研究专家。后来李学勤先生等在清华大学出土文献研究与保护中心编辑《出土文献》时,还专门开辟了“红楼追忆”栏目,约请当年的“红楼人”撰文追忆当年专家云集的盛况。因此,我们把1970年代作为简帛学史第四个阶段的开端应该是可以成立的。

1978年,随着我国改革开放和经济建设的开展,考古事业迅猛发展,继70年代大规模简牍发现之余绪,整个80、90年代,又有多批重要简牍的考古发现。1984 年初湖北江陵张家山 247 号墓出土了 1236 枚汉代简牍,其中《二年律令》是西汉初年完整的律令。1985 年和 1988 年张家山 127、136 号墓出土西汉初竹简约 1130 枚,从中发现当时有自题为《功令》的戍边记功的规定。1986 年甘肃天水放马滩 1 号秦墓出土了 465 枚简牍,内容为《日书》。1987 年初,湖北荆门出土包山楚简牍 400 余枚,内容有司法文书等。同年,湖南慈利县出土楚简 4500 余枚,内容是《国语》《逸周书》等典籍。另外,1986 年陕西西安汉代未央宫遗址出土汉代骨签 6 万多片,其中约 5.7 万片上刻有汉字,上有一至两行,少则三四字,多则三四十字。内容是关于弓弩等器物的数量、制作的时间、督造的部门等。西汉骨签虽不是简牍,但也是重要的汉代文字资料,值得关注。

1993 年,湖北荆州郭店 1 号楚墓出土了包括《老子》《缁衣》等典籍在内的 800 余枚战国楚简。因其内容涉及道家、儒家初创时期典籍的原始面貌,立即震惊了海内外学界。1994 年,上海博物馆从香港文物市场前后购藏了 1600 余枚战国楚简,内容也主要以道、儒典籍为主,其中《缁衣》《性情论》也见于郭店简,内容基本一致。这两批楚简的陆续发布,掀起了学界关于楚简研究的热潮。大批战国楚文字因为文本的对读而被准确地释读出来,并由此带动了相关古文字的研究。当然更多的学者还是关注其反映的早期道家、儒家的思想内涵,甚至有学者认为,它们的出土改写了中国先秦思想史。在某种意义上说,这种评价并不过分。

1992 年甘肃省发掘悬泉置遗址,出土汉代简牍 35000 余枚,其中有字者 23000 余枚。甘肃省自 20 世纪初以来,共出土汉简 6 万余枚,成为出土、收藏研究汉简的大省。1993 年湖北荆州沙市区关沮周家台秦墓出土竹简 381 枚,内容为日书、医方等。1993 年湖北江陵王家台 15 号秦墓出土简牍 800 余枚,内容为易占、日书等。1993 年江苏连云港东海县尹湾6号汉墓出土竹简133枚、木牍23枚,内容是西汉后期东海郡的上计文书等,还有一篇是文学作品《神乌傅(赋)》。1999年,湖南省沅陵虎溪山西汉早期第一代沅陵侯吴阳墓出土汉简1336枚,内容为日书等。

20世纪末最重大的简牍发现当属湖南长沙走马楼三国吴简。1996年在湖南长沙五一广场工地22号古井中,发现了数量惊人的三国孙吴纪年简牍,清洗后统计得封检8枚、签牌68枚、木牍165枚、小木简60枚、大木简2548枚、竹简136729枚,共计139578枚,内容为官府档案文书。走马楼一次发掘出土近14万枚吴简,数量上超过了此前出土简帛的总和。吴简为三国史研究提供了大量第一手资料,国际史学界为之震惊,甚至有学者提出要建立独立的"吴简学""重写三国史"。走马楼吴简的出土,为20世纪最后30年简帛大发现的时代画上了圆满的句号。

20世纪后30年作为简帛学发展的第四个阶段,突出特点就是出土了巨量的、内容极为重要的简帛文献。从数量上看,20世纪的前70年,出土楚简约600枚、汉晋简牍约18000枚,其中还包括居延汉简单次出土的14000余枚,相对来看数量有限。而20世纪后30年,出土楚简近万枚、秦简3000余枚、汉简6万余枚、三国晋简14万枚,总数超过20万枚,是此前简帛数量的十倍。即使减去走马楼简,数量也数倍于此前70年出土的简帛。所以,这是一个简帛集中出土的时代。李学勤先生在《近年出土文献与中国文明的早期发展》中说:"王国维在1925年时曾称他那时为'发现时代',今天我们所处的更可称为'大发现的时代'。"[1]李先生的这一论断是恰如其分的。我们处在这样一个简帛大发现的时代,是历史

[1] 李学勤:《近年出土文献与中国文明的早期发展》,《光明日报》2009年11月5日。

的机遇,更是简帛时代结束后上千年来未有之大发现的时代。我们如此幸运,生逢其时,研究中国传统文化的学者要把握这个机遇,创造出无愧于这个大发现时代的成果。

21 世纪以来的简牍发现呈现出崭新的特点,可以作为简帛学史的第五个时期。2002 年,湖南湘西龙山里耶镇出土秦简 38000 枚,其中有字简约 18000 枚,这是历次秦简出土数量之最,内容为秦朝洞庭郡迁陵县官府的公文档案,是 21 世纪初一次重要的考古发现。2007 年,湖南大学岳麓书院购藏一批秦简,共 2098 枚,内容主要为秦律令,还有中国目前最早的数学书等,极其珍贵。2010 年,北京大学得到香港冯燊均国学基金会的捐赠,入藏一批海外回流的秦简牍,共计 794 枚。进入新世纪,秦简数量大幅飙升,达到 4 万多枚,其中有字简 2 万余枚(而此前的秦简仅有 3000 余枚)。

楚简上承郭店简、上博简,2008 年清华大学入藏 2100 余枚楚简,内容主要是与《尚书》等经典相关的典籍类。2015 年安徽大学入藏楚简 1167 枚,内容为《诗经》及多篇典籍佚书。同年湖北荆州夏家台出土楚简 400 余枚,内容是《诗经 · 邶风》《尚书 · 吕刑》和《日书》等。2018 年湖北荆州龙会河北岸墓地出土楚简 324 枚,内容为典籍类。这些简帛材料的陆续公布,必将进一步推动中国上古思想文化研究等向纵深方向发展。另外湖北武汉丁家嘴湾、湖北沙洋严仓、湖南湘乡三眼井也出土数量不等的楚简,内容为遣册、卜筮祭祷等。2011 年武汉大学入藏楚简 129 枚,主要内容为占卜祷祠记录。

21 世纪汉晋简牍的出土也精彩纷呈。2000 年湖北随州孔家坡出土汉简 785 枚,内容为日书。2004 年湖北荆州印台出土竹木简 2300 余枚、木牍 60 余方,内容为官府文书、日书、律令等。2003 年、2004 年、2010 年,湖南长沙走马楼区域多次出土两汉简牍,总量在 2 万枚左右,内容主要是官府文书。2009 年,北京大学获捐赠汉简 3300 余枚,其中有目前存字最多的《苍颉篇》、保存最完整的简本《老子》等。2013 年湖南益阳兔子山多座古井中出土简牍 13000 余枚,时代涉及战国楚、秦、张楚、两汉到三国孙吴时期,内容主要为益阳县的文书档案,特别是“张楚之岁”觚的发现,是首次发现这个时期的简牍,证实了《史记》秦末陈胜起义后“号张楚”的记载,也有助于我们理解马王堆帛书《五星占》里“张楚”的含义。2015 年江西南昌海昏侯墓出土汉代简牍 5200 余枚,内容为《诗经》等典籍,特别是汉代“齐论”简的出土,引起了学界的广泛关注。2018 年湖北荆州胡家草场 12 号墓出土西汉简牍 4546 枚,主要内容包括历谱、编年记、律令、经方、遣册、日书等。

以上只是 21 世纪以来近 20 年时间出土的重要简牍的一部分,其中秦简数量创出新高,楚简、汉简的出土也令人惊喜不断;这个时期除了考古发掘外,购藏简牍明显增加,多批重要简牍入藏高校等科研机构,且包括了楚简、秦简、汉简等主要种类。这表明过去不为盗墓者关注的竹木简牍也成为他们新的猎取目标,显然这是简帛文物影响力大增的结果。另外,简帛的出土往往还带动文物保护、整理释读、资料发布、全面研究的推进,我们欣喜地看到,近些年来,资料发布的进程正在加快,多批重要简帛材料都是边整理边出版,尽量压缩从出土到发布的时间跨度,尽快为学界提供优质的整理成果,满足大家渴望读到原始资料的期盼。目前,以简帛考古发掘、收藏为核心形成了多个整理研究队伍,大家总结经验、互相交流,逐渐摸索出一套行之有效的工作流程。在出土文献的各种类中,简帛文献发展势头正劲,已在学界确立其应有的位置。

以上,我们以重要简帛的出土为核心,以百余年来重要简帛的出土为主线,尝试将中国简帛学百余年来的发展历史,前后相继划分为以上五期。当然,我们的这一分期标准选定和阶段划分,不可否认也一定会有其局限性,但我们认为,这些简帛的发现虽然就某一单批简帛发现来讲有其一定的偶然性,然而如果将某一时期多批简帛的发现放在一起来看,就有其一定的规律性、普遍性、必然性。可以发现,这些简帛的发现与20世纪初以来我国不同时期的历史、社会、文化、学术的发展密切联系、息息相关,无不受其深刻影响(关于两者的关系,因篇幅原因,另作专文讨论)。因此,上述的这一分期标准选定和阶段划分,我们认为也是可以成立的。今不揣浅陋提出来,就是希望学界进一步深化对中国简帛学分期问题的探讨,以期推动中国简帛学的学科和理论建设。

论说《简牍学大辞典》

胡平生

（中国文化遗产研究院 北京 100029）

《简牍学大辞典》由吉林大学古籍研究所所长冯胜君教授任首席专家编纂而成，获批2014年度国家社会科学基金重大项目。倏忽之间，已经过去4年，这个项目究竟要怎么做、目前进展如何？这是许多学者关心的问题。今借首都师范大学历史学院蔡万进教授策划组织的“简帛学史的理论总结与研究”笔谈平台，将这个项目的情况作一简要的介绍与汇报，不当之处，还请方家批评指正。

早在十多年前，还在20世纪终了、跨进21世纪之初，我所在的中国文化遗产研究院就酝酿过《简牍学大辞典》这个项目，那时我们还叫作“中国文物研究所”。当时，我们总结20世纪的学术大事，我在一次“回顾与瞻望”的会议上很冒昧地发言说：20世纪中国考古学最重要的成果、最伟大的成就是什么？那就是地下文献的发现。甲骨文、敦煌吐鲁番文书、简牍帛书，都是在20世纪新发现的。这就是王国维先生所说的“中国学问上之最大发现”。这些新发现的地下文献，特别是70年代以来新发现的简牍帛书,极大地推动、改变和影响了我们的历史研究,从此古史研究走进了纸上材料与地下材料相结合、纸上学问赖于地下学问的新时代。今天,无论是做政治制度史、法律史、经济史、军事史、文化史、学术史、语言文字学史、科学技术史等哪一个方面的研究,都离不开出土文献资料。据说,考古界的大佬们对此不太赞同。不过,我并不后悔,并且至今还坚持我的观点。20 世纪中国考古学的伟大成就很多,重要的成果也很多,如果要排位,当之无愧排第一的就是出土文献!在出土文献中,最重要的发现又要数 70 年代以来发现的简牍帛书。进入 21 世纪,简帛出土的势头丝毫没有减弱,与之相匹配的是简帛整理保护研究的队伍不断扩大,人员越来越多,成果越来越丰硕。可以毫不夸张地说,一百多年来,出土简帛的数量之庞大、品类之丰富、内容之重要、涉及之广泛、影响之深远,皆为亘古以来所未有。这就是《简牍学大辞典》的"物质基础"。

可惜的是,编纂《简牍学大辞典》的设想在我院未能获得支持。我院领导在上海辞书出版社有关负责人苦口婆心一番劝说后仍然毫不动心。此事只能作罢。无奈之下,我只好找到吉林大学古籍研究所。从 2011 年起,我遵"中华字库"总负责人裘锡圭先生之嘱,参加第七包"两汉吴魏晋简牍"的整理工作,并受聘为古籍所客座教授,我们的合作非常愉快。听了我的倾诉后,吉林大学吴振武副校长和冯胜君所长很快对《简牍学大辞典》项目的意义进行了评估,表示愿意接手这个项目,并以此申报全国社科重点项目。接下来,经过周密的协调与准备,毫无悬念地一举拿下了 2014 年全国社科重点项目。

《简牍学大辞典》,定位为一部介绍简牍学概念与理论、简牍的起源、出土历史、简牍形制和特征、简牍文字的流变、简牍制度、简牍的整理与保护技术,以及简牍文献中的政治、经济、法律、军事、思想、文化、民族、地理、社会生活等各个方面的图文并茂的专科辞典。在简牍学术思想理论方面,《简牍学大辞典》是一次全面的总结和梳理。简牍学发展到今天,研究论著汗牛充栋,不同观点和学说往往令初学者目迷五色,难以判断和抉择。将简牍学已有成果加以恰当整合,是当前面临的迫切任务。如果一门学科连最为基础的工具书都付阙如,那么很难讲这门学科已经真正成熟。从这个角度说,《简牍学大辞典》将是简牍学这门学科真正得以确立的基石。

如今编纂《简牍学大辞典》已经有许多有利的条件。在资料的发现利用方面,随着科技水平的不断提高,对简牍图像进行处理的技术也不断进步。过去出版的一些简牍图录,因为技术手段和印刷水平所限往往模糊不清,极大地影响了资料的价值。当前,随着红外照相和扫描技术的逐渐普及,新出版的竹简图录大多采用红外照相技术,如《肩水金关汉简》(壹至伍)[1]、《地湾汉简》[2]等。《肩水金关汉简》既有黑白和彩色照片,又有红外扫描照片,图像清晰,体例完善。对于过去出版的图像质量不佳的竹简,收藏单位也陆续利用新技术重新进行整理,如《敦煌马圈湾汉简集释》[3]等。因此,现在撰写简牍学词条,要对多种图版进行比对,选出最为清晰的图版据以写定释文,充分利用这些新材料来撰写词条,充分发挥新材料的作用和价值。此外,还势必会有过去所不知道的新词条出现,为简牍学界提供新的知识。

---

[1] 甘肃简牍保护研究中心、甘肃省文物考古研究所、甘肃省博物馆、中国文化遗产研究院古文献研究室、中国社会科学院简帛研究中心编:《肩水金关汉简》(壹至伍),中西书局,2011年—2016年。

[2] 甘肃简牍博物馆、甘肃省文物考古研究所、出土文献与中国古代文明研究协同创新中心中国人民大学分中心编:《地湾汉简》,中西书局,2017年。

[3] 张德芳:《敦煌马圈湾汉简集释》,甘肃文化出版社,2013年。

辞典类工具书一般有两种分类：一种是简单把词条按照词条首字笔画数顺序排列，如孟世凯《甲骨学辞典》；另外一种是把词条按照内容、年代等要素进行分类，如社科院考古所的《中国考古学大辞典》[1]。就《简牍学大辞典》的体例言，全书分为七篇，即七个子课题：1.楚简词条整理；2.秦简词条整理；3.汉简词条整理；4.吴魏晋简词条整理；5.帛书词条整理；6.简牍理论词条整理；7.简牍学史词条整理。这七个子课题中，每个子课题又可按照材料批次进行分解，如楚简词条可分解为"郭店简词条""上博简词条""新蔡简词条"……全书收录的词条包括三方面的内容：1.简牍内容（包含历史、地理、官制等）词条；2.简牍理论（包含制度、历史、保护等）词条；3.简牍研究（包含论著、学者、机构等）词条。词条分为楚简、秦简、汉简、吴魏晋简以及帛书等五类。帛书数量较少，先秦帛书目前出土的只有长沙子弹库楚帛书（另有零星帛书残片），汉代帛书以马王堆帛书为大宗，因此帛书部分虽然可以根据载体单独划分为一类，但不再依年代细分。具体批次词条提取与撰写时，根据其类别及重要程度，分为五级：特级，即 1500 字以上 2000 字以下，如"简牍学""简牍制度"；甲级，即 600 字以上 800 字以下，如"居延汉简""简牍题记"；乙级，即 300 字以下，如"三楚先""长沙简牍博物馆"；丙级，即 150 字以下，如"尺牍""册""檄""举书"；丁级，即"参见"条等。

《简牍学大辞典》的篇目结构，用图一可表示如下。

[1] 王巍总主编：《中国考古学大辞典》，上海辞书出版社，2014 年。

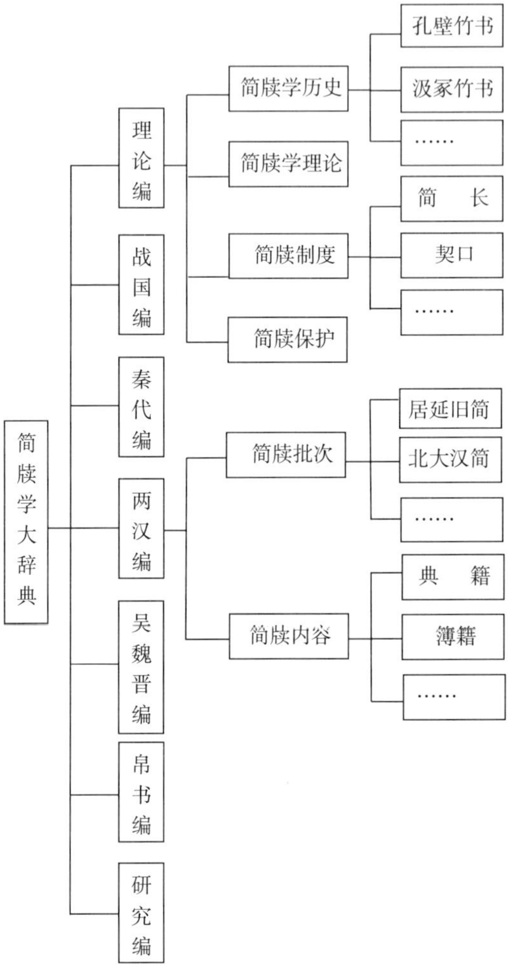

图一:《简牍学大辞典》篇目结构示意图

《简牍学大辞典》在编纂过程中特别注意了两个问题:一是所依据的释文文本的准确性,二是词条格式的标准问题。释文的准确性问题,在很大程度上关乎词条提取及撰写质量,是整个项目的基础性工作。因此所有释文都要全面吸收学术界最新的研究成果,如果释文不准确或简单依靠某种已有释文而没有经过认真研究,就应判定为不合格释文而必须加以修改完善。举例来说,长沙子弹库楚帛书甲篇第一句话为:“曰古大龕(熊)伏羲。”在这句话中,“大熊伏羲”应该作为一个词条加以提取和撰写。但如何写好这个词条,是大有学问的。“伏羲”在典籍中习见,可据古书加以勾稽整理。但“大熊”如何理解?“大熊”与“伏羲”是何关系?这些问题都是需要认真研究的。按照学术界已有的观点,将“大熊”之“熊”理解为楚王姓氏,或是据《帝王世系》记载伏羲“一号黄熊氏”,将“大熊”理解为伏羲的另外一个称号“黄熊”,应该说都有道理。但如果这个词条仅仅反映了以上信息,那还是远远不够的。裘锡圭先生在《“东皇太一”与“大龕(熊)伏羲”》一文中,根据楚文字中从羽从能之字经常用为“一”的现象,指出类似帛书写法的“大熊”可能被有意误读为“太一”,这样“大熊伏羲”便与《楚辞》中的“东皇太一”产生了直接的联系。上引裘锡圭先生的意见无疑是正确的。如果词条撰写者没有注意到上述裘先生的意见,那么“大熊伏羲”这个词条是体现不出学术界最新研究成果的。再比如居延旧简的研究已走过半个多世纪的历程,仅在相关工具书中有关居延旧简的释文就多达十余种。这些释文互有出入,只有经过认真比对、甄别,并结合台湾史语所新刊四辑《居延汉简》红外照片和释文,才能采纳居延汉简的最新研究成果,并应用相对准确的释文。

词条格式的标准问题涉及辞典类词条撰写的格式与技术标准,具有相当的专业性。为此,课题组与上海辞书出版社达成了合作意向,即项目最终成果《简牍学大辞典》由上海辞书出版社出版。上海辞书出版社协助课题组拟定了《简牍学大辞典》收录的各类词条标准格式。上海辞书出版社是以工具书出版为核心的大型专业出版社,出版的《中国历史大辞典》《敦煌学大辞典》等 14 种图书荣获国家图书最高奖——国家图书奖。

该社积累了多年编纂专科辞典的实践经验,拥有编纂这类辞典的高水平的编辑队伍,具备出版《简牍学大辞典》的实力。上海辞书出版社派出资深编辑王圣良等参与讨论了编辑工作的程序、编写体例,包括收词原则、简牍文字释解、配图与技术规格等相关问题,与课题组共同制定了各类词条应包含的基本义项格式。如简牍的历史人物词条格式为:

生卒年(帝王可写在位时间),括注在词头之后;①别称;②概述;③名、字、号;④见于何简牍编号(以供读者检索);⑤主要学历或经历;⑥评价;⑦括注该历史人物见于传世文献的书目篇章。

根据这一格式撰写的词条“楚悼哲王”应如下:

【楚悼哲王(公元前401—前381年在位)】①亦称“楚悼王”。②战国时楚国国君。③名疑,谥号悼哲。④见于夕阳坡楚简2号简“与悼哲王之愄”。⑤即位之时,楚国内外形势十分窘迫,公元前391年被三晋联军大败于大梁(今河南开封西北)、榆关(今河南新郑东北)。为摆脱困境,任用吴起变法,取得巨大成就,使楚国很快强盛起来。⑥是一位远见卓识,善于用人和敢于用人的政治家。公元前381年去世后,旧贵族作乱,其尸体被射杀吴起的乱箭射中。楚肃王即位,诛灭射杀吴起和悼王尸体者,受牵连被夷灭宗族者七十余家。⑦详见《史记·楚世家》《史记·孙膑吴起列传》。

其他如简牍批次词条、简牍职官类词条、简牍术数术语词条等,也都分别规定了基本的义项格式。其中,有的词条涉及名物制度,单纯的文字描写不容易使人理解，还应该相应配图加以直观说明；有的词条涉及专门知识，例如秦汉简牍中有关数学的词条，语言描述亦难以完全将词条内涵讲清楚，这时候就需要词条撰写者利用图例来加以直观展示。所有这些工作的完善，保障了辞典所设各类词条的规范化、标准化。

为了保证《简牍学大辞典》的编纂质量，课题组在五个方面统一了认识，加强管理，尽力完善：

(1)收录词条齐备。词条收录是否完备，关乎最终成果的质量。作为一部规模适度的专科辞典，收录词条不能过于细碎。这就要求课题组首先要确定明确的词条收录原则与范围。在应收录范围之内，词条不能有所遗漏。子课题负责人可以通过严格审核词条纲目，来把握词条收录情况。

(2)词条分类合理，易于检索。词条分类体现了大辞典的编纂思想，是需要认真考虑和研究的问题。分类的总体指导思想是程度适中、便于把握。如果分类过细过窄，那么在具体操作过程中会很烦琐，而且一些词条的归类也会难以界定。如果分类过于粗疏，又会导致类型内部词条性质混杂而不统一，给检索和使用带来不便。因此合理的类型划分是十分重要的。例如上面提到的篇目结构中“简牍内容”大类，下面可划分出“典籍”小类。但典籍下面就不宜再划分“儒家典籍”“道家典籍”等更小的类别。

(3)词条语言精练、准确，要点突出，词条义项概括全面、无遗漏。这是衡量一部辞典水平的重要标准。词条撰写者都是在该领域术有专攻的专业研究者，为了防止撰写词条时犯繁缛炫博的毛病，课题组通过确定各类词条撰写范例来规范和约束词条的内容。另外词条等级字数限制也是控制词条篇幅的一个重要方式和手段。

(4)对词条所涉及的学术观点进行恰当准确的取舍与评判。这体现了大辞典的学术水准,也是需要课题组成员认真对待的问题。大辞典所收录的一部分词条,不可避免地在学术界存在争议。对于一时难有定论的词条,应该本着阙疑和异说并存的学术思想和理念,尽可能地为使用者提供更多的信息,并尽量避免掺杂词条撰写者个人的喜好与倾向。

(5)词条要反映学术界最新的研究成果。词条不能是简单的抄掇拼凑之作,而是要带有学术研究的性质,能体现较高的学术水准,能反映学术界最新的研究成果。如果大辞典所收录的词条观点陈旧,不能反映简牍学研究的最新成就与最高水准,那么就很难称得上是与当前时代相匹配的高水平的工具书。词条撰写人要随时关注和了解学术界的最新成果与动态,并根据自己的知识积累作出判断,哪些成果应体现在大辞典中,哪些观点可以作为有价值的异说与旧说并列,哪些观点还不够成熟而不能草率写入词条。

目前,《简牍学大辞典》的编纂进展顺利。承担词条撰写工作的研究人员,已经拟定自己所负责部分的词条条目,经子课题负责人审核后开始撰写;部分批次简帛材料已经完成词条初稿;最终成果《简牍学大辞典》的编纂出版指日可待。《简牍学大辞典》的编纂,无疑具有如下几方面的重大学术价值和意义:

第一,《简牍学大辞典》将是世界上第一部简牍学的专科辞典,它的出版将填补学术领域的空白。这部辞典的编撰,充分体现了简牍学研究的整体水平,不仅集合了内地简牍研究领域的主要专家和学者,而且吸收了该领域具有影响力的港台专家加入,由他们负责港台部分简牍词条的收录和撰写。至于国际简牍的词条收录与撰写,则邀请熟悉该国简牍研究的外国专家负责。因此,通过本项目的研发,既可以巩固和提升中国简牍学研究在世界范围内的优势地位,又可搭建简牍研究国际合作平台,创造良好的合作契机,也必定会进一步加快中国简牍学研究发展的步伐,促进国际简帛学体系的形成构建。

第二,《简牍学大辞典》将准确地反映国内外简牍发掘、整理与研究的全貌,成为当今简牍学最完整、最具权威性的学术工具书。出土简牍是珍贵的文化遗产,简牍上记载的内容涉及中国历史上政治、经济、军事、法律、思想文化、民俗、文学等方方面面,简牍承载着辉煌的中国古代文明。该工具书的编纂出版,不仅对简牍学科的发展将起到积极的推动作用,而且对于保存、弘扬中国传统文化、振奋民族精神、提升"中国学"在世界学术之林的影响力同样也具有重要意义。

第三,《简牍学大辞典》的编纂,将科学地总结简牍学的百年发展历程,必然为中国乃至世界简帛学史的研究、撰写奠定坚实基础。自 20 世纪初古代木简发现以来,中国简牍学已有一百多年的研究历史。作为一门学科,自身的发展历程需要总结研究,这不仅是学术研究的需要,也是学科体系建设完善的必然要求。《简牍学大辞典》的编纂,无疑是一次对简牍学百年发展历程的全面系统的梳理、总结与研究,这必然会为中国乃至世界简帛学史的研究、撰写准备条件、奠定基础。何况《简牍学大辞典》本身即设有"简帛学史"子课题,研究内容包括:(1)在这一百多年的时间里简牍的发现、研究大事;(2)在国内学术界涌现出的一批卓越的简牍学家,已经过世的著名简牍学家如罗振玉、王国维、劳榦、陈梦家、陈直、李学勤等;(3)简牍研究成果,如《流沙坠简》《简牍检署考》《汉简缀述》《中国简牍集成》《楚地出土战国简册合集》等;(4)简牍保护与研究的专门机构,如武汉大学简帛研究中心、甘肃简牍博物馆、长沙简牍博物馆等;(5)简牍学研究的专门刊物,如《简帛研究》《简帛》《简牍学研究》等;随着网络应用的普及,一些简牍学专门学术网站也应运而生,如"简帛网"(www.bsm.org.cn)、"简帛研究网"(www.jianbo.org)等。本课题的子课题也全面搜集并介绍中国大陆以及大陆地区之外(含港澳台)简牍学界的情况、机构、刊物及相关研究成果。以上涉及简帛学史研究的方面虽然还需重大补充,但《简牍学大辞典》的编纂,其本身必将极大地推动我国简帛学史的理论总结与研究。

简帛目录的编纂与简帛学史研究

马智全

（兰州城市学院简牍研究所 兰州 730000）

20 世纪以来简帛学的快速发展促进了简帛目录编纂的兴盛。回顾简帛目录编纂的历史，总结简帛目录编纂的方式方法，探索新编简帛日录的框架体系，对于推动中国简帛学史的理论总结与研究、简帛学学科体系的构建，无疑具有重要的学术价值。

一、简帛目录编纂的历史概况

简帛目录的编纂基于简帛研究的开展，而简帛研究的深入又需要借鉴前人已取得的成果，因此简帛目录的编纂是简帛研究的基础性工作。

现代简帛目录的编纂始于 20 世纪中叶居延汉简的研究。居延汉简发现于 1930 年，1943 年劳榦《居延汉简考释》发表以后，国内外学者迅即展开了相关研究。日本的居延汉简研究时代早，成果丰富，简牍目录也随之编纂。1953 年森鹿三《简牍研究文献目录》[1]收录目录 45 条,1954 年森鹿三《简牍研究文献目录补遗》[2]又收补了 31 条,是早期简帛目录编纂的代表。国内简帛目录的编纂,较早且有代表性的 1959 年中国科学院考古研究所编《居延汉简甲编》[3]所附《有关简牍参考书目》共 57 条,分为“简牍原始资料”“简牍考释”“简牍制度”“有关简牍的研究论文”等类别。从早期简帛目录编纂状况看,简帛研究者重视目录编纂,著录内容一般包括著者、文献名称、发表期刊、发表时间等信息,这为后期简帛目录编纂奠定了良好的基础。

20 世纪 70 年代是简帛材料发现的一个高峰时期,银雀山汉简、马王堆帛书、居延新简、睡虎地秦简等重要材料相继发现,简帛学研究蓬勃发展,简帛目录的编纂也得以丰富发展。1982 年,曹延尊、徐元邦编著的《简牍资料论著目录》[4]是一部综合性目录,分为“简牍发现资料”“图录”“论著”“简牍文献目录”“简牍发现研究史”“简册制度”等内容,共收集目录 715 条,成就突出。此时单批简帛材料的研究也多有目录编纂,如云梦睡虎地秦简 1975 年底出土,1976 年开始陆续刊布,1981 年中华书局所编《云梦秦简资料论著目录》收录目录 73 条[5];1988 年堀毅《有关云梦秦简的资料和著述目录》收录 1976—1986 年目录 382 条[6],可见云梦秦简研究所取得的丰硕成果。

---

[1] [日]森鹿三:《简牍研究文献目录》,《东洋史研究》1953 年 12 卷 3 号。

[2] [日]森鹿三:《简牍研究文献目录补遗》,《东洋史研究》1955 年 14 卷 1、2 号合刊。

[3] 中国科学院考古研究所编:《居延汉简甲编》,科学出版社,1959 年。

[4] 曹延尊、徐元邦编著:《简牍资料论著目录》,载《考古》编辑部编《考古学集刊》第 2 集,中国社会科学出版社,1982 年。

[5] 中华书局编辑部编:《云梦秦简研究》,中华书局,1981 年。

[6] [日]堀毅著,萧红燕等译:《秦汉法制史论考》,法律出版社,1988 年。

这一时期的简帛目录编纂有两个亮点：一是简帛研究专著收录了论著目录，如林剑鸣《简牍概述》[1]附有《基本资料目录》，收录了战国、秦、汉、魏晋各类简牍目录 291 条；高敏《简牍研究入门》[2]附有《简牍研究文献目录》795 条；郑有国《中国简牍学综论》[3]附有《中国出土简牍论著目录》643 条。这类目录，既反映了前人研究已经取得的成绩，也是著者成果的学术支撑。二是从秦汉史、考古学等角度整理的目录，对简帛论著也有收录，如张传玺等编著《战国秦汉史论著索引》[4]、楼宇栋等编《西北五省(区)考古学文献目录》[5]，都将简帛论著目录予以收入。这种现象的产生，与简帛学多学科综合研究的性质有关。

20 世纪末，简帛学研究已走过百年历程。总结简帛学百年学术的发展史，是学界共同的认知。骈宇骞、段书安《二十世纪出土简帛综述》[6]就是世纪简帛研究的集成之作，该书“论著目录篇”以时间为序，对 1903—2002 年简帛论著目录作了详细收录，清晰地反映了简帛学发展壮大的历程。沈颂金《二十世纪简帛学研究》[7]同样总结了简帛学百年发展历史，书后所附《简帛学论著目录》收录了 1998—2003 年的简帛目录，

---

[1] 林剑鸣：《简牍概述》，陕西人民出版社，1984 年。

[2] 高敏：《简牍研究入门》，广西人民出版社，1989 年。

[3] 郑有国：《中国简牍学综论》，华东师范大学出版社，1989 年。

[4] 张传玺、胡志宏、陈阿云、刘华祝：《战国秦汉史论文索引(1900—1980)》，北京大学出版社，1983 年；张传玺主编：《战国秦汉史论著索引续编(论文 1981—1990，专著 1900—1990)》，北京大学出版社，1992 年；张传玺主编：《战国秦汉史论著索引三编(1991—2000)》，北京大学出版社，2002 年。

[5] 楼宇栋：《西北五省(区)考古学文献目录(1900—1986)》，青海人民出版社，1989 年。

[6] 骈宇骞、段书安：《二十世纪出土简帛综述》，文物出版社，2006 年。

[7] 沈颂金：《二十世纪简帛学研究》，学苑出版社，2003 年。

成果显著。此外甘肃省文物考古研究所等编《甘肃简牍百年论著目录》[1],对甘肃简牍百年研究著述作了全面收录。由于甘肃简牍出土数量多、影响大,其性质也是对简帛百年研究史的总结。

21世纪以来,简帛研究更加广泛深入,简帛目录编纂也得到了长足的发展,并呈现出多样化态势。一是各类简帛材料都有目录编纂,如刘国忠《清华简研究所见论著目录》[2]、朱红林《有关睡虎地秦简、张家山汉简的研究成果》[3]、张国艳《居延汉简论著目录(1930—2009年)》[4]等,都对相关研究成果作了很好的汇集。二是专题目录的出现,如张国艳《简牍日书研究论著目录》[5]收录各类简牍日书研究目录1589条,反映出日书研究的兴盛;谢向荣《楚简〈周易〉论著目录》[6]对各类简帛文献中的《周易》研究论作集中收录,反映出简帛《周易》研究的兴盛。这类专题目录,其实是简帛研究深入的具体体现。三是对台湾及国外简帛目录编纂的充分重视,如陈文豪《台湾简帛研究论著目录》(《简帛研究二〇一五》),金庆浩、李瑾华《韩国的战国秦汉简帛研究论著目录(1975—2010.10)》(《简帛研究二〇一〇》)、柿沼阳平《日本的中国出土简帛研究论著目录(1910—2011年)》(《简帛研究二〇一一》、《简帛研究二〇一二》),

---

[1] 甘肃简牍保护研究中心、甘肃省文物考古研究所编:《甘肃简牍百年论著目录》,甘肃文化出版社,2008年。

[2] 刘国忠:《清华简研究所见论著目录》,载其著《走进清华简》,高等教育出版社,2011年。

[3] 朱红林:《有关睡虎地秦简、张家山汉简的研究成果》,载其著《张家山汉简〈二年律令〉集释》,社会科学文献出版社,2005年。

[4] 张国艳:《居延汉简论著目录(1930—2009年)》,载其著《居延汉简虚词通释》,中华书局,2012年。

[5] 张国艳:《简牍日书研究论著目录》,2017年1月17日发表于简帛网(http://m.bsm.org.cn/view/18721.html)。

[6] 谢向荣:《楚简〈周易〉论著目录》,《周易研究》2008年第6期。

以及金鹏程、徐成彬《简帛研究西文论著目录》(《简帛研究二〇一〇》)等目录,对于全面认识各地简帛研究状况具有积极意义。四是沈刚编著的《秦汉魏晋简帛论文目录:集刊、论文集之部(1955—2014)》[1],专门收录网络上不便检索的各类论文以便于学界使用,是这一时期简帛目录编纂的重要收获。

二、新编简帛目录的设想

如前所述,既往简帛论著目录编纂成果丰硕,但从简帛研究所取得的成绩和简帛研究对目录编纂的需求来看,也还存在着明显的不足。

首先,简帛目录编纂零散,呈现原生态状态。由于学术研究的需要,简帛研究者须对前人的研究成果作出梳理,而简帛新材料的出现,学术界关注度高,研究成果涌现速度快,简帛目录的编纂就显得更为迫切。因此经常可以看到,每有简帛新材料刊布,随之就会有简帛目录的编纂。零散的、局部的目录多见,残缺与重复并存,是简帛目录编纂原生态的体现。

其次,简帛目录编纂方式多样,还没有形成好的体例。从简帛目录著录内容来看,详略不一,详者会对论作信息全面著录并有论作题解,而略者仅著录作者、篇名、发表期刊等信息。从目录收录范围来看,有的仅录专著,有的专著与论文均收;有的只收录正式发表的论作,有的兼收网络等非正式出版的论作。从目录著录顺序来看,有的以时间优先依次著录,

[1] 沈刚编著:《秦汉魏晋简帛论文目录:集刊、论文集之部(1955—2014)》,中西书局,2017年。

有的以类别优先分类著录。此外,收录目录较多的论作,索引有无也各不相同。因此,简帛目录编纂各出心裁,并没有形成统一的体例。

再次,简帛目录编纂滞后明显。简帛目录编纂是重要的基础性工作。从早期简帛研究来看,尽管当时的研究成果数量不多,但研究者重视目录撰纂,因此起到了示范作用。而随着后来简帛新材料的不断刊布和研究成果的大量涌现,简帛目录的编纂却明显滞后。其原因一方面在于简帛目录论作篇幅较长难以发表,另一方面在于电子检索的便捷,也影响了简帛目录的编纂。而在综合目录的编纂方面,目前除了《二十世纪出土简帛综述》外,还没有一本综合全面的大型论著目录,可见简帛目录编纂的滞后状况。

因此,面对当今我国简帛学的蓬勃发展,新编大型综合性简帛学研究论著目录工作就显得迫在眉睫、势在必行。近年亦曾有学者就此进行过认真思考和积极呼吁,如杨晓华《编写"简帛学百年研究论著目录"的设想》[1]、陈文豪《简帛目录学刍议——兼评〈甘肃简牍百年论著目录〉》[2]等,对新编大型简帛学研究论著目录提出了很好的建议,值得关注。结合目前简帛学研究现状和时代发展要求,新编简帛目录的编纂至少需要关注以下几个方面的问题:

第一,注重综合性。简帛学是一门多学科融合的交叉学科,尽管各批简帛材料有其各自的特点,但材料之间的内在联系以及学术研究的融会贯通都要求综合目录的编定。目前来看,简帛研究急需一部综合全面的

---

[1] 杨晓华:《编写"简帛学百年研究论著目录"的设想》,《光明日报》2014 年 4 月 15 日。

[2] 陈文豪:《简帛目录学刍议——兼评〈甘肃简牍百年论著目录〉》,载长沙简牍博物馆编《长沙简帛研究国际学术研讨会论文集》,中西书局,2017 年。

大型简帛论著目录，时代上能囊括20世纪以来发现的所有简帛材料，内容上能包括已发表出版的各类简帛研究论作。这样既能反映出简帛研究已经取得的成绩，也有利于研究者把握前人的研究状态，从而完善简帛理论体系，推进简帛的进一步研究。

第二，体现全面性。从以往简帛目录的编纂状况来看，由于简帛文献发表的方式多样，目录编纂中出现文献缺收是常见的现象。而在目前依赖电子检索的情况下，一些以辑刊、论文集等形式发表的论作查检不便，往往会出现缺佚漏收。而从目录使用的角度来看，篇目收录是否齐全毕竟是衡量目录编纂水平的一个重要标准，因此重视目录编纂的全面性是其学术水准的重要体现。

第三，贯彻科学性。简帛目录的编纂是系统性的工作，将各类论作科学著录，需要设计科学的体例。从目前简帛目录的编纂状况来看，已经形成了一些惯例，如专著与论文区分、总论与专论区分、专题的适当集中、时间为序的排列等。采取什么样的体例合适，还需要目录编纂者的精心设计。

第四，使用便利性。目录是供查检的文献，使用的便利性是对简帛目录的基本要求。可是从目前简帛目录的编纂来看，大部分目录没有设计索引，部分仅有著者索引而没有篇目索引。有著者索引的目录又多用编号方式著录，有的学者成果丰硕，编号有数十个，如要查阅其某篇文献，则需逐一查看，查检不便是主要问题。因此，如何设计实现便捷的检索是新编目录需要关注的问题。

三、简帛目录编纂与简帛学史研究

无论是回顾以往简帛目录编纂的历史还是展望新编简帛目录的编纂,其核心要义皆在于充分发挥简帛目录在简帛学发展中的应有作用,其中在中国简帛学史的理论总结与研究方面,简帛目录编纂尤具重要的学术价值和意义。

简帛目录编纂有助于理清简帛学的百年发展史。简帛学百年发展,新材料发现此起彼伏,研究成果颇为丰硕,大型综合目录的编纂,正可理清简帛学发展的轨迹。考察《二十世纪出土简帛综述》,百年简帛学所经历的三个高峰清晰可见。一是1949年前敦煌汉简与居延汉简的研究,奠定了简帛学的基础,揭示了西北边塞的汉代社会生活。二是1970年代云梦秦简、银雀山汉简、马王堆帛书、居延新简等简帛文献的发现,丰富了简帛研究的内涵,简帛学不断发展壮大。三是1990年代郭店楚简、上博楚简、敦煌悬泉汉简、长沙走马楼吴简的发现,进一步促进了简帛研究的蓬勃发展,并使简帛学科走向繁荣。而21世纪以来,简帛学又有长足发展,考察相关目录可知如下特点:一是新出简帛材料不断涌现,如清华楚简、里耶秦简、岳麓秦简、北大汉简、海昏侯汉简、天回山医简、长沙五一广场东汉简等简牍文献的发现刊布,推动了简帛研究的不断深入;二是新技术带来简帛整理工作的重要变化,例如排版上释文与图版相随而列、红外摄影提供的清晰图版,都为简帛研究提供了便利;三是以往发现简帛文献的重新整理,如云梦秦简、居延汉简、银雀山汉简、马王堆帛书等简帛文献都有重新整理，体现了简帛研究工作的推陈出新。百年简帛发展历史，在简帛目录整理中得以清晰展现。

简帛目录编纂为中国简帛学史的编写奠定了基础。如同现今文献学、语言学等学科之有“中国文献学史”“中国语言学史”，与简帛学同为近代学问之大发现的敦煌学之有“中国敦煌学史”，百余年来已发展成为一门成熟学科的简帛学，亦应有与之地位匹配相称的“中国简帛学史”问世。然而纵观已往性质相类简帛学的相关成果，如郑有国《中国简牍学综论》、沈颂金《二十世纪简帛学研究》、赵超《简牍帛书发现与研究》及骈予骞、段书安《二十世纪出土简帛综述》和李均明、刘国忠等的《当代中国简帛学研究（1949—2009）》等，尽管在简帛学发展史上各有贡献，但不容否认，无论从理论体系、框架结构、体例体裁，还是规模体量，都不是科学系统的中国简帛学史著作，这不仅与同为国际显学的甲骨学、敦煌学存在差距，也与简帛学的国际显学地位极不相符。究其原因，则在于迄今尚无一部能够全面反映简帛学百年学术史的论著目录编纂，更谈不上对百年学术史的回顾和梳理。大型综合新编简帛目录的编纂，通过汇集目录、排比类次、辨章学术、考镜源流，必将为百年简帛学史的编写提供前期成果，为简帛学的纵深发展奠定基础。

关于葛陵村楚简所记历日地支用字“嬛”等的一点意见

李家浩

（安徽大学汉字发展与应用研究中心 合肥 230601）

河南新蔡葛陵村楚简，有大量干支记日的文字，其中有一个地支用字作“嬛”“還”“睘”。从目前有关资料来看，这种情况在古代干支记日中，是绝无仅有的。为了便于大家了解，把有关简文用通行字释写于下：

王徙于鄩郢之岁，夏夕之月，癸嬛之日，彭定以小龙□☐　甲三 204

［王］复于蓝郢之岁，冬夕之月，丁嬛之日，龟尹［丹］☐　零 294、482、乙四 129

［王复于］蓝郢之岁，冬夕之月，丁嬛之日，郑瘥以驳靇为君贞☐　乙四 63、147

［齐客陈异致福于］王之岁，献马之月，乙睘之日☐　零 214

献马之月，乙還之日，盧□以龙靇为☐　甲三 342-2

献马之月，[乙]還之日，鄦喜以定☐　甲三32

☐[献马]之月，乙嬛之日，黄佗以詨□□为君☐　零170

☐之月，乙嬛之日，彭定以驳靇为君卒岁贞，占☐　零257、乙四46

☐之月，丁嬛之日，郑怵以长苇为君卒岁贞☐　乙四105

☐之月，丁睘之日，郲挽以卫苇为君卒岁之贞。　乙四102

☐之月，丁睘☐　零717

☐嬛之日，穌☐　零77、154[1]

“嬛”“還”皆从“睘”得声，故这三个字可以通用。为了行文方便，下面仿照将要提到的武家璧文章，在“嬛”“還”“睘”三字当中，以“嬛”字作为代表。

葛陵村楚简整理者把上录甲三204简“癸嬛”读为“癸亥”。早在2004年，李学勤先生根据“王徙于鄩郢之岁”的夏夕及其前后享月、八月三个连续月份的历日，指出这一年的夏夕“绝不能有癸亥”。[2] 后来，武家璧撰写专文赞同李氏的说法。[3] 武氏据葛陵村楚简所记“王徙于鄩郢之岁”的享月、夏夕、八月三个月份的历日，编制了一份“鄩郢之岁”这三个月的历日表。从此表可以看出，这一年夏夕的干支日的天干是“癸”的，有“癸巳”“癸卯”“癸丑”，而无“癸亥”，所以简文“嬛”绝不可能读

[1] 河南省文物考古研究所编：《新蔡葛陵楚墓》，大象出版社，2003年；武汉大学简帛研究中心、河南省文物考古研究所编著：《楚地出土战国简册合集(二)·葛陵村楚墓竹简、长台关楚墓竹简》，文物出版社，2013年。

[2] 李学勤：《论葛陵村简的年代》，《文物》2004年第7期；《文物中的古文明》，商务印书馆，2008年，第435—436页。

[3] 武家璧：《葛陵楚简历日“癸嬛”应为“癸巳”解》，《中原文物》2009年第2期。

为“亥”。

武家璧不仅赞同李氏的说法,而且还根据传世文献记载,“睘”“還”等字与“巳”字均有复返义,以及“内事用柔日”习俗等,认为“癸嬛”是“癸巳”。这一结论显然也是有问题的。因为“癸嬛”当是“癸巳”“癸卯”“癸丑”当中某个干支日的假借,也就是说“癸嬛”之“嬛”即“巳”“卯”“丑”当中某个地支之字的假借,是字音问题,跟字义、习俗等毫无关系。至于“嬛”到底是“巳”“卯”“丑”当中哪个地支之字的假借,还需要我们作进一步的研究。

根据古音韵学的知识,在“巳”“卯”“丑”这三个地支之字当中,只有“卯”与“嬛”古音相近,可以构成通假关系。[1] “嬛”有许缘切、渠营切两读,这里取通常的许缘切一读。这一读音,上古音属晓母元部,“卯”属明母幽部,古代明、晓二母关系密切,幽、元二部字音有关。我在这里举两个跟“嬛”字一样也是从“睘”得声的字作为例子,来说明这一点。

一、《说文》目部:“瞏,儿初生瞥者。从目,睘声。读若告之谓调。”此是根据小徐本录入的,大徐本无最后一句。“瞏”字的读音,大徐本所加《唐韵》反切音“邦免切”,小徐本朱翱所加反切与之相同。[2] 因为小徐本“瞏”字说解最后一句读若的音与反切的音不合,故《说文》学家多怀疑这一句的文字有讹误。大概是因为这个缘故,大徐本将此句删去。其实,小徐本读若的文字并无讹误,第二例可以作为旁证。

二、《神农本草经》下品:“女青,味辛,平。主治蛊毒,逐邪气,杀鬼,温疟,辟不祥。一名雀瓢。生朱崖。”《神农本草经》早已亡佚,“女青”条

[1] 本文有关文字的古音,主要根据郭锡良先生《汉字古音手册(增订本)》,商务印书馆,2010年。

[2] “瞏”字在《广韵》上声方免切辡小韵。

佚文是根据《证类本草》卷一一所引录入的,《太平御览》卷九九三引“雀瓢”作“雀翾”。[1] 这一异文值得注意。《御览》把女青异名“雀瓢”作“雀翾”,当有更早的来源。

为了叙说方便,姑且把第一例“噮”字反切的音称为正音,读若的音称为变音。上古音,“噮”的正音属帮母元部,变音属定母幽部;“翾”属晓母元部,“瓢”属并母宵部。帮、并二母都是唇音,常见通转;幽、宵二部关系密切,有许多学者论及。[2] 于此可见,第一、二两例的字音可以互证,“噮”的正、变音和“雀瓢”的异文作“雀翾”,都是可信的。

我们已经说过,“噮”的正音属帮母元部,变音属定母幽部,“翾”属晓母元部,“瓢”属并母宵部;帮、并二母都是唇音,幽、宵二部关系密切。“卯”字的声母和韵部正好与之有关。下面分别对它们的声母和韵部加以说明。

从声母来说,“嬛”“翾”是晓母,“卯”是明母,“噮”的正音是帮母,“瓢”是并母。古代明、晓二母的关系密切,已成为古音韵学的常识[3],没有必要在此浪费笔墨加以交待,徒占篇幅。明、帮、并三母都是唇音,它们的关系自然也很密切,《说文》食部帮母的“饱”字古文从“卯”声作

[1] 尚志钧辑校:《神农本草经辑校》,学苑出版社,2014 年,第 154、235 页。

[2] 杨建忠:《秦汉楚方言声韵研究》,中华书局,2011 年,第 124—126 页;王志平、孟蓬生、张洁:《出土文献与先秦两汉方言地理》,中国社会科学出版社,2014 年,第 77 页。

[3] 参看李新魁《汉语音韵学》,北京出版社,1986 年,第 378—379 页;赵彤《战国楚方言音系》,中国戏剧出版社,2006 年,第 50—52 页;王志平、孟蓬生、张洁《出土文献与先秦两汉方言地理》,中国社会科学出版社,2014 年,第 107—113 页。

“餥”[1],而跟“饱”同样从“包”得声的“庖”“匏”等字属并母[2],就是很好的例子。

从韵部来说,“睘”的变音韵部和“卯”的韵部相同,都是幽部。上面说过,幽、元二部字音有关。八年前,我曾写过一篇名为《甲骨文北方神名“勹”与战国文字从“勹”之字》的论文。[3] 我在那篇论文里,列举了很多例子来说明幽、元二部可以通转。“睘”的正音属元部,变音属幽部,正好说明了这一点。“雀翾”之“翾”的异文作“瓢”,也可以作为旁证。虽然“瓢”属宵部,但是宵、幽二部字音关系密切,正如上面所说,有许多学者论及,大家可以参看。

根据以上所说,“癸嬛”等的“嬛”应该读为“卯”。但是,这里有一个问题,葛陵村楚简干支记日当中有“卯”字,如“王徙于鄩郢之岁”的夏夕这个月,甲三 114、113 号简就有“乙卯之日”。这是否说明把“癸嬛”等的“嬛”读为“卯”有问题呢?我的回答是否定的。对楚简文字稍有了解的人都会知道,同一个词,可以用不同的字表示[4];更何况甲三 204 与甲三 114、113 的贞人不同,他们的用字习惯可能也不同。所以,葛陵村楚简对十二地支中第四个地支用不同的字表示,一点也不奇怪。

总之,我认为葛陵村楚简文字中的干支日“癸嬛”“乙還”“丁睘”等之

[1] 上博楚简《凡物流形》甲本 7 号、乙本 6 号,“饱”字古文作从“飤”“卯”声。参看马承源主编《上海博物馆藏战国楚竹书(七)》,上海古籍出版社,2008 年,第 84、116、236、275 页。

[2] 包山楚简 265 号有“大卯之器”语,疑此语的“卯”即读为“庖”。参看刘国胜《楚丧葬简牍集释》,科学出版社,2011 年,第 46 页、64—65 页校释[89]。

[3] 李家浩:《甲骨文北方神名“勹”与战国文字从“勹”之字——谈古文字“勹”有读如“宛”的音》,《文史》2012 年第 3 辑。

[4] 参看陈斯鹏《楚系简帛中字形与音义关系研究》的第三章“楚系简帛中的一音义用多字形现象”,中国社会科学出版社,2011 年,第 120—201 页。

“嬛”“還”“睘”,应该读为“卯”。

我在前面所说那篇名为《甲骨文北方神名“勹”与战国文字从“勹”之字》的论文里,主要讨论唇音幽部字“勹”可以读如喉音元部字“宛”的音。本文讨论喉音元部字“嬛”可以读如唇音幽部字“卯”的音。它们的情况正好相反,可以互证。希望大家不妨把这两篇小文结合起来看。

最后,在此还需要强调一下,我对古音韵学是门外汉,不论是在讨论古文字“勹”有读如“宛”的音的那篇文章里,还是在讨论葛陵村楚简“嬛”等字可以读为“卯”的这篇文章里,我仅仅是指出了这种字音现象,至于在音理上如何解释,希望我们的古音韵学家能作进一步研究。

日书：战国秦汉时期的选择通书

刘乐贤

（首都师范大学历史学院 北京 100089）

从考古发现看，日书这种类型的文献至少在战国晚期就已出现，到秦汉时期则已经甚为流行。但是，现代读者对日书及日书之名并不熟悉，甚至甚为陌生。当1975年底中国的考古工作者首次在湖北省云梦县睡虎地十一号秦墓发现以"日书"为标题的文献时，就不太清楚这种文献的性质。1976年发表的介绍文章及发掘简报，就曾以"《日书》等卜筮一类书籍"或"《日书》等占卜一类书籍"对之进行介绍。[1] 在汉代的数术文献书目及后世的数术书籍分类中，日书类书籍（及其后代）与卜筮书籍从来都是不同的两类，但当时参加发掘的学者似乎没有意识到二者之间存在的差异。随着更多类似资料的发现及相关研究的推进，学术界对日书的了解和认识日渐加深，现在已经很少有人会再将日书与卜筮书籍混为一谈了。不过，由于受到研究资料和研究水平的限制，学术界对日书这类文

[1] 季勋：《云梦睡虎地秦简概述》，《文物》1976年第5期；孝感地区第二期亦工亦农文物考古训练班：《湖北云梦睡虎地十一号秦墓发掘简报》，《文物》1976年第6期。

献的了解其实仍然不甚深入,甚至连对什么是日书、日书有哪些特点这样的基本问题,一时也不容易作出明确回答。有鉴于此,本课题试图根据现有研究资料,参考学术界的以往研究成果,首先对涉及日书的一些基本问题进行讨论,希望能为正确了解和认识日书类文献提供帮助。

一、日书的内容及特点

到目前为止,被考古工作者或文物收藏单位称作“日书”的文献已经多达二十批。这些文献大部分出土于战国秦汉墓葬,也有少量发现于西北地区的汉代屯戍遗址,还有一些则是某些文博单位或学术机构近年从文物市场购得的藏品。如果仔细比较,容易看出这些所谓“日书”的内容其实并不都很一致,有些甚至还存在不小差异。不同研究者对某一种文献是否为日书,有时也存在明显分歧。看来,目前大家对什么是日书,或者说日书究竟具有哪些特点,似乎还没有取得一致意见。因此,这里有必要首先对这一基本问题进行讨论。

需要说明的是,各种考古报告提到的“日书”虽然多达二十批,但迄今为止已经完整公布的其实不多。而在已经公布了的被称为“日书”的材料里面,有的因篇幅甚短,有的因残损严重,可供研究的信息不免受到限制。因此,目前可资利用而又较为完整的日书文本仍然十分有限,这在一定程度上制约了我们对日书的认识。实事求是地说,在不少重要日书资料尚未公布的今天,似乎还不是总结和归纳日书内容和特点的理想时机。不过,为了研究的需要,为了及时向读者介绍日书,我们在这里只好勉为其难,试图根据目前拥有的有限资料对日书的特点进行分析和归纳。其片面和不足之处在所难免,敬请读者批评指正。

(一)自题为"日书"的文献

要分析和总结日书的内容及特点,首先会遇到一个问题,即中国古代是否确实存在一种叫作"日书"的文献?

回顾日书的得名,是因为在睡虎地十一号秦墓发现了一种以"日书"二字作为标题的文献。睡虎地十一号秦墓发掘于1975年底,共出土竹简1100多枚,其中包括甲、乙两种内容和性质都很接近的数术文献。这两种文献都以选择时日吉凶为主要内容,性质与后世的选择通书相近。在乙种文献最后一支竹简的背面,亦即当时通常书写书籍标题的位置,写有"日书"二字。[1] 也就是说,"日书"是墓中所出乙种数术文献的自题。整理者根据这一现象,将甲、乙两种文献分别命名为睡虎地秦简甲种《日书》和睡虎地秦简乙种《日书》。[2] 此后,考古工作者凡遇到他们认为与睡虎地秦简《日书》相似的文献,就将其命名为"日书"。

在这些被考古工作者称作"日书"的文献里面,还有少数几种与睡虎

---

[1] 《云梦睡虎地秦墓》编写组:《云梦睡虎地秦墓》,文物出版社,1981年,第22页,图版一六五。按:该简在《云梦睡虎地秦墓》中的编号是1154号,而在《睡虎地秦墓竹简》(文物出版社,1990年)发表的睡虎地秦简乙种《日书》里面,其正面的编号已改为二五九,背面的编号已改为二六〇。从《睡虎地秦墓竹简》的照片看,二六〇号简比二五九号简短,初看起来似乎不像是同一支竹简的正、背面。据二五九号简的照片可知,该简已经断成两截,估计是因为下半截的背面没有文字,《睡虎地秦墓竹简》公布其背面照片时,只拍摄和刊发了存有文字的上半截竹简照片,因而导致该简正背两面照片长短不一。

[2] 《云梦睡虎地秦墓》编写组:《云梦睡虎地秦墓》,文物出版社,1981年,第21—22页。

地秦简乙种《日书》一样也存有自己的标题:

2006年底,考古工作者在湖北省云梦县睡虎地77号汉墓发现大量简牍资料。据发掘简报介绍,这批简牍大约有22组,其中"C组82号简简背题有'日书'二字。在残断的碎简中也有大量日书类的内容"。[1]

2009年初,在北京大学收购的一批汉简中也发现了"日书""日忌""日约""堪舆"等标题。[2]

此外,经过红外线处理,在孔家坡《日书》236号简的背面也发现了含有"日书□龙"字样的内容。有学者认为,这可能是孔家坡汉简《日书》的标题。[3]

根据上述睡虎地秦简、睡虎地汉简、孔家坡汉简、北京大学藏汉简的标题情况,可以大致推断:战国秦汉时期确实有一种自题为"日书"的文献在社会上流传。因此,我们将"日书"当作一种文献类型进行讨论和研究,是合乎实际情况的。

"日书"这个当时人实际使用过的书名,当然是我们分析和认识日书这类文献的重要线索。不过,这里面也存在一些困难。中国虽然以保存

---

[1] 湖北省文物考古研究所、云梦县博物馆:《湖北云梦睡虎地M77发掘简报》,《江汉考古》2008年第4期。

[2] 北京大学出土文献研究所:《北京大学藏西汉竹书概说》,《文物》2011年第6期;李零:《北大汉简中的数术书》,《文物》2011年第6期。

[3] 这一信息最先由日本学者森和在"出土数术文献国际学术研讨会"(武汉:武汉大学简帛研究中心,2008年4月7日至9日)提交的论文中披露。但森和的论文后来以《从离日与反支日看〈日书〉的继承关系》为题发表于简帛网时,却略去了这一重要信息(http://www.bsm.org.cn/show_article.php? id=867)。参看李零《视日、日书和叶书》,《文物》2008年第12期;Marc Kalinowski, "Les livres des jours (*rishu*) des Qin et des Han: la logique éditoriale du recueil A de Shuihudi (217 avant notre ére)", *T' oung Pao* Volume 94 (2008), 1-48。

古籍较多而著称,但迄今尚未在现存古籍中发现有叫作“日书”的书籍。[1] 也就是说,我们无法通过从传世文献中找到对应书籍,并根据对应书籍的特点来认识和理解“日书”这一书名。“日书”这个名称乍看起来似乎容易理解,但细究之后就会发觉,其确切含义其实并不容易把握。

“日书”中的“书”,大概是对某种专门书籍的称谓,与现在所谓“历书”“通书”“占书”中的“书”含义相仿。出土文献中还有一些这种用法的“书”,如张家山汉简中就有“奏瀧(谳)书”“脉书”“筭(算)数书”“引书”等书题。[2] 这些标题与“日书”一样,或写在某种文献的末简背面,或写在某种文献的首简背面。[3] 这些书题中的“书”字,与“日书”的“书”一样,显然是对某类专门书籍的泛称。[4] 因为是泛称,所以书题中有时也可以略去这个“书”字。如岳麓书院藏秦简中有一种近似张家山汉简《筭(算)数书》的文献,其自存书题只写作“数”[5];睡虎地七十七号汉墓中也有一种类似性质的文献,其自存书题则作“筭(算)术”[6]。因此,书题“书”字之前的部分,才是考察书籍内容和性质的线索。这里的

[1] 《通志》卷六四《艺文略》“礼类第二”下“月令”类的“续月令”小类下,著录有谭融《日书》三卷(郑樵:《通志》第一册,中华书局,1987年,第764页)。从我们目前对战国秦汉日书的了解看,日书与月令类文献明显不同(参看“从出土文献看日书”节的相关论述)。因此,《通志》月令类下著录的谭融《日书》三卷,是否与这里介绍的战国秦汉日书性质相近,还有待进一步研究。

[2] 张家山二四七号汉墓竹简整理小组编著:《张家山汉墓竹简》,文物出版社,2001年,第72、75、83、109页。

[3] 只有“筭(算)数书”写在第六号简的背面。

[4] 参看辛德勇《北京大学藏秦水陆里程简册的性质和拟名问题》,《简帛》第8辑,上海古籍出版社,2013年,第25—26页。

[5] 朱汉民、陈松长主编:《岳麓书院藏秦简(壹)》,上海辞书出版社,2011年,第32页。

[6] 湖北省文物考古研究所、云梦县博物馆:《湖北云梦睡虎地M77发掘简报》,《江汉考古》2008年第4期。

“日”是表示时间,或表示选择时间的方法,还是“日用”之“日”,并不容易确定。“日书”是指日禁之书,或指择日之书,还是日用之书,抑或几者兼而有之,亦颇难断定。

看到“日书”这一标题,大家容易想到古代的“日者”。或许可以推测,日书就是古代“日者”编写或使用过的书籍。可是令人遗憾的是,我们对古代“日者”的情况同样知之甚少。汉代史学家司马迁在撰写《史记》时关注过战国时期的“日者”和日者之术,并写成了一篇《日者列传》。[1] 但多数学者认为,今本《史记》中的《日者列传》已经不是司马迁的原作。[2] 从内容看,今本《日者列传》很少提及日者之术,对了解古代的“日者”或日者之术已经用处不大。《墨子·贵义》也提到过“日者”[3],但它对“日者”所用之术语焉不详。因此,我们对古代“日者”的面貌及其使用过的数术方法了解甚少。还应当注意的是,古代的书题尚无定则,甚至可有可无。[4] 当时的书题未必都像后世的书题那样讲究,不见得一定能够概括或反映出全书的内容。[5] 这样看来,即使我们花费较多精力去探究“日书”标题的含义,也未必能够因此而弄清楚日书这类文献的性质和特点。因此,我们还是应当将注意力放到日书文本本身,去仔细分析那些自题为“日书”的文献究竟包括一些什么样的内容,具有一

[1] 司马迁在《太史公自序》中说:“齐、楚、秦、赵为日者,各有俗所用。欲循观其大旨,作《日者列传》第六十七。”参看司马迁《史记》,中华书局,1959年,第3318页。

[2] 余嘉锡:《太史公书亡篇考》,载《余嘉锡论学杂著》,中华书局,1963年,第1—108页。

[3] 孙诒让:《墨子间诂》,中华书局,2001年,第447—448页。

[4] 比较而言,睡虎地秦简甲种《日书》比睡虎地秦简乙种《日书》的保存情况要好。但是,在睡虎地秦简甲种《日书》中却没有发现书题。这个例子说明,当时一个完整的日书文本里面不一定非有书题不可。

[5] 参看余嘉锡《古书书名之研究》,载其著《古书通例》,上海古籍出版社,1985年,第26—35页。

些什么样的特点。

(二)日书的几个特点

前面已经提到,以"日书"为题的文献已经在睡虎地十一号秦墓、睡虎地七十七号汉墓、孔家坡八号汉墓及北京大学收藏的汉简中分别出现。遗憾的是,睡虎地七十七号汉墓和北京大学收藏的汉简迄今尚未公布,其"日书"部分的具体情况目前还不得而知。孔家坡八号汉墓可能抄有标题的236号简,其背面的照片也没有正式公布,并且"日书□龙"四字出现的位置也较为特别。[1] 这个标题的最终确认和公布,只能俟诸来日。这样,迄今已经完整发表并且具备确凿标题的"日书"文本,其实只有睡虎地秦简乙种《日书》一种。考虑到睡虎地秦简甲种《日书》与睡虎地秦简乙种《日书》发现于同一墓葬,其内容又有相当部分较为一致,故可以将睡虎地秦简甲种《日书》也看作与睡虎地秦简乙种《日书》一样可靠的日书标本。因此,我们现在要考察日书的内容和性质,还是得从睡虎地秦简甲、乙两种《日书》入手。同时,还应当适当参考可能存在"日书"标题的孔家坡汉简《日书》。

比较而言,这三种日书文本中又以睡虎地秦简甲种《日书》最具代表性。作为考察日书的标本,睡虎地秦简甲种《日书》具有两个明显的优点。其一,睡虎地秦简甲种《日书》的篇幅较长,记载的内容丰富多样,因而具有较为广泛的代表性。其二,用来抄写睡虎地秦简甲种《日书》的竹

---

[1] 已有学者对此进行解释,参看 Ethan Richard Harkness, *Cosmology and the Quotidian: Day Books in the Early China*, Phd dissertation, The University of Chicago, 2011, P99, n.2.

简保存基本完好，现存《日书》的内容完好无损。而且，这批竹简的正面和背面都写有文字，这些文字的内容往往还是分栏抄录。竹简正、背面同时书写文字，简文内容又经常分栏抄写，为简文编联提供了得天独厚的条件。这样的保存情况和特殊的书写格式，使得睡虎地秦简甲种《日书》的简文顺序很容易得到复原。因此，现存睡虎地秦简甲种《日书》的文本完全能够反映出其抄写时候的状态，是分析和研究日书最为合适的标本。下面不妨以睡虎地秦简甲种《日书》为主，并参考睡虎地秦简乙种《日书》及孔家坡汉简《日书》，考察一下日书的主要内容和基本特点。

如附表一所示，睡虎地秦简甲种《日书》大致可以划分为 73 篇。这 73 篇简文的顺序初看起来似乎有些杂乱，但经分析后可以看出，它们的排列其实有规律可循。[1] 睡虎地秦简甲种《日书》和别的简册一样，也是由右向左依次抄写。由于各篇的内容互不相属，并且多为一些表格式的清单，故各篇竹简的下部往往会留下一些空白。大概是为了节省篇幅，日书的编写者经常会在这些竹简的空白处再插入一些文字。因此，我们考察日书各篇的顺序时，可以暂时忽略那些后来插入竹简空白处的内容，而只以抄写在竹简第一栏的简文作为依据。

先看睡虎地秦简甲种《日书》靠前的部分，其第一栏依次抄写的是除(1)、秦除(3)、稷辰(即丛辰)(6)、玄戈(11)、徙时(14)、岁(15)、星(17)、啻(20)等篇(参看附表一)。这几篇都是用表格的方式介绍选择时日吉凶的依据，即一些与后世选择术中“神煞”类似的时间系统；同时，简文还会逐一列出与各种特定时间对应的行事宜忌。在这之后，接着抄写

[1] Marc Kalinowski, “Les livres des jours (*rishu*) des Qin et des Han: la logique éditoriale du recueil A de Shuihudi (217 avant notre ére)”, *T' oung Pao* Volume 94 (2008), pp. 1-48.

的是室忌(23)、土忌(24)、作事(25)、毁弃(26)、直室门(28)、行(30)、归行(31)、到室(32)等篇(参看附表一)。这几篇记载的,是一些与建筑、动土、出行等日常活动有关的宜忌条文。整个睡虎地秦简甲种《日书》的主体,就是由前面那些以占测时间为线索的部分和后面那些以占测日常活动为线索的部分组成。这两大部分的内容,有时也可以互相配合或交叉使用。例如,在除、秦除、稷辰(即丛辰)、玄戈、岁、星、啻等篇中,也会逐一列出相应的行事宜忌。而后面那些以占测日常活动为线索的部分,也经常要提到一些按时间或方向运行的神煞。比较而言,前面部分即除、秦除、稷辰(即丛辰)、玄戈、岁、星、啻等篇,在日书的选择术中是纲目性的东西;后面的事项占测部分,在日书的选择术中属于具体的用例。而在前面的纲目性部分即以各种时间系统为线索的部分里面,又以列在最前面的几篇,即涉及楚秦建除术、丛辰术的简文最为显眼。因此,我们可以说建除、丛辰等选择术是睡虎地秦简《日书》甲种中最为重要或最有代表性的内容。

上述两个部分都是以选择或占测时日吉凶为主题,是睡虎地秦简甲种《日书》的主体部分。此外,睡虎地秦简甲种《日书》中还有个别看似与选择或占测时日吉凶关系密切,实际上却并无直接关系的内容。如附表一中的47、51等篇,讲的是各月的昼夜长短及五行相胜,可以说只是一些与选择或占测时日吉凶有关的背景知识。同时,我们从睡虎地秦简甲种《日书》中还可以看到一些明显与选择或占测时日吉凶无关的内容。如附表一中的44、45、46、57、73等篇,其内容或为占测住宅吉凶,或为攘梦咒语,或为驱鬼去邪方法,或为出门仪式,或为祭祷祝语。这些部分根本没有提到前述主体部分中经常出现的那些表示时间(或空间)运行规则的神煞,可以说与选择或占测时日吉凶没有关系。由此可见,睡虎地秦简

《日书》的内容虽以选择时日吉凶为主,但并不限于选择时日吉凶。当然,睡虎地秦简《日书》中这些不属于选择时日吉凶的部分,与前面那些选择时日吉凶的主体部分也有共同之处,即它们都是为满足人们日常活动中的趋吉避凶需要而设计的一些实用数术方法。研究日书的学者早就已经注意到,日书中选择时日吉凶的事项虽然涉及当时社会的方方面面,但其中主要关心的却只是一些日常活动的行事宜忌。日书的这一特点,恰与主要关心军国大事的古代星占文献形成鲜明对照。

抄写睡虎地秦简乙种《日书》的竹简多有残损,并且不像甲种《日书》那样在竹简的背面也书写文字。这样的情况,使得睡虎地秦简乙种《日书》的复原工作比甲种《日书》困难。所幸乙种《日书》的内容与甲种《日书》相近,并且有些简文的内容也是分栏抄写,整理者参照甲种《日书》复原出的乙种《日书》文本,虽然未必完全恢复了简文原貌,但仍应大致可信。如附表二中所示,乙种《日书》靠前的部分,其第一栏也是先记载建除(1、3)、丛辰(10)、各种良日忌日(13、14、16)、星官(17)及人日(23)等类似"神煞"的时间系统;之后的内容虽然稍显杂乱,但大致是以讲室忌(24)、作事(27)、杂忌(28)、制衣(29、30)、寄人室(31)、出行(32、33)、祭祀(34)等各种与日常活动有关的宜忌。乙种《日书》里面也有个别内容与选择时日吉凶无关,如 34 中 145 至 146 号简讲的是出行时的祭神仪式,22 讲的是出门仪式。总之,睡虎地秦简乙种《日书》的主要内容及其分布情况,虽然不及甲种《日书》规整,但也大体相似。

具有疑似"日书"标题的孔家坡汉简《日书》,也是分析日书内容的参考资料。孔家坡汉简《日书》同样有不少残损,而且简文也只是在竹简正面书写,其整理复原没有睡虎地秦简甲种《日书》那样好的条件。所幸这批竹简的整理者在清理竹简时,较为充分地记录了竹简出土时的位置。

考古工作者在整理和复原孔家坡汉简《日书》时,已经充分参考了竹简的出土位置数据,应已大致恢复了简文的原貌。如附表三所示,孔家坡汉简《日书》也是以建除(1)、丛辰(4)、星官(5)、斗击(6)、刑德(7)、徙时(8)、八星(9)等表示时间系统的部分开头,之后也是一些涉及出行(18、19、21、26、27)、嫁女(29)、土功(38、39、41、42)等的宜忌条文。[1] 孔家坡汉简《日书》中也有个别与择日无关的内容,如44讲的是"为鸡血社"的仪式,80的主题是"岁"即时令。总之,孔家坡汉简《日书》的主要内容及其分布情况,与上述睡虎地秦简甲、乙两种《日书》也大体一致。

这三种日书文本之间的关系也值得注意。首先,从上文的介绍可以看出,虽然时代或地域不同,孔家坡汉简《日书》与睡虎地秦简甲、乙两种《日书》的主要内容及结构却基本一致。其次,也应当注意到,孔家坡汉简《日书》的具体内容已经与睡虎地秦简甲、乙两种《日书》存在较大差异。最为明显的一点,是睡虎地秦简甲、乙两种《日书》杂揉楚、秦两地数术的特点,在孔家坡汉简《日书》中已经基本绝迹。在孔家坡汉简《日书》中,还有一些明显不见于睡虎地秦简甲、乙两种《日书》的内容,如77至79占测农业收成和岁时的部分。再次,还应当看到,即使是出自同一墓葬的睡虎地秦简甲、乙两种《日书》,其间的差异也颇为引人注目。睡虎地秦简乙种《日书》的篇幅明显比甲种《日书》小,内容显然不及甲种《日书》丰富。如甲种《日书》讲相宅的部分(45),以及驱除鬼怪的"诘"(46),都不见于乙种《日书》。同时,乙种《日书》中也有个别内容如十二

[1] 这一部分中还夹杂有表示时间系统的内容,明显不如睡虎地秦简甲种《日书》那样分布齐整。

支占盗疾(39)、“失火”(53)等,并不见于甲种《日书》。[1] 即使甲、乙两种《日书》都有的部分,也可能存在明显差异。例如,甲、乙两种《日书》的第一篇在内容上存在明显关系,但甲种《日书》的第一篇只记载了楚系建除,而乙种《日书》的第一篇却同时记载了楚系建除和丛辰的内容。[2]

从以上对三种日书特别是睡虎地秦简甲种《日书》文本所作简单分析看,不同时代或不同地域的日书,在内容和结构上具有明显的共性。因此,将日书看作一种专门的文献类型,是合适的。而从上述三种日书文本在内容上的不同又可以看出,日书往往会因时代或地域的不同而存在差异,各种日书文本显然不可能是同一文本的抄本。

至此,我们可以将从上述三种日书文本中观察到的日书内容和特点总结于下:

1.日书的内容以选择时日吉凶为主,但并不限于选择时日吉凶,还可以收录一些相关背景知识或别的趋吉避凶条文,具有日常数术方法汇编或杂抄的性质。

2.决定日书行事宜忌的时间单位是“日”或“时”,日书主要针对日常生活中的各种趋吉避凶需要,很少关心或涉及军国大事。

3.日书的内容往往会因为时代或地域的不同而存在差异,当时并没有一个固定的日书文本。但是,一件完整的日书,其主体部分大都会包括建除或丛辰等流行于当时的主要择日方法。

---

[1] 刘乐贤:《日书甲种与乙种的关系》,载其著《睡虎地秦简日书研究》,文津出版社,1994年,第412—415页;Marc Kalinowski, “Les livres des jours (*rishu*) des Qin et des Han: la logique éditoriale du recueil A de Shuihudi (217 avant notre ére)”, *T' oung Pao* Volume 94(2008), pp.1-48.

[2] 李零:《读九店楚简》,《考古学报》1999年第2期;李家浩:《睡虎地秦简〈日书〉“楚除”的性质及其它》,《“中研院”历史语言研究所集刊》第70本第4分,1999年。

二、迄今所知日书类文献简介

(一)已经发表的标准型日书

根据上面总结出的日书特点,我们可以将前面提到的二十多种“日书”及相关资料进行粗略分类。凡同时具备上述三个特点的文献,可以称为“日书”,或者说是标准型日书。还有一些与标准型日书性质相近的文献,或因残损严重,或因篇幅甚短,或因内容过杂,只符合上述第1个特点和第2个特点,不符合第3个特点。为谨慎起见,我们暂时将这些文献与标准型日书分开,称作“非标准型日书”。[1] 现将目前所知“标准型日书”介绍于下:

1.九店楚简《日书》

1981年至1989年底出土于湖北省江陵九店56号楚墓。[2] 据考古工作者推测,九店56号楚墓的下葬年代在战国晚期早段,墓主可能是“庶人”中的地位较高者或“士”中的没落者。[3] 竹简出土于侧龛内,整理后共计146枚,除12枚是计量农作物的簿记外,其余皆为《日书》。[4] 九店楚简《日书》中既有楚系建除、丛辰、大岁等表示特定时间系统的内容,也

[1] 本报告所谓“日书类文献”,实际上是“标准型日书”和“非标准型日书”的合称。

[2] 湖北省文物考古研究所编著:《江陵九店东周墓》,科学出版社,1995年,第339—340页。

[3] 湖北省文物考古研究所、北京大学中文系编:《九店楚简》,中华书局,2000年,第162—163页。

[4] 湖北省文物考古研究所、北京大学中文系编:《九店楚简》,中华书局,2000年。

有涉及占测出入、盗疾、移徙、裁衣等方面的吉凶条文,还有相宅、告武夷等与选择无关的内容。关于九店楚简的最新释文及以往研究成果,可参看《楚地出土战国简册(十四种)》中的《九店56号墓简册》部分。[1]

2.放马滩秦简《日书》

1986年出土于甘肃省天水市放马滩一号秦墓。发掘者认为该墓的下葬年代是秦王政八年(前239)冬或九年初,墓主可能是士一级人物,大概是一个基层官吏。[2] 也有学者认为该墓的下葬年代可能在秦代或汉初。[3] 在棺内死者头侧发现竹简461枚,在头厢内发现木板地图6块。竹简除7枚是讲人死复生故事外,其余都被整理者归入"日书"。[4] 根据竹简形制,"日书"又可分为两个部分,整理者分别称为甲种《日书》和乙种《日书》。甲种《日书》共有竹简73枚,包括建除、男日女日等表示特定时间系统的内容,也有选择出行、见人、衣新衣、裁衣等的宜忌条文,还有出邦门仪式这种与选择无关的内容。乙种《日书》共有竹简381枚,其中既有与甲种《日书》及睡虎地秦简《日书》性质相似的内容,如建除、直室门之类,也有不见于别的《日书》的内容,如讲音律的部分。[5] 有的学

[1] 陈伟等著:《楚地出土战国简册(十四种)》,经济科学出版社,2009年。

[2] 甘肃省文物考古研究所等:《甘肃天水放马滩战国秦汉墓群的发掘》,《文物》1989年第2期。

[3] [日]海老根量介:《放马滩秦简钞写年代蠡测》,载武汉大学简帛研究中心主办《简帛》第7辑,上海古籍出版社,2012年,第159—170页;胡平生、李天虹:《长江流域出土简牍与研究》,湖北教育出版社,2004年,第222页。

[4] 这7枚讲人死复生故事的简文,整理者原称为《墓主记》,后从李学勤之说改称为《志怪故事》。参看何双全《天水放马滩秦简综述》,《文物》1989年第2期;李学勤《放马滩秦简中的志怪故事》,《文物》1990年第4期;甘肃省文物考古研究所编《天水放马滩秦简》,中华书局,2009年。近有学者认为,这7枚简的内容也应归入乙种《日书》。参看孙占宇《天水放马滩秦简集释》,甘肃文化出版社,2013年。

[5] 甘肃省文物考古研究所编:《天水放马滩秦简》,中华书局,2009年。

者认为,其中讲音律的部分可能是单独成书,未必属于乙种《日书》。[1] 放马滩秦简《日书》的保存情况较差,最近公布的红外线照片效果较以前的整理报告稍有改善。整理者孙占宇所作释文和分篇与原整理者多有不同,同时还以集释的形式反映了以往研究成果。[2] 不过,孙占宇将涉及音律的简文,以及描述"丹"死而复生的简文,全都归入了乙种《日书》,却未必妥当。因此,孙书所谓放马滩秦简乙种《日书》的性质尚有待深入研究,其内容未必都属于我们这里所说的日书类文献。

3.睡虎地秦简《日书》

1976年底出土于湖北省云梦县睡虎地十一号秦墓。考古工作者根据墓中出土器物及反映墓主生平的竹简《编年记》推断,该墓的主人叫"喜",生前曾任"安陆御史""安陆令史""鄢令史"等职,是一位基层官吏。"喜"死于秦始皇三十年(前217),这应是睡虎地十一号秦墓的下葬年代。墓中出土竹简1150多枚,内容包括反映墓主生平的《编年记》,秦南郡太守发布的文告《语书》,法律文书《秦律十八种》《效律》《秦律杂抄》《法律答问》《封诊式》等,吏学读本《为吏之道》,以及《日书》。《日书》又分甲、乙两种,甲种《日书》共计166枚,与《封诊式》一起放置于墓主头部右侧;乙种《日书》共计259枚,发现于墓主的足部。[3] 关于睡虎地秦简甲种《日书》和乙种《日书》的内容,前文已有简略介绍。

---

[1] 程少轩:《放马滩简所见式占古佚书的初步研究》,《"中研院"历史语言研究所集刊》第83本第2分,2012年。

[2] 孙占宇:《天水放马滩秦简集释》,甘肃文化出版社,2013年。

[3] 《云梦睡虎地秦墓》编写组:《云梦睡虎地秦墓》,文物出版社,1981年。睡虎地秦墓竹简整理小组编:《睡虎地秦墓竹简》,文物出版社,1990年。

4.孔家坡汉简《日书》

2003年发现于湖北省随州市孔家坡八号汉墓。考古工作者根据墓中出土器物及文字材料推断,该墓的下葬年代为汉景帝后元二年(前142)。墓主的身份为管理物资及制造的小吏“库啬夫”。在椁室头厢的东北角发现《日书》简700余枚(拼合后不及500枚),在头厢西部发现历谱简78枚及告地书木牍1枚。[1] 关于孔家坡汉简《日书》的内容,前文已有简略介绍。

以上四批六种日书都有一定篇幅,并且同时具备前文总结出的三个日书特点,故可以归入标准型日书。

(二)已经发表的非标准型日书

1.岳山秦牍

1986年发现于湖北省江陵岳山三十六号秦墓。考古工作者认为,岳山三十六号秦墓的年代与睡虎地十一号秦墓相当,墓主身份可能是中下层官吏。墓中共出土木牍两枚,记载的是牛、马良日及祭祀良日等,与日书中的选择部分性质相近。[2]

2.周家台秦简

1993年出土于湖北省荆州市周家台30号秦墓。考古工作者认为,该墓的年代略晚于睡虎地11号秦墓,墓主生前是一位负责赋税收缴的小

[1] 湖北省文物考古研究所、随州市考古队编:《随州孔家坡汉墓简牍》,文物出版社,2006年。

[2] 湖北省江陵县文物局、荆州地区博物馆:《江陵岳山秦汉墓》,《考古学报》2000年第4期;刘国胜:《江陵岳山秦牍〈日书〉研究》,载《第四回日中学者中国古代史論壇論文集:中国新出資料学の展開》,汲古书院,2013年,第111—120页。

吏。墓中发现竹简 381 枚、木牍 1 方,整理者根据内容分为“历谱”“日书”“病方及其它”三个部分。[1] 也有学者按照形制,对简文作了新的分类。[2] 其“日书”部分,与睡虎地秦简《日书》性质相近,但没有记载建除、丛辰等择日方法。在所谓“病方及其它”部分中,也有一些简文的内容涉及选择时日吉凶,个别简文甚至可与同墓所出“日书”部分对读。[3]

3.香港中文大学藏汉简

香港中文大学文物馆历年购藏的简牍共计 259 枚,整理者将其中 109 枚归入“日书”,并推测这批“日书”的下葬年代可能是汉初。[4] 残存内容多可与睡虎地秦简《日书》等对读,里面甚至还有涉及建除、丛辰的残简。因简文残损严重,且无法确定是否都出自同一墓葬,故暂且不归入标准型日书。

4.杜陵汉牍

2001 年发现于陕西省西安市南郊 2001XRGM5 号墓葬。考古工作者推测,墓主可能是与汉宣帝关系较近的高官。墓中出土一块长方形木牍,记载的内容主要是种植五谷的良日和忌日等。[5]

5.尹湾汉墓简牍

1993 年出土于江苏省连云港市尹湾 6 号汉墓。尹湾 6 号汉墓的下葬年代为西汉成帝晚期,墓主是东海郡的功曹史师饶。墓中出土的简牍较

---

[1] 湖北省荆州市周梁玉桥遗址博物馆编:《关沮秦汉墓简牍》,中华书局,2001 年。

[2] 夏德安:《周家台的数术简》,载武汉大学简帛研究中心主办《简帛》第 2 辑,上海古籍出版社,2007 年,第 397—407 页。

[3] 陈伟:《读沙市周家台秦简札记》,载楚文化研究会编《楚文化研究论集》第 5 集,黄山书社,2003 年,第 340—345 页。

[4] 陈松长:《香港中文大学文物馆藏简牍》,香港中文大学文物馆,2001 年。

[5] 张铭洽、王育龙:《西安杜陵汉牍〈日书〉“农事篇”考辨》,载周天游主编《陕西历史博物馆馆刊》第 9 辑,三秦出版社,2002 年,第 107—113 页。

多,木牍包括《集簿》等行政文书,《君兄衣物疏》等墓主的物品清单,《神龟占》《博局占》等数术文献,及元延元年(前12)和元延三年(前10)五月历日;竹简包括文学作品《神乌赋》,数术文献《刑德行时》《行道吉凶》,及所谓《元延二年日记》。[1] 其中的《神龟占》《博局占》等木牍和《刑德行时》《行道吉凶》等竹简,都是以选择日常活动的宜忌为目的,性质与日书相近。[2]

6.磨咀子汉简

1959年出土于甘肃省武威磨咀子6号汉墓。考古工作者认为,该墓的下葬年代不早于新莽,墓主可能是传授《仪礼》的经师。墓中出土的木简主要为《仪礼》,少量为"日忌木简""杂占木简"。[3] "日忌木简""杂占木简"的内容,主要为十天干和十二地支日的行事宜忌。

上述六批简牍,其共同之处是同时符合本文总结的日书第1、第2两个特点,即都是针对日常活动中的趋吉避凶需要而设计的一些选择方法。除香港中文大学藏汉简《日书》以外,它们都不具备上文总结的日书第3个特点,即没有记载建除或丛辰等最为重要的选择方法。而香港中文大学藏汉简《日书》残损严重,而且也不容易判断这批《日书》简文是否出土于同一墓葬,故暂时也将其与其他五种一同归入"非标准型日书"中。

[1] 连云港市博物馆等编:《尹湾汉墓简牍》,中华书局,1997年。

[2] 刘乐贤:《尹湾汉墓出土数术文献初探》,载连云港市博物馆、中国文物研究所编《尹湾汉墓简牍综论》,科学出版社,1999年,第175—186页;黄一农:《从尹湾汉简看中国社会的择日传统》,《"中研院"历史语言研究所集刊》第70本第3分,1999年。

[3] 中国科学院考古研究所、甘肃省博物馆编著:《武威汉简》,文物出版社,1964年。

(三)西北汉代遗址出土的日书类文献残简

以上介绍的日书类文献,都是从战国秦汉墓葬中发现的简牍材料。熟悉简牍学的读者知道,除墓葬以外,中国西北边境的汉代屯戍遗址或传置遗址也发现过简牍材料,近年在南方的古井中也多次发现了多批简牍材料。从南方古井中发现的简牍中,目前还没有发现有与日书明显相关的内容。在西北边境的汉代屯戍遗址或传置遗址发现的简牍中,有一些残简的内容与日书性质相近。具体地说,下面几批简牍材料中或多或少存在一些与日书有关的残文,即本报告所谓日书类文献:

1.敦煌汉简。甘肃西部疏勒河流域汉代长城关塞遗址发现的简牍,学术界一般泛称为"敦煌汉简"。从20世纪初至80年代,疏勒河流域沿岸曾多次发现汉代简牍[1],其中偶有与日书内容相关的残简。

2.悬泉汉简。1990年至1992年,甘肃省敦煌市甜水井东南3公里的汉代悬泉置遗址发现汉代简牍两万多枚。[2] 悬泉汉简也发现于疏勒河流域,但因其出土于传置遗址并且数量庞大,故研究者多将其与"敦煌汉简"分开对待。从目前已经公布的少量材料看,悬泉汉简中也有一些与日书有关的残简甚至册书。[3]

3.居延汉简。在今额济纳河流域汉代鄣燧遗址发现的汉代简牍,都可以泛称为"居延汉简"。居延汉简主要包括三批:20世纪30年代发现

[1] 甘肃省文物考古研究所编:《敦煌汉简》,中华书局,1991年;汪涛、胡平生、吴芳思:《英国国家图书馆藏斯坦因所获未刊汉文简牍》,上海辞书出版社,2006年。

[2] 甘肃省文物考古研究所:《甘肃敦煌汉代悬泉置遗址发掘简报》,《文物》2000年第5期。

[3] 胡平生、张德芳:《敦煌悬泉汉简释粹》,上海古籍出版社,2001年。

的“居延汉简”[1]、70年代发现的“居延新简”、20世纪末至21世纪初发现的“额济纳汉简”[2]。其中,“居延新简”的数量较多,其出土地点包括汉代甲渠候官及肩水金关遗址。甲渠候官(含第四燧)遗址出土的简牍已全部公布[3],肩水金关遗址出土的简牍已全部公布[4]。这几批汉简中,也有一些简文的内容与日书相关。

上述几批简牍中与日书有关的材料十分零散,虽然已有学者作过一些整理或研究[5],但整体情况仍然不是十分明了,很有必要另作专门讨论。

(四)尚未发表的日书类文献

除上述已经发表的资料外,还有一些尚未发表的“日书”资料见诸各种报道。由于条件所限,暂时还无法对这些所谓“日书”的内容与性质进行分析,也无法确定这些文献是否都可以归入日书类文献,更无从区分其

[1] 中国科学院考古研究所编:《居延汉简甲乙编》,中华书局,1980年;谢桂华等:《居延汉简释文合校》,文物出版社,1987年。

[2] 魏坚主编:《额济纳汉简》,广西师范大学出版社,2005年。

[3] 甘肃省文物考古研究所等编:《居延新简——甲渠候官》,中华书局,1994年。

[4] 甘肃省文物考古研究所等编:《肩水金关汉简》(壹、贰、叁、肆、伍),中西书局,2011、2012、2013、2015、2016年。

[5] 罗振玉、王国维:《小学术数方技书考释·术数类》,载罗振玉、王国维编著《流沙坠简》,中华书局,1993年,第82—95页;胡文辉:《居延新简中的〈日书〉残文》,《文物》1995年第4期;刘昭瑞:《居延新出汉简所见方术考释》,载中华书局编辑部编《文史》第43辑,中华书局,1997年,第49—59页;何双全:《汉简〈日书〉丛释》,载甘肃省文物考古研究所、西北师范大学文学院历史系编《简牍学研究》第2辑,甘肃人民出版社,1998年,第36—41页;魏德胜:《居延新简、敦煌汉简中的“日书”残简》,《中国文化研究》2000年春之卷;陆平:《散见汉日书零简辑证(一)》,2010年12月17日发表于简帛网(http://www.bsm.org.cn/show_article.php? id=1353#_ednref61)。

中哪些是标准型日书或非标准型日书。此外,像马王堆3号汉墓帛书中的《出行占》《式法》《隶书阴阳五行》等选择文献,虽然未被整理者称为"日书",但其性质与日书相近,也可以算作日书类文献。这里暂且将各种尚未发表的"日书"及马王堆3号汉墓的选择文献的名单列出,以备今后继续研究和鉴别:

1.上海博物馆藏战国竹简《日书》[1]

2.王家台秦简《日书》[2]

3.北京大学藏秦简《日书》[3]

4.张家山249号汉墓《日书》[4]

5.张家山127号汉墓《日书》[5]

6.马王堆3号汉墓帛书《出行占》《式法》《隶书阴阳五行》等[6]

7.阜阳双古堆汉墓《日书》[7]

---

[1] 李零:《简帛古书与学术源流》,生活·读书·新知三联书店,2004年,第405页。

[2] 荆州地区博物馆:《江陵王家台15号秦墓》,《文物》1995年第1期;王明钦:《王家台秦墓竹简概述》,载艾兰、邢文编《新出简帛研究》,文物出版社,2004年12月,第26—49页。

[3] 北京大学出土文献研究所:《北京大学藏秦简牍概述》,《文物》2012年第6期;陈侃理:《北大秦简中的方术书》,《文物》2012年第6期。

[4] 荆州地区博物馆:《江陵张家山三座汉墓出土大批竹简》,《文物》1985年1期;张家山汉墓竹简整理小组:《江陵张家山汉墓竹简概述》,《文物》1985年第1期。

[5] 荆州地区博物馆:《江陵张家山两座汉墓出土大批竹简》,《文物》1992年第9期。

[6] 刘乐贤:《〈出行占〉摘释》,载其著《简帛数术文献探论》(增订本),中国人民大学出版社,2012年,第85—96页;马王堆汉墓帛书整理小组:《马王堆帛书〈式法〉释文摘要》,《文物》2000年第7期;陈松长:《帛书〈阴阳五行〉与秦简〈日书〉》,载李学勤主编《简帛研究》第2辑,法律出版社,1996年,第138—147页;陈松长:《马王堆帛书艺术》,上海书店出版社,1996年。

[7] 安徽省文物工作队等:《阜阳双古堆西汉汝阴侯墓发掘简报》,《文物》1978年第8期;文物局古文献研究室等:《阜阳汉简简介》,《文物》1983年第2期;胡平生:《阜阳双古堆汉简数术书简论》,载中国文物研究所编《出土文献研究》第4辑,中华书局,1998年,第12—30页。

8.虎溪山汉简《日书》[1]

9.睡虎地77号汉墓《日书》[2]

10.印台汉简《日书》[3]

11.北京大学藏汉简《日书》[4]

12.定州八角廊汉简《日书》[5]

13.水泉子汉简《日书》[6]

三、从出土文献看日书

在地下发现的战国秦汉简帛材料中,还有一些文献或与日书性质相似,或有部分内容与日书相关。分析这些文献与日书的异同,对我们更为

---

[1] 湖南省文物考古研究所等:《沅陵虎溪山一号汉墓发掘简报》,《文物》2003第1期;刘乐贤:《虎溪山汉简〈阎氏五胜〉及相关问题》,《文物》2003年第7期;湖南省文物考古研究所:《沅陵虎溪山一号汉墓》,文物出版社,2020年。

[2] 湖北省文物考古研究所、云梦县博物馆:《湖北云梦睡虎地M77发掘简报》,《江汉考古》2008年第4期。

[3] 郑忠华:《印台墓地出土大批西汉简牍》,载滕壬生主编《荆州重要考古发现》,文物出版社,2009年,第204—208页;刘乐贤:《印台汉简〈日书〉初探》,《文物》2009年第10期。

[4] 北京大学出土文献研究所:《北京大学藏西汉竹书概说》,《文物》2011年第6期;李零:《北大汉简中的数术书》,《文物》2011年第6期。

[5] 河北省文物研究所:《河北定县40号汉墓发掘简报》,《文物》1981年第8期;国家文物局古文献研究室等:《定县40号汉墓出土竹简简介》,《文物》1981年第8期。

[6] 甘肃省文物考古研究所:《甘肃永昌水泉子汉墓发掘简报》,《文物》2009年第10期;张存良、吴荭:《水泉子汉简初识》,《文物》2009年10期;刘乐贤:《读水泉子汉简〈日书〉》,载张德芳、孙家洲主编《居延敦煌汉简出土遗址实地考察论文集》,上海古籍出版社,2012年,第162—168页。

准确和全面地认识日书的性质和特点颇有益处。

(一)日书与选择文献

如上文所说,日书的内容以选择时日吉凶为主,但同时也可以收录一些不属于选择时日吉凶的日常数术方法。这说明,日书具有日常数术方法汇编的性质。也就是说,日书的内容虽以选择时日吉凶为主,但日书并不等同于选择文献。其实,即使是日书中涉及选择的部分,也不能与选择文献划等号,其间关系也较为复杂。

从性质说,日书中的选择部分当然可以归入选择文献,或者说是出自当时的选择文献。但是,并非所有选择文献的内容都适合收入日书。前文介绍日书的特点时说过,决定日书行事宜忌的时间单位是“日”或“时”,日书主要针对的是日常生活中的各种趋吉避凶需要。像长沙子弹库战国楚帛书[1]和银雀山汉简阴阳时令类文献的绝大部分内容[2],其主要时间单位是“岁”或“月”,关注的事情又多与君主的活动或政令的施行有关。这些岁时或月令类文献,与以“日”或“时”为时间单位的日书存在明显区别[3],故不宜归入日书类文献。此外,像马王堆汉墓帛书《刑德》中的刑德,其运行规则有“岁徙”和“日徙”的不同,且关注的主要是行

[1] 参看李零《中国方术正考》,中华书局,2006年,第142—155页。

[2] 银雀山汉墓竹简整理小组编:《银雀山汉墓竹简〔贰〕》,文物出版社,2010年。

[3] 有些日书文本中偶然也会附载一些时令文献的内容,如孔家坡汉简《日书》的“岁篇”,但毕竟甚为少见。

军打仗的宜忌。[1]《刑德》这种类型的选择文献,也与日书存在明显不同。因此,马王堆帛书《刑德》也不宜归入日书或日书类文献。

总之,日书虽然以选择时日吉凶为主,但其内容并不限于选择时日吉凶。日书的选择部分针对的只是各种日常活动的行事宜忌,反映的只是当时选择文献的一部分内容。换言之,日书的主体部分即选择时日吉凶的部分,虽然与选择文献属于同一性质,但并不等同于选择文献。

(二)日书与历日

日书记载的都是一些规定性的择日条文,旨在告诉人们哪一天可以做某些事情,或不可以做某些事情。这样的条文,应当可以适用于任何一个年份。而对查阅或使用日书的人来说,关心的却是具体某一年份的某一天是否适合做某些事情。因此,如同我们今天需要通过查看日历来确定具体日期一样,战国秦汉时期的人们也经常需要查阅或使用类似今天日历那样的时间表格。这样的时间表格,就是古代的历日。[2] 目前所见时代较早的出土历日,都是属于秦代至汉代的材料,战国时期的历日迄今

[1] 傅举有、陈松长:《马王堆汉墓文物》,湖南出版社,1992 年,第 134—143 页;胡文辉:《马王堆帛书〈刑德〉乙篇研究》,载其著《中国早期方术与文献丛考》,中山大学出版社,2000 年,第 159—273 页;Marc Kalinowski, "The Xingde 刑德 Texts from Mawangdui", *Early China* 23-24(1998-99), pp.125-202;陈松长:《马王堆帛书〈刑德〉研究论稿》,台湾古籍出版有限公司,2001 年。

[2] 秦汉简牍中的历日以前一直被称为"历谱",后来有学者指出应称为"历日"或"质日"。参看邓文宽《出土秦汉简牍"历日"正名》,《文物》2003 年第 4 期;李零《视日、日书和叶书——三种简帛文献的区别和定名》,《文物》2008 年第 12 期。

暂未发现。[1]“历日”这一称谓,至少在西汉晚期已经出现。[2]而秦代至汉初具有类似功用的时间表格,其自名却叫作“质日”或“视日”。[3]关于秦至汉初的“质日”与后世“历日”的关系,学者正在讨论。为叙述方便,这里暂且采用较为宽泛的理解,即将秦至汉初的“质日”也包括在历日之中,暂时都称为历日。

在上文列出的已经发表的十批日书类文献中,有三批是与历日(质日)同时出土。这三批材料,分别是孔家坡汉简《日书》及周家台秦简和尹湾汉简中的日书类文献。在尚未发表的日书类文献中,我们至少已经知道睡虎地七十七号汉墓《日书》和北京大学藏秦简《日书》两种,也伴随有历日(质日)材料一同出土。日书与历日经常一同出土的事实,表明二者之间的关系较为密切。特别是周家台秦简中的三十六年、三十七年历日,在墓葬中与日书类文献位于同一位置,并且用来抄写这两类文献的竹简的形制也完全一致。有的研究者据此认为,当时人可能是将该墓的日书与历日当作一个完整的文献单元看待。[4]周家台秦简中的日书与历日类文献是否可以归入同一个文献单元,尚需继续讨论,但这两种文献在当时关系密切,是不能否认的事实。

---

[1] 参看刘乐贤《秦汉历日的内容及功用》,载[法]马克、邓文宽、[法]吕敏主编,《法国汉学》丛书编辑委员会编《古罗马和秦汉中国——风马牛不相及乎》,中华书局,2011年,第351—385页。

[2] 肩水金关汉简中有汉平帝元始六年(王莽居摄元年)历日残册,其自题为“元始六年磿(历)日”,说明“历日”这一称谓至迟在西汉末期已经实际使用。甘肃省文物考古研究所等编:《肩水金关汉简(贰)》,中西书局,2012年,中册第157页。

[3] 李零:《视日、日书和叶书——三种简帛文献的区别和定名》,《文物》2008年第12期。

[4] 夏德安:《周家台的数术简》,载武汉大学简帛研究中心主办《简帛》第2辑,上海古籍出版社,2007年,第397—407页。

日书与历日关系密切,其实是容易理解的。因为当时人使用日书选择时日吉凶时,往往需要同时查阅类似今天日历这样的时间表格,也就是需要查看当年的历日。《古诗为焦仲卿妻作并序》述及东汉末年选择结婚吉日的做法时说:“府君得闻之,心中大欢喜,视历复开书,便利此月内,六合正相应,良吉三十日,今已二十七,卿可去成婚。”[1] 诗中的“历”应当是指历日,“书”则是指日书之类的择日书籍。查看了“历”之后再翻开“书”,说明汉代的历日和日书两类文献是配合使用的。

实际上,日书和历日不只是互相配合使用,而且在内容上也有明显的交叉。以往我们在汉代的历日材料中经常会看到一些已见于日书的神煞,如建除、反支之类。从近年新发现的资料看,这种将日书的神煞注入历日(质日)之中的做法,在秦代即已出现。[2] 而尹湾汉墓出土的元延三年(前10)五月历日的第一栏,则集中记载了“建日”“反支”“解衍”“复日”“臽日”“月省”“月杀”等经常出现于日书的几种神煞。[3] 由此可见,秦汉时期已经有将日书中的神煞注入历日的倾向。而到敦煌卷子中见到的唐代具注历日,则不只是逐日注出各日当值神煞之名,而且还将该日的行事宜忌也逐一注明。[4] 这样,几乎已经将日书的主要内容都注入了具注历日之中。在这样的具注历日里面,如果再增加一些别的更为专

[1] 徐陵编,吴兆宜注,程琰删补:《玉台新咏笺注》,中华书局,1985年,第49—50页。

[2] 例如,北京大学收藏的秦始皇三十一年质日和三十三年质日已经注出建除十二神。参看陈侃理《北大秦简中的方术书》,《文物》2012年第6期。

[3] 连云港市博物馆等编:《尹湾汉墓简牍》,中华书局,1997年;刘乐贤:《尹湾汉墓出土历谱及相关问题》,载饶宗颐主编《华学》第3辑,紫禁城出版社,1998年,第247—257页。

[4] 关于敦煌卷子中的具注历日,可参看邓文宽《敦煌天文历法文献辑校》,江苏古籍出版社,1996年。

门的实用数术方法,就会形成S-P6《唐乾符四年具注历日》那样的复杂型具注历日。这种复杂型具注历日,从内容到形式都已经相当接近于后世每年都要印行的年度性历日通书。实际上,已经有研究敦煌历日的学者将S-P6这样的具注历日称作“通书”。[1] 从内容和形式观察,后世这种按年度发行的历日通书,可以说是早期历日与日书两类文献的主要内容的结合。由此,很容易看出日书与历日两类文献的密切关系。

(三)日书与其他出土文献

还有一些出土文献,虽然性质与日书不同,但偶尔也会借用一些日书中的选择方法,因而对认识日书的内容也有参考价值。

这里面最为明显的例子,可以举出马王堆汉墓帛书中的医书《胎产书》和《杂疗方》两种。《胎产书》中的人字图[2],与见于睡虎地秦简甲种《日书》等日书材料的人字图一致。《胎产书》中的“禹藏”图,与《杂疗方》中的说明文字配合使用,其决定胎儿寿命的“大时”和“小时”,明显就是见于日书的神煞“大时”和“小时”。[3] 由此可见,日书与出土医书的某些内容也具有密切关系。

此外,出土文献中的兵书特别是兵阴阳书,偶尔也会借用一些日书的

[1] 华澜:《敦煌历日探研》,载中国文物研究所编《出土文献研究》第7辑,上海古籍出版社,2005年,第196—253页。

[2] 马王堆汉墓帛书整理小组编:《马王堆汉墓帛书(肆)》,文物出版社,1985年,第133页。

[3] 马王堆汉墓帛书整理小组编:《马王堆汉墓帛书(肆)》,文物出版社,1985年,第134—135页;胡文辉:《释“岁”——以睡虎地秦简〈日书〉为中心》,载其著《中国早期方术与文献丛考》,中山大学出版社,2000年,第88—134页。

选择方法。例如,张家山汉简《盖庐》提到的“地橦”“日橦”和“日臽”等,就是见于日书类文献中的神煞。[1]

上文说过,日书除记载选择时日吉凶的条文外,有时也会抄录下一些别的趋吉避凶方法。如睡虎地秦简《日书》的相宅及驱鬼去邪等内容,就与选择时日吉凶无关。与日书的相宅或驱鬼去邪部分性质相近的出土文献,在以往的考古工作中也偶有发现[2],可惜材料过于零散,这里无法进行逐一介绍。

此外,有些学者曾经将日书的简文与天文或卜筮联系起来作过研究,这里不妨顺便略作分析。日书里面经常出现二十八宿之类的星名,有的学者因而认为日书的内容应当包括天文占测。其实,日书的星名表示的是时间或方位,代表的已经不是实际天象。[3] 日书涉及星宿的部分,与马王堆汉墓帛书《五星占》《天文气象杂占》等天文占测文献的区别十分明显。日书里面有个别字词与楚占卜简使用的术语相似,有的学者据此推测日书可能是从楚占卜简发展变化而来的。[4] 从数术方法看,日书的选择术与楚占卜简的龟卜和筮占完全不同,是不同性质的数术。楚占卜简中也提到过择日,但其选择吉凶的方法似乎仍然是龟卜和筮占,至少目

---

[1] 刘乐贤:《谈张家山汉简〈盖庐〉的“地橦”“日橦”和“日臽”》,载武汉大学简帛研究中心主办《简帛》第1辑,上海古籍出版社,2006年,第385—389页。

[2] 刘乐贤:《简帛数术文献探论》(增订本),中国人民大学出版社,2012年,第31—35页。

[3] Marc Kalinowski, “The Use of the Twenty-eight Xiu as Day-Count in Early China”, *Chinese Science* 13(1996);刘乐贤:《睡虎地秦简〈日书〉二十八宿纪日法补证》,载其著《简帛数术文献探论》(增订本),中国人民大学,2012年,第53—63页。

[4] [日]工藤元男:《从卜筮祭祷简看“日书”的形成》,载武汉大学中国文化研究院编《郭店楚简国际学术研讨会论文集》,湖北人民出版社,2000年,第589—594页;[日]工藤元男:《“卜筮祭祷简”から“日书”へ》,载其著《占いと中国古代の社会——発掘された古文献が语る》,东方书店,2011年,第213—235页。

前还没有证据能够证明楚占卜简已经使用了日书中的择日术。实际上,日书与楚占卜简、楚简《筮法》[1]及双古堆汉简易占文献[2]、王家台秦简《归藏》[3]等卜筮文献的区别十分明显。

总之,日书的选择部分与选择文献关系密切,但并非所有的出土选择文献都可以归入日书。日书与历日经常配合使用,二者关系密切。从秦代开始,就有将日书的某些择日内容注入历日的风气,发展到后世按年度印行的历日通书,则几乎已经将日书的主要择日内容吸收进去。此外,出土医书及兵阴阳书中也偶尔载有某些可与日书对读的内容。

四、从《汉书·艺文志》的观点看日书

学者在研究出土文献特别是对出土文献进行分类时,多喜欢参考传世文献的说法,比较喜欢引述《汉书·艺文志》的意见。《汉书·艺文志》作为中国现存最早的一部目录学著作,对研究古代书籍的流传、战国秦汉出土文献的分类,无疑具有重要参考价值。但需要指出的是,《汉书·艺文志》的编纂有其特定目的和原则,我们使用时应当充分注意。

《汉书·艺文志》是根据西汉刘歆的著作《七略》改编而成的,反映的

---

[1] 李学勤主编:《清华大学藏战国竹简(肆)》,中西书局,2013年。

[2] 韩自强:《阜阳汉简〈周易〉研究:附〈儒家者言〉章题、〈春秋事语〉章题及相关竹简》,上海古籍出版社,2004年;李学勤:《双古堆简〈周易〉的性质》,载其著《周易溯源》,巴蜀书社,2006年,第296—301页。

[3] 连劭名:《江陵王家台秦简与〈归藏〉》,《江汉考古》1996年第4期;王明钦:《试论〈归藏〉的几个问题》,载古方、徐良高等编《一剑集》,中国妇女出版社,1996年,第101—112页;李家浩:《王家台秦简〈易占〉为〈归藏〉考》,《传统文化与现代化》1997年第1期。

是西汉成帝时期刘向、刘歆等人奉命校理皇家图书的成果。[1] 刘向、刘歆等人为了便于分门别类整理和介绍当时皇家收藏的图书,遂将当时的书籍分为六艺、诗赋、诸子、兵书、数术、方技六个大类,即所谓六略。在六略的每略之下,又可再分为若干小类,如数术略,可再分为天文、历谱、五行、蓍龟、杂占、形法六个小类。

《汉书·艺文志》的这一图书分类方法,当然是今天理解战国秦汉出土数术文献的重要参照。但是,如果试图将日书直接归入《汉书·艺文志》的某一类别,或试图从《汉书·艺文志》中找到对应于日书的某种书籍,则恐怕是不现实的。如上文所说,《汉书·艺文志》著录的图书,都是西汉成帝时期皇家图书馆的藏书。而我们今天见到的各批日书类文献,都是流行于战国秦汉时期中下层社会的实用性手册。日书这种操作性手册性质的文献,其内容较杂,时效性较强,文本也不固定,不大可能成为西汉皇家图书馆的收藏对象,因而也就不存在著录于《汉书·艺文志》的可能。

日书虽然不可能著录于《汉书·艺文志》,但它记载的内容还是与《汉书·艺文志》数术略著录过的某些书籍存在一定关系。下面,试就《汉书·艺文志》著录的各类数术书籍与日书在内容方面可能存在的关系略作分析。

1.天文。《汉书·艺文志》说:"天文者,序二十八宿,步五星日月,以

---

[1] 《汉书·艺文志》说:"至成帝时,以书颇散亡,使谒者陈农求遗书于天下。诏光禄大夫刘向校经传、诸子、诗赋,步兵校尉任宏校兵书,太史令尹咸校数术,侍医李柱国校方技。每一书已,向辄条其篇目,撮其指意,录而奏之。会向卒,哀帝复使向子侍中奉车都尉歆卒父业。歆于是总群书而奏其《七略》,故有《辑略》,有《六艺略》,有《诸子略》,有《诗赋略》,有《兵书略》,有《数术略》,有《方技略》。今删其要,以备篇籍。"参见班固《汉书》,中华书局,1964年,第1701—1784页。

纪吉凶之象。”[1]天文类共著录图书二十二种。从序言和书目看,天文是一种根据天象变化占断人事吉凶的数术,是后世天文学与星占学的混合。天文之学重视天体的变动,并据以占断军国大事的吉凶。在睡虎地秦简《日书》等日书文本里面,有时也会提到二十八宿之类的星宿。但是,根据学者研究,这些星宿或代表时间,或表示方位,或已经演变为神煞的名称,已经与天文的实际天象没有关系。[2] 日书关注的是各种日常活动中的吉凶祸福,与天文主要关注军国大事也明显不同。因此,日书里面不大可能收录天文方面的占辞。

2.历谱。《汉书·艺文志》说:“历谱者,序四时之位,正分至之节,会日月五星之辰,以考寒暑杀生之实。故圣王必正历数,以定三统服色之制,又以探知五星日月之会。凶厄之患,吉隆之喜,其术皆出焉。”[3]历谱类下著录图书十八种。从序言和著录的书目看,历谱主要包括:各种“历”及日月五星行度、日晷等方面的内容,与正史的《律历志》所载接近;记载年世、谱系的各种“谱”,是后世谱牒学的源头;记载计数方法的书籍,相当于后世的“算术”书。历谱中的“历”和“谱”都是讲时间架构,这无疑为日书的选择方法提供了重要的知识背景。从书名看,《汉书·艺文志》历谱类著录的书籍都很专门,其所载内容估计与日书的选择方法没有直接关系。

3.五行。《汉书·艺文志》说:“五行者,五常之形气也。书云‘初一

---

[1] 班固:《汉书》,中华书局,1964年,第1301页。

[2] Marc Kalinowski, “The Use of the Twenty-eight Xiu as Day-Count in Early China”, *Chinese Science* 13(1996);刘乐贤:《睡虎地秦简〈日书〉二十八宿纪日法补证》,载其著《简帛数术文献探论》(增订本),中国人民大学出版社,2012年,第53—63页。

[3] 班固:《汉书》,中华书局,1964年,第1767页。

曰五行,次二曰羞用五事',言进用五事以顺五行也。貌、言、视、听、思心失,而五行之序乱,五星之变作,皆出于律历之数而分为一者也。"[1]五行类下著录图书三十一种。从书名看,《汉书·艺文志》五行类收录的都是各种选择书籍。其中有些书籍是讲阴阳、时令,与日书专门关注"日"或"时"的吉凶明显不同。也有一些书籍可能是关注"日"或"时"的,如《钟历丛辰日苑》《堪舆金匮》等。这些书籍的内容,可能与日书的某些选择方法存在密切关系。还有一些讲刑德、钟律、五音的书籍,可能与马王堆汉墓帛书《刑德》、放马滩秦简乙种《日书》讲钟律的部分相近。总的说来,《汉书·艺文志》五行类著录的书籍与日书性质相近,但其内容可能比日书更为专门,也可能更为复杂深奥。或者可以设想,《汉书·艺文志》著录过的某些选择书籍,可能与日书记载的一些选择方法具有共同来源。

4.蓍龟。《汉书·艺文志》说:"蓍龟者,圣人之所用也。《书》曰:'女则有大疑,谋及卜筮。'"[2]蓍龟下著录图书十五种。这些书籍中的蓍龟,就是后世的卜筮,即龟卜和筮占。龟卜和筮占,与日书的选择方法是不同性质的数术。在迄今所见日书文本中,罕见有使用龟卜或筮占选择行事宜忌的情况。因此,《汉书·艺文志》著录的筮书、龟书既与日书性质不同,也与日书在内容上没有关系。

5.杂占。《汉书·艺文志》说:"杂占者,纪百事之象,候善恶之征。《易》曰:'占事知来。'众占非一,而梦为大,故周有其官。"[3]杂占类下著录图书十八种。从序言和著录的书目看,杂占涉及占梦、占嚏耳鸣等杂占

[1] 班固:《汉书》,中华书局,1964年,第1769页。
[2] 班固:《汉书》,中华书局,1964年,第1771页。
[3] 班固:《汉书》,中华书局,1964年,第1773页。

术,以驱鬼去邪为目的的厌劾术,以祈祷求福为主的祈禳术,以及与农林牧业有关的候岁术和相土、相蚕术等。杂占类书籍记载的某些内容,可能在日书中会偶有反映。如几种占梦书的内容,有可能与日书的占梦或禳梦部分有关。《变怪诰〈诘〉咎[1]》《执不祥劾鬼物》《请官除訞祥》等,可能与睡虎地秦简《日书》的"诘"有关。

6.形法。《汉书·艺文志》说:"形法者,大举九州岛之势以立城郭室舍,形[2]人及六畜骨法之度数、器物之形容以求其声气贵贱吉凶。"[3]形法类下著录图书六种。从著录的书目看,形法是古代各种相术的汇集,所相对象主要有人、物(如六畜和宝剑刀)、地(如山川、城郭、房屋)。从书名看,《汉书·艺文志》著录的《宫宅地形》可能与日书的相宅部分有关。

总之,日书这类文献的操作性和针对性很强,并且还具有明显的时效性,大概没有收藏于西汉皇家图书馆的机会,因而也就不具备著录于《汉书·艺文志》的可能。因此,从《汉书·艺文志》著录的书目中不可能找到日书这种特色鲜明的杂抄性文献。从记载的数术方法看,日书的选择方法可能与《汉书·艺文志》五行类著录的某些文献存在密切关系;其占梦、禳梦和"诘"等部分,则可能与《汉书·艺文志》杂占类著录的某些文献有关,其相宅部分可能与《汉书·艺文志》形法类著录的个别文献有关。此外,日书选择部分的知识背景应与天文、历谱两类中的某些知识或观念有关。从与《汉书·艺文志》著录书籍的比较也可以看出,日书这种主要流行于中下层社会的实用性书籍特色鲜明,其涉及的数术方法较杂,

---

[1] "诰咎"应是"诘咎"之讹,参见刘乐贤《睡虎地秦简日书研究》,文津出版社,1994年,第248—250页。

[2] "形"字一般连前读,似不妥当。此处"形"作动词用,当连后读。参见宋会群《中国术数文化史》,河南大学出版社,1999年,第6—7页。

[3] 班固:《汉书》,中华书局,1964年,第1775页。

具有明显的日常数术方法杂抄或汇编的性质。

五、日书与后世文献的关系

上文已经提到,日书是流行于战国秦汉中下层社会的操作性手册,不大可能收藏于汉代的皇家图书馆。这类操作性手册的时效性较强,其具体内容又不十分固定,不同的抄写者可能会根据需要对之进行增删。这种实用而又具有流动性的文本,恐怕很少有人会将其当作值得长期保存的图书看待,其遭到时代的淘汰乃至亡佚,可以说是必然的。不过,作为书籍形式的日书虽然早已不存,但记载于日书中的数术方法却并未因此完全消失。通过当时及后世文献的引述或沿袭,日书中的不少内容得以保存并流传下来。今天我们从现存传世文献中还可以找到不少与日书有关的记载,与日书进行比较研究。

现存传世文献中有一些形成年代较早的典籍,如战国秦汉时期的史书和子书,偶尔会提及当时流行的某些选择方法。这些记载中,无疑以司马迁的《日者列传》最为重要。可惜今本《日者列传》已非司马迁原作,其中很少提到日者之术,对研究择日术的用处已经不大;倒是其后面的褚少孙补文,涉及择日术的某些方面,对研究古代的日者及择日术具有一定参考价值。[1] 子书中提到选择术较多的,当推王充《论衡》的《讥日》《调时》等篇。《论衡》完全是以批判的态度对择日术在当时的流行进行抨击,很少提及择日术的细节,故对认识日书的具体内容价值有限。

---

[1] 司马迁:《史记》,中华书局,1959年,第3215—3222页。

比较而言,还是一些年代较晚的实用性书籍中保存了较多可以与日书进行比较的内容。[1] 这些实用性书籍里面,又以元、明、清以来甚为流行的选择通书与日书在内容和性质方面都很接近,最具参考价值。选择通书除前面提到过的按年度印行的历日通书以外,还有一类专门汇集各种选择方法的综合性通书。这类综合性选择通书,其内容、性质乃至编写方式都与日书接近。例如,元代曹震圭编纂的《历事明原》共计五卷,卷一至卷四主要介绍各种神煞的运行规则,卷五专门介绍各种选择事项,其内容和体例都与日书的选择部分相近。[2] 又如,元、明、清时期流行的选择通书《类编历法通书大全》,就是一种以选择时日吉凶为主的日常数术方法汇编。[3] 该书除记载各种选择方法外,有时也会收录一些与选择时日吉凶无关的内容,如卷三〇"营造宅经"就是讲相宅之术。这与日书汇集各种日常数术方法的特点也颇为一致。清代官修的《星历考原》和《协纪辨方书》[4],集各种选择方法之大成,其内容与日书的选择部分多可互相印证。总之,这类综合性选择通书与日书的关系最为密切,其内容和形式都与日书一脉相承,可以说是日书的直系后裔。

此外,日本的阴阳道文献与中国的选择通书同源,内容与中国的选择

[1] 参看刘乐贤《睡虎地秦简日书研究》,文津出版社,1994 年,第 17—18 页。

[2] 《历事明原》藏韩国奎章阁,此据朱胜麒排印本。朱胜麒重编:《历事明原》,九龙堂,2001 年。近有学者指出,北京大学图书馆也藏有《历事明原》明抄本。参看陈侃理《跋北京大学图书馆藏明抄本〈历事明原〉》,载沈乃文主编《版本目录学研究》第 5 辑,北京大学出版社,2014 年。

[3] 宋鲁珍通书,何士泰历法,熊宗立类编:《类编历法通书大全》,载《续修四库全书》,第 1062 册,上海古籍出版社,2002 年。

[4] 李光地等:《星历考原》,《四库术数类丛书》本,上海古籍出版社,1993 年;允禄等:《协纪辨方书》,《四库术数类丛书》本,上海古籍出版社,1993 年。

通书大同小异，对研究中国古代选择术及日书也具有参考价值。[1]

结语

如上文所论，日书是专门针对战国秦汉时期人们在日常活动中的各种趋吉避凶需要而设计的操作性手册，具有日常数术方法杂抄或汇编的性质。日书主要关注日常活动中的各种趋吉避凶需要，很少关心或涉及军国大事。其内容常常会因时代或地域的不同而存在差异，但作为一件标准型的日书，其中至少应当具备建除、丛辰等主要选择方法。除此以外，还有一些内容、性质与标准型日书接近的文献，适合与日书一道研究。

日书的内容以选择时日吉凶为主，但并不限于选择时日吉凶，其中也可以收录一些与选择时日吉凶无关的内容。其选择部分专门针对日常活动设计，并不能涵盖或反映当时选择文献的全部内容。从《汉书·艺文志》的观点看，日书的内容与五行类数术的关系最为密切，同时也收录了一些可能出自形法和杂占两类的实用数术方法。但作为一种具有杂抄性质的操作性手册，日书其实不可能著录于《汉书·艺文志》中的任何一类。

日书与当时的历日配合使用，其内容也被逐渐引入历日之中。由于这两者的不断结合，形成了后世流行的年度通书。

[1] ［日］中村璋八：《日本阴阳道书の研究》，汲古书院，1993 年；刘乐贤：《出土五行类简帛与日本阴阳道文献》，载其著《简帛数术文献探论》（增订本），中国人民大学出版社，2012 年，第 263—274 页。

日书这类实用性手册因时效性强而早遭淘汰,但其内容多被后世流行的一些实用书籍沿袭。我们今天仍然能够从元、明、清以来广为流行的综合性选择通书中,找到不少与日书有关的记载。日书可以说是这些选择通书的早期形式,或者说日书就是流行于战国秦汉时期的选择通书。

附表一　睡虎地秦简甲种《日书》分篇示意图

<table>
<tr><th>简号</th><th colspan="2">篇目</th></tr>
<tr><td>1正</td><td>1除</td><td>2四敫</td></tr>
<tr><td>2正</td><td>1除</td><td>2四敫</td></tr>
<tr><td>3正</td><td colspan="2">1除</td></tr>
<tr><td>4正</td><td colspan="2">1除</td></tr>
<tr><td>5正</td><td colspan="2">1除</td></tr>
<tr><td>6正</td><td colspan="2">1除</td></tr>
<tr><td>7正</td><td colspan="2">1除</td></tr>
<tr><td>8正</td><td colspan="2">1除</td></tr>
<tr><td>9正</td><td colspan="2">1除</td></tr>
<tr><td>10正</td><td colspan="2">1除</td></tr>
<tr><td>11正</td><td colspan="2">1除</td></tr>
<tr><td>12正</td><td colspan="2">1除</td></tr>
<tr><td>13正</td><td colspan="2">3秦除</td></tr>
<tr><td>14正</td><td colspan="2">3秦除</td></tr>
<tr><td>15正</td><td colspan="2">3秦除</td></tr>
<tr><td>16正</td><td colspan="2">3秦除</td></tr>
<tr><td>17正</td><td>3秦除</td><td>4禾良日</td></tr>
<tr><td>18正</td><td>3秦除</td><td>4禾良日</td></tr>
<tr><td>19正</td><td>3秦除</td><td>4禾良日</td></tr>
<tr><td>20正</td><td>3秦除</td><td>4禾良日</td></tr>
<tr><td>21正</td><td>3秦除</td><td>4禾良日</td></tr>
<tr><td>22正</td><td>3秦除</td><td>4禾良日</td></tr>
<tr><td>23正</td><td>3秦除</td><td>4禾良日</td></tr>
<tr><td>24正</td><td>3秦除</td><td>5困良日</td></tr>
<tr><td>25正</td><td>3秦除</td><td>5困良日</td></tr>
<tr><td>26正</td><td>6稷辰</td><td>7衣</td></tr>
<tr><td>27正</td><td>6稷辰</td><td>8弦望</td></tr>
<tr><td>28正</td><td>6稷辰</td><td>9鼠襄户</td></tr>
</table>

续表

<table>
<tr><th>简号</th><th colspan="3">篇目</th></tr>
<tr><td>29 正</td><td>6 稷辰</td><td colspan="2">9 鼠襄户</td></tr>
<tr><td>30 正</td><td>6 稷辰</td><td colspan="2">10 葬日</td></tr>
<tr><td>31 正</td><td>6 稷辰</td><td colspan="2">10 葬日</td></tr>
<tr><td>32 正</td><td colspan="3">6 稷辰</td></tr>
<tr><td>33 正</td><td colspan="3">6 稷辰</td></tr>
<tr><td>34 正</td><td colspan="3">6 稷辰</td></tr>
<tr><td>35 正</td><td colspan="3">6 稷辰</td></tr>
<tr><td>36 正</td><td colspan="3">6 稷辰</td></tr>
<tr><td>37 正</td><td colspan="3">6 稷辰</td></tr>
<tr><td>38 正</td><td colspan="3">6 稷辰</td></tr>
<tr><td>39 正</td><td colspan="3">6 稷辰</td></tr>
<tr><td>40 正</td><td colspan="3">6 稷辰</td></tr>
<tr><td>41 正</td><td colspan="3">6 稷辰</td></tr>
<tr><td>42 正</td><td colspan="3">6 稷辰</td></tr>
<tr><td>43 正</td><td colspan="3">6 稷辰</td></tr>
<tr><td>44 正</td><td colspan="3">6 稷辰</td></tr>
<tr><td>45 正</td><td colspan="3">6 稷辰</td></tr>
<tr><td>46 正</td><td colspan="3">6 稷辰</td></tr>
<tr><td>47 正</td><td>11 玄戈</td><td colspan="2">12 艮山</td></tr>
<tr><td>48 正</td><td>11 玄戈</td><td colspan="2">12 艮山</td></tr>
<tr><td>49 正</td><td>11 玄戈</td><td colspan="2">12 艮山</td></tr>
<tr><td>50 正</td><td>11 玄戈</td><td colspan="2">12 艮山</td></tr>
<tr><td>51 正</td><td>11 玄戈</td><td colspan="2">12 艮山</td></tr>
<tr><td>52 正</td><td>11 玄戈</td><td colspan="2">12 艮山</td></tr>
<tr><td>53 正</td><td>11 玄戈</td><td colspan="2">12 艮山</td></tr>
<tr><td>54 正</td><td>11 玄戈</td><td rowspan="4">12 艮山
12 艮山
12 艮山
12 艮山</td><td>13 去父母同生</td></tr>
<tr><td>55 正</td><td>11 玄戈</td><td>13 去父母同生</td></tr>
<tr><td>56 正</td><td>11 玄戈</td><td>13 去父母同生</td></tr>
<tr><td>57 正</td><td>11 玄戈</td><td>13 去父母同生</td></tr>
</table>

续表

简号	篇目	
58 正	11 玄戈	13 去父母同生
59 正	14 徙时	13 去父母同生
60 正	14 徙时	13 去父母同生
61 正	14 徙时	
62 正	14 徙时	
63 正	14 徙时	
64 正	15 岁	16 日夕(一)
65 正	15 岁	16 日夕(一)
66 正	15 岁	16 日夕(一)
67 正	15 岁	16 日夕(一)
68 正	17 星	18 病
69 正	17 星	18 病
70 正	17 星	18 病
71 正	17 星	18 病
72 正	17 星	18 病
73 正	17 星	18 病
74 正	17 星	18 病
75 正	17 星	18 病
76 正	17 星	18 病
77 正	17 星	18 病
78 正	17 星	19 良日
79 正	17 星	19 良日
80 正	17 星	19 良日
81 正	17 星	19 良日
82 正	17 星	19 良日
83 正	17 星	19 良日
84 正	17 星	19 良日
85 正	17 星	19 良日

续表

简号	篇目		
86正	17星	19良日	
87正	17星	19良日	
88正	17星	19良日	
89正	17星	19良日	
90正	17星	19良日	
91正	17星	19良日	
92正	17星	19良日	
93正	17星	19良日	
94正	17星	19良日	
95正	17星	21四向门	
96正	20啻	22起室	21四向门
97正	20啻	22起室	21四向门
98正	20啻	22起室	21四向门
99正	20啻	22起室	
100正	20啻		
101正	20啻	27十二支忌	
102正	23室忌	27十二支忌	
103正	23室忌	27十二支忌	
104正	24土忌(一)	27十二支忌	
105正	24土忌(一)	27十二支忌	
106正	24土忌(一)	27十二支忌	
107正	24土忌(一)	27十二支忌	
108正	24土忌(一)	27十二支忌	
109正	24土忌(一)	27十二支忌	
110正	25作事	27十二支忌	
111正	26毁弃	27十二支忌	
112正	26毁弃	27十二支忌	
113正	26毁弃	27十二支忌	

续表

简号	篇目	
114 正	28 直室门	
115 正	28 直室门	
116 正	28 直室门	
117 正	28 直室门	
118 正	28 直室门	
119 正	28 直室门	
120 正	28 直室门	
121 正	28 直室门	
122 正	28 直室门	
123 正	28 直室门	
124 正	28 直室门	29 避忌
125 正	28 直室门	29 避忌
126 正	28 直室门	29 避忌
127 正	30 行	
128 正	30 行	
129 正	30 行	
130 正	30 行	
131 正	31 归行	
132 正	31 归行	
133 正	31 归行	
134 正	32 到室	33 禹须臾(一)
135 正	33 禹须臾(一)	
136 正	34 十二支占行	35 臽日敫日
137 正	34 十二支占行	35 臽日敫日
138 正	34 十二支占行	35 臽日敫日
139 正	34 十二支占行	35 臽日敫日
140 正	36 生子	
141 正	36 生子	
142 正	36 生子	

续表

简号	篇目	
143 正	36 生子	
144 正	36 生子	
145 正	36 生子	
146 正	36 生子	
147 正	36 生子	
148 正	36 生子	
149 正	36 生子	
150 正	37 人字	
151 正	37 人字	
152 正	37 人字	
153 正	37 人字	38 求
154 正	37 人字	38 求
155 正	39 取妻	
156 正	40 作女子	39 取妻
157 正	41 吏	42 入官良日
158 正	41 吏	42 入官良日
159 正	41 吏	42 入官良日
160 正	41 吏	42 入官良日
161 正	41 吏	42 入官良日
162 正	41 吏	42 入官良日
163 正	41 吏	42 入官良日
164 正	41 吏	42 入官良日
165 正	41 吏	42 入官良日
166 正	41 吏	42 入官良日
1 背	43 取妻出女	
2 背	43 取妻出女	
3 背	43 取妻出女	
4 背	43 取妻出女	
5 背	43 取妻出女	

续表

简号	篇目
6背	43 取妻出女
7背	43 取妻出女
8背	43 取妻出女
9背	43 取妻出女
10背	43 取妻出女
11背	43 取妻出女
12背	43 取妻出女
13背	44 梦
14背	44 梦 / 45 相宅
15背	45 相宅
16背	45 相宅
17背	45 相宅
18背	45 相宅
19背	45 相宅
20背	45 相宅
21背	45 相宅
22背	45 相宅
23背	45 相宅
24背	46 诘
25背	46 诘
26背	46 诘
27背	46 诘
28背	46 诘
29背	46 诘
30背	46 诘
31背	46 诘
32背	46 诘
33背	46 诘
34背	46 诘

续表

简号	篇目	
35 背	46 诘	
36 背	46 诘	
37 背	46 诘	
38 背	46 诘	
39 背	46 诘	
40 背	46 诘	
41 背	46 诘	
42 背	46 诘	
43 背	46 诘	
44 背	46 诘	
45 背	46 诘	
46 背	46 诘	
47 背	46 诘	
48 背	46 诘	
49 背	46 诘	
50 背	46 诘	
51 背	46 诘	
52 背	46 诘	
53 背	46 诘	
54 背	46 诘	
55 背	46 诘	
56 背	46 诘	
57 背	46 诘	
58 背	46 诘	
59 背	46 诘	
60 背	46 诘	47 日夕(二)
61 背	46 诘	47 日夕(二)
62 背	46 诘	47 日夕(二)
63 背	46 诘	47 日夕(二)

续表

简号	篇目			
64 背	46 诘		47 日夕(二)	
65 背	46 诘		47 日夕(二)	
66 背	46 诘		47 日夕(二)	
67 背	46 诘		47 日夕(二)	
68 背	46 诘		47 日夕(二)	
69 背	48 盗者			
70 背	48 盗者			
71 背	48 盗者			
72 背	48 盗者			
73 背	48 盗者			
74 背	48 盗者			
75 背	48 盗者			
76 背	48 盗者			
77 背	48 盗者			
78 背	48 盗者			
79 背	48 盗者			
80 背	48 盗者			
81 背	48 盗者			
82 背	48 盗者			
83 背	49 十二支占死	50 死失图	51 五胜	52 直心
84 背	49 十二支占死	50 死失图	51 五胜	52 直心
85 背	49 十二支占死	50 死失图	51 五胜	52 直心
86 背	49 十二支占死	50 死失图	51 五胜	52 直心
87 背	49 十二支占死	50 死失图	51 五胜	52 直心
88 背	49 十二支占死	50 死失图	51 五胜	52 直心
89 背	49 十二支占死	50 死失图	51 五胜	52 直心
90 背	49 十二支占死	50 死失图	51 五胜	52 直心
91 背	49 十二支占死	50 死失图	51 五胜	52 直心

续表

简号	篇目		
92 背	49 十二支占死	51 五胜	52 直心
93 背	49 十二支占死		52 直心
94 背	49 十二支占死		52 直心
95 背	49 十二支占死		53 行忌(一)
96 背	49 十二支占死		53 行忌(一)
97 背	54 禹须臾(二)		53 行忌(一)
98 背	54 禹须臾(二)		53 行忌(一)
99 背	54 禹须臾(二)		53 行忌(一)
100 背	54 禹须臾(二)		
101 背	54 禹须臾(二)		
102 背	55 杀忌		
103 背	55 杀忌		
104 背	55 杀忌		
105 背	55 杀忌		
106 背	55 杀忌		
107 背	56 行忌(二)		
108 背	56 行忌(二)		
109 背	56 行忌(二)		
110 背	56 行忌(二)		
111 背	57 出邦门		
112 背	57 出邦门		
113 背	58 衣良日		
114 背	58 衣良日		
115 背	58 衣良日		
116 背	58 衣良日		
117 背	58 衣良日		
118 背	59 衣		
119 背	59 衣		
120 背	59 衣		
121 背	59 衣		

续表

简号	篇目	
122 背	59 衣	
123 背		
124 背	60 刺毁	
125 背	61 祠史先	
126 背	62 徙死	
127 背	63 入寄者	64 行忌(三)
128 背	64 行忌(三)	
129 背	65 土忌(二)	
130 背	65 土忌(二)	
131 背	65 土忌(二)	
132 背	65 土忌(二)	
133 背	65 土忌(二)	
134 背	65 土忌(二)	
135 背	65 土忌(二)	
136 背	65 土忌(二)	
137 背	65 土忌(二)	
138 背	65 土忌(二)	
139 背	65 土忌(二)	
140 背	65 土忌(二)	
141 背	65 土忌(二)	
142 背	65 土忌(二)	
143 背	66 门	
144 背	66 门	
145 背	67 天李	
146 背	67 天李	
147 背	68 杂忌	
148 背	68 杂忌	
149 背	69 田忌	
150 背	69 田忌	

续表

简号	篇目	
151 背	68 田忌	
152 背	69 田忌	
153 背	70 反枳	
154 背	70 反枳	71 傅户
155 背	72 墨日朔日	
156 背	73 马禖	
157 背	73 马禖	
158 背	73 马禖	
159 背	73 马禖	
160 背	73 马禖	
161 背		
162 背		
163 背		
164 背		
165 背		
166 背		

附表二 睡虎地秦简乙种《日书》分篇示意图

简号	篇目
1	1 除
2	1 除
3	1 除
4	1 除
5	1 除
6	1 除
7	1 除
8	1 除

续表

简号	篇目	
9	1 除	
10	1 除	
11	1 除	
12	1 除	
13	1 除	
14	1 除	
15	1 除	
16	1 除	
17	1 除	2 日夕
18	1 除	2 日夕
19	1 除	2 日夕
20	1 除	2 日夕
21	1 除	2 日夕
22	1 除	2 日夕
23	1 除	2 日夕
24	1 除	2 日夕
25	1 除	2 日夕
26	3 徐	2 日夕
27	3 徐	2 日夕
28	3 徐	2 日夕
29	3 徐	2 日夕
30	3 徐	4 初田
31	3 徐	5 祠五祀
32	3 徐	5 祠五祀
33	3 徐	5 祠五祀
34	3 徐	5 祠五祀
35	3 徐	5 祠五祀
36	3 徐	5 祠五祀

续表

简号	篇目	
37	3 徐	5 祠五祀
38	3 徐	5 祠五祀
39	3 徐	5 祠五祀
40	3 徐	5 祠五祀
41	3 徐	6 坏垣
42	3 徐	7 入寄者
43	3 徐	8 行忌(一)
44	3 徐	8 行忌(一)
45	3 徐	9 刺毁
46	3 徐	9 刺毁
47	10 秦	11 五种忌日
48	10 秦	11 五种忌日
49	10 秦	11 五种忌日
50	10 秦	11 五种忌日
51	10 秦	11 五种忌日
52	10 秦	12 祠史先
53	10 秦	
54	10 秦	
55	10 秦	
56	10 秦	
57	10 秦	
58	10 秦	
59	10 秦	
60	10 秦	
61	10 秦	
62	10 秦	
63	10 秦	
64	13 五谷良日	

续表

简号	篇目		
65	13 五谷良日		
66	14 良日		
67	14 良日		
68	14 良日		
69	14 良日		
70	14 良日		
71	14 良日		
72	14 良日		
73	14 良日		
74	14 良日	15 四乡占生子	
75	14 良日	15 四乡占生子	
76	14 良日	15 四乡占生子	
77	16 四敫日		
78	(与简 73B 段拼合,已移入 14 良日)		
79	16 四敫日?	18 五胜	
80	17 官	18 五胜	
81	17 官	18 五胜	
82	17 官	18 五胜	
83	17 官	18 五胜	
84	17 官	18 五胜	
85	17 官	18 五胜	
86	17 官	18 五胜	
87	17 官	18 五胜	
88	17 官	20 臽	21 天阎
89	17 官	20 臽	21 天阎
90	17 官	20 臽	21 天阎
91	17 官	20 臽	21 天阎
92	17 官	20 臽	21 天阎

续表

简号	篇目			
93	17 官		20 臽	21 天阎
94	17 官		20 臽	21 天阎
95	17 官	20 臽	20 臽	21 天阎
96	17 官	19 直心	20 臽	21 天阎
97	17 官	19 直心	20 臽	21 天阎
98	17 官	19 直心	20 臽	21 天阎
99	17 官	19 直心	20 臽	21 天阎
100	17 官	19 直心		21 天阎
101	17 官	19 直心		21 天阎
102	17 官	19 直心		22 出邦门
103	17 官	19 直心		22 出邦门
104	17 官	19 直心		22 出邦门
105	17 官	19 直心		22 出邦门
106	17 官	19 直心		22 出邦门
107	17 官			22 出邦门
108	23 人日			
109	23 人日			
110	24 室忌			
111	24 室忌			
112	24 室忌			
113	24 室忌			
114	24 室忌			
115	24 室忌			
116	24 室忌			
117	25 朔望忌			
118	25 朔望忌			
119	26 戊子风			
120	27 作事			

续表

简号	篇目
121	28 杂忌
122	28 杂忌
123	28 杂忌
124	28 杂忌
125	28 杂忌
126	28 杂忌
127	28 杂忌
128	28 杂忌
129	29 裚
130	30 被冠
131	31 寄人室
132	32 行
133	32 行
134	32 行
135	32 行
136	32 行
137	32 行
138	33 行忌
139	33 行忌
140	33 行忌
141	33 行忌
142	33 行忌
143	34 祠
144	34 祠
145	34 祠
146	34 祠
147	34 祠
148	34 祠

续表

简号	篇目
149	35 亡日
150	35 亡日
151	36 亡者
152	36 亡者
153	37 见人
154	37 见人
155	37 见人
156	38 十二时
157	39 十二支占
158	39 十二支占
159	39 十二支占
160	39 十二支占
161	39 十二支占
162	39 十二支占
163	39 十二支占
164	39 十二支占
165	39 十二支占
166	39 十二支占
167	39 十二支占
168	39 十二支占
169	39 十二支占
170	39 十二支占
171	39 十二支占
172	39 十二支占
173	39 十二支占
174	39 十二支占
175	39 十二支占
176	39 十二支占

续表

简号	篇目	
177	39 十二支占	
178	39 十二支占	
179	39 十二支占	
180	39 十二支占	
181	40 有疾	
182	40 有疾	
183	40 有疾	
184	40 有疾	
185	40 有疾	
186	40 有疾	
187	40 有疾	
188	41 病	43 圂忌日等
189	42 梦	43 圂忌日等
190	42 梦	43 圂忌日等
191	42 梦	43 圂忌日等
192	42 梦	43 圂忌日等
193	42 梦	43 圂忌日等
194	42 梦	
195	42 梦	43 圂忌日等
196	44 穿户忌	43 圂忌日等
197	46 嫁子□	
198	46 嫁子□	
199	46 嫁子□	
200	46 嫁子□	
201	47 不可取妻	
202	48 死	
203	48 死	
204	48 死	

续表

简号	篇目	
205	48 死	
206	48 死	49 死失图
207	48 死	49 死失图
208	48 死	49 死失图
209	48 死	49 死失图
210	48 死	49 死失图
211	48 死	49 死失图
212	48 死	49 死失图
213	48 死	49 死失图
214	48 死	49 死失图
215	48 死	49 死失图
216	48 死	49 死失图
217	48 死	49 死失图
218	48 死	49 死失图
219	48 死	
220	48 死	
221	48 死	
222	48 死	
223	48 死	49 死失图?
224	50 干支	51 入官
225	50 干支	51 入官
226	50 干支	51 入官
227	50 干支	51 入官
228	50 干支	51 入官
229	50 干支	51 入官
230	50 干支	51 入官
231	50 干支	51 入官
232	50 干支	51 入官

续表

简号	篇目	
233	50 干支	51 入官
234	50 干支	51 入官
235	50 干支	51 入官
236	50 干支	51 入官
237	50 干支	51 入官
238	52 生	
239	52 生	
240	52 生	
241	52 生	
242	52 生	
243	52 生	
244	52 生	
245	52 生	
246	52 生	
247	52 生	
248	52 生	
249	53 失火	
250	53 失火	
251	53 失火	
252	53 失火	
253	54 盗	
254	54 盗	
255	54 盗	
256	54 盗	
257	54 盗	
258	54 盗	
259	54 盗	
259 背	"日书"书题	

附录三 孔家坡汉简《日书》分篇示意图

简号	篇目	
1	1 建除	2 伐木日
2	1 建除	2 伐木日
3	1 建除	2 伐木日
4	1 建除	2 伐木日
5	1 建除	2 伐木日
6	1 建除	2 伐木日
7	1 建除	3 金钱良日
8	1 建除	3 金钱良日
9	1 建除	3 金钱良日
10	1 建除	3 金钱良日
11	1 建除	3 金钱良日
12	1 建除	3 金钱良日
13	1 建除	
14	1 建除	
15	1 建除	
16	1 建除	
17	1 建除	
18	1 建除	
19	1 建除	
20	1 建除	
21	1 建除	
22	1 建除	
23	1 建除	
24	1 建除	
25	4 从辰	
26	4 从辰	
27	4 从辰	

续表

简号	篇目
28	4 从辰
29	4 从辰
30	4 从辰
31	4 从辰
32	4 从辰
33	4 从辰
34	4 从辰
35	4 从辰
36	4 从辰
37	4 从辰
38	4 从辰
39	4 从辰
40	4 从辰
41	4 从辰
42	4 从辰
43	4 从辰
44	4 从辰
45	4 从辰
46	4 从辰
47	4 从辰
48	4 从辰
49	5 星官
50	5 星官
51	5 星官
52	5 星官
53	5 星官
54	5 星官
55	5 星官

续表

简号	篇目
56	5 星官
57	5 星官
58	5 星官
59	5 星官
60	5 星官
61	5 星官
62	5 星官
63	5 星官
64	5 星官
65	5 星官
66	5 星官
67	5 星官
68	5 星官
69	5 星官
70	5 星官
71	5 星官
72	5 星官
73	5 星官
74	5 星官
75	5 星官
76	5 星官
77	5 星官
78	6 击
79	6 击
80	6 击
81	6 击
82	6 击
83	6 击

续表

简号	篇目	
84	6 击	
85	6 击	
86	6 击	
87	6 击	
88	6 击	
89	6 击	
90	7 刑德	
91	7 刑德	
92	7 刑德	
93	7 刑德	
94	7 刑德	
95	7 刑德	
96	7 刑德	
97	8 徙时	
98	8 徙时	
99	8 徙时	
100	8 徙时	
101	9 八星	
102	9 八星	
103	10□生	
104	10□生	
105	11 五胜	
106	11 五胜	
107	11 五胜	
108	12 临日	
109	12 临日	
110	12 临日	
111	13 时	14 徙

续表

简号	篇目				
112	13 时	14 徙			
113	13 时	14 徙			
114	13 时	14 徙			
115	13 时	14 徙			
116	13 时	15 孤虚			
117	13 时	15 孤虚			
118	13 时	15 孤虚			
119	13 时	15 孤虚			
120	13 时	15 孤虚			
121	13 时	15 孤虚	16 日廷(图三)		
122	13 时	15 孤虚	16 日廷(图三)		
123		17 反支	16 日廷(图二)	16 日廷(图三)	
124	16 日廷(图一)	17 反支	16 日廷(图二)	16 日廷(图三)	
125	16 日廷(图一)	17 反支	16 日廷(图二)	16 日廷(图三)	
126	16 日廷(图一)	17 反支	16 日廷(图二)		
127	16 日廷(图一)	17 反支			
128	16 日廷(图一)	17 反支			
129	16 日廷(图一)	17 反支	16 日廷(斗击)		
130	16 日廷(图一)	17 反支	16 日廷(斗击)	16 日廷(图二)	16 日廷(图三)
131	16 日廷(图一)	17 反支	16 日廷(斗击)		
132	16 日廷(图一)	17 反支	16 日廷(斗击)		
133	16 日廷(图一)	17 反支	16 日廷(图三)		
134	16 日廷(图一)	17 反支	16 日廷(图二)	16 日廷(图三)	
135	16 反支	16 日廷(图二)	16 日廷(图三)		
136	16 反支	16 日廷(图二)	16 日廷(图三)		
137	16 反支	16 日廷(图二)	16 日廷(图三)		
138					
139		20 离日			

续表

<table>
<tr><th>简号</th><th colspan="4">篇目</th></tr>
<tr><td>140</td><td></td><td colspan="3">20 离日</td></tr>
<tr><td>141</td><td>18 归行</td><td colspan="3">20 离日</td></tr>
<tr><td>142</td><td>18 归行</td><td colspan="3">20 离日</td></tr>
<tr><td>143</td><td>18 归行</td><td colspan="3">20 离日</td></tr>
<tr><td>144</td><td>18 归行</td><td colspan="3">20 离日</td></tr>
<tr><td>145</td><td>18 归行</td><td colspan="3">20 离日</td></tr>
<tr><td>146</td><td>19 到室</td><td colspan="2">20 离日</td><td>24 来</td></tr>
<tr><td>147</td><td>19 到室</td><td colspan="2">20 离日</td><td>24 来</td></tr>
<tr><td>148</td><td>19 到室</td><td colspan="2">20 离日</td><td>24 来</td></tr>
<tr><td>149</td><td>19 到室</td><td colspan="2">20 离日</td><td>24 来</td></tr>
<tr><td>150</td><td colspan="3">21 到室</td><td>24 来</td></tr>
<tr><td>151</td><td colspan="3">22 穷日</td><td>24 来</td></tr>
<tr><td>152</td><td colspan="3">23 亡日</td><td>24 来</td></tr>
<tr><td>153</td><td colspan="4">23 亡日</td></tr>
<tr><td>154</td><td colspan="4">24 亡者</td></tr>
<tr><td>155</td><td colspan="4">24 亡者</td></tr>
<tr><td>156</td><td colspan="4">24 亡者</td></tr>
<tr><td>157</td><td colspan="2"></td><td colspan="2">25 见人</td></tr>
<tr><td>158</td><td colspan="2"></td><td colspan="2">25 见人</td></tr>
<tr><td>159</td><td colspan="2">26 禹须臾行日</td><td colspan="2">28 禹须臾所以见人日</td></tr>
<tr><td>160</td><td colspan="2">26 禹须臾行日</td><td colspan="2">28 禹须臾所以见人日</td></tr>
<tr><td>161</td><td colspan="2">26 禹须臾行日</td><td colspan="2">28 禹须臾所以见人日</td></tr>
<tr><td>162</td><td colspan="2">26 禹须臾行日</td><td colspan="2">28 禹须臾所以见人日</td></tr>
<tr><td>163</td><td colspan="2">26 禹须臾行日</td><td colspan="2">28 禹须臾所以见人日</td></tr>
<tr><td>164</td><td colspan="2">26 禹须臾行日</td><td colspan="2">28 禹须臾所以见人日</td></tr>
<tr><td>165</td><td colspan="2">26 禹须臾行日</td><td colspan="2">28 禹须臾所以见人日</td></tr>
<tr><td>166</td><td colspan="2">26 禹须臾行日</td><td colspan="2">28 禹须臾所以见人日</td></tr>
<tr><td>167</td><td colspan="2">26 禹须臾行日</td><td colspan="2">28 禹须臾所以见人日</td></tr>
</table>

续表

简号	篇目	
168	27 行日	28 禹须臾所以见人日
169	27 行日	28 禹须臾所以见人日
170	27 行日	28 禹须臾所以见人日
171	27 行日	28 禹须臾所以见人日
172	29 嫁女	
173	29 嫁女	
174	29 嫁女	
175	29 嫁女	
176	29 嫁女	
177	29 嫁女	
178	29 嫁女	
179	29 嫁女	
180	29 嫁女	
181	29 嫁女	
182	29 嫁女	32 五子
183	29 嫁女	32 五子
184	30 牝牡月	32 五子
185	30 牝牡月	32 五子
186	31 牝牡日	32 五子
187	31 牝牡日	32 五子
188	31 牝牡日	32 五子
189	31 牝牡日	
190	31 牝牡日	32 五子
191	33 出入人	
192	33 出入人	
193	33 出入人	
194	34 裁衣	
195	34 裁衣	

续表

简号	篇目
196	35 入官
197	35 入官
198	35 入官
199	35 入官
200	35 入官
201	35 入官
202	36 直心
203	36 直心
204	37 四季日
205	38 土功
206	38 土功
207	38 土功
208	38 土功
209	38 土功
210	38 土功
211	38 土功
212	38 土功
213	38 土功
214	38 土功
215	38 土功
216	38 土功
217	38 土功
218	39 司空
219	39 司空
220	39 司空
221	41 穿地
222	42 土忌
223	42 土忌

续表

简号	篇目	
224	42 土忌	
225	42 土忌	
226	44 鸡?	44 鸡
227	43 豕	44 鸡
228	43 豕	44 鸡
229	45 囷	
230	46 井	
231	46 井	
232	47 屏圂	
233	48 入内	
234	48 入内	
235	48 入内	
236	49 天刺	
237	49 天刺	
238	50 杀日	
239	50 杀日	
240	51 土功事	
241	51 土功事	
242	52 垣	
243	52 垣	
244	52 垣	
245	52 垣	
246	53 盖屋、筑室	
247	53 盖屋、筑室	
248	53 盖屋、筑室	
249	53 盖屋、筑室	
250	53 盖屋、筑室	
251	53 盖屋、筑室	

续表

简号	篇目
252	53 盖屋、筑室
253	53 盖屋、筑室
254	53 盖屋、筑室
255	53 盖屋、筑室
256	53 盖屋、筑室
257	53 盖屋、筑室
258	53 盖屋、筑室
259	53 盖屋、筑室
260	53 盖屋、筑室
261	53 盖屋、筑室
262	53 盖屋、筑室
263	53 盖屋、筑室
264	53 盖屋、筑室
265	53 盖屋、筑室
266	53 盖屋、筑室
267	53 盖屋、筑室
268	53 盖屋、筑室
269	54 垣日
270	54 垣日
271	54 垣日
272	54 垣日
273	54 垣日
274	54 垣日
275	55 直室门
276	55 直室门
277	55 直室门
278	55 直室门
279	55 直室门

续表

<table>
<tr><th>简号</th><th colspan="3">篇目</th></tr>
<tr><td>280</td><td colspan="3">55 直室门</td></tr>
<tr><td>281</td><td colspan="3">55 直室门</td></tr>
<tr><td>282</td><td colspan="3">55 直室门</td></tr>
<tr><td>283</td><td colspan="3">55 直室门</td></tr>
<tr><td>284</td><td colspan="3">55 直室门</td></tr>
<tr><td>285</td><td colspan="3">55 直室门</td></tr>
<tr><td>286</td><td>55 直室门</td><td colspan="2">56 门</td></tr>
<tr><td>287</td><td>55 直室门</td><td colspan="2">56 门</td></tr>
<tr><td>288</td><td>55 直室门</td><td colspan="2">56 门</td></tr>
<tr><td>289</td><td>55 直室门</td><td colspan="2">56 门</td></tr>
<tr><td>290</td><td>55 直室门</td><td colspan="2">56 门</td></tr>
<tr><td>291</td><td>55 直室门</td><td colspan="2">56 门</td></tr>
<tr><td>292</td><td>55 直室门</td><td colspan="2">56 门</td></tr>
<tr><td>293</td><td>55 直室门</td><td colspan="2">56 门</td></tr>
<tr><td>294</td><td>55 直室门</td><td colspan="2">56 门</td></tr>
<tr><td>295</td><td>55 直室门</td><td colspan="2">56 门</td></tr>
<tr><td>296</td><td>55 直室门</td><td colspan="2">56 门</td></tr>
<tr><td>297</td><td>55 直室门</td><td colspan="2">56 门</td></tr>
<tr><td>298</td><td>55 直室门</td><td colspan="2">56 门</td></tr>
<tr><td>299</td><td colspan="3">58 死失图(似可移入 60 建除占死失)</td></tr>
<tr><td>300</td><td>57 死咎</td><td colspan="2">58 死失图</td></tr>
<tr><td>301</td><td>57 死咎</td><td colspan="2">58 死失图</td></tr>
<tr><td>302</td><td>57 死咎</td><td colspan="2">58 死失图</td></tr>
<tr><td>303</td><td>57 死咎</td><td colspan="2">58 死失图</td></tr>
<tr><td>304</td><td>57 死咎</td><td colspan="2">58 死失图</td></tr>
<tr><td>305</td><td>57 死咎</td><td>58 死失图</td><td>59 报日</td></tr>
<tr><td>306</td><td>57 死咎</td><td>58 死失图</td><td>59 报日</td></tr>
<tr><td>307</td><td colspan="3">57 死咎</td></tr>
</table>

续表

简号	篇目
308	57 死咎
309	57 死咎
310	57 死咎
311	57 死咎
312	60 建除占死失
313	60 建除占死失
314	60 建除占死失
315	60 建除占死失
316	60 建除占死失
317	60 建除占死失
318	60 建除占死失
319	60 建除占死失
320	60 建除占死失
321	60 建除占死失
322	60 建除占死失
323	60 建除占死失
324	61 六十甲子占死失
325	61 六十甲子占死失
326	61 六十甲子占死失
327	61 六十甲子占死失
328	61 六十甲子占死失
329	61 六十甲子占死失
330	61 六十甲子占死失
331	61 六十甲子占死失
332	61 六十甲子占死失
333	61 六十甲子占死失
334	61 六十甲子占死失
335	61 六十甲子占死失

续表

简号	篇目	
336	61 六十甲子占死失	
337	61 六十甲子占死失	
338	61 六十甲子占死失	
339	61 六十甲子占死失	
340	61 六十甲子占死失	
341	61 六十甲子占死失	
342	61 六十甲子占死失	
343	61 六十甲子占死失	
344	61 六十甲子占死失	
345	62 有疾	64 马牛亡者
346	62 有疾	64 马牛亡者
347	62 有疾	64 马牛亡者
348	62 有疾	64 马牛亡者
349	62 有疾	
350	62 有疾	64 马牛亡者
351	62 有疾	64 马牛亡者
352	63 死	65 天牢
353	63 死	65 天牢
354	63 死	65 天牢
355	63 死	65 天牢
356	63 死	65 天牢
357	63 死	65 天牢
358	63 死	65 天牢
359	63 死	65 天牢
360	63 死	
361	63 死	
362	63 死	
363	63 死	

续表

简号	篇目	
364	63 死	
365	66 时段	
366	66 时段	
367	67 盗日	
368	67 盗日	
369	67 盗日	
370	67 盗日	
371	67 盗日	
372	67 盗日	
373	67 盗日	
374	67 盗日	
375	67 盗日	
376	67 盗日	
377	67 盗日	
378	67 盗日	
379	68 人字	69 生子
380	68 人字	69 生子
381	68 人字	69 生子
382	68 人字	69 生子
383	68 人字	69 生子
384	68 人字	69 生子
385	68 人字	69 生子
386	68 人字	69 生子
387	68 人字	69 生子
388	68 人字	69 生子
389		69 生子
390		69 生子
391		69 生子

续表

简号	篇目
392	70 忌日
393	70 忌日
394	70 忌日
395	70 忌日
396	70 忌日
397	71 血忌
398	72□稼
399	73 占
400	73 占
401	73 占
402	73 占
403	73 占
404	73 占
405	73 占
406	73 占
407	73 占
408	73 占
409	73 占
410	73 占
411	73 占
412	73 占
413	73 占
414	73 占
415	73 占
416	73 占
417	73 占
418	73 占
419	73 占

续表

简号	篇目		
420	73 占		
421	73 占		
422	73 占		
423	73 占		
424	73 占		
425	73 占		
426	73 占		
427	74 司岁		76 主岁
428	74 司岁		76 主岁
429	74 司岁		76 主岁
430	74 司岁		76 主岁
431	74 司岁		76 主岁
432	74 司岁		76 主岁
433	74 司岁		76 主岁
434	74 司岁		76 主岁
435	74 司岁	75 五帝	76 主岁
436	74 司岁	75 五帝	76 主岁
437	74 司岁	75 五帝	
438	74 司岁		
439	77 朔占		
440	77 朔占		
441	77 朔占		
442	77 朔占		
443	77 朔占		
444	77 朔占		
445	77 朔占		
446	77 朔占		
447	78 糴		

续表

简号	篇目
448	78 糴
449	78 糴
450	78 糴
451	78 糴
452	79 始种
453	79 始种
454	79 始种
455	79 始种
456	79 始种
457	79 始种
458	80 岁
459	80 岁
460	80 岁
461	80 岁
462	80 岁
463	80 岁
464	80 岁
465	80 岁
466	80 岁
467	80 岁
468	80 岁
469	80 岁
470	80 岁
471	80 岁
472	80 岁
473	80 岁
474	80 岁
475	80 岁

续表

简号	篇目
476	80岁
477	80岁
478	80岁

附记:本文曾由周博群先生翻译成英文,收入夏德安和马克主编的《早期中国的命书与民间文化》一书(Donald Harper & Marc Kalinowski eds., *Books of Fate and Popular Culture in Early China: The Daybook Manuscrpts of the Warring States, Qin, and Han*. Boston, Brill, 2017, pp.57-90)。现征得二位主编同意,将中文原稿刊发于此。

《日书》中的鬼神

晏昌贵

（武汉大学历史学院暨历史地理研究所 武汉 430072）

一、引言

在中国古代的鬼神观念中，“鬼”与“神”往往是一对相互对立的范畴，比较通行的说法是将“神”指为自然神灵，人死则为“鬼”。另有一种区分法，是将人死后的无形之气称为“神”，有形的肢体入土后为“鬼”。第三种区分的方法，是将“神”当作高级的、善的、阳的力量；而把“鬼”视作低下的、恶的、阴的力量。从中国古代宗教信仰的角度，可以将鬼神概指为人外力量。[1]

《日书》是民间百科全书式的实用手册，内容比较庞杂。以鬼神在《日书》中的分布为视角，我们可以把《日书》分为三大部分，第一部分是一些总纲性质的东西，如“建除”“从辰”“星官”等。在这一部分，往往泛

[1] 蒲慕州：《追寻一己之福——中国古代的信仰世界》，上海古籍出版社，2007年，第7—9页。

称鬼神而无具体鬼神名，但有一些“祭祀”“盟诅”的内容，祭祀的对象以祖先神灵为主，也包括与日常生活密切相关的室中、门、行、户、灶等所谓“五祀”。第二部分是以时间为线索以事项为中心的占书，涉及的事项包括日常生活的各个方面，是《日书》择日的主体部分。其中关于死亡的占卜涉及“死失”，“失”是一种厉鬼，常为害于人。在疾病占卜中，所见病祟之鬼尤其多。在土功、出行、嫁娶等事项占卜中亦涉及神灵，它们的功用与性质似与疾病占卜所见者有所不同。放马滩秦简《日书》乙种（以下简称“放乙”）和孔家坡汉简《日书》（以下简称“孔简”）有一些与农事有关的事项，涉及古史传说中的帝王，从性质上看，与后一类神灵较为接近，而与“病祟”之鬼不同。唯一不涉及具体鬼神的，是有关官府的事项。第三部分是一些杂抄，涉及祷告鬼神的仪式和驱除鬼神的方术，如九店楚简《日书》（以下简称“九店”）的“告武夷”，睡虎地秦简《日书》甲种（以下简称“睡甲”）的“马禖祝”及“诘”、乙种（以下简称“睡乙”）的“出邦门”“梦”等，其中以“诘”篇所记鬼神最为丰富多彩。这些杂抄虽然不是《日书》的主体，但其中记录的鬼神信仰和实践活动，颇能反映人与鬼神之间的关系以及古代民间宗教信仰的特征。

本文拟在已有研究成果的基础上，综合讨论《日书》所见的鬼神。首先概括性地描述《日书》所见的鬼神世界，包括鬼神的等级结构、鬼神的形貌与习性、鬼的来历等。其次讨论人对鬼神的控制和各种驱鬼的方术。《日书》疾病占卜所涉及的鬼神有一种规范化、整齐化的倾向，反映了战国晚期至秦汉时期人们对鬼神控制的加强。“诘”篇所见的驱鬼术，也可视作人类控制鬼神的反映。最后考察鬼神在《日书》中所起的作用和功能。《日书》中与择日有关的鬼神是作为择日术的背景和依据而出现的，随着五行学说的兴起，择日的原理由五行学说加以系统地解释，鬼神被纳入五行系统被重新解释而转变为神煞。《日书》所见鬼神观念的变化,与战国秦汉时期新的关联型宇宙模式的兴起,是密切相关的。

二、鬼神的世界

(一)鬼神的层级

如同现实社会存在不同的层级结构一样,鬼神也有一个等级分明的世界。九店"告武夷"记录祷告武夷之辞曰:"尔居复山之基,不周之野,帝谓尔无事,命尔司兵死者。"[1]其中"兵死者"又见楚卜筮祭祷简和《日书》的疾病占卜,是指为兵器所伤而死的厉鬼,并不仅限于死于战争的亡灵。[2] 因为兵死者并非正常死亡,所以死后不得进入公共墓地,其为害于生人程度更加强烈。"武夷君"又见《史记·封禅书》和《汉书·郊祀志》。马王堆汉墓帛画《太一祝图》所绘神祇有"武弟子",学者以为即楚简中的武夷君。[3] 清华大学藏战国楚简《祝辞》中有"五夷",或以为即武夷神。[4] 祝辞涉及救火,前往五夷之所祝祷,然后"投以土"。睡甲 41

---

[1] 陈伟主编,李家浩、白于蓝撰:《楚地出土战国简册(十四种)》下册"九店 56 号墓简册",武汉大学出版社,2016 年,第 400 页。下引九店楚简《日书》皆出此书,不另注明。

[2] 连劭名:《包山简所见楚地巫祷活动中的神灵》,《考古》2001 年第 6 期。

[3] 李家浩:《论〈太一避兵图〉》,载袁行霈主编《国学研究》第 1 卷,北京大学出版社,1993 年,第 284—285 页;Donald Harper, "A Chinese Demonography of the Third Century B.C.", *Harvard Journal of Asiatic Studies*, Vol.45, No.2(1985), pp.1-28.

[4] 李学勤主编:《清华大学藏战国竹简(叁)》,中西书局,2012 年,第 165 页。

背叁:“天火燔人宫,不可御,以白沙救之,则止矣。”[1]白沙亦为泥土之一种,可见二者是出于相同的方术。《祝辞》中的“五夷”当是与土地有关的神灵。中古时期地券常见“武夷王”,为主地下的神灵[2],当为同一神灵。从上举九店楚简看,武夷居住在复山之基、不周之野,掌管着死于兵器的厉鬼。武夷之上则有“帝”。其等级结构为:

帝—武夷(神)—兵死者(鬼)

在这个等级分明的鬼神世界里,“帝”在最上位,具有高位神的品格。

睡甲38背叁记有“上帝”:“鬼恒从人女,与居,曰:‘上帝子下游。’欲去,自浴以犬矢,击以苇,则死矣。”从简文语意看,“上帝”也许是指天上之帝,得以下游民间与人女同居。蒲慕州认为此处的“上帝”与“诘”篇中的众鬼在性质上并无区别。[3]《日书》中鬼神的等级差别也许并不表现在不同的性质上,而是表现在不同的功力和作用上。

日书中又有“上皇”,睡甲101正贰:“毋以子卜筮,害于上皇。”《楚辞·九歌》:“吉日兮辰良,穆将愉兮上皇。”王逸注:“上皇谓东皇太一也。”[4]太一屡见于楚卜筮祷祠简,为楚人信奉之至上神。[5] 睡简《日

[1] 陈伟主编,刘乐贤撰:《秦简牍合集(贰)》(释文注释修订本)之“睡虎地秦简《日书》”部分,武汉大学出版社,2016年,第418页。下引睡虎地秦简《日书》皆出此书,不另注明。

[2] 刘昭瑞:《考古发现与早期道教研究》,文物出版社,2007年,第336—348页。

[3] 蒲慕州:《追寻一己之福——中国古代的信仰世界》,上海古籍出版社,2007年,第83页。

[4] 洪兴祖撰,白化文点校:《楚辞补注》,中华书局,1983年,第55页。

[5] 晏昌贵:《巫鬼与淫祀——楚简所见方术宗教考》,武汉大学出版社,2010年,第79—92页。

书》中的“上皇”是否即为楚人所信仰的至上神东皇太一,还有待进一步证明。

在睡甲和放乙中均有“帝为室”篇,按四季分别讲述帝为室于申、寅、巳、辰诸日,“凡为室日,不可以筑室”。放乙117号简云:“丁未啻(帝)筑丹宫而不成。”118号简称:“乙亥啻(帝)筑室而匿不成。”[1]孔简269:“垣日,帝毁丘之日。正月辰,二月卯,三月寅,四月酉,五月子,六月亥,七月戌,八月丑,十月未,十一月午,十二月巳,不坏垣,不可除内中。”397号简:“血忌,帝启百虫口日也。甲寅、乙卯、乙酉不可出血,出血,不出三岁必死。”[2]这些说法由于缺乏传世文献的印证,“帝”的性质尚难以断定。

战国秦汉简牍《日书》中另有黄帝,孔简240:“入月旬,不可操土功事,命胃(谓)黄帝。”按照五行学说,黄帝属中央土,此处之“黄帝”当指五方、五色帝。九店47亦有“黄帝”,简文有残缺,从该篇主要讲土功事看,九店中的“黄帝”亦当指方色之帝。在孔简中另有青、赤、白等五色帝,详见下文。

在中国古代鬼神信仰中,“天”与“帝”常以至上神的面貌出现。或以为“帝”是东方殷人的至上神,“天”则是来自西方周人的信仰。[3] 也有学者对这种说法表示怀疑。[4]《日书》中“天”和“帝”都有出现,“帝”的数量比较多,“天”出现的数量和频率比较少。睡甲102背:“春三月甲

---

[1] 陈伟主编,孙占宇撰:《秦简牍合集(肆)》(释文注释修订本)之“放马滩秦简《日书》”部分,武汉大学出版社,2016年,第68页。下引放马滩秦简《日书》皆出此书,不另注明。

[2] 湖北省文物考古研究所、随州市考古队编:《随州孔家坡汉墓简牍》,文物出版社,2006年,第163、179页。下引孔家坡汉简《日书》皆出此书,不另注明。

[3] 王晖:《商周文化比较研究》,人民出版社,2000年,第18—104页。

[4] Robert Eno,“Was there a High God Ti in Shang Religion?”,*Early China* 15(1990),pp.1-26.

乙,不可以杀,天所以张生时。”后接“夏三月丙丁”“秋三月庚辛”等内容。“杀”是指杀牲[1],简文的意思是说,春季三月甲、乙日不可以杀牲,因为这是“天”使万物生长茂盛的时节。在这种语意下,我们很难确定“天”是指自然之“天”还是具有神格的至上神。

在长沙子弹库楚帛书中,有“惟天作福,神则格之;惟天作妖,神则惠之”[2]。这里的“天”,显然已不是自然之天,而是具有了某种神性意志的神灵。《史记·封禅书》讲齐地的“八神将”,其中位居首位的是“天主”。[3] “天主”与“地主”相对,是战国齐地崇信的至上神。在江苏邗江胡场西汉木牍和香港中文大学所藏东汉“序宁简”中,都有“天公”的说法,是当时民间宗教祭祷的对象。[4]

总之,假如我们把天、帝看作是古代中国人信仰的至上神的话,那么,《日书》所见的至上神不止一位,而是有多位神灵,它们彼此之间似乎并无关联而呈现出一种散漫的状况,这正是民间信仰的特征。

在中国古代鬼神信仰的等级结构中,“天”“帝”位居最上层,是至上神或高位神。在天、帝之下,则有所谓群神或众神。睡甲 3 正贰有“以祭上下,群神飨之”的辞例,从《日书》祭祷的对象看,群神当包括祖先父母,甚至还包括古史传说中的古圣王贤人,并不限于自然神灵。

睡甲“诘”篇有“大神”“上神”“状神”,从其行事方式与所受待遇看,

---

[1] 刘乐贤:《睡虎地秦简日书研究》,文津出版社,1994 年,第 280—281 页。

[2] 李零:《子弹库帛书》下册,文物出版社,2017 年,第 52 页。

[3] 司马迁:《史记》,中华书局,1959 年,第 1367 页。

[4] 扬州博物馆、镇江县图书馆:《江苏邗江胡场五号汉墓》,《文物》1981 年 11 期;陈松长编著:《香港中文大学文物馆藏简牍》,香港中文大学文物馆藏品专刊之七,香港中文大学文物馆,2001 年,第 97—108 页。参看 D.Harper,“Warring States,Chin,and Han periods”, in “Chinese Religions:the state of the field—4000B.C.E.to 220C.E.”, ed. Daniel L. Overmyer, *The Journal of Asian Studies*,54:1(1995). pp.235-275.

与一般所谓的“鬼”似乎并无区别。另有“神狗”“神虫”,这里的“神”只是形容词,并非说狗和虫为“神”。

《日书》中另有一些直接称“神”的例子,看起来应该是神煞。比如:“正月亥,二月酉,三月未,四月寅,五月子,六月戌,七月巳,八月卯,九月丑,十月申,十一月午,十二月辰,是胃(谓)土神,毋(无)起土攻(功),凶。”(睡甲背132、133)“正月申,四月寅,六月巳,十月亥,是胃(谓)地杓,神以毁宫,毋起土攻(功),凶。”(睡甲背148)“寅、巳、申、亥、卯、午、酉、子、亥、未、戌、丑,凡是谓地杓,不可垣。”(放乙136)其中的“土神”“地杓”都应该是神煞。[1]

被我们视作神煞的“神”,多与土功事有关,在《论衡》中多有记载,如《解除篇》提到“宅中主神有十二焉”,又说:“世间缮治宅舍,凿地掘土,功成作毕,解谢土神,名曰‘解土’。为土偶人,以像鬼形,令巫祝延,以解土神。”此外还有所谓“式上十二神”,《讥日篇》引《堪舆历》说:“历上诸神非一,圣人不言,诸子不传,殆无其实。”[2]所谓“历上诸神”,也许就是我们这里所说的神煞。

《日书》所见,鬼尤其多,主要集中在疾病占卜和“诘”篇中,仅“诘”篇就记录了20多个不同类型的鬼名。如果我们把致人疾病之鬼称为“祟鬼”的话,那么“诘”篇中的鬼也许可以叫作“咎鬼”。陕西长安三里村出土东汉朱书陶瓶有“乳死咎鬼”“自死咎鬼”“市死咎鬼”“星死咎鬼”等不

[1] 刘增贵:《睡虎地秦简〈日书〉〈土忌〉篇数术考释》,《“中央研究院”历史语言研究所集刊》第78本第4分,2007年。

[2] 黄晖:《论衡校释(附刘盼遂集解)》,中华书局,1990年,第1043、1044、1021、996页。

同的咎鬼。[1] 咎鬼为害的范围较祟鬼要广泛一些，当然也包括祟鬼在内。

“诘”篇所记为咎者除人鬼外，还涉及物怪和各种自然现象，如大袜（魅）、水亡伤、地蠥、地虫、幼蠪（龙）、会虫、夭（妖）、票（飘）风、恙气、野火、天火、雷、女鼠等。从“诘”篇的叙述看，这些物怪、自然现象与鬼神并无本质区别，这对于我们认识《日书》中的鬼神观念是有帮助的。《庄子·达生》载齐桓公田猎见鬼而病，询问管仲有无鬼神事，管仲对曰：“沈有履，灶有髻，户内之烦壤，雷霆处之；东北方之下者，倍阿、鲑蠪跃之；西北方之下者，则泆阳处之。水有罔象，丘有峷，山有夔，野有彷徨，泽有委蛇。”[2]管仲所说的各种物怪，大多见于《日书》。《论衡·订鬼篇》说：“鬼者，物也，与人无异。天地之间，有鬼之物，常在四边之外，时往来中国，与人杂厕，凶恶之类也，故人病且死者乃见之。天地生物也，有人如鸟兽。及其生凶物，亦有似人象鸟兽者。故凶祸之家，或见蜚尸，或见走凶，或见人形，三者皆鬼也。或谓之鬼，或谓之凶，或谓之魅，或谓之魖，皆生存实有，非虚无象类之也。”[3]《日书》“诘”篇所记，亦多此类物怪妖气。

《周礼·春官·大宗伯》在叙述祭祀之礼时，将鬼神分为“天神、人鬼、地祇”三大类，又将同一类别的神灵按照不同的等级地位施以不同祭祀方式和礼仪，比如对待天神，“以禋祀祀昊天上帝，以实柴祀日、月、星、辰，以槱燎祀司中、司命、风师、雨师”[4]。昊天上帝是第一级，日月星辰

[1] 参看刘乐贤《简帛数术文献探论》（增订本），中国人民大学出版社，2012年，第195—200页。

[2] 王先谦集解：《庄子集解》（诸子集成本），上海书店出版社，1986年，第118页。

[3] 黄晖：《论衡校释（附刘盼遂集解）》，中华书局，1990年，第936—937页。

[4] 孙诒让：《周礼正义》，中华书局，1987年，第1296—1297页。

是第二级,风师、雨师则是第三层级。在《神仕》一职中又写道:“以冬日至致天神、人鬼,以夏日至致地祇、物彪。”[1]据《说文解字》,“彪”即魅,是“老物精也”。

总之,《日书》所见,有天、帝,有日、月、星、辰之神,有风伯、雨师、水、旱之神;有祖先神,有人鬼;亦有各种地祇和物魅。这些不同类别的神灵依据其地位和功能,存在一种等级结构。就《日书》鬼神的总体结构和功能看,与《周礼》所表现的等级结构类似,假如把《周礼》的鬼神看作官方祭祀的对象,而把《日书》鬼神视作民间信仰,则二者并无本质差别。

(二)鬼神的形象与习性

关于鬼神是否有形象的问题,传世古文献的记载是有分歧的。《韩非子·外储说左上》说:“客有为齐王画者,齐王问曰:‘画孰最难者?’曰:‘犬马最难。’‘孰易者?’曰:‘鬼魅最易。夫犬马,人所知也,旦暮罄于前,不可类之,故难。鬼魅无形者,不罄于前,故易之也。’”[2]《淮南子·泰族训》亦云:“夫鬼神视之无形,听之无声。”[3]这是鬼神无形说。《论衡·订鬼篇》则说:“鬼者,老物精也。夫物之老者,其精为人;亦有未老,性能变化,象人形。”[4]《山海经》所见鬼神都具形象。这是鬼神有形说。《日书》“诘”篇所见,鬼神多见其音容像貌,如:

[1] 孙诒让:《周礼正义》,中华书局,1987年,第2232页。
[2] 王先慎:《韩非子集解》(诸子集成本),上海书店出版社,1986年,第202页。
[3] 何宁:《淮南子集释》,中华书局,1998年,第1378页。
[4] 黄晖:《论衡校释(附刘盼遂集解)》,中华书局,1990年,第934—945页。.

鬼恒夜鼓人门，以歌若哭，人见之，是凶鬼。（睡甲 29 背贰、30 背贰）

凡鬼恒执匴以入人室，曰："气（饩）我食"云。是谓饿鬼。（睡甲 63 背贰）

鬼恒胃（谓）人："鼠（予）我而女。"不可辞，是上神下取妻。（睡甲 39 背叁）

此类记述中的鬼神，不仅有形貌，还可以歌可以泣，能说话能惑人，有饥饿有情欲，可见当时的人完全是按照活人的形貌习性来想象鬼神、塑造鬼神。这一类想象的鬼神，观其言谈声貌，似亦不乏可爱之处。

值得注意的是睡甲 38 背贰所记之"状神"，简文既说"状神在其室"，又说掘地及泉"有赤豕，马尾犬首"，可见此"赤豕"即状神，它长着狗的头和马的尾。这种复合型动物的鬼神形象，在《山海经》中多有记载，如《西山三经》槐江之山"有天神焉，其状如牛，而八足二首马尾，其音如勃皇，见则其邑有兵"。昆仑之丘，"神陆吾司之，其神状虎身而九尾，人面而虎爪"[1]。长沙子弹库楚帛书，四周边文所绘十二月神像，多作复合型动物。可见把鬼神想象成复合型动物形象，乃是战国秦汉时期的通行做法。

鬼神有居所及活动范围。《日书》"诘"篇所记鬼神为害于人多在宫室之内，与人的关系密切。古人相信宫室多恶鬼厉气，《搜神记》记载一则故事说："昔颛顼氏有三子，死而为疫鬼，一居江水，为疟鬼；一居若水，为魍魉鬼；一居人宫室，善惊人小儿，为小鬼。"[2]其实宫室中之鬼不限于

[1] 袁珂校注：《山海经校注》，巴蜀书社，1993 年，第 53、56 页。

[2] 干宝撰，汪绍楹校注：《搜神记》，中华书局，1979 年，第 189 页。

颛顼氏之子,《日书》"诘"篇所载甚多,不烦备举。《周礼·春官·视祲》"掌安宅叙降",郑玄注:"宅,居也;降,下也。人见妖祥则不安,主安其居处也。次序其凶祸所下,谓禳移之。"[1] 此记驱除宫室之鬼之法。《礼记·郊特牲》:"乡人禓,孔子朝服立于阼,存室神也。"郑玄注:"禓,强鬼也。谓时傩,索室殴疫,逐强鬼也。"[2] 鬼神常在人宫室附近,可见与人的关系密切。

正因为人鬼无隔,人亦可杀死鬼神。"诘"篇有三条简文谈到人可以杀死鬼神,一条说:"人毋(无)故而鬼惑之,是□鬼,善戏人。以桑心为丈(杖),鬼来而击之,畏〈是〉死矣。"(睡甲 32 背壹、33 背壹)"畏死",刘乐贤引郑刚说,以为"畏"是"是"字的误写。[3] 另一条说鬼伪称"上帝子下游","击以苇,则死矣"。第三条说:鬼伪称"上神下取妻","击以苇,则死矣。"(睡甲 39 背叁、40 背叁)蒲慕州据此认为,杀死鬼神的观念表明自然与神灵的区隔并不明显,人的世界与鬼神的世界是密不可分的,尤其是低阶的鬼怪。[4]

(三)鬼的来历:"死失图"解

"诘"篇还讲到"鬼"的来源,如:宲宲人生为鬼、幼殇死为鬼、神狗伪为鬼等。在中国古代文献中,"鬼"以死者或死者之灵为对象。人死为

---

[1] 孙诒让:《周礼正义》,中华书局,1987 年,第 1984 页。
[2] 孙希旦:《礼记集解》,中华书局,1989 年,第 682—683 页。
[3] 刘乐贤:《睡虎地秦简日书研究》,文津出版社,1994 年,第 236 页。
[4] 蒲慕州:《追寻一己之福——中国古代的信仰世界》,上海古籍出版社,2007 年,第 83 页。

鬼,是汉代各社会阶层普遍接受的说法。[1] 孔简有一幅“死失图”(图一),图下配有文字说明,颇能说明人死为鬼的观念及鬼的来路。由于这幅图及配图文字一直没有得到很好的阐发,这里略作讨论,以结束本节。

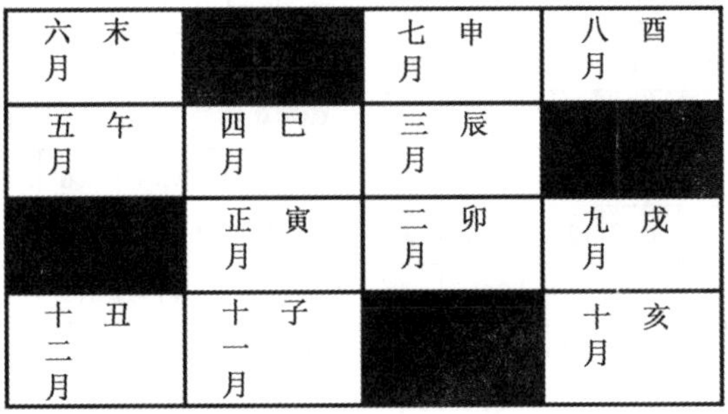

图一:死失图(孔简 300 贰至 306 贰)

类似的图亦见于睡乙,或称之为“视罗”,配图文字是所谓“十二支占死咎”。随州周家寨《日书》在“十二支占死咎”的首简上方题写“死失”[2],当即篇题,可见这一类方术可统称为“死失占”。它是用来推算人死后鬼魂去向的。[3] 在孔简该图的下方,有一段十二月配合十二支讲人死后“失”所在的“室”(孔简 312—323),简文说,正月寅日死,“失”在南一室(S1)。卯日死,“失”在南二室(S2)。辰日死,按规律,“失”应在南三室(S3),但此日“失不出”。按照这一规律,可将简文列表如下:

---

[1] Poo Mu-chou(蒲慕州), “The Concept of Ghost in Ancient Chinese Religion”, in John Lagerway ed. *Religion and Chinese Society*, *volume* Ⅰ: *Ancient and Medieval China*. Hong Kong: The Chinese University Press, 2004, pp.173-191.

[2] 湖北省文物考古研究所、随州市曾都区考古队:《湖北随州市周家寨墓地 M8 发掘简报》,《考古》2017 年第 8 期。

[3] 凡国栋:《日书〈死失图〉的综合考察——从汉代日书对楚秦日书的继承和改造的视角》,载卜宪群、杨振红主编《简帛研究二〇〇七》,广西师范大学出版社,2010 年,第 59—75 页。

表一:十二支占死失表

	寅	卯	辰	巳	午	未	申	酉	戌	亥	子	丑
正月	S1	S2	S3*	S4	S5*	S6	N1	N2	N3*	N4	N5*	N6
二月	N6	S1	S2	S3*	S4	S5*	S6	N1	N2	N3*	N4	N5*
三月	N5*	N6	S1	S2	S3*	S4	S5*	S6	N1	N2	N3*	N4
四月	E4	E5*	E6	W1	W2	W3*	W4	W5*	W6	E1	E2	E3*
五月	E3*	E4	E5*	E6	W1	W2	W3*	W4	W5*	W6	E1	E2
六月	E2	E3*	E4	E5*	E6	W1	W2	W3*	W4	W5*	W6	E1
七月	S1	S2	S3*	S4	S5*	S6	N1	N2	N3*	N4	N5*	N6
八月	N6	S1	S2	S3*	S4	S5*	S6	N1	N2	N3*	N4	N5*
九月	N5*	N6	S1	S2	S3*	S4	S5*	S6	N1	N2	N3*	N4
十月	E4	E5*	E6	W1	W2	W3*	W4	W5*	W6	E1	E2	E3*
十一月	E3*	E4	E5*	E6	W1	W2	W3*	W4	W5*	W6	E1	E2
十二月	E2	E3*	E4	E5*	E6	W1	W2	W3*	W4	W5*	W6	E1

上表中“死失”的各室可以在“死失图”中推算出来。根据睡乙206贰至218贰,“死失图”应作上南下北,左东右西。按图中方位所示,南边室从右向左横数,第一方格“八月酉”为南一室,“七月申”为南二室,空出来的那一室为南三室,六月未为南四室,数完上栏,再转数下栏,空格为南五室,“三月辰”为南六室。每一方只数六室。东一室从“六月未”格起数,向下数至东四室“十二月丑”,转行直至东六室“四月巳”。北面室则从“十二月丑”开始,从左往右数,数至北四室“十月亥”,再转数上栏,直至北六室“正月寅”。西一室从“十月亥”方格起数,向上逆数,到顶,再下转,直至西六室“二月卯”方格。按此方法推数,三室和五室正好为空白。为醒目起见,现将上表一中所列各室按我们推算的结果纳入“死失图”中,可得下图:

E1, S4	S3, S5	S2	S1, W4
E2	E6	S6	S5, W3
E3, N5	N6	W6	W2
N1, E4	N2	N3, W5	W1, N4

图二:“死失图”所见各室的位置

从上图可以发现,所有的六室都位于中央,所有的一室和四室都在四角,所有的二室都位于东西南北的位置上,而且所有的三室和五室都是“死失图”中的阴影部分,所谓“死失不出”,大概就是指图中有阴影的那一个“室”吧。

在敦煌悬泉汉简《日书》中,“死失”与建除十二直相搭配,由于建除十二直与每月地支的搭配是固定的,每月“死失不出”的日子被固定在盈、定、成、开四日,实际上也就是属于逢三、五不出,只不过悬泉汉简未能与“死失图”配合使用,原来表示日期时间的“南一室”“南二室”等等借代称呼消失不见了。[1] 孔简 324—344 有一段主要以六十甲子占“失”的简文,类似的简文也见于王家台秦简《日书》,已公布的有甲子、己巳、庚午三条[2],可以与孔简相参照。在“六十甲子占失”中没有“某室”的说法,而只有“失”的方位及不出的情形,如:“乙丑死,失在西,去失西,从东方入。”(孔简 324)“乙亥夜半死,失不出,日出毋失,北去而伐。”(孔简 329)其规定比“十二支占死失”更加细致具体。那么,“死失”之“失”究竟是什

[1] 刘乐贤:《悬泉汉简中的建除占“失”残文》,《文物》2008 年第 12 期;晏昌贵:《悬泉汉简〈日书〉“死吉凶”研究》,《中国史研究》2013 年第 2 期。

[2] 王明钦:《王家台秦墓竹简概述》,载艾兰、邢文编《新出简帛研究》,文物出版社,2004 年,第 46 页。

么意思呢?根据学者的研究,“失”应该读为“魅”,指人死后变成的能作祟害人的恶鬼,六朝以后称为“归杀”或“回煞”。[1] 居延新简 EPT 49:3 有一件“厌魅书”,讲对付此类厉鬼的方术。[2] 东汉刘伯平铅券亦有“魅鬼尸注”的说法[3],这一类说法后为道教所吸收继承。“死失”观念的产生,当与病祟之祟鬼有关。在时代较晚的敦煌文献中,与“失”类似的观念,就是用“祟”来表达的。如法藏敦煌文献 P.3281《卜筮书》:

> (前略)木、角是青龙,徵、羽二姓,造举百事吉,大富贵家子孙。商、角、宫三姓用之,凶;见大官,吉;见长史,吉。受职拜谒,失位;奏表上书,吉。(中略)解殃遣祟,祟西出主人家,败。厌百鬼,鬼出万里,病者小差。(后略)[4]

所谓“解殃遣祟,祟西出主人家,败”,其中的“祟”与简文“失”相当,可见《日书》中的“失”亦可理解为“祟”,指为害于人的祟鬼。为害于人致人疾病的“祟鬼”,正是下文要讨论的对象。

---

[1] 湖北省文物考古研究所、随州市考古队编:《随州孔家坡汉墓简牍》,文物出版社,2006 年,第 170 页;陈炫玮:《孔家坡汉简日书研究》,台湾清华大学历史研究所硕士学位论文,2007 年,第 185 页;刘乐贤:《悬泉汉简中的建除占“失”残文》,《文物》2008 年第 12 期。

[2] 甘肃省文物考古研究所等编:《居延新简——甲渠候官》,中华书局,1994 年,第 61 页。

[3] 罗振玉:《贞松堂集古遗文》,北京图书馆出版社影印本,2003 年,第 358—360 页。

[4] 上海古籍出版社、法国国家图书馆编:《法藏敦煌西域文献》第 23 册,上海古籍出版社,2002 年,第 26 页。

三、控制与驱除鬼神

(一)控制鬼神:疾病占卜所见的鬼神

《日书》中的鬼神比较集中地出现在有关疾病占卜的择日条文中。古人相信鬼神能致人疾病,《日书》中有“占病祟”的说法,所占的结果即为作祟的鬼神,所以我们不妨把一类鬼神称作“祟鬼”。从《日书》的表述方式看,主要有以下三种形式:

(1)九分系统。见于放乙,它是配合“式图”使用的,式图如下:

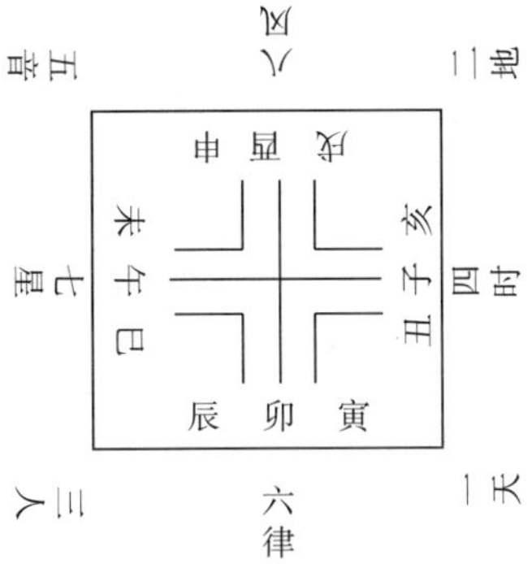

图三:放简“式图”

放乙192说:“占病祟。除(余):一,天殴,公外。二〖地〗,社及立(位)。三人鬼,大父及殇。四〖地〗,大遏(?)及北公。五音,巫帝,阴雨公。六律,司命、天兽。七星,〖星〗死者。八风,相莨者。九水〈州〉,大水殴。”这是利用式图余数占病祟,简文大意是说,当所得余数为一时,对应式图上的天位,病祟之鬼为“公外”。当余数为二时,对应式图上的地,占文用“社”表示地,同时也表明祟鬼为社鬼。当余数为三时,对应式图上的人,祟鬼为大父、殇鬼,大父是死去的父亲,其鬼为祟。殇指未成年而死亡者。以下可类推。[1] 由此可见,这一类占病祟的方术,是将作祟的鬼神,分别纳入九种不同的范畴,依次对应着式图上的天、地、人、四时、五音、六律、七星、八风、九州。作祟的鬼神包括很广泛,不仅限于人鬼一种,比如司命属于天神,大水应是水神。但其中有些一些(如公外、天兽)不见于文献记载,具体所指尚不十分清楚。

(2)十二支系统。在睡简、孔简《日书》中都有十二支占疾,如睡乙"十二支占出入盗疾"篇:"未以东得,北凶,西南吉。朝启夕闭。朝盗不得,昼、夕得。以入,吉。以有疾,子少瘳,卯大瘳,死生在寅。赤肉从南方来,把者赤色,母世外死为姓(祟)。"孔简则写作:"子有疾,四日小汗(间),七日大汗(间)。其祟天土。甲子鸡鸣有疾,青色死。"放乙是用十二律占疾,十二律与十二支存在对应关系,所以也是一种十二分的系统。兹将三种《日书》与十二支有关占病祟所见鬼神列表如下:

表二:十二支占病祟鬼神表

地支	十二律	放乙	睡乙	孔简
子	黄钟	上君、先殇	外鬼父世、高王父	天土
丑	大吕	大街、交原	外鬼、巫	三土君
寅	大簇	恒辂公、社	巫	北君、冣主
卯	夹钟	外君	中鬼见社	三公主
辰	姑洗	北君、大水、街	巫	大父
巳	中吕	田及曼桑、炊者	高王父	高姑姊口
午	蕤宾	大父亲及布	外鬼兄世	道鬼、尚行

[1] 陈伟:《放马滩秦简日书〈占病祟除〉与投掷式选择》,《文物》2011年第5期;程少轩:《放马滩简所见式占古佚书的初步研究》,《"中央研究院"历史语言研究所集刊》第83本第2分,2012年。

续表

地支	十二律	放乙	睡乙	孔简
未	林钟	门、户	母世外死	?
申	夷则	?	王父	旱、殇
酉	南吕	原死者	外鬼父世、巫,室鬼	门阎之鬼
戌	毋射	犬主(?)	高王父,野立(位)	门、街
亥	应钟	友、布、室中	母世见之	人炊、老人

这种占疾病的方式,是将作祟的鬼神按发病的时日,分别纳入十二个地支之中。在不同的《日书》本子中,同一个地支安排的作祟鬼神并不相同,但这种规范化的倾向是很明显的。利用《日书》的人,只要知道病人发病的时日干支,就可以知道作祟的鬼神。《日书》中很少涉及针对这些作祟鬼神的处置方法和手段,但它规定了病人何时痊愈或何时死亡,所以它的目的很明确,就是通过发病日查找病祟,并对病人未来的发展作出简单的预测。

(3)十天干五行系统。在睡简和孔简中都有用十天干占疾病的条文,作祟的鬼神被分门别类地列于十天干之下。十天干被分作两两一组,与五行相配,如甲、乙配木,丙、丁配火,等等。在水泉子汉简《日书》中,就直接写明"木日疾,祟在社。火日疾,祟在强死、伤(殇)、旱"[1]。兹将几种《日书》有关十天干占病祟鬼神列表如下:

[1] 张存良、吴荭:《水泉子汉简初识》,《文物》2009年第10期。

表三:《日书》十天干支占病祟鬼神表

天干	五行	睡甲	孔简	水泉子
甲乙	木	父母	大父	社
丙丁	火	王父	人炊	强死、殇、旱
戊己	土	巫堪、行	巫及室	木□
庚辛	金	外鬼、殇死	街、行、人炊、兵[死者]	街、水、[兵]死者
壬癸	水	外鬼	蚤(灶)神及[大]水	游死者

这种方式占病祟与十二支占病祟的原理相同,都是将作祟的鬼神分别纳入十天干之日,日者只需知道生病的时日的天干,就可以知道作祟的鬼神,然后采取相应的措施。不同的是,十天干被分为五组,与五行相对应。如此一来,作祟的鬼神就被依次分配于五行之下。表中作祟的鬼神似乎与五行有着某关联,比如在水泉子《日书》中,水日发病,作祟之鬼为"游死者",游死者当是游水溺亡之人,与水有关。金日发病,作祟之鬼为"兵死者",兵器属金。火日疾,祟鬼为"旱",旱又见于孔简十二支占疾申日条,或为旱神。当然,这种关联性的规定并不是绝对的,比如金日疾,祟鬼除兵死者外,还有街和水,分别指街道之鬼和水神。由此可见,《日者》的作者将作祟鬼神整齐化、规范化的意图是十分明显的。

利用五行模式规范、整齐鬼神的作法不仅限于疾病占卜。周家台秦简《日书》298 壹至 302 壹写道:"卅六年,置居金,上公、兵死、阳(殇)主岁,岁在中。置居火,筑囚、行、炊主岁,岁为下。[置居水,]……主岁。置居土,田社、木并主岁。置居木,里社、冢主岁,岁为上。"主岁的鬼神亦按五行搭配,其中金配兵死者,木配里社,与水泉子相似。水泉子土日"木□",缺字也许就是"并"。

孔简 427 贰至 436 贰有五色帝配五方色的简文,另外在"司岁"篇中还穿插记录了五个帝王与五种方位的搭配（孔简 435 贰至 437 贰），这种做法，亦见于传世文献《月令》，兹将二者列表对比如下：

表四：鬼神与五行的关系

天干	甲乙	丙丁	戊己	庚辛	壬癸
五行	木	火	土	金	水
五方	东方	南方	中央	西方	北方
五色	青色	赤色	黄色	白色	黑色
五帝（月令）	太昊	炎帝	黄帝	少昊	颛顼
五帝（孔简）	昊	炎帝	黄帝	颛顼	?
五色帝（孔简）	青帝	赤帝	黄帝	白帝	炎帝
鬼神（孔简）	人炊	高者	邑主	风伯	群巫
鬼神（周家台）	里社、冢	囚、行、炊	田社、木并	上公、兵死、殇	?

表中五帝、鬼神与五行干支的搭配，很容易使人联想起《月令》。《日书》所见几种鬼神与五行的搭配，彼此之间并不相同，还没有形成稳定的系统。这可能与这种做法尚不成熟有关，也可能出自不同地方不同日者不同的传统。

观察上表，有三点值得注意：第一，孔简五色帝与五方、五色的搭配，北方并非黑帝，而是炎帝。《史记・封禅书》说：汉高帝“二年，东击项籍而还入关，问：‘故秦时上帝祠何帝也？’对曰：‘四帝，有白、青、黄、赤帝之祠。’高祖曰：‘吾闻天有五帝，而有四，何也？’莫知其说。于是高祖曰：‘吾知之矣，乃待我而具五也。’乃立黑帝祠，命曰北畤”[1]。可见秦国故地在汉以前并没有以黑帝配北方的传统。孔简所见，或为南方楚国故地的传统，北方配炎帝，以炎帝为火为赤，属南方故也。第二，孔简五帝与五

[1] 司马迁：《史记》，中华书局，1959 年，第 1378 页。

方的搭配,不见北方之帝,这也许是由于简文有脱漏,也许是当时只有四帝而没有五帝配置,与刘邦入关所见秦地所祠只有四帝而无五帝类似。在具体搭配方面,与《月令》相比,除中央黄帝相同之外,其余都不相同。孔简以颛顼配西方,《月令》则配北方。孔简以颛顼配西方可能是有原因的,据杨宽研究,颛顼乃是西方民族的上帝,其渊源甚为古老。[1]《月令》西方所配为少昊(又写作“少皞”),大概是以少昊为秦之主神。《楚辞》所配则为蓐收,丁山以为这是楚人仇视秦国,不愿也不忍秦国主神少昊配西方。[2] 其实,五帝之说起于五方帝、五色帝之祠,后演变为人帝,其具体组合则众说纷纭。[3] 孔简所见与《月令》不同,说明此种做法各地有不同的传统,五帝配五行至汉初尚未形成固定的搭配。第三,作祟的鬼神被纳入五行系统之中,显示出人对鬼神控制力的加强。

鬼神为祟致人疾病的观念相当古老,殷墟甲骨卜辞已有死者的亡魂作祟致人生病的辞例。[4] 楚卜筮祭祷简占问墓主人生前疾患,多有病祟之鬼。[5] 战国楚卜筮祭祷简所见的鬼神,与《日书》疾病占卜所见的鬼神有着相同的性质,它们都可以致人疾病、为祟于人,有些鬼神甚至同时见于禁忌卜筮祭祷简和《日书》简。日本学者工藤元男据此认为,《日书》来源于卜筮祭祷简,楚卜筮祭祷简是《日书》的前身。[6] 也有学者持相

[1] 杨宽:《中国上古史导论》,载吕思勉、童书业编著《古史辨》第七册上编,上海古籍出版社,1982年,第220—223页。

[2] 丁山:《古代神话与民族》,商务印书馆,2005年,第165页。

[3] 刘起釪:《几次组合纷纭错杂的“三皇五帝”》,载其著《古史续辨》,中国社会科学出版社,1991年,第97—106页。

[4] 宋镇豪:《商代的疾患医疗与卫生保健》,《历史研究》2004年2期。

[5] 晏昌贵:《巫鬼与淫祀——楚简所见方术宗教考》,武汉大学出版社,2010年,第77—178页。

[6] [日]工藤元男:《从卜筮祭祷简看“日书”的形成》,载武汉大学中国文化研究院编《郭店楚简国际学术研讨会文集》,湖北人民出版社,2000年,第589—594页。

反的意见,认为二者之间没有前后继承关系。[1] 我们认为楚卜筮祭祷简与《日书》所代表的是两种不同的方术形式,分别对应于《史记》的《龟策列传》和《日者列传》,它们在战国秦汉时期都很流行。[2] 二者之所以都记录鬼神,有些鬼神名甚至完全相同,只是出于鬼神能致人疾病的古老观念。在鬼神致人疾病的观念支配下,人在生病之时往往乞求于鬼神。这种把疾病与鬼神联系起来的观念,一直到近现代的中国农村仍然十分流行,这是不足为怪的。楚卜筮祭祷简和《日书》疾病占卜虽然都记录许多鬼神,但二者对待鬼神的态度和方式是不相同的。第一,对于楚卜筮祭祷简的作者(抄手)和读者来说,为祟的鬼神是未知的,必须借助占卜的手段求得为祟的鬼神。而对《日书》的作者(抄手)和读者而言,为祟的鬼神是已知的,它们被规范地纳入时日干支的系统之中,鬼神被整齐化、规范化了,从而也容易被控制。第二,对于卜筮祭祷简的使用者来说,鬼神与病人之间还隔着一层巫者,卜求作祟鬼神的是职业化的巫师,病人并不能直接面对鬼神。而对于《日书》的使用者来说,作祟的鬼神与病人之间似乎并不需要借助于巫师的中间环节,人可以直接与鬼神打交道。《国语·楚语下》记载楚国的观射父说“古者民神不杂”,由职业巫觋交通天地。等到“少皞之衰也,九黎乱德,民神杂糅,不可方物,夫人作享,家为巫史”。对卜筮祭祷简来说,人神关系是“民神不杂”,而对于《日书》而言,则是“民神杂糅”。[3] 这一点,在下文驱除鬼神的描述中可以看得更

[1] 杨华:《出土日书与楚地的疾病占卜》,《武汉大学学报(人文科学版)》2003 年第 5 期。

[2] 晏昌贵:《巫鬼与淫祀——楚简所见方术宗教考》,武汉大学出版社,2010 年,第 67—76 页。

[3] 蒲慕州:《追寻一己之福——中国古代的信仰世界》,上海古籍出版社,2007 年,第 83—84 页。

清楚。

(二)驱除鬼神:"诘"篇中的驱鬼术

中国古代对待鬼神的态度和方法不外乎二种:一是祭祀求祷,属于"软"的一手;二是攻除禳解,属于"硬"的一手。楚卜筮祭祷简所见,多为祭祀祈福,属于"软"的一手。但其中也不乏用各种巫术手法驱除恶鬼的"硬"手段。[1] 战国秦汉时期的《日书》中,有关祭祀鬼神的内容非常多见,可以分为三种类型。第一类出现在"建除""丛辰""星官"一类总纲性质的条文中,泛泛提及某某日适宜祭祀或不宜祭祀。第二类专门的祭祀择日,比如睡甲 78 的祀父母日,睡乙 31—40 记载的祠室中日、祠户日、祠门日、祠行日、祠灶日,等等。室中、门、户、行、灶又称为"五祀",与日常生活密切相关,是秦汉时期民间社会奉祀的小鬼神。第三类是一些讲如何祭祷各类鬼神的专篇。如九店"告武夷",用"聂币芳粮"告祷于武夷之所。睡简《日书》"马禖祝"篇,用"肥豚、清酒、美白粱"祭告马禖,冀求"驱其殃,去其不祥"。放乙《丹》篇和北京大学藏汉简《泰原有死者》[2],都是讲死人复活的故事,利用死者之口,强调生人祭祀死者亡鬼的祭品的特殊要求以及祭祀的禁忌,反映出当时社会一般社会民众祈求鬼神的习俗。

但《日书》所见,更多的是各种治鬼的方术,属于"硬"的一手,反映出战国秦汉时期社会习俗中控制鬼神、驱除鬼神的一面。《日书》"诘"篇开

[1] 晏昌贵:《巫鬼与淫祀——楚简所见方术宗教考》,武汉大学出版社,2010 年,第 236—300 页。

[2] 李零:《北大秦牍〈泰原有死者〉简介》,《文物》2012 年第 6 期。

头即说：

诘咎，鬼害民罔（妄）行，为民不羊（祥），告如诘之，道（导）令民毋（无）丽凶央（殃）。鬼之所恶，彼窋（屈）卧、箕坐、连行、奇（踦）立。（睡甲24背）

“诘”篇的主体内容是讲如何控制、驱除为害于人的鬼怪，其中首先提到的，就是鬼所憎恶、害怕的四种行为，即：屈卧、箕坐、连行、踦立。这四种肢体动作都是非正常的行为，通过这些非常行为使鬼害怕，从而达到驱除恶鬼的目的。这一类动作行为亦为后世道教所继承。[1]

知道鬼的名字是控制鬼、驱除鬼的重要环节。《日书》“诘”篇记载了许多鬼名，如：凶鬼、暴鬼、疠鬼、饿鬼、阳鬼、阴鬼、夭鬼、遽鬼、孕鬼、哀鬼、棘鬼、游鬼、丘鬼、故丘鬼、不辜鬼、哀乳之鬼、粲迓之鬼，等等。这些鬼名多以类别相称，可以看作鬼的“类名”。有的鬼还有具体的名字，可以称之为“专名”。如睡甲45背贰：“鬼恒为人恶梦，觉而弗占，是图夫。”“图夫”或即鬼之专名。道书载刀鬼名“剑子夫”，五岳之鬼名“山夫”，南台三斗鬼姓溟名“温夫”，庚戌日鬼名“总夫”。这些鬼都以“夫”为名，可与《日书》的鬼名相参照。[2] 睡甲13—14背壹和睡乙194—195记载一种驱除恶梦的方术：当人有恶梦，醒来后当披散头发面向西北方位而坐，然后祷告一个叫“宛奇”的鬼神，让恶梦不再发生。祷告者还许诺给宛奇钱

---

［1］ Donald Harper, “A Chinese Demonography of the Third Century B.C.”, *Harvard Journal of Asiatic Studies*, Vol.45, No.2(1985), pp.483-486. 王子今：《睡虎地秦简〈日书〉甲种疏证》，湖北教育出版社，2003年，第345—347页。

［2］ 刘钊：《出土简帛文字丛考》，台湾古籍出版有限公司，2004年，第141页。

财布帛。结合这个故事可以看出,给人带来恶梦的鬼名叫“图夫”,食恶梦之鬼则叫“宛奇”。[1] 江苏高邮邵家沟汉代遗址出土木简记载:“乙巳日死者,鬼名天光,天帝神师已知汝名,疾去三千里,汝不即去,南山紾奇令来食汝,急如律令。”[2]紾奇即宛奇,它居在南山,除食恶梦之鬼外,还食名叫“天光”的鬼,大概是专门食鬼的鬼神。《抱朴子·登涉》载“辟山川庙堂百鬼之法”:“其次则论百鬼录,知天下鬼之名字,及《白泽图》《九鼎记》,则众鬼自却。”[3]《日书》“诘”篇即《白泽图》之类,学者已有讨论。[4] 洛阳出土东汉永寿二年镇墓瓶陶文云:“迫佼四时五行,追逐天下,捕取五[痨],豕(逐)之符昼(咒),制日夜□□乘传居署,适度阏梁,□堇摄录佰鬼名字,无令得逃亡。……黄帝呈下,急[急如律令]。”[5]陶文多有残缺,但文中记录施用咒术必须“摄录佰鬼名字,无令得逃亡”,是很清楚的。居延新简 EPT 49.3:“厌魅书:家长以制日疎(疏)魅名,魅名为天牧,鬼之精,即灭亡。有敢苛者,反受其央(殃)。以除为之。”[6]“疏”为记录,“天牧”即鬼名,见于《汉书·苏武传》。法藏敦煌文献 Pel.chin. 2856“推初得病日鬼法”说:“卜男女初得病日,鬼名是谁,若患状相当者,即作此鬼形,并书符藏之,并吞及著门户上,皆大吉。”其中记载得病日鬼

---

[1] 刘信芳:《秦简日书与楚辞类征》,《江汉考古》1990 年第 1 期;饶宗颐:《云梦睡虎地秦简日书研究》,载饶宗颐、曾宪通《楚地出土文献三种研究》,中华书局,1993 年,第 423 页。

[2] 江苏省文物管理委员会:《江苏高邮邵家沟汉代遗址的清理》,《考古》1960 年 10 期。

[3] 王明:《抱朴子内篇校释》,中华书局,1985 年,第 308 页。

[4] Donald Harper, “A Chinese Demonography of the Third Century B.C.”, *Harvard Journal of Asiatic Studies*, Vol.45, No.2(1985), pp.490-496.

[5] 蔡运章:《东汉永寿二年镇墓瓶陶文考略》,《考古》1989 年第 7 期。

[6] 甘肃省文物考古研究所等编:《居延新简——甲渠候官》,中华书局,1994 年,第 61 页。

名甚详，如子日病，鬼名何伯；丑日病，鬼字长卿；寅日病，鬼字仲后；等等。[1] 类似的记载亦见道书《太上洞神洞渊神呪治病口章》[2]，具体名字与敦煌文献多有不同。

控制鬼神、驱除鬼神还必须知道鬼神的来路及藏身之所。九店"告武夷"所记司兵死者的武夷君"居复山之基、不周之野"，特别强调武夷的居处。"诘"篇经常讲到鬼怪在人的居室为害，生人必须知道为咎的鬼怪所在的方位，然后采取针对性的措施，驱除鬼怪。日本藤原京二要大路遗址曾出土一枚木札，正、背面墨书文字四行："南山之下有不流水，其中有一大蛇，九头一尾，不食余物，但食唐鬼，朝食三千，墓食八百。急急如律令。"[3]文中提到的"南山"或即高邮木简中的南山。陕西户县朱家堡汉墓陶罐朱书文字："天帝使者谨为曹伯鲁之家移央(殃)去咎，远之千里。咎□大桃不得留。□□至之鬼所，徐□□。"[4]很显然是讲治鬼解除须知"鬼所"。

"诘"篇记各种治鬼方术，需要借助各种工具，据统计，至少有40余种。[5] 其中以桃最为多见，计有桃制作的弓、桃柄、桃杖、桃棓、桃梗等。古人认为桃木可以避鬼，《礼记·檀弓下》："君临臣丧，以巫祝桃茢执戈，恶之也。"郑玄注："桃，鬼所恶。"[6]《论衡·乱龙篇》："上古之人，有神荼、郁垒者，昆弟二人，性能执鬼，居东海度朔山上，立桃树下，简阅百鬼。

[1] 上海古籍出版社、法国国家图书馆编：《法藏敦煌西域文献》第19册，上海古籍出版社，2002年，第138页。

[2] 《道藏》第32册，文物出版社、上海书店、天津古籍出版社，1988年，第726页。

[3] 刘昭瑞：《考古发现与早期道教研究》，文物出版社，2007年，第428页。

[4] 禚振西：《陕西户县的两座汉墓》，《考古与文物》1980年第1期。

[5] 刘乐贤：《睡虎地秦简日书研究》，文津出版社，1994年，第257页。

[6] 孙希旦：《礼记集解》，中华书局，1989年，第262页。

鬼无道理,妄为人祸,荼与郁垒缚以卢索,执以食虎。故今县官斩桃为人,立之户侧;画虎之形,着之门阑。"[1]考古发现有很多用于驱鬼的桃梗和桃人,可见用桃木制作成各种器具以驱除鬼怪,乃是当时民间社会的普遍行为。[2]

"诘"篇治鬼还用桑木,盖取"桑"与"丧"谐音,能使鬼死丧也。"诘"篇治鬼亦用"苇""棘",《左传》昭公四年:"桃弧、棘矢,以除其灾。"[3]这一类植物,大约都有避灾除害的功能。

治鬼术中的各种植物通常制成刀剑弓矢等武器,另有真正的金属刀剑:"鬼恒从男女,见它人而去,是神虫伪为人。以良剑刺其颈,则不来矣。"(睡甲 34 背贰、35 背贰)《风俗通义》卷九《怪神》"世间多有精物妖怪百端"条和《抱朴子·登涉》均载有以剑驱除鬼魅的故事。《周礼·夏官·方相氏》说:"掌蒙熊皮,黄金四目,玄衣朱裳,执戈扬盾,帅百隶而时难,以索室驱疫。"[4]《日书·诘》篇多用弓矢、刀剑驱鬼,其理正同。除用刀剑击杀外,还用鞭击等。

《日书》治鬼用猪、狗屎洗浴。该法亦见于传文献记载,《韩非子·内储说下》载:"燕人李季好远出,其妻私有通于士,季突至,士在内中,妻患之。其室妇曰:'令公子裸而解发,直出门,吾属佯不见也。'于是公子从其计,疾走出门。季曰:'是何人也?'家室皆曰:'无有。'季曰:'吾见鬼乎?'妇人曰:'然。''为之奈何?'曰:'取五牲之矢浴之。'季曰:'诺。'乃浴以矢。"[5]

---

[1] 黄晖:《论衡校释(附刘盼遂集解)》,中华书局,1990 年,第 699 页。
[2] 陆锡兴:《考古发现的桃梗与桃人》,《考古》2012 年 12 期。
[3] 杨伯峻注:《春秋左传注》(修订本),中华书局,1990 年,第 1429 页。
[4] 孙诒让:《周礼正义》,中华书局,1987 年,第 2493 页。
[5] 王先慎:《韩非子集解》(诸子集成本),上海书店出版社,1986 年,第 183 页。

从驱鬼的动作看，最多的是投掷，有投掷白石、鞋子、狗屎等。与投相对的，是直接掩埋之法，有的掩埋之前还用火烧。掩埋之后覆盖上灰或沙。除了火烧，还用水灌，《搜神记》记载："汉武帝东游，未出函谷关，有物当道，身长数丈，其状象牛，青眼而耀睛，四足入土，动而不徙。百官惊骇。东方朔用请以酒灌之。灌之数十斛而物消。"[1]至于室中之鬼魅物怪，最直接的办法，就是掘而去之。

"诘"篇亦用声音、鼓噪等法术驱赶恶鬼，大约是后世咒语的前身：

一室中卧者眯也，不可以居，是□鬼居之。取桃枱〈棓〉檰(段)四隅、中央，以牡棘刀刊其宫墙，呼之曰："复！疾趣出。今日不出，以牡刀皮而衣。"则毋(无)央(殃)矣。(睡甲24背叁至26背叁)

四、作为择日背景和依据的神灵

《左传》昭公九年："辰在子、卯，谓之疾日。"[2]古史传说甲子是商纣灭亡之日，乙卯是夏桀灭亡之日，所以子日和卯日为忌日，不举吉事，以示戒惧。《论衡·讥日篇》说："学书讳丙日，云：'仓颉以丙日死。'礼不以子、卯举乐，殷、夏以子、卯日亡也。"[3]对于这种现象，清人顾炎武称之为"以日同为占"。[4] 刘瑛通过考察《左传》《国语》中的择日之术，认为春

[1] 干宝撰，汪绍楹校注：《搜神记》，中华书局，1979年，第131页。
[2] 杨伯峻：《春秋左传注》(修订本)，中华书局，1990年，第1311页。
[3] 黄晖：《论衡校释(附刘盼遂集解)》，中华书局，1990年，第995—996页。
[4] 顾炎武著，黄汝成集释：《日知录集释》，岳麓书社，1994年，第154页。

秋以来的择日术,已惯用历史人物及传说人物的亡日作为时日吉凶的依据。[1]《搜神记》引《五行书》曰:“河伯以庚辰日死,不可治船远行,溺没不返。”[2]《五行书》或即《日书》之类。

战国秦汉之《日书》多记录神灵的死亡日,如睡简《日书》说:“田京主以乙巳死,杜主以乙酉死,雨师以辛未死,田大人以癸亥死。”(睡甲149背)田京主当即田地与屋宅之神,杜主或为土地之神。[3] 雨师为风雨之神,古书或以为毕星宿,或以为玄冥神。[4] 田大人或即田神,《新刻趋避检》卷上“农事忌日”:“田祖甲寅日死;田父丁亥日死,丁未日葬;田母丙戌日死,丁亥日葬;田主乙巳日死,辛亥日葬;田夫丁亥日死,辛亥日葬;后稷癸巳日死,甲寅日葬。凡种五谷,已上并忌。”[5]《臞仙肘后经》所记相同。[6] 岳山秦牍《日书》记载说:“田[大]人丁亥死,夕以祠之。”(岳山M36:43)田大人的死亡日与睡甲不同而与《新刻趋避检》一致。从岳山的情况看,《日书》中记载诸神灵的亡日是为祭祀这些神灵服务的。但从后世择日历忌书《新刻趋避检》看,诸神灵的死亡日也有可能是作为择日的原因和背景而出现的。这种情形在孔简中可以看得更清楚:

入月二旬,齿(蚩)尤死日也[7],不可哭临、聚众、合卒。(孔简

[1] 刘瑛:《〈左传〉〈国语〉方术研究》,人民文学出版社,2006年,第214—217页。

[2] 干宝撰,汪绍楹校注:《搜神记》,中华书局,1979年,第46页。

[3] 刘乐贤:《睡虎地秦简日书研究》,文津出版社,1994年,第47—48页。

[4] 王利器:《风俗通义校注》,中华书局,2010年,第365—366页。

[5] 刘永明主编:《增补四库未收术数类大全》第十集《阴阳五行(四)》,江苏广陵古籍刻印社,1997年,第1566页。

[6] 《四库全书丛书》子部第六十八册,齐鲁书社,1997年,第92页。

[7] “蚩尤”据刘乐贤释,参看《释孔家坡汉简〈日书〉中的几个古史传说人物》,《中国史研究》2010年第2期。

183 壹)

蚩尤是古代神话传说中的战神,相传蚩尤善于制造各种兵器,包括戈、殳、戟、矛和弓箭,是炎帝的后代,居住在南方。他长着人的身体,牛的头和蹄子,有八只手,八条腿,吃沙石、铁块。由于与黄帝争霸,最后战死在涿鹿(今河北省涿鹿县)。[1] 山东沂南汉画像石有蚩尤作五兵的图像,王子今曾加以考述。[2] 其他汉画像石亦多见蚩尤图像。[3] 尤其是华盛顿弗利尔美术馆藏铜带钩,神像为牛首,口衔匕首,手执盾与剑,足踏刀与斧,或即蚩尤神像。[4] 蚩尤是秦汉时期民间广泛信仰的神灵。由于蚩尤是战神,所以他的死日"不可聚众合卒","聚众合卒"是聚集军队的意思。至于不可"哭临"的规定,则可能是由于蚩尤为南方之神,其死状尤为悲惨的缘故。

《日书》中另有一些神灵往往是作为择日的背景和依据出现的,但不一定与死亡日有关,而是涉及神话传说和历史故事。如九店 38 贰至 40 贰说:"凡五卯,不可以作大事,帝以命益赍禹之火。""凡五亥,不可以畜六牲扰,帝之所以戮六扰之日。""帝以命益赍禹之火"的传说故事见于《孟子·滕文公上》[5],其中的"帝"当指帝舜。"帝之所以戮六扰"之"帝"亦当指舜。古史传说帝舜南征,死于苍梧之野,《楚辞·离骚》:"济

[1] 袁珂:《中国古代神话》,中华书局,1960 年,第 112—119 页。

[2] 王子今:《沂南汉画像石蚩五兵图》,载周晓陆主编《艺术考古——中国艺术与考古研究所成立纪念文集》,群言出版社,2006 年,第 127—135 页。

[3] 牛天伟、金爱秀:《汉画神灵图像考述》,河南大学出版社,2009 年,第 259—273 页。

[4] 孙机:《汉代物质文化资料图说》(增订本),上海古籍出版社,2008 年,第 292 页。

[5] 焦循:《孟子正义》(诸子集成本),上海书店出版社,1986 年,第 220 页。

沅湘以南征兮,就重华而陈词。"重华为帝舜之名,王逸注引《帝系》说他"葬于九疑山,在沅、湘之南"[1]。长沙马王堆汉墓出土的《地形图》在九疑山旁特别注明"帝舜"二字[2],这是汉初楚地流行帝舜南征传说的最好证明。九店有关帝舜的记载,是这种传说在南方楚地深入民间的表现。

长沙子弹库楚帛书有帝俊,学者或以为即舜。[3] 帝俊的神话传说多见于《山海经》,《大荒南经》说帝俊的妻子羲和"生十日",《大荒西经》说他的另一个妻子"常羲,生月十有二"。帝俊亦见殷墟甲骨文。帝俊即帝舜,是东方殷民族所奉祀的上帝。[4] 九店有关帝的神话故事,是作为择日的背景和依据而出现的。

睡简《日书》说:"五丑不可巫,啻(帝)以杀巫减(咸)。"(睡甲 27 正贰)巫咸见岳山 M36 木椟:"巫咸乙巳死,勿以祠巫。"帝以五丑日杀巫咸和巫咸乙巳日死的传说,均不见于载籍,其内容难以详考。巫咸,或以为巫祝之神,在黄帝或神农之时[5];或以为商太戊时大臣,在殷中宗之世[6]。《山海经·大荒西经》说:"有灵山,巫咸、巫即、巫朌、巫彭、巫姑、巫真、巫礼、巫抵、巫谢、巫罗,十巫从此升降,百药爰在。"灵山即巫山,"十巫从此升降",即从此上下于天。[7] 《海外西经》又有巫咸国,"在登

---

[1] 洪兴祖撰,白化文点校:《楚辞补注》,中华书局,1983 年,第 20 页。

[2] 谭其骧:《二千一百多年前的一幅地图》,载其著《长水集(下)》,人民出版社,1987 年,第 237 页。

[3] 李零:《长沙子弹库战国楚帛书研究》,中华书局,1985 年,第 72 页。

[4] 袁珂:《中国古代神话》,中华书局,1960 年,第 141—146 页。

[5] 刘乐贤:《睡虎地秦简日书研究》,文津出版社,1994 年,第 67 页;王子今:《睡虎地秦简〈日书〉甲种疏证》,湖北教育出版社,2003 年,第 124—125 页。

[6] 睡虎地秦墓竹简整理小组编:《睡虎地秦墓竹简》,文物出版社,1990 年,第 186 页。

[7] 袁珂校注:《山海经校注》,中华书局,1960 年,第 453—454 页。

葆山,群巫所从上下也"[1]。可见巫咸具有群巫集团领袖之身份。他既然能上下于天地之间,杀巫咸之"帝",当指上帝。

但在孔简《日书》中,作为择日背景和依据的神灵有逐渐被消解的趋势。我们先来看一个美国学者郝益森(E. R. Harkness)曾经讨论过的例子[2],相关简材料见于马王堆帛书《出行占》、香港中文大学藏汉简《日书》、睡甲和孔简,备列如下:

> 庚子寅戌、辛丑寅戌、癸卯巳酉不可行,此黄帝……(《出行占》)
>
> 戊戌不可北,是胃(谓)行。百里中有咎,二百里外大咎。黄神□之。(香港 11)
>
> 归行:凡春三月己丑不可东,夏三月戊辰不可南,秋三月己未不可西,冬三月戊戌不可北。百里中大凶,二百里外必死。岁忌。(睡甲 131 正)
>
> 春三月乙丑,夏三月丙辰,秋三月辛未,冬三月壬戌不可远行。(孔简 144—145 壹)

"黄神"屡见于出土的东汉镇墓文中,东汉早期道教常见"黄神越章"印和"黄神之印"。其中的黄神即指黄帝。[3] 法国学者索安(Anna Seidel)指出,在汉代民间信仰的多样传统和背景下,天帝、黄帝和黄神是

[1] 袁珂校注:《山海经校注》,中华书局,1960 年,第 263 页。

[2] E. R. Harkness, *Cosmology and the Quotidian: Day Books in the Early China*, PhD dissertation, Chicago University, 2011, p.147.

[3] 刘昭瑞:《考古发现与早期道教研究》,文物出版社,2007 年,第 146—151 页。

对同一个最高天神的不同叫法,或者是同一个最高天神的不同方面。[1]仔细比较上引四段简文,可以发现《出行占》的时日干支与其他三种《日书》并不一致,但都是讲出行的时日禁忌则相同。《汉书·景十三王传·临江闵王刘荣传》:"(刘)荣行,祖于江陵北门。"颜师古注:"昔黄帝之子累祖,好远游而死于道,故后人以为行神也。"[2]此外古书也有共工氏之子修为行神的说法,此皆不同地区的民间传说,互有异辞,不足深怪。[3]比较香港藏简与睡甲,可见二者基本相同,香港藏简前所缺文字当为"冬三月",其中的"黄神",在睡甲中写作"岁",胡文辉认为是指小岁(小时)[4],刘增贵以为是太岁[5]。孔简用"五行三合局"和"五行相胜"的原理取代了原来的"黄神"和"岁",择日的吉凶完全由五行决定,这是《日书》择吉原理的一大变化。

与上述黄神的例子相似的还有《日书》中的赤帝,睡甲和睡乙都把正月上旬午,二月上旬亥,三月上旬申,四月上旬丑,五月上旬戌,六月上旬卯,七月上旬子,八月上旬巳,九月上旬寅,十月上旬未,十一月上旬辰,十二月上旬酉,称作"赤帝恒以开临下民而降其殃"的日子,这些日子"不可具为百事,皆毋所利"(睡甲 128 正、睡乙 134)。睡甲篇题为"行",睡乙无篇题。同样的篇章又见于孔简 108—110,篇题作"临日",但"赤帝"写作

---

[1] A. Seidel, "Traces of Han Religion in Funeral Texts Found in Tombs". 收入秋月观英(Akitsuki Kan'ei)编《道教と宗教文化》,平河出版社,1987 年,第 21—57 页。

[2] 班固:《汉书》,中华书局,1962 年,第 2413 页。

[3] 晏昌贵:《巫鬼与淫祀——楚简所见方术宗教考》,武汉大学出版社,2010 年,第 136 页。

[4] 胡文辉:《中国早期方术与文献丛考》,中山大学出版社,2000 年,第 133 页。

[5] 刘增贵:《秦简〈日书〉中的出行礼俗与信仰》,《"中研院"历史语言研究所集刊》第 72 本第 3 分,2001 年。

“帝”。郑刚以为此即《星历考原》卷四和《协纪辨方书》卷六中的临日。[1] 不过《星历考原》和《协纪辨方书》都只有时日吉凶的规定,而无赤帝或帝下临降殃的内容。《三术撮要》“万通历吉凶日图诀”有“杀星”,其运程为正月午,二月亥,三月申,四月丑,五月戌,六月卯,七月子,八月巳,九月寅,十月未,十一月辰,十二月酉。[2] 同样不见赤帝降殃的内容。

中国古史传说中,赤帝为古帝王,与黄帝同时。《逸周书·尝麦解》:“昔天之初,□作二后,乃设建典,命赤帝分正二卿,命蚩尤于宇少昊,以临四方,司□□上天未成之庆。蚩尤乃逐帝,争于涿鹿之河,九隅无遗。赤帝大慑,乃说于黄帝,执蚩尤杀之于中冀。”[3]但有的古书记载赤帝曾与黄帝交战,《大戴礼记·五帝德》记黄帝“与赤帝战于阪泉之野”[4]。银雀山汉简《孙子兵法》有“黄帝伐赤帝”篇题。[5] 不过,这个赤帝常常与炎帝相混,《太平御览》卷七九引《归藏》云:“昔黄神与炎神争斗涿鹿之野,将战,筮于巫咸,曰:果哉而有咎。”[6]《史记·五帝本纪》亦称:“(黄帝)与炎帝战于阪泉之野。”[7]《潜夫论》说:“有神龙首出常羊,感任姒,生赤帝魁隗。身号炎帝,世号神农。”[8]至于《日书》中的“赤帝”,饶宗颐

[1] 郑刚:《论睡虎地秦简日书的结构特征》,《中山大学学报》1993年第3期。

[2] 刘永明主编:《增补四库未收术数类大全》第十集《阴阳五行(一)》,江苏广陵古籍刻印社,1997年,第226页。

[3] 黄怀信等撰:《逸周书汇校集注》(修订本),上海古籍出版社,2007年,第731—732页。

[4] 王聘珍:《大戴礼记解诂》,中华书局,1983年,第118页。

[5] 银雀山汉墓竹简整理小组编:《孙子兵法》,文物出版社,1976年,第101页。

[6] 李昉等撰:《太平御览》,中华书局,1960年,第367—368页。

[7] 司马迁:《史记》,中华书局,1959年,第3页。

[8] 汪继培:《潜夫论笺校正》,中华书局,1985年,第389页。

以为五方、五色帝之一,属南方火。[1] 其说当是。《太平经》常有赤帝与南方丙丁日相配,亦为五方、五色帝之一。肩水金关汉简 73EJT23:966:“阳朔三年正月丁卯朔戊寅,肩水士吏政即日视事,日直赤帝,三阳长日,利以……”[2]阳朔三年当为公元前 22 年。所谓“日直赤帝”,是说这一天当赤帝值日。所谓“三阳长日”,尹湾汉简《行道吉凶》中“三阳”日。《行道吉凶》共有 16 支简,一支简书写标题“行道吉凶”,10 支简列出六十干支表并在每个干支下注明几阳几阴及某门,5 支简书写占断吉凶的说明文字。据刘乐贤的复原,戊寅为“三阳南门”,占测文字说:“行得三阳,又得其门,百事皆成。”“行得三阳,不得其门,行者忧,事亦成。”[3]肩水金关简所说的“三阳”显然与《行道吉凶》的“三阳”是一个意思。“长日”大概是指吉日一类。肩水金关简虽然没有直接说到“门”,但按五行配置,赤帝在南方,正与《行道吉凶》的南门相应。戊寅这一天既是“日直赤帝”(南门),又是“三阳长日”,当然是出行视事的大吉之日。肩水金关简后有残缺,但残存的“利以”二字,足以说明此日是出行的吉日。在这里,赤帝当为神煞。

我们现在来看第三个例子,是与“天”有关的。

壬申、癸酉,天以震高山,以取妻,不居,不吉。(睡甲 7 背壹)

壬申会癸酉,天以坏高山,不可取妇。(睡甲 147 背)

---

[1] 饶宗颐:《云梦睡虎地秦简日书研究》,载饶宗颐、曾宪通《楚地出土文献三种研究》,中华书局,1993 年,第 420—421 页。

[2] 甘肃简牍保护研究中心等编:《肩水金关汉简(贰)》,中西书局,2012 年,第 250 页。

[3] 刘乐贤:《悬泉汉简中的建除占“失”残文》,《文物》2008 年第 12 期。

壬申、癸酉,百事不吉,不可取妻。(孔简 175 壹)

简文中的"天"似乎具有某种神性,它可以"坏高山"。简文大概是说,壬申和癸酉是"天"震坏高山的日子,不可以娶妻。"天以坏/震高山"是作为"不可取妇"的原因和背景而出现的,可能具有某种神话背景,今已不可详考。同样的时日禁忌亦见于孔简 175 壹,但其中并无"天以坏/震高山"的内容,《日书》中的神话背景被消解了。

第四个例子与牵牛、织女神话有关:

戊申、己酉,牵牛以取织女而不果,不出三岁,弃若亡。(睡甲 3 背壹)

戊申、己酉,牵牛以取织女,不果,三弃。(睡甲 155 正)

戊申、己酉,以取妻,妻不出三岁,弃、亡。(孔简 175 贰)

牵牛本指天空的牛星宿(Cap β)。织女又称须女或婺女,相当于西方天文学上的 Lyr α。[1]《史记·天官书》说她是天帝的孙女,与牵牛星隔着银河相对。[2]《诗经·小雅·大东》:"维天有汉,监亦有光。跂彼织女,终日七襄。虽则七襄,不成报章。睆彼牵牛,不以服箱。"牵女、织女的神话本为星空神话,后演变为牛郎、织女神话,象征中国古代社会的男耕女织,为中国古代四大神话传说之一。从睡甲 3 背壹看,牵牛娶织女为妻,但这段婚姻没有维持多久,大概不到三年。简文中抛弃、离开的主语应该

[1] 陈遵妫:《中国天文学史》,上海人民出版社,2006 年,第 238、421—422 页。
[2] 司马迁:《史记》,中华书局,1959 年,第 1310—1311 页。

是妻,亦即织女,也就是说,牵牛娶织女后,不到三年时间,织女就抛弃了牵牛而离他而去。织女为什么要离开牵牛呢?简文没有讲。在后世的民间传说中,牛郎(牵牛)为凡间农夫,织女为天帝之女,她私自下凡,许嫁牛郎。此事引发天帝不满,责令织女回到天庭,从而导致婚姻破裂。[1]中国古代社会特别强调婚姻的长久,所谓“执子之手,与子偕老”,乃是一种理想的婚姻追求。牵牛、织女的爱情悲剧,在当时民间看来,是婚姻不吉祥的预兆,所以把这一神话故事作为在戊申、己酉日娶妻不吉利的背景和依据。[2] 但这个神话背景,在孔简中消失不见了。

我们要讨论的最后一个例子是关于禹取涂山之女的故事:

癸丑、戊午、己未,禹以取梌山之女日也,不弃,必以子死。(睡甲2背壹)

[癸]丑、戊午、己未,是禹之取梌[山之女为妻]之日也,必一子死。(香港25)

癸丑、戊午、己未以取妻,妻死,不,必弃。(孔简176贰)

简文中的“梌山”,传世文献多写作“涂山”,《说文解字》作“嵞山”。《尚书·益稷》:禹“娶于涂山,辛、壬、癸、甲”。这是以天干纪日,辛、壬、癸、甲是指连续的四天,与《日书》相合的只有癸丑这一天。简文中的戊午、己未是连续的两天,上距癸丑有七天,《周易》有“七日来复”的说法,

[1] 袁珂:《中国神话史》,上海文艺出版社,1988年,第315—321页。

[2] 赵逵夫:《由秦简日书看牛女传说在先秦时代的面貌》,《清华大学学报(哲学社会科学版)》2012年4期。

丁山认为殷人以十日为周期,周人则以七日为周期。[1] 新蔡葛陵楚卜筮祭祷简有"七日贞"的说法,其来源可能与二十八宿纪日有关。[2]《日书》中禹取梌山之女的日子涉及三个时日干支,也许是出于七日一周的传统。但也可能上古习俗娶妻需经过几个阶段,癸丑是禹娶梌山之女初聘的日子,戊午、己未则是正式娶妻的日子。文献缺载,已难得其详了。

传世文献多以禹娶涂山之女为婚嫁之吉日,《水经注·淮水》引《吕氏春秋》曰:"禹娶涂山氏女,不以私害公,自辛、壬至甲四日,复往治水。故江淮之俗以辛、壬、癸、甲为嫁娶日也。"[3]《说文解字》山部:"嵞,会稽山。一曰九江当涂也。民以辛、壬、癸、甲之日嫁娶。"[4]《日书》将禹娶梌山之女日视作嫁娶的凶日,是从夫妻感情和家庭维系的立场出发,因为禹娶妻不久即离家而去,当然不利于夫妻团聚和家庭的稳定,所以在这些日子娶妻,会有离异和死亡的灾难。这是从民间立场出发,强调个人的感情因素。《吕氏春秋》和《说文解字》所记,强调的是"不以私害公",这大概是官方推行移风易俗的结果,是一种官方的立场。但无论如何,二者的故事背景是相同的,都把禹娶梌山之女的日子作为嫁娶择日的背景和依据。在睡甲和香港藏汉简《日书》中,都把癸丑、戊午、己未称为"禹取梌山之女"的日子,但在孔简中,并没有这一类文字,与禹有关的传说故事被消解了。

上举五例,都是孔简消解睡简中所见神话故事作为择日背景和依据

[1] 丁山:《古代神话与民族》,商务印书馆,2005年,第148—150页。

[2] 晏昌贵:《巫鬼与淫祀——楚简所见方术宗教考》,武汉大学出版社,2010年,第228—229页。

[3] 郦道元著,陈桥驿校证:《水经注校证》,中华书局,2007年,第709页。

[4] 许慎:《说文解字》,中华书局,1963年,第191页下栏。

的例子,从中或可见随着时代的推移,《日书》中作为择日背景和依据的神灵有逐渐被消解而趋于消失的趋势。但孔简并非完全没有此类神灵,上举蚩尤是一个例子,下面再举二例,以说明孔简中仍具有作为择日背景和依据的神灵。

西大母以丁酉西不反(返),綸以壬戌北不反(返),禹以丙戌南不反(返),女过(娲)与天子以庚东不反(返)。(孔简 149 壹至 150 壹)

"西大母"当即西王母,西王母的传说在《山海经》中有多处记载,多与西方有关。据《西次三经》所记,"西王母其状如人,豹尾虎齿而善啸,蓬发戴胜,是司天之厉及五残"[1],为人兽合体的形象。西王母为汉代民间信仰的主要神灵,逐渐演变为长寿之神,成为汉代画像石中最为常见的表现题材之一。《太平经》所记"师策文"曰:"乐莫乐乎长安市,使人寿若西王母。"[2]无论传世文献还是出土的画像石资料,西王母常与西方相配[3],《日书》称"西大母以丁酉西不返",或许正是出于这种背景。《类编历法通书大全》卷五"建师人宅舍"有"丁酉西王母忌不西行"的说法[4],与《日书》相同。

[1] 袁珂校注:《山海经校注》,中华书局,1960 年,第 59 页。

[2] 王明编:《太平经合校》,中华书局,1960 年,第 62 页。

[3] [美]巫鸿著,柳扬、岑河译:《武梁祠——中国古代画像艺术的思想性》,生活·读书·新知三联书店,2006 年,第 125—157 页。

[4] 《四库全书存目丛书》子部 68,第 168 页。

“﨧”,当即古史传说中禹的父亲鲧。[1] 传说中鲧因为治水不力,被上帝流放在羽山而杀之。关于鲧的流放地羽山,杨宽认为即委羽之山,他引《淮南子·地形训》及高诱注为证,其地正在北方。[2]《庄子》等书说共工被流在幽都,顾颉刚、童书业认为共工就是鲧,幽都即《孟子》《尧典》等书中的“幽州”,其地亦在北方。[3] “﨧(鲧)以壬戌北不返”或即指此事。

“禹以丙戌南不返”,是指传说禹南巡至会稽而亡。[4]《史记·太史公自序》“二十而南游江淮,上会稽,探禹穴”,《集解》引张晏曰:“禹巡狩至会稽而崩,因葬焉。”[5]《日书》“禹以丙戌南不返”,当以此古史传说为背景。

禹在《日书》中出现的次数最多,涉及的范围最广,是《日书》最重要的神灵。在传世文献中,禹与治理洪水有关,他既是天神,从上帝那里得到“息壤”,“卒布土,以定九州”,从而为“山川主”。又是夏王朝的开创者,为古史传说的圣王。[6] 顾颉刚说:“战国秦汉之间,造成了两个大偶

---

[1] 陆平:《试释孔家坡汉简〈日书〉之“﨧”“禹”“女过”》,2007 年 8 月 25 日发表于简帛网(http://www.bsm.org.cn/show_article.php? id=704);刘乐贤:《释孔家坡汉简〈日书〉中的几个古史传说人物》,《中国史研究》2010 年第 2 期。

[2] 杨宽:《中国上古史导论》,载吕思勉、童书业编著《古史辨》第七册上编,上海古籍出版社,1982 年,第 329—336 页。

[3] 顾颉刚、童书业:《鲧禹的传说》,载吕思勉、童书业编著《古史辨》第七册下编,上海古籍出版社,1982 年,第 156—157 页。

[4] 湖北省文物考古研究所、随州市考古队编:《随州孔家坡汉墓简牍》,文物出版社,2006 年,第 146 页。

[5] 司马迁:《史记》,中华书局,1959 年,第 3294 页。

[6] 顾颉刚、童书业:《鲧禹的传说》,载吕思勉、童书业编著《古史辨》第七册下编,上海古籍出版社,1982 年,第 142—195 页。

像:种族的偶像是黄帝,疆域的偶像是禹。"[1] 在《日书》中,禹的形象已大为改观,他既非人祖,亦非圣王,而变成为一个巫者,是巫祝之宗主。[2] 由于这个原因,《日书》中有很多篇章都假托于禹,如"禹穷日""禹离日""禹须臾""禹步""禹符"等。[3]

"天子"也许是指伏羲[4],常被称作东方之神[5]。简文说他东不返,大概与此有关。"女过"读为"女娲"。睡甲 156 正壹:"作女子:月生一日、十一日、廿一日,女果以死,以作女子事,必死。""女果"也可能读作"女娲"。[6] 女娲是中国古代化育万物的女神,人面蛇身,一日中七十变。她创造了人类,建立了婚姻制度。当共工氏怒触不周山,使得"天柱折,地维绝"时,女娲又炼五色石以补苍天。关于女娲之死,据《山海经》记载,说女娲有一条肠子,化作了十个神人,住在栗广之野,他们的名字就叫"女娲之肠"。[7] 女娲与伏羲本是两个独立的神话,但在汉初的《淮南子》中已开始发生关系,在汉代画像石中,常有人首蛇身的伏羲和女娲的

---

[1] 顾颉刚:《战国秦汉间人的造伪与辨伪》,载吕思勉、童书业编著《古史辨》第七册上编,上海古籍出版社,1982 年,第 23 页。

[2] [日]工藤元男著,[日]广濑薰雄、曹峰译:《睡虎地秦简所见秦代国家与社会》,上海古籍出版社,2010 年,第 259—286 页;刘昭瑞:《考古发现与早期道教研究》,文物出版社,2007 年,第 223—224 页。

[3] 刘增贵:《秦简〈日书〉中的出行礼俗与信仰》,《"中研院"历史语言研究所集刊》第 72 本第 3 分,2001 年。

[4] 湖北省文物考古研究所、随州市考古队编:《随州孔家坡汉墓简牍》,文物出版社,2006 年,第 146 页。

[5] 常金仓:《伏羲女娲神话的历史考察》,《陕西师范大学学报(哲学社会科学版)》2002 年第 6 期。

[6] 睡虎地秦墓竹简整理小组编:《睡虎地秦墓竹简》,文物出版社,1990 年,第 207 页。

[7] 袁珂:《中国古代神话》,中华书局,1960 年,第 54—67 页。

画像。[1] 所以,孔简将女娲与伏羲联系在一起讲,是不足为怪的。

孔简另一例涉及神话背景的择日条文与申、酉日有关:

> 丙申、丁酉,天、地相去也;庚申、辛酉,汉、河相去也;壬申、癸酉,参、辰相去也。凡是日,不[可]取妻、嫁女及言事,不成。(孔简179—180)

简文涉及丙申、丁酉,庚申、辛酉,壬申、癸酉,一共有三组。所谓"相去",就是彼此离开的意思。此外,放甲24贰说:"凡甲申、乙酉绝天气,不可起土攻(功),不死必亡。"类似的说法亦见放乙308壹和孔简241。加上上文讨论过的戊申、己酉,以及壬申、癸酉,这五组时日干支在后世被称为"五离日",见于《医心方》所引《虾蟆经》[2]、《五行大义》引《河图》[3]、敦煌卷子[4]、《协纪辨方书》[5]等,兹将诸书所载列表如下:

表五:五离日异同表

干支	甲申、乙酉	丙申、丁酉	戊申、己酉	庚申、辛酉	壬申、癸酉
日书A	绝天气		牵牛以取织女而不果		天以震/坏高山
日书B		天地相去		汉河相去	参辰相去
虾蟆经	人民离	江河离	天地离	禽兽离	鬼神离

[1] 闻一多:《神话研究》,巴蜀书社,2002年,第49—129页。

[2] [日]丹波康赖编撰,沈澍农主编:《医心方校释》,学苑出版社,2001年,第251页。

[3] 萧吉著,钱杭点校:《五行大义》,上海书店出版社,2001年,第47页。

[4] 黄永武主编:《敦煌宝藏》第32册,新文丰出版公司,1986年,第438页。

[5] 允禄等撰,谢路军主编,郑同点校:《协纪辨方书》,华龄出版社,2009年,第751—752页。

续表

干支	甲申、乙酉	丙申、丁酉	戊申、己酉	庚申、辛酉	壬申、癸酉
河图	天地离	日月离	人民离	金石离	江河离
敦煌占书	天地离	日月离	人民离	金石离	江河离
协纪辨方书	日月离	阴阳离	人民离	金石离	江河离

上表“日书”一栏综合了几种不同的《日书》,日书A取自放简和睡简,日书B则据孔简。我们在前文中已经说明了戊申、己酉娶妻不吉的神话背景乃在于“牵牛取织而不果”,那么其他说法有没有类似的神话背景呢,回答是肯定的。《左传》昭公元年记载,晋侯有疾,卜人占卜为实沈、台骀为祟,史官不知此二神的来历,以问子产,子产回答说:

> 昔高辛氏有二子,伯曰阏伯,季曰实沈,居于旷林,不相能也,日寻干戈,以相征讨。后帝不臧,迁阏伯于商丘,主辰。商人是因,故辰为商星。迁实沈于大夏,主参,唐人是因,以服事夏商。[1]

参、辰本二星宿名,参宿为西方七宿之一,有七颗星,相当于西方天文学上的 Ori ζ、ε、δ、α、γ、κ、β。辰即大火,亦即心宿,为东方七宿之一,有三颗星,相当于西方天文学 Sco σ、α、τ。参、辰二星宿对指导古代农业生产具有重要意义,《尚书·尧典》称:“日永星火,以正仲夏。”“火”即大火星。[2]《夏小正》说:正月“初昏参中”,“五月参则见”,八月“参中则

[1] 杨伯峻注:《春秋左传注》(修订本),中华书局,1990年,第1217—1218页。

[2] 孔安国传,孔颖达疏:《尚书正义》(十三经注疏本),中华书局,1980年,第119页。

旦”。[1] 由于这两颗星在天空星象上相距遥远，因而产生了“参、辰相去”的神话，这也是中国古代星空神话之一种。后演变为历史神话，分别附会为高辛氏的二个儿子阏伯和实沈，又演变为虞夏和殷商的星神。《日书》中的“参、辰相去”当以此神话为背景。

《日书》中的“天、地相去”可能与天地开辟的神话有关。关于中国古代天地开辟的神话，《楚辞·天问》说：“上下未形，何由考之？”[2]可见神话传说中的天与地最初是未分离的。《淮南子·精神训》说：“古未有天地之时，唯象无形，窈窈冥冥，有二神混生，经天营地，于是乃别为阴阳，离为八极。”高诱注：“二神，阴阳之神也。”[3]这是说古时天地未分，后有阴阳二神，使得天地发生分离。中国古代比较完整的天地开辟神话是盘古开天地的故事，天地分离的主角变成人格化的盘古，《太平御览》卷二引《三五历记》：“天地浑沌如鸡子，盘古生其中。万八千岁，天地开辟，阳清为天，阴浊为地。盘古在其中，一日九变。”[4]

至于“汉、河相去”，大概也有其神话背景，只不过书缺有间，已不可得而详了。

《日书》将时日吉凶与神话联系起来，时日吉凶的背后有其神话背景，时日之所以具有吉凶的含义，是因为神灵在背后起作用，这是将时间神圣化的途径之一。但在后世的发展过程中，时日吉凶用五行干支来解释，神话背景消失了。在择日方术的解释系统中，五行取代了神灵，神灵也逐渐从择日方术中被消解了。观察上表，《虾蟆经》以戊己配天地，壬

[1] 王聘珍：《大戴礼记解诂》，中华书局，1983年，第29、37、44页。
[2] 洪兴祖撰，白化文点校：《楚辞补注》，中华书局，1983年，第86页。
[3] 何宁：《淮南子集释》，中华书局，1998年，第503—504页。
[4] 李昉等撰：《太平御览》第2册，中华书局，1960年，第8页下栏。

癸配鬼神,这种搭配,大概是因为按五行系统的说法,戊己在中央,象征天地。壬癸为北方,象征鬼神。而在敦煌占书中,戊己配人民,庚辛配金石,壬癸配江河,这三条在《协纪辨方书》中被固定下来,原因就在于:在五行干支中,庚辛配西方金,壬癸配北方水,至于戊己配人民,大概是为了突出"人"的重要性,使之位于中央,地位更显重要。上表中的时日规定,各"离日"与干支搭配均涉及申、酉。《五行大义》解释说:"申、酉,阴之所凑,肃杀之方,日月皆没于其所,西方少阴衰老之处,物之所恶,故以为离。"[1]《协纪辨方书》卷三《义例》"五离"条引曹震圭说:"五离者,是阴阳重会之辰,再合则离也。"[2]皆以阴阳五行、干支对冲为说。这种解释,与《日书》中的神话背景大异其趣,神灵被五行所取代,神灵被消解了。决定时日吉凶的支配力量不再是神灵,而是与五行有关的"数"。

五、结论

目前考古发现的比较完整的《日书》,有战国楚简九店《日书》,战国秦地出土的放马滩秦简《日书》,战国楚地出土的睡虎地秦简《日书》和楚地出土的孔家坡汉简《日书》,四种不同时代和地域的《日书》所揭示的鬼神结构和性质并无本质区别,说明战国秦汉时代不同地域的民众的鬼神信仰是大体相同的。作为战国秦汉时期民间流行的通俗读物,《日书》鬼神的结构等级与《周礼》所载大致相同。《日书》疾病占卜中的鬼神表现

[1] 萧吉著,钱杭点校:《五行大义》,上海书店出版社,2001年,第48页。
[2] 允禄等撰,谢路军主编,郑同点校:《协纪辨方书》,华龄出版社,2009年,第118页。

出一种规范化、整齐化的倾向，反映在《日书》中的五帝以及其他鬼神与五行的搭配上，与传世文献《月令》的做法如出一辙。一般认为，《周礼》和《月令》代表的是官方的信仰系统。从这一角度看，《日书》鬼神信仰不限于某一地区和某一社会阶层，而是通行于全国的社会各阶层的"共同宗教"(common religion)。[1]

战国秦汉时期，随着阴阳五行学说的兴起，出现了一种关联性的宇宙模式，在这种宇宙秩序下，各种鬼神似乎都被局限在他们各自的特殊位置之中，同时也被分配了一定的功能和角色，从而成为宇宙秩序的一环。[2]鬼神不再具有支配作用，它的地位和作用被降低了。

类似的情形，在《日书》"诘"篇中亦得到很好的反映。"诘"篇的主旨乃是以各种方术手段对付为咎于人的鬼神物怪。从"诘"篇描述的语言看，作者似乎具有一种轻松闲适的态度和幽默的笔法，对那些为咎作祟的鬼神并无多少敬畏恐惧心态。从其结果看，"诘"篇 70 条记录，出现"止"的情形最多，有 24 次；其次是"已"，15 次；"不来"，11 次；其他"去"4 次，"无殃""不害"各 2 次。凡此皆表明，为咎作祟的鬼神物怪是可以被控制、驱除的。

《日书》主体部分是记录时日之吉凶，以供人们日常生活中趋吉避凶择日之需。时日之所以具有吉凶的含义，最初可能是出于实际生活的经验总结，其中的很大部分，来自祖先亡灵的死日禁忌和神话传说中诸神的忌日。换言之，时日的吉凶乃是由神灵所支配。战国秦汉时期阴阳五行

---

[1] D. Harper, "Warring States, Ch'in, and Han periods", in "Chinese Religions: the state of the field—4000B.C.E.to 220C.E.", ed. Daniel L. Overmyer, *The Journal of Asian Studies*, 54:1(1995), pp.156-158.

[2] [美]本杰明·史华兹著，程钢译：《古代中国的思想世界》，江苏人民出版社，2004 年，第 380—387 页。

学说兴起,时日的吉凶被赋予新的解释,支配时日吉凶的,在很大程度上,不再是神灵,而是五行的生克变化。原来作为择日背景和依据而出现的鬼神,逐渐被消解,取而代之的,是在五行系统解释背景下的神煞。

附记:本文曾由夏德安(Donald Harper)教授翻译成英文,收入夏德安和马克主编《早期中国的命书与民间文化》一书(Donald Harper & Marc Kalinowski eds., *Books of Fate and Popular Culture in Early China: The Day-book Manuscrpts of the Warring States, Qin, and Han.* Boston, Brill, 2017, pp.207-247)。现征得二位主编的同意,将中文原稿略作修订,发表于此。

《里耶秦简（壹）》所见火烧残简及相关问题

巨正兴

（首都师范大学历史学院 北京 100089）

里耶秦简牍是秦代洞庭郡属迁陵县的县廷档案数据，总数达 36000 枚之多，其中书有文字的共有 17000 余枚。据《里耶发掘简报》介绍，其内容主要包括“政令、各级政府之间的往来文书、司法文书、吏员簿、物资（含罚没财产）登记和转运、里程书”[1]。据陆续公布的相关简牍资料来看[2]，这些内容的涉及范围很广，主要有文书传递和开启制度、土地税收、基层吏员设置和考核制度、刑徒的管理制度、仓储和廪食制度等，“涉及当时社会的各个层面”[3]。简牍反映的年代，大致是秦始皇称帝前两

[1] 湖南省文物考古研究所、湘西土家族苗族自治州文物处、龙山县文物管理所：《湖南龙山里耶战国——秦代古城一号井发掘简报》，《文物》2003 年第 1 期。

[2] 湖南省文物考古研究所、湘西土家族苗族自治州文物处：《湘西里耶秦代简牍选释》，《中国历史文物》2003 年第 1 期；湖南省考古文物研究所编著：《里耶发掘报告》，岳麓书院，2007 年；湖南省文物考古研究所编著：《里耶秦简（壹）》，文物出版社，2012 年；宋少华、张春龙、郑曙斌、黄朴华编著：《湖南出土简牍选编》，岳麓书社，2013 年。

[3] 湖南省考古文物研究所编著：《里耶发掘报告》，岳麓书社，2007 年，第 179 页。

年(即简文中出现的廿五年)至秦二世二年的这段历史时期。《里耶秦简(壹)》所公布的简牍共有 2627 枚。[1] 据笔者初步统计,有明显灼烧痕迹的简牍有 80 余枚[2],这些火烧残简的存在说明秦代时基层官署档案的管理中有一定的销毁制度,本文拟以《里耶秦简(壹)》中所见烧残简为考察对象,从其内容及反映的时代入手,就秦代官署档案管理制度中的相关问题做一简单的说明。今不揣谫陋,妄陈管见,敬祈师长同学批评指正。

一、火烧残简的年代考察

一般来讲,越是灼烧痕迹明显残损严重的简牍,则越是废弃前人为销毁时认为保存年限已到或是保存价值不大的,也是需要集中处理的。据笔者查阅,《里耶秦简(壹)》刊布的有明显灼烧痕迹的 80 余枚简牍,可按照其所载年代信息的可考程度分为三类:

第一类,简文有明确纪年的简牍;

第二类,简文无明确纪年,可据所载其他信息判断年代的简牍;

第三类,残损严重无法识别简文或无法从简文信息判断年代的简牍。

现参照《里耶秦简牍校释(第一卷)》[3]将第一类与第二类简牍的简

[1] 湖南省文物考古研究所编著:《里耶秦简(壹)》,文物出版社,2012 年。

[2] 这 80 余枚火烧残简从刊布的图版数据考察并无再次利用的痕迹,可能是其作为文书档案具有一定的保存价值,在其销毁之前不允许随意改动或移作他用,这或许也是秦代档案保存制度中的相关规定。

[3] 陈伟主编:《里耶秦简牍校释(第一卷)》,武汉大学出版社,2012 年。

文分表罗列,并对其年代进行简单的判断。第三类简牍不再罗列。

简文有明确纪年的简牍:

简号	反映年代信息的关键信息	年代判断
8-133	廿七年八月甲戌朔壬辰,酉阳具狱史启敢□☐	秦始皇廿七年八月
8-985	廿八年六月丙戌,司空长,佐却符发弩守攀探	秦始皇廿八年六月
8-686+8-973	廿九年八月乙酉,库守悍作徒薄	秦始皇廿九年八月
8-1146	廿九年九月戊午,貳春□☐	秦始皇廿九年九月
8-473	卅年七月丁巳朔戊☐	秦始皇卅年七月
8-1279	【卅】年八月丙戌朔癸卯□☐	秦始皇卅年八月
8-1143+8-1631	卅年八月貳春乡作徒薄	秦始皇卅年八月
8-196+8-1521	卅一年五月壬子朔丁巳,都乡□☐	秦始皇卅一年五月
8-2011	卅一年五月壬子朔壬戌,都乡守是徒薄	秦始皇卅一年五月
8-2034	卅一年后九月庚辰朔壬寅,少内守敞作徒薄	秦始皇卅一年后九月
8-693	卅二年二月丁未☐	秦始皇卅二年二月
8-1207+8-1255+8-1323	卅三年正月庚午朔己丑,貳春乡守吾作徒薄	秦始皇卅三年正月
8-697	卅三年三月辛☐	秦始皇卅三年三月
8-1537	卅三年七月己巳朔甲戌,都乡守壬爰书	秦始皇卅三年七月
8-1800	卅三年七月己巳朔甲申,令佐☐	秦始皇卅三年七月

简文无明确纪年,可据所载其他信息判断年代的简牍:

简号	反映年代信息的关键信息	年代范围判断[1]
8-210	☐□□令史除、佐朝杂堤(题)迁陵丞欧前	秦始皇廿八年
8-867	☐夫、佐却当坐□☐	秦始皇廿七年至卅二年
8-1046	☐稟令史諯四日□☐Ⅰ☐史尚视平。☐	秦始皇卅一年
8-1156	☐□丁巳仓歜敢言☐	秦始皇卅三年
8-1177	☐史感、稟人援出稟隶妾庇Ⅰ☐尚视平。感【手】。	秦始皇卅一年
8-1340	☐乡守吾作徒薄(簿)。受司空白粲一人,病。	秦始皇卅三年
8-1436	☐饶手。	秦始皇廿九至卅一年
8-1980	☐吾手。	秦始皇卅三年
8-1991	☐田手。	秦始皇卅年

从年代上来看,这 80 余枚残简中所载时间最早的是简 6-10,其简文是:

> □成不更小黄亥自占,以廿五年三月丁未以城□☐Ⅰ
> ……Ⅱ6-10

但从简文来看廿五年三月丁未是东成县小黄里的不更亥自己向官府申报土地或者其他内容的一个参考时间,而不是简文书写的时间,因此只能算追叙时间不能算简文反映出的最早时间,故没有将其列入上表中。

简 8-133 所载:"廿七年八月甲戌朔壬辰"当为最早时间,此简中虽

[1] 此类简牍相对年代的判断主要参考李若飞《〈里耶秦简(壹)〉人名编年研究》,首都师范大学硕士学位论文,2016 年。

有“廿六年三月甲午”的记载,但从其简文所载的内容分析,这个时间是书写者的追叙时间而不是文书的书写时间,因此不能算是最早时间。最晚的是简 8-1537:“卅三年七月己巳朔甲戌”和简 8-1800:“卅三年七月己巳朔甲申”,根据干支顺序可知甲戌为 6 日而甲申为 17 日,因此简 8-1800 所载时间较晚。

这批已知火烧残简中很有可能有年代早于廿七年或者晚于卅三年的简,因为残损严重,或是已经直接完全销毁,时代信息没有保存下来,我们无法准确断定其反映年代的范围,但是余下的有时代信息的简为我们的大致判断提供了参照依据。因此可以大致推断这批烧残简反映的年代范围为秦始皇廿七年至卅三年。

二、火烧残简的内容分析

里耶秦简是秦代的基层官署文书档案数据,其内容涵盖的范围很广,主要有“人口、土地、赋税、吏员、刑徒的登记及增减和原因,仓储管理和粮食俸禄的发放,道路、邮驿、津渡的管理与设备添置,兵器的管理和调配,中央政府政令的转达和执行,民族矛盾、民事纠纷的处理等”[1]。《里耶秦简(壹)》所刊布的简牍“涵括户口、土地开垦、物产、田租赋税、劳役徭役、仓储粮钱、兵甲物资、道路里程、邮驿津渡、奴隶买卖、刑徒管理、祭祀先农以及教育、医药等相关政令和文书”[2]。《里耶秦简(壹)》中所见的

[1] 湖南省考古文物研究所编著:《里耶发掘报告》,岳麓书社,2007 年,第 179 页。
[2] 湖南省考古文物研究所编著:《里耶秦简(壹)》,文物出版社,2012 年,第 6 页,“前言”。

火烧残简也不出这些内容,从其内容上来看,仅仅是如上内容中的某一种或几种的集中体现,主要可以分为:作徒簿、法令文书、仓储廪食、赀罚记录、少内相关五类。

《里耶秦简(壹)》中所见的80余枚火烧残简中残损度很大以致无法识别简文的有:

8-1157、8-1261、8-1408、8-1473,共计4枚。

残损严重致简文识别度低而无法判断其内容性质的有:

6-6、8-329、8-614、8-710、8-1056、8-1156、8-1186、8-1208、8-1378、8-1407、8-1693、8-1740、8-1799、8-1807、8-1825、8-1909、8-1968、8-1980、8-1991、8-2324、8-2326、8-2338、8-2339、8-2353、8-2375、8-2386、8-2396、8-2405、8-2419、8-2485、8-2509、8-2527、8-2546、8-2548,共计35枚。

余下简牍虽然残损状况各不相同,但是至少能从残存简文中大致判断出其内容分类。现依照《里耶秦简牍校释(第一卷)》将其简号与简文按分类罗列,不再注明出处。

(一)作徒簿

此类性质的简牍在里耶秦简中出现的频率比较高,据笔者查阅《里耶秦简(壹)》中所刊布的有90余枚,而有明显灼烧痕迹的有17枚。作徒簿是对徒隶授受和劳作情况的记录,记录的一般形式是:年、月、日、经办单位、主管官吏。[1] 从其文书内容来看一般分为三部分:“接受刑徒的明细及数量、对接受刑徒所做工作的具体分工、部门长官针对上级的汇报文字。”[2]高震寰先生指出:“刑徒劳作况,每尽一月及每尽一年,也许还有每季或半年,要查核并建档保存。”[3]《里耶秦简(壹)》即有关于作徒簿及冣的记载:

作徒薄(簿)及冣卌一☑ 8-815

卅一年五月壬子朔辛巳,将捕爰,叚(假)仓兹敢Ⅰ言之:上五月作徒簿及冣(最)卅牒。敢言Ⅱ之。Ⅲ 8-1559

胡平生先生认为“冣”的意思为“总计,合计”[4],以此看来作徒的接受单位每月月末将本月作徒情况汇总并与每天的作徒簿一起上报。

简号	简文
8-196+8-1521	卅一年五月壬子朔丁巳,都乡□☑Ⅰ受司空城旦一人,仓隶妾二人,□☑Ⅱ(正) ☑□☑Ⅰ五月丁巳旦,佐初以来。/欣发。☑Ⅱ(背)
8-697	□月己亥,司空□作□☑Ⅰ□一人有逮☑Ⅱ□人□兵☑Ⅲ一人吏养□☑Ⅳ(正) 卅三年三月辛☑Ⅰ□□月己亥旦□☑Ⅱ(背)

[1] 湖南省文物考古所:《龙山里耶秦简之徒簿》,载中国文化遗产研究院编《出土文献研究》第12辑,中西书局,2013年,第129页。

[2] 沈刚:《〈里耶秦简(壹)所见作徒管理问题探讨〉》,《史学月刊》2015年第2期。

[3] 高震寰:《从里耶秦简壹“作徒簿”管窥秦代刑徒制度》,载中国文化遗产研究院编《出土文献研究》第12辑,中西书局,2013年,第140页。

[4] 胡平生:《也说“作徒簿及最”》,2014年5月31日发表于简帛网(http://www.bsm.org.cn/show_article.php? id=2026)。

续表

简号	简文
8-780	三人负土:轸、干人、央刍。A Ⅰ二人取城□柱为甄庑:贺、何。A Ⅱ 三人病:骨、駠、成。A Ⅲ一人徒☐B
8-686+ 8-973	廿九年八月乙酉,库守悍作徒薄(簿):受司空城旦四人、丈城旦一人、舂五人、受仓隶臣一人。·凡十一人。A Ⅰ城旦二人缮甲□□。A Ⅱ城旦一人治输□□。A Ⅲ城旦一人约车:登。A Ⅳ丈城旦一人约车:缶。B Ⅰ隶臣一人门:负剧。B Ⅱ舂三人级:姱、□、娃。B Ⅲ廿廿年上之☐C(正) 八月乙酉,库守悍敢言之:疏书作徒薄(簿)牒北(背)上,敢言之。逐手。Ⅰ乙酉旦,隶臣负解行廷。Ⅱ(背)
8-1143+ 8-1631	卅年八月贰春乡作徒薄(簿)。A Ⅰ城旦、鬼薪积九十人。A Ⅱ仗城旦积卅人。A Ⅲ舂、白粲积六十人。A Ⅳ隶妾积百一十二人。A Ⅴ·凡积二百九十二人。B Ⅰ☐卅人甄。B Ⅱ☐六人佐甄。B Ⅲ☐廿二人负土。B Ⅳ☐二人□☐瓦。B Ⅴ☐
8-1146	廿九年九月戊午,贰春□☐Ⅰ其一人学甄:贺。☐Ⅱ四人负土:臧、成、駠、骨。☐Ⅲ
8-1161	☐【鬼】薪六人☐
8-1207+8-1255+8-1323	卅三年正月庚午朔己丑,贰春乡守吾作徒薄(簿):受司空白粲一人,病。
8-1259	一人禀人:廉。Ⅰ一人求输羽:强。Ⅱ二人病:贺、滑。Ⅲ一人徒养:央刍。Ⅳ(正) ☐带手。(背)
8-1279	【卅】年八月丙戌朔癸卯□☐Ⅰ城旦、鬼薪三人。☐Ⅱ仗城旦一人。☐Ⅲ舂、白粲二人。☐Ⅳ隶妾三人。☐Ⅴ
8-1340	☐乡守吾作徒薄(簿)。受司空白粲一人,病。☐
8-1472	☐□武陵庇。A Ⅰ一人取菅:乙。☐B Ⅰ一人与令史上上计□□ B Ⅱ(正) ☐□敢言之。☐(背)

续表

简号	简文
8-1531	☐□宛。A Ⅰ☐□□追。A Ⅱ☐□□□A Ⅲ二人毄(繫)舂。B Ⅰ二人织:欧、娄。B Ⅱ四人级:不耆,宜、劾、它人。B Ⅲ二人与上功吏:皆、狼。B Ⅳ二人求菌:受、款。B Ⅴ(正) ☐□上敢言之。/□手。(背)
8-1742+ 8-1956	☐子贰乡守吾作徒薄(簿):受司空白粲一人,病。
8-2008	一人□:【朝】A Ⅰ一人有狱讯:目。A Ⅱ一人捕鸟:城。A Ⅲ一人治船:庇。B Ⅰ一人为作务:且。B Ⅱ一人输备弓:具。B Ⅲ……(正) 后九月丙寅,司空□敢言☐(背)
8-2011	卅一年五月壬子朔壬戌,都乡守是徒薄(簿)。☐Ⅰ受司空城旦一人、仓隶妾二人。☐Ⅱ一人捕献。☐Ⅲ二人病。☐Ⅳ(正) 五月壬子,都乡守是□□□☐Ⅰ五月壬子旦,佐初以来。/气发。☐Ⅱ(背)
8-2034	卅一年后九月庚辰朔壬寅,少内守敞作徒薄(簿):受司空鬼薪☐Ⅰ其五人求羽:吉、□、哀、瘳、嬗。一人作务:宛。☐Ⅱ后九月庚辰朔壬寅,少内守敞敢言之:上。敢言之。/☐Ⅲ(正) 后九月壬寅旦,佐□以来。/尚发。☐(背)

(二)法令文书

这类性质的简牍在里耶秦简中是大量存在的,其包含的内容广泛,主要有沓书、真书、腾书、移书、别书、爰书、公文、律令等。这批烧残简中所见的法令文书主要有以下内容:

简号	简文
6-10	□成不更小黄亥自占,以廿五年三月丁未以城□☐Ⅰ……Ⅱ
8-114	□当气(乞)鞫☐
8-133	或沓。廿六年三月甲午,迁陵司空得、尉乘□☐Ⅰ卒真薄(簿)☐Ⅱ 廿七年八月甲戌朔壬辰,酉阳具狱史启敢□☐Ⅲ 启治所狱留须,敢言之。·封迁陵丞☐Ⅳ(正) 八月癸巳,迁陵守丞陉告司空主,听书从事☐Ⅰ起行司空☐Ⅱ 八月癸巳水下四刻走贤以来。/行半。☐Ⅲ(背)
8-136+ 8-144	☐□月己亥朔辛丑,仓守敬敢言之:令下覆狱沓迁陵隶臣邓Ⅰ☐□□名吏(事)、它坐、遣言。·问之有名吏(事),定故旬阳隶臣,以约为Ⅱ☐□□Ⅲ史,有沓耐辠以上,毄(繫)迁陵未夬(决),毋遣殹。谒报覆狱治所,敢言Ⅲ(正) ☐□□刻刻下六,小史夷吾以来。/朝半。尚手。(背)
8-473	卅年七月丁巳朔戊☐Ⅰ论,论言史(事)如☐Ⅱ
8-611	……Ⅰ丞主移【真】☐Ⅱ告主。/缓手。☐Ⅲ言毋留薄(簿)☐Ⅳ
8-867	☐夫、佐却当坐□☐ 8-867
8-985	居赀士五(伍)高里恶租。☐Ⅰ廿八年六月丙戌,司空长,佐却符发弩守攀探、迁陵拔前,以为洞庭☐Ⅱ
8-1114+ 8-1150	☐传畜官。贰春乡传田官,别贰春亭、唐亭。□☐
8-1436	☐敢言之。令Ⅰ☐毋当令者。Ⅱ(正) ☐饶手。(背)
8-1796	都乡黔首毋不平苦者。
8-1800	卅三年七月己巳朔甲戌,都乡守壬爰书:高里士五(伍)武自□☐Ⅰ典绾□☐Ⅱ 8-1537 卅三年七月己巳朔甲申,令佐☐Ⅰ□、□、喜、成、典贩皆☐Ⅱ 8-1800

续表

简号	简文
8-1807	丹阳士五(伍)下里申。☐
8-1954	☐□司空朩□,朩□下真书
8-1973	☐当计。Ⅰ☐已付都乡。胥手。Ⅱ
8-2083	☐失期九日。Ⅰ☐□□【行事】。Ⅱ

(三)仓储廪食

此类性质的简牍也频繁出现于里耶秦简之中。其主要是县属仓的粮食支出情况及相关活动的记录,反映的是秦代仓储管理制度中的相关制度。

简号	简文
8-1046	☐禀令史譊四日□☐Ⅰ☐史尚视平。☐Ⅱ
8-1156	☐□丁巳仓歜敢言☐Ⅰ☐□□如以□☐Ⅱ
8-1177	☐史感、禀人援出禀隶妾庇Ⅰ☐尚视平。感【手】。Ⅱ
8-1505	☐貣更戍☐
8-2235	粟米一石九斗少半斗。·世……Ⅰ当阳□□☐Ⅱ 8-2235
8-2339	☐仓八人买□☐

(四)赀罚记录

赀罚主要是对“经济和政治等方面的过失和一般违法行为”的经济

处罚,其针对的很可能侧重于地方官吏和有爵位的基层民众。[1] 其处罚形式主要有缴纳组、盾、甲等若干等级。

简号	简文
8-11	赀一甲二☐
8-34	西巫里夫练属五百朱□□□□☐
8-420	☐□甲二买爵☐Ⅰ☐□甲廿四未归。☐Ⅱ☐□甲八未归。☐Ⅲ☐二未归。☐Ⅳ
8-693	卅二年二月丁未☐Ⅰ赀一人……☐Ⅱ(正) 发(背)
8-1191	阳里公士错。百一十六☐
8-2274	☐□赀赎责(债)没负偿赍☐

(五)少内相关

少内是县廷主管钱财的机构,为县列曹之一。也有学者指出:"少内在行政上受县的管辖,业务上受其监督却不受其管辖。"[2]而少内的职责主要是负责赋税及县廷钱财的管理。

简号	简文
8-527	少内。☐(正) 迁陵以邮利足行洞☐(背)

[1] 吕名正:《秦律赀罚制述论》,《中南民族学院学报》1982年第3期。
[2] 罗开玉:《秦国"少内"考》,《西北大学学报》1981年第3期。

续表

简号	简文
8-1233+ 8-1512	☐□朔甲午,少内沈付郦☐
8-2118	☐□亭□☐Ⅰ ☐□少内,少内传☐Ⅱ

以上是对《里耶秦简(壹)》中所见的火烧残简内容的一个简单的分类,由于其中一部分的简牍残损严重致简文识别度低而无法判断其内容性质或残损严重无法对其释文进行准确的归类,因此笔者在处理这些火烧残简的分类上会有一些不当之处,但我们也可大致看出其在有些内容上相对集中的特点。

三、火烧残简所反映的相关问题

(一)火烧残简的销毁原因

《里耶秦简(壹)》所公布的有明显灼烧痕迹的简牍大致有 80 枚,推究这批简牍被火烧的原因有两种情况,一是人为地有目的地销毁,二是偶然性失火。但就其出土地——J1 的堆积状况和自然条件来看偶然失火的可能性不大。

这批简的具体出土地是里耶一号井,关于一号井的废弃及堆积形成的时间,《湖南龙山里耶战国——秦代古城一号井发掘简报》中认为:“除第⑤层出土数枚残断楚简,第⑥层至⑰层均为秦代木质简牍,为秦王政二十五年至秦二世二年时物。再综合出土陶器的时代特征,J1 开凿和使用及废弃可以分为 4 个阶段:(1)第⑱层是建造井时铺垫的砂石,属于战国楚末年;(2)第⑰多淤泥和汲水罐碎片,层面平整(仅于其层表面发现的几枚简牍当是后来混入),应当是使用时形成,属楚末年和秦代;(3)第⑯层至第⑤层为秦末废弃堆积,属秦末;(4)第④层以上为废弃后堆积,属秦末至西汉初年。"[1]而刘瑞先生认为:"不排除报告提出 J1 在不超过三个月内完成填埋的可能,但 J1 跨年度甚至是跨多年完成填埋的可能性同样不能排除,或者这种可能性更大。而就 J1 内出土的 37000 枚秦楚简牍讲,其应填埋于西汉时期的多次填埋过程之中。"[2]但就陆续发表的 J1 中简牍的出土情况来看,其时间和内容上都是杂乱无章的,简牍所在的⑤到⑯层在秦末一次性堆积的可能性更大。但无论 J1 是废弃于秦末还是西汉,4 层及以上为废弃后堆积,属秦末至西汉时期,所以井坑存在沿用的可能性[3],或是 J1"作为汉代水井的可能性不仅同样存在,且不能排除"[4]。出土简牍第 5 层至第 16 层堆积在这两种情况下都不存在自然起火的条件。

关于 J1 中所出简牍的废弃原因,《湖南龙山里耶战国——秦代古城

[1] 湖南省文物考古研究所、湘西土家族苗族自治州文物处、龙山县文物管理所:《湖南龙山里耶战国——秦代古城一号井发掘简报》,《文物》2003 年第 1 期。

[2] 刘瑞:《里耶古城 J1 埋藏过程试探》,载中国社会科学院考古研究所主编《里耶古城·秦简与秦文化研究:中国里耶古城·秦简与秦文化国际学术研讨会论文集》,科学出版社,2009 年,第 97 页。

[3] 湖南省考古文物研究所编著:《里耶发掘报告》,岳麓书社,2007 年。

[4] 刘瑞:《里耶古城 J1 埋藏过程试探》,载中国社会科学院考古研究所主编《里耶古城·秦简与秦文化研究:中国里耶古城·秦简与秦文化国际学术研讨会论文集》,科学出版社,2009 年,第 93 页。

一号井发掘简报》认为:“其简牍的埋藏应是秦末动乱之时,政务不修,以致随意弃置于水井之中。”[1]但也有学者认为是:“从里耶秦简的出土情况看,对此解释存在着另一种可能,即处简牍于井中是当时秦地方官署对废弃官档文书的处置手段,是官方有意识有制度的行为。”[2]走马楼吴简是发现于古井之中的官署档案资料[3],湖南益阳兔子山遗址出土的简牍也是发现于古井之中的一批楚国和秦代简牍官署档案数据[4]。从这种情况上来看,将文书废弃于井很有可能是古代档案废弃的一种方式。从里耶J1出土的火烧残简来看,档案的销毁制度应当是存在的,是档案废弃制度中的一个重要方式。

J1中火烧残简的销毁时间早于J1中其他简牍的废弃时间。这批简销毁之后与其他简牍在秦末时一次性废弃于J1之中。其销毁时间当早于秦末。由于《里耶秦简(壹)》只是公布了部分简牍的图版信息,所以无法确定这类火烧残简的数量,也很难就其具体销毁时间来下结论。但从已知的这批火烧残简来看,时间相对集中于秦始皇廿七年至卅三年是比较明显的特征。

(二)火烧残简与档案的副本制度

档案的副本制度是我国古代档案管理制度发展中的创新,有学者指

[1] 湖南省文物考古研究所、湘西土家族苗族自治州文物处、龙山县文物管理所:《湖南龙山里耶战国——秦代古城一号井发掘简报》,《文物》2003年第1期。

[2] 黄海烈:《里耶秦简与秦地方官署档案管理》,《黑龙江史志》2006年第1期。

[3] 胡平生、宋少华:《长沙走马楼吴简概述》,《传统文化与现代化》1997年第3期。

[4] 张春龙、张兴国:《湖南益阳兔子山遗址九号井出土简牍概述》,《国学学刊》2015年第4期。

出这种制度创立于西周时期。[1] 但此时的副本制度大概只是存在于周王朝的中央政府,据《礼记》记载:

"厥明,乡老及乡大夫群吏献贤能之书于王,王再拜受之,登于天府,内史贰之。"[2]

"凡邦之大盟约,莅其盟书,而登之于天府。大史、内史、司会及六官皆受其贰而藏之。"[3]

"司寇及孟冬祀司民之日献其于王,王拜受之,登于天府。内史、司会、冢宰贰之。"[4]

"贰之"即是副写,天府中藏文书档案原本,而内史及其他中央官署保留副本。限于文献不足征,西周时期诸侯国的地方官署在档案管理中有无副本制度尚不可知。秦继承了西周的这种副本制度,《商君书》载:"法令皆副置一副天子之殿中。"[5]但这也仅仅是中央官署文书档案管理中的副本制度,地方官署有无此制度也没有文献记载。《秦律十八种·内史杂》:"毋敢以火入臧(藏)府、书府中。吏已收臧(藏),官啬夫及吏夜更行官。毋火,乃闭门户。令令史循其廷府。节(即)新为吏舍,毋依臧(藏)府、书府。"[6]其中"书府"整理组注释为:"收藏文书的府库。"可见

[1] 赵彦昌:《中国古代档案管理制度研究》,人民出版社,2011年,第24页。

[2] 李学勤主编:《十三经注疏·周礼注疏(上下)》,北京大学出版社,1999年,第297页。

[3] 李学勤主编:《十三经注疏·周礼注疏(上下)》,北京大学出版社,1999年,第908页。

[4] 李学勤主编:《十三经注疏·周礼注疏(上下)》,北京大学出版社,1999年,第943页。

[5] 高亨:《商君书注译》,中华书局,1974年,第533页。

[6] 睡虎地秦墓竹简整理小组编:《睡虎地秦墓竹简》,文物出版社,1990年,第64页,"释文注释"。

秦地方官署设有专门管理文书档案的专门机构或场所。张家山汉墓出土的《二年律令·户律》载："恒以八月令乡部啬夫、吏、令史相杂案户籍，副臧（藏）其廷。"[1]说明在距秦代不远的汉初，地方官署文书档案管理中的副本制度是存在的、有明确的法律规定的。直到里耶秦简出土后，秦代地方官署文书档案管理中的副本制度才被证实。

关于这批基层官署文书档案的性质，学界多有讨论。李学勤先生认为是"保存在迁陵县廷的文书或文书副本"[2]，胡平生先生认为是"县廷的文书及副本"[3]，刘瑞先生认为是"抄本而不是原件"[4]，陈治国先生也认为："出土的应该是当时抄写的备份。"[5]抄本与副本在文意上略有不同，但二者的作用都是保存文书原件所载的文字信息，以此来看副本与抄本都是文书档案的复制品，并且都是要归档的，留存或备份的作用明显，正说明副本制度是客观的存在。

同时文书档案的管理中存在分类汇辑的特点。《里耶发掘报告》中公布的第⑨层编号为⑨1 到⑨12 的 12 枚简牍都是"敬"抄写的司空腾上报迁陵县的有关追讨赀罚的文书副本。[6] 邢义田先生研究发现 12 枚简牍中的几枚存在相互叠压的笔迹墨痕，指出其废弃前是成捆存放的。[7]

---

[1] 张家山二四七号汉墓竹简整理小组编著：《张家山汉墓竹简〔二四七号墓〕》（释文修订本），文物出版社，2006 年，第 54 页。

[2] 李学勤：《初读里耶秦简》，《文物》2003 年第 1 期。

[3] 胡平生：《长江流域出土简牍与研究》，湖北教育出版社，2004 年，第 306 页。

[4] 刘瑞：《里耶秦代木牍零拾》，《中国文物报》2003 年 5 月 30 日。

[5] 陈治国：《从里耶秦简看秦的公文制度》，《中国历史人物》2007 年第 1 期。

[6] 湖南省考古文物研究所编著：《里耶发掘报告》，岳麓书社，2007 年，第 185—190 页。

[7] 邢义田：《湖南龙山里耶 J1(8)157 和 J1(9)1—12 号简牍的文书构成、笔迹和原档存放形式》，载武汉大学简帛研究中心主办《简帛》第 1 辑，上海古籍出版社，2006 年，第 275—296 页。

《里耶秦简(壹)》所刊布的简牍中也有专门区分文书类型的标签“笥牌”:

卅四年Ⅰ迁陵课Ⅱ笥。Ⅲ 8-906

卅三年当计Ⅰ券出入笥Ⅱ具此中。Ⅲ 8-1200

仓曹Ⅰ廿九年Ⅱ当计出入Ⅲ券甲Ⅳ笥。Ⅴ 8-1201

笥甲。8-1536

《里耶秦简(壹)》中所见的火烧残简很大程度上都是迁陵县廷所保留的官署文书档案,从这批火烧残简的内容来看,主要是迁陵县下辖各乡及县廷官署发往县廷的簿籍类文书和县廷与其上下级及平级之间传递的法令文书。从这些火烧残简的残存中可以发现有很多“某手”的简文,据学者研究“某手”大致有两种解释,即为某人抄写和某人经手签署。[1]一般来讲从迁陵县外发的是文书原件,因此留在迁陵县的便是外发原件的副本或其他单位发回的经过再次处理的文书原件。各乡及县廷官署所发往县廷的簿籍类文书,当是作为汇总考查的用途而直接归档保存的文书原件。法令文书也是作为文书的副本所保存的,包括律令、法律判决等,这类文书在传递过程中所过县乡需要抄录留存,这批火烧残简中当既有原本也有副本。这类副本性质的简牍被销毁,有可能是缘于销毁制度中对超过保存年限或保存价值不大的副本进行销毁的规定。其在内容和年代上相对集中的特点也说明文书汇辑制度的存在,或是逐年汇辑,或是分类汇辑。

---

[1] 李学勤先生认为“某手”即为某人签署,文书中签写“某手”的人是具体负责写抄、收发文书的官吏(李学勤:《初读里耶秦简》,《文物》2003年第1期);胡平生先生认为是某人经办(胡平生:《胡平生简牍文物论稿》,中西书局,2012年,第123页)。

(三)火烧残简与档案的销毁制度

档案的销毁是档案管理制度中的一个很重要的内容,作为档案废弃的方式之一,其涉及档案的保存年限和档案的保存价值。对于已经没有保存价值的档案,若强行要求继续保管,只会造成人力、物力、财力的浪费。[1] 中国早在西周已有一套严密的档案管理制度。[2] 档案销毁制度的存在与否由于这一时段的文献数据匮乏而不可考察,秦代亦然。到汉代时文书档案的弃毁制度已经相当成熟,汪桂海先生通过研究指出:"汉代的文书档案已经按其重要性的大小分为永久保存和短期保存两种,重要的文书档案如诏令文书要无限期地收藏下去,普通的文书档案则保存十年左右即予剔除弃毁,弃毁的方式没有统一规定,但大致不出焚烧土埋和随地丢弃两种。"[3] 里耶秦简的出土,为研究秦代官署文书的销毁制度提供了宝贵的数据和可靠的参考。

通过对《里耶秦简(壹)》中所见80余枚火烧残简反映内容的分类和年代的判断可知,这批火烧残简在内容和年代上相对集中的特点很明显,经大致分类可归为五类,即作徒簿、法令文书、仓储廪食、赀罚记录、少内相关。其中从作徒簿一类的文书档案的书写规范来判定其内容性质最为容易,同时此类文书档案也是这批烧残简中出现最多的,其余四类文书档案的性质由于简文所反映的信息相对复杂,所以很难归类,部分文书档案的归类也存在一定问题,但这批火烧残简所反映出的内容相对集中的现

[1] 崔文俊:《健全和完善档案销毁法律制度的思考》,《档案》2012年第2期。
[2] 赵彦昌:《中国古代档案管理制度研究》,人民出版社,2011年,第27页。
[3] 汪桂海:《汉代官文书制度》,广西教育出版社,1999年,第232页。

象是确实存在的。这种在内容性质上的相对集中说明了秦代的档案销毁制度中存在分类销毁的可能性。特别是其中的作徒簿类的简牍,内容相对集中的特点最为明显,其主要是迁陵县所辖三乡乡守与县廷相关官署汇报司空的作徒管理情况及司空所做的汇总,应当是文书原本,对这类文书原本进行销毁,说明其保存年限已到或保存价值已变得不重要,没有继续保存的必要。法令文书一般是作为文书副本抄录的,其作为副本的保存价值会随着保存年限已到、新法令颁布等情况而降低,是档案销毁的一个重要对象。

从反映年代上来看,这批火烧残简主要集中在秦始皇廿七年至卅三年之间。"文书档案只有采取定期分批弃毁的方式,才有可能出现在某一两处的地方所堆积的文书档案年代相对集中的现象。"[1]这批火烧残简存在逐年分批销毁和一次性废弃的可能,也存在保存年限已到的可能。这批简时间最晚的在秦始皇卅三年,距秦末一次性废弃于 J1 大致有七年,至于年代最晚的简销毁于何时则很难推断,但绝对在废弃之前,以此来看,这批简的保存年限要小于七年,短于汉代"普通的文书档案则保存十年左右即予剔除弃毁"[2]的制度。同一年代无火烧痕迹的简牍的出现,也说明了秦代的销毁制度,并不是将保存年限已到的同时期文书档案全部销毁,而是以其保存价值的大小为依据分别对待的。被销毁的文书档案在年代上的相对集中说明在其销毁过程中存在分批销毁的可能性,内容上的相对集中也说明了存在分类销毁的可能。

---

[1] 赵彦昌:《中国古代档案管理制度研究》,人民出版社,2011 年,第 46 页。

[2] 汪桂海:《汉代官文书制度》,广西教育出版社,1999 年,第 232 页。

睡虎地汉简《户律》初探

袁延胜

（郑州大学历史学院 郑州 450001）

湖北云梦睡虎地 77 号西汉墓出土简牍中，有律典两卷（V 组、W 组），共 850 支简、39 种律文，其中就有《户律》。《文物》2018 年第 3 期《湖北云梦睡虎地 77 号西汉墓出土简牍概述》一文，公布了其中的 4 枚《户律》简文（W046—W049），极为珍贵。[1]

已知的秦汉简牍中，《户律》只出现过两次，一是睡虎地秦简《为吏之道》中抄录的《魏户律》，二是张家山汉简《二年律令》中的《户律》。睡虎地汉简《户律》则是第三次出现，而且与张家山汉简《二年律令·户律》时代相近、内容相同[2]，不仅订正了张家山汉简整理小组在简文排序上的

---

[1] 熊北生、陈伟、蔡丹：《湖北云梦睡虎地 77 号西汉墓出土简牍概述》，《文物》2018 年第 3 期。

[2] 张家山汉简《二年律令》为吕后二年（前 186），睡虎地汉简时代约在汉文帝后元七年（前 157）。见张家山二四七号汉墓竹简整理小组编著《张家山汉墓竹简〔二四七号墓〕》（释文修订本），文物出版社，2006 年，“前言”；蔡丹、陈伟、熊北生《睡虎地汉简中的质日简册》，《文物》2018 年第 3 期；陈伟、熊北生《睡虎地汉简中的功次文书》，《文物》2018 年第 3 期。

相关疏误[1],而且还为我们了解汉代《户律》的内容提供了新资料、新看法。

一、遗嘱问题

公布的4枚睡虎地汉简《户律》律文主要涉及立遗嘱的问题。其内容大致分为三部分。

(一)正常居家时立的遗嘱:

民欲先令相分田宅、奴婢、财物,乡部啬夫身听其令,皆参辨券书之,辄上县道廷。(W046)

此简主要内容亦见于张家山汉简《二年律令》334号简("民欲"至"辄上"),只是《二年律令·户律》排序时有误,334简、335简连读,简文变成了"辄上如户籍"。[2] 根据睡虎地汉简,应为"辄上县道廷"。

对于《户律》简文,张家山汉简整理小组注:"先令,遗嘱。《汉书·景十三王传》'病先令,令能为乐奴婢从死'注:'先令者,预为遗令也。'江苏

[1] 熊北生、陈伟、蔡丹:《湖北云梦睡虎地77号西汉墓出土简牍概述》,《文物》2018年第3期。

[2] 张家山二四七号汉墓竹简整理小组编著:《张家山汉墓竹简〔二四七号墓〕》(释文修订本),文物出版社,2006年,第54页。

仪征胥浦一〇一号汉墓出土有《先令券书》。"[1]汉代以遗嘱形式交代后事的情况较为普遍。《汉书·杨王孙传》载杨王孙"及病且终,先令其子,曰:'吾欲裸葬,以反吾真,必亡易吾意。死则为布囊盛尸,入地七尺,既下,从足引脱其囊,以身亲土。'"[2]王彦辉在谈到《二年律令·户律》时说:"这条法律很重要,说明民间立遗嘱要履行必要的法律程序,否则,不受法律保护。立遗嘱时要有乡部啬夫等基层官吏到场,以证明遗嘱的有效性。遗嘱一式三份,像户籍簿一样分别由本人、乡部和县廷保管,以防止窜改。"[3]从睡虎地汉简《户律》"辄上县道廷"来看,遗嘱中的一份是要上报到县、道廷的,这体现了朝廷对遗嘱问题的重视。

(二)出门在外,不在家乡时立遗嘱的规定:

傜(W046)使、吏官属欲先令,自言官及过在所县道官若稗官有印者,听券书上其廷,移居县道,居县道(W047)皆封臧(藏)如户籍。(W048)

该段简文亦见于《二年律令》第426号简,只是该简残断,部分简文无法释读,张家山汉简整理者误将此简排到《金布律》中,睡虎地汉简《户律》的出土,订正了这一失误。

---

[1] 张家山二四七号汉墓竹简整理小组编著:《张家山汉墓竹简〔二四七号墓〕》(释文修订本),文物出版社,2006年,第54—55页。

[2] 班固:《汉书·杨王孙传》,中华书局,1962年,第2907页。

[3] 王彦辉:《张家山汉简〈二年律令〉与汉代社会研究》,中华书局,2010年,第107页。

该段简文规定了“徭使、吏官属”在两种离开家乡的情况下,在外地如何办理遗嘱的问题。“徭使”人员,包括官吏和普通百姓,这在简文和史书中多有记载。岳麓秦简:“廿六年正月丙申以来,新地为官未盈六岁节(即)有反盗,若有敬(警),其吏自佐史以上去繇(徭)使、私谒之、它郡县官,事已行,皆以彼(被)陈(阵)去敌律论之。”(简 30—31)[1]整理者注:“徭使,此指公干出差。”[2]“令曰:吏及宦者、群官官属、冗募群戍卒及黔首繇(徭)使、有县官事,未得归,其父母、泰父母不死而谩吏曰死以求归者,完以为城旦。”(简 285—286)[3]《二年律令・津关令》:“相国、御史请关外人宦为吏若繇(徭)使,有事关中,不幸死,县道若属所官谨视收敛,毋禁物,以令若丞印封椟槥,以印章告关,关完封出,勿索(索)。”(简 500—501)[4]汉宣帝地节四年(前 66)春诏曰:“导民以孝,则天下顺。今百姓或遭衰绖凶灾,而吏繇事,使不得葬,伤孝子之心,朕甚怜之。自今诸有大父母、父母丧者勿繇事,使得收敛送终,尽其子道。”[5]对于“繇事”,颜师古注曰:“繇读曰徭。事谓役使之。”[6]

“吏官属”,应指吏及官属。前引岳麓秦简“吏及宦者、群官官属”,整理者注:“群官官属,各个官府的属员。”[7]这些“吏官属”,可能有不少人离开家乡,到外地任职。《二年律令・置吏律》:“都官除吏官在所及旁县道。都官在长安、栎阳、雒阳者,得除吏官在所郡及旁郡。”(简 218)“吏官

---

[1] 陈松长主编:《岳麓书院藏秦简(伍)》,上海辞书出版社,2017 年,第 48—49 页。

[2] 陈松长主编:《岳麓书院藏秦简(伍)》,上海辞书出版社,2017 年,第 75 页。

[3] 陈松长主编:《岳麓书院藏秦简(伍)》,上海辞书出版社,2017 年,第 193 页。

[4] 张家山二四七号汉墓竹简整理小组编著:《张家山汉墓竹简〔二四七号墓〕》(释文修订本),文物出版社,2006 年,第 85 页。

[5] 班固:《汉书・宣帝纪》,中华书局,1962 年,第 250—251 页。

[6] 班固:《汉书・宣帝纪》,中华书局,1962 年,第 251 页。

[7] 陈松长主编:《岳麓书院藏秦简(伍)》,上海辞书出版社,2017 年,第 213 页。

去家二千里以上者，二岁壹归，予告八十日。”（简 217）[1]岳麓秦简肆《置吏律》曰：“县除有秩吏，各除其县中。其欲除它县人及有谒置人为县令、都长官、丞、尉、有秩吏，能任者，许之。”（简 207—208 正）[2]

《户律》中的“居县道”，是指当事人家乡之县。[3] 从户籍的角度看，应是指当事人户籍所在县。

《户律》这一段的大意是：这些在外地的吏员、百姓，如果立遗嘱，自己要向有关部门及所在地的官员申请，遗嘱订立之后，券书要上报所在地县廷，再由县廷行文到立遗嘱者户籍所在地，户籍所在地的县乡机构要像管理户籍簿一样管理遗嘱。这段简文规定了有事外出者在外地立遗嘱的程序，体现了汉代法律的严谨。居延汉简：“▨知之当以父先令《户律》从▨。”[4]大意是遵从父亲的遗嘱，按照《户律》规定办理。居延地处边塞，这位父亲很可能就是在家乡之外的戍守之地立的遗嘱。果真如此的话，这无疑是睡虎地汉简《户律》在外立遗嘱的一个具体事例。

（三）遗嘱的法律效力与管理：

有争者，以券书从事；毋券书，勿听。所分田宅，不为户得有之，至八月书户，留（W048）难先令，弗为券书，盈一日，罚金二两。（W049）

---

[1] 张家山二四七号汉墓竹简整理小组编著：《张家山汉墓竹简〔二四七号墓〕》（释文修订本），文物出版社，2006 年，第 38 页。

[2] 陈松长主编：《岳麓书院藏秦简（肆）》，上海辞书出版社，2015 年，第 136—137 页。

[3] 陈伟：《秦汉简牍“居县”考》，《历史研究》2017 年第 5 期。

[4] 谢桂华、李均明、朱国炤：《居延汉简释文合校》，文物出版社，1987 年，第 314 页。

该段简文亦见于《二年律令》第335号简和第270号简。对于简文的前面部分,王彦辉说:"当对财产分割发生争议时,以遗嘱内容作为调节或庭审的根据;如果提起诉讼者没有券书,则不予受理。因为汉律规定没有立户者不得占有田宅,所以特别规定,对于尚未立户者而言,只有通过遗嘱形式分得的田宅才是合法的,但到每年八月登记户籍时要按制立户。"[1]简文的后一部分,是说县乡部门刁难立遗嘱者,不给券书,不给办理的时间满一天,罚金二两。

这段简文规定了遗嘱所具有的法律效力,以及管理方面的内容,使我们对汉代遗嘱的重要性和严格管理有了进一步的认识。

二、诸侯王置姬问题

公布的睡虎地汉简《户律》简,除了有关遗嘱的规定之外,在第4枚简(W049)后半部,还记载了有关诸侯王置姬问题(整理者未释),现释读如下:

诸侯王得置姬八子、孺子、良人。(W049)

睡虎地简牍出土时位于竹笥内,基本上保持着原始的位置关系,"简、

[1] 王彦辉:《张家山汉简〈二年律令〉与汉代社会研究》,中华书局,2010年,第107页。

牍分别成卷、成束纵向叠放于竹笥内,清理时据此初步将这批简牍分为22组”,法律简共计2卷,其中W组544枚简“有金布、户、田、工作课、祠、葬律等24种律文。律名前均有墨块作为标记”。[1] 简文整理者说:“每种律名均书于该种律文首简的正面,其上标有长方形墨块或圆形墨团。”[2]按照这种律名抄写的规律,W049后半部简文,虽然有圆形墨点作为间隔符号,但显然不属于另一种律文,而应该仍然属于《户律》。

该简文属于《户律》,有重要的学术意义。

(一)纠正了张家山汉简《二年律令》有关律文的归属问题。睡虎地汉简W049简文,亦见于《二年律令·置吏律》第221号简,从睡虎地汉简看,张家山汉简整理小组把该简放在《置吏律》中是有疏误的,该简应属于《户律》。同理,原放在《二年律令·置吏律》中的另外两枚简(简222、223)的归属可能也有问题,可能也属于《户律》:

> 彻侯得置孺子、良人。(简222)
>
> 诸侯王女毋得称公主。(简223)[3]

这两枚简规定的是列侯妻妾等级名号及诸侯王女称号,这与W049简对诸侯王妻妾等级名号规定律文性质相同或相近,应属于《户律》。

(二)明确了诸侯王妻妾等级与名号。对于该简,张家山汉简整理小

[1] 湖北省文物考古研究所、云梦县博物馆:《湖北云梦睡虎地M77发掘简报》,《江汉考古》2008年第4期。

[2] 熊北生、陈伟、蔡丹:《湖北云梦睡虎地77号西汉墓出土简牍概述》,《文物》2018年第3期。

[3] 张家山二四七号汉墓竹简整理小组编著:《张家山汉墓竹简〔二四七号墓〕》(释文修订本),文物出版社,2006年,第39页。

组注曰:“诸侯王,西汉初年分封的同姓王和异姓王。姬,众妾之总称。八子、孺子、良人均为姬妾称号,有等级差别。”[1]实际上,姬,应是妻妾之总称,而非“众妾之总称”。按照简文,诸侯王可以置妻妾三等:八子、孺子、良人,其中八子应该是嫡妻,其他为妾。《汉书·外戚传》:“汉兴,因秦之称号,帝母称皇太后,祖母称太皇太后,適称皇后,妾皆称夫人。又有美人、良人、八子、七子、长使、少使之号焉。”[2]皇帝的嫡妻为皇后,皇帝的美人、良人、八子等为夫人,则为妾。诸侯王等级低于皇帝,他们的嫡妻为八子,孺子、良人则为妾。同理,列侯的等级又低于诸侯王,妻妾只有二等,其中孺子为嫡妻,良人为妾。皇太子的妻妾等级也为三等,只是名号有异。《汉书·外戚传》:“太子有妃,有良娣,有孺子,妻妾凡三等,子皆称皇孙。”[3]其中太子妃为妻,其余为妾。对于这枚简,陈苏镇从汉初王国制度的角度进行了阐述:“是‘得置’乃限制之意。诸侯王的后妃制度在等级上低于皇帝,高于列侯。”“关于诸侯王置姬的规定和诸侯王女不得称公主的规定见于汉律……都是王国制度由汉朝制定的显证。”[4]

(三)为尹湾汉简律文性质的确定提供了线索。尹湾六号汉墓6号木牍正面第三栏右下部书有4行文字:

户□□

一適子男

二孺子男

[1] 张家山二四七号汉墓竹简整理小组编著:《张家山汉墓竹简〔二四七号墓〕》(释文修订本),文物出版社,2006年,第39页。

[2] 班固:《汉书·外戚传》,中华书局,1962年,第3935页。

[3] 班固:《汉书·外戚传》,中华书局,1962年,第3961页。

[4] 陈苏镇:《汉初王国制度考述》,《中国史研究》2004年第3期。

三良人子男[1]

李解民先生认为第2、3、4行依次列出继代者的身份,形成一个户主合法继承人的系列,并认为该简文是关于诸侯(列侯)继承法的内容。[2]但从睡虎地《户律》的内容看,该简文并不是关于列侯继承顺序的规定,而是关于诸侯王继承顺序的规定。简文中的"一適子男",应是指诸侯王嫡妻"八子"所生之子。《汉书·武五子传》载广陵厉王刘胥"使所幸八子郭昭君、家人子赵左君等鼓瑟歌舞"。之后刘胥"即以绶自绞死,及八子郭昭君等二人皆自杀"。[3] 八子郭昭君之所以陪同刘胥自杀,可能是因为她是嫡妻,广陵王刘胥祝诅皇帝的罪行追究起来,她是要连坐的,故而陪同刘胥自杀。《汉书·高五王传》载济北王刘终古"使所爱奴与八子及诸御婢奸","事下丞相御史,奏终古位诸侯王,以令置八子,秩比六百石,所以广嗣重祖也"。[4] 所谓"以令置八子",应指以《户律》置八子,所谓"广嗣重祖",应指八子作为嫡妻所生子女在家族继承上的重要性。

该简整理者认为第一行应有三字,首字为"户",二、三字未释。李解民认为二字应补释为"代者","户代者"即户主的继代者。[5] 但张家山汉简《二年律令》中有"代户""代户者"词例,无"户代者"词例。查看尹

[1] 连云港市博物馆、东海县博物馆、中国社会科学院简帛研究中心、中国文物研究所编:《尹湾汉墓简牍》,中华书局,1997年,第105页。

[2] 李解民:《尹湾六号汉墓6号木牍所书其它文字初探》,载李学勤、谢桂华主编《简帛研究》第3辑,广西教育出版社,1998年,第471—476页。

[3] 班固:《汉书·武五子传》,中华书局,1962年,第2762页。

[4] 班固:《汉书·高五王传》,中华书局,1962年,第2001—2002页。

[5] 李解民:《尹湾六号汉墓6号木牍所书其它文字初探》,载李学勤、谢桂华主编《简帛研究》第3辑,广西教育出版社,1998年,第472页。

湾六号汉墓6号木牍图版[1],“户”字后面简文模糊,应为一字,根据残笔来看,似可释为“律”字。如果该段简文是《户律》内容,则与睡虎地汉简《户律》的内容相互补充,为我们认识诸侯王的妻妾等级及继承顺序提供了新史料。

三、几点认识

尽管睡虎地汉简《户律》只公布了4枚,但其简文完整、内容明确,使我们对秦汉户律的内容有了新认识。

(一)对遗嘱规定有了新认识。《户律》中有关遗嘱的规定,虽然之前也见于张家山汉简《二年律令》,但由于汉简残断及排序的疏误,我们并不清楚还有关于外出人员遗嘱办理的规定,睡虎地汉简《户律》则弥补了这一缺憾,使我们第一次对外出人员遗嘱的办理程序和方法有了明确的了解,并对汉代遗嘱法律规定的严密性有了新感知。

(二)对户籍的重要性有了新认识。外出人员在徭使、居官所在地立好遗嘱后,所在地部门还要“移居县道”,即把遗嘱文书送到当事人的户籍所在地,由户籍所在地保管。遗嘱的内容如“相分田宅、奴婢、财物”等,需要户籍所在地的部门来执行、管理。这些规定再次体现了户籍的重要性,也体现了政府对人员实行户籍地管理的思想。

(三)对家庭婚姻关系规定有了新认识。《户律》中有关诸侯王置姬

[1] 连云港市博物馆、东海县博物馆、中国社会科学院简帛研究中心、中国文物研究所编:《尹湾汉墓简牍》,中华书局,1997年,第17页。

问题的律文,实际上是有关家庭婚姻秩序的规定。因涉及妻妾制度、嫡子继承制度等问题,所以《户律》要明确规定。岳麓秦简《识劫㛂案》中,㛂原来是大夫沛的妾,沛妻死,沛免㛂为庶人,"书户籍曰:免妾",后沛以㛂为妻,但沛未到乡啬夫、乡佐那里在户籍上变更㛂的身份,沛死后,㛂"不智(知)户籍不为妻"[1](简118—119),以致在诉讼时出现了麻烦。由此看来,家庭婚姻关系,特别是妻妾名分的规定也是《户律》的重要内容之一。

睡虎地汉简《户律》的出土,为我们认识汉代社会提供了新材料,我们期待包括《户律》在内的完整的睡虎地汉简早日公布。

[1] 朱汉民、陈松长主编:《岳麓书院藏秦简(叁)》,上海辞书出版社,2013年,第156、159页。

走马楼吴简“隐核波田簿”的析分与缀连

——再论陂塘形制和陂田兴复

凌文超

（北京师范大学历史学院 北京 100875）

走马楼吴简采集简第37盆中聚集出现较多的“隐核波田简”（少量散见于采集简第36盆），并且遗存了成坨竹简（参见揭剥位置示意图叁·图八、附录一），具有集成整理“隐核波田簿”的条件。传世文献中关于早期中国江南水利建设的记载很少，在这种情况下，作为第一手材料记录孙吴临湘侯国陂塘田亩情况的吴简“隐核波田簿”就愈发显得珍贵。因此，这批材料甫一刊布，就引起学界的关注和讨论。

随着走马楼吴简发掘简的陆续出版，未再发现新增简例。目前能够讨论的仍然是采集简第36、37盆中的那些简。虽然我们曾利用揭剥位置示意图对该簿书进行了初步复原、整理，并就内容进行了简要的解析（以下简称“前文”)[1],但是,当时考虑到数量更多的发掘竹简尚未公布,整理结果只是将簿书的内容构成进行集成和分类,并未就简牍进行细致的缀连,也未对套连在一起的簿书进行必要的析分。为了提高这批简的使用价值,本文尝试在前文的基础上,结合简牍遗存信息(如形制、字迹、内容)和考古学整理信息,对“隐核波田簿”中套连在一起的各个簿书进行必要的析分和组合,以深入了解吴简簿书的编制形态,同时就陂塘形制和陂田兴复问题再作申论。

一、隐核波田簿Ⅰ类(南乡分簿)

在所有的隐核波田简中,只有2枚简双行书写,如下:

1.南(?)乡谨列波唐顷亩簿[2]

□□□一所[3] 长一百丈,沃田卌九顷,溏儿民吴金、王署

---

[1] 凌文超:《走马楼吴简“隐核波田簿”复原整理与研究》,《中华文史论丛》2012年第1期,收入其著《走马楼吴简采集簿书整理与研究》,广西师范大学出版社,2015年,第424—454页。先行研究综述亦请参见该文。此后又有专门的研究成果,如张固也《走马楼吴简“枯兼波簿”新探》,《吉林大学学报(人文社会科学版)》2013年第1期;沈国光《再论走马楼吴简“隐核波田簿”所见东吴的陂池兴修与管理》,载邬文玲、戴卫红主编《简帛研究二〇一九(秋冬卷)》,广西师范大学出版社,2020年,第294—316页。

[2] “南(?)乡谨列波唐顷亩簿”,原释作“□□□□□溏儿民□……”,今据图版改、补。为避免烦琐,释文校订仅首处出注。

[3] “一所”,原阙释,据图版补。

等岁自垦 食(叁·7216·20/37)[1]

2. 京□塘一所　　长一百五十丈,沃田廿[2]顷,溏儿民陈散、李□等岁自垦 食

长存[3]一百一十八丈,沃田六[4]十九顷(叁·7205·9/37)

这两枚简都在揭剥图叁·图八中,形制相同,大约长24.0厘米、宽2.0厘米、编痕内侧间距7.5厘米,比其他隐核波田简要宽大一些。[5] 从内容来看,簿籍的基本要素(标题、正文和乡计)完整。而且沃田亩数前后吻合,但陂堤长度集计数少。考虑到其他隐核波田简同时记录陂堤的完全长度和毁败长度,"长存一百一十八丈"应当是现存长度,还有"三十二丈"已毁败。从整体上看来,简1、2与其他隐核波田简登记的必备项(陂塘、田亩)大体上是一致的。

簿籍标题字迹漫漶,特别是乡名难以辨识。不过,所记录的溏儿民王署、陈散,为判别簿籍的属乡提供了条件。根据其他记录王署、陈散的简例:

[1] 简牍编号依次为卷次、出版号、揭剥图编号和盆号。本文所引吴简均出自走马楼吴简整理组编著《长沙走马楼三国吴简·嘉禾吏民田家莂》和《竹简〔壹〕》《竹简〔贰〕》《竹简〔叁〕》《竹简〔肆〕》《竹简〔伍〕》《竹简〔陆〕》《竹简〔柒〕》《竹简〔捌〕》《竹简〔玖〕》,文物出版社,1999、2003、2007、2008、2011、2018、2017、2013、2015、2019年。

[2] "廿",原释作"十",据图版改。

[3] "存",原阙释,据图版补。笔迹漫漶,或作"有"。

[4] "六",原阙释,据图版补。

[5] 简牍测量数据,长度取简牍最长处,宽度取上或下编痕处(未开裂),编痕内侧间距取上、下编痕最内侧之间的长度。

3.义成里户人公乘王[1]署年卅一(贰·12)

4.入南乡布一匹三丈一尺≡嘉禾元年九月廿六日大男王署付库吏殷连受(陆·5611)

5.入南[2]乡山田丘大男王署入……≡……付库吏殷连受(陆·5653)

6.⧄六日断坏丘魁李力、大男陈散关邸阁郎中李嵩、监仓掾黄讳、史潘虑受(捌·3864)

王署为南乡义成里户人[3],当居住在南乡山田丘[4]。陈散居住在断坏丘,断坏丘亦为南乡属丘。[5] 由此看来,该簿籍应为南乡隐核波田簿。

二、隐核波田簿Ⅱ类(临湘侯国合簿)与呈文Ⅰ类

第二类较易区分的是隶书风格特征突出的隐核波田简。这类简大约长23.0—23.3厘米、宽1.3—1.6厘米,编绳处留空,编痕内侧间距长约7.0厘米。其形制是单行书写的隐核波田简中最大的。同时,陂塘深度以小

[1] “王”,原释作“壬”,王、壬字形相近,今统改为“王”。

[2] “南”,原阙释,据图版补。

[3] 义成里为南乡属里,参见凌文超《孙吴户籍之确认——以嘉禾四年南乡户籍为中心》,载杨振红、邬文玲主编《简帛研究二〇一四》,广西师范大学出版社,2014年,收入其著《走马楼吴简采集簿书整理与研究》,广西师范大学出版社,2015年,第22—87页。

[4] 记录南乡山田丘的简例还有简贰·6412。

[5] 记录南乡断坏丘的简例有简贰·2719、伍·1887。不过,三简对于“坏”的释读各不相同,或描摹字形,或释作“坈”,今统一释作“坏”。

字书写在简牍右侧,是另一个容易判别的特征。这些因素为集成此类隐核波田简提供了依据。

前文指出,隶书风格的隐核波田简与其他各类书写风格的隐核波田简均存在对应的简例。而且隶书风格的隐核波田简在揭剥图中位置临近、聚集出现于靠近揭剥图中心的位置。从这些情形看来,这份隶书风格的隐核波田集簿应当是根据诸乡隐核波田簿由专人抄录而成的。

简文记录的内容,为判别隐核波田简所属之乡提供了依据。例如:

7.逢唐波一所,长三百丈,沃田四顷[1],溏儿民〔长〕沙郡刘张、=冯汉等岁自垦食(叁·7221·25=7222·26/37)[2]

8.逢 唐[3]一所,长三百丈,沃田四[4]顷,溏儿民□□长沙郡刘张、冯汉等岁自(叁·7236·40/37)

9.⧄□十一日劝农掾区光白(叁·7067/37)

简7与简8的内容对应,但是,两简在揭剥图中位置分隔,各类特征差别明显(简7字体隶书,编痕间距约7.0厘米;简8字体行楷,编痕间距约6.0厘米),由不同书吏制作。简7、8记录的溏儿民冯汉又见嘉禾五年(236)逢唐丘大木简:

[1] “四顷”,核对图版,难以辨识。

[2] 本文以“+”标示残简的缀合,以“=”标示前后简的缀连。

[3] “逢 唐”,原释作“□波”,据图版及对应简例改。

[4] “四”,原释作“十 五”,据图版及对应简例改。

10.‖╳逢唐丘男子冯汉,佃田六町,凡廿九亩,皆二年常限……(5·590)

逢唐丘是广成乡的属丘(参简壹·1378、6927、8202)。区光一度为广成乡劝农掾(J22-2543、柒·2629),且简9字迹与简8一致。从这些迹象看来,简7—9应为广成乡隐核波田简。其中,简7属于临湘隐核波田合簿,简8属于广成乡隐核波田分簿,简9或为广成乡隐核波田分簿末尾的呈文。

人名对应关系,也是判别乡属的依据。例如:

11.☑……□[1]六十五丈,沃田一百一十顷,男子聂礼、张(叁·7202·6/37)

聂礼是高迁里户人(参见壹·7857[2]、陆·290、柒·3706),高迁里为小武陵乡属里。[3] 据此,简11为小武陵乡隐核波田简,据其字体特征,可归入临湘隐核波田合簿。

根据乡丘、姓名对应关系,临湘隐核波田合簿中其他可以判别乡属的隶书隐核波田简还有:

---

[1] “□”,原释作“败”,核对图版,笔迹磨灭不可辨识,据图版及简文格式改。

[2] 壹·7587“高迁里”,原释作“唐迁里”,据图版及对应简例改。

[3] 参见凌文超《走马楼吴简采集簿书整理与研究》第三章《户籍簿及其类型与功能》,广西师范大学出版社,2015年,第104页;简柒·3706所在的成坨简(对应揭剥图柒·图32),为小武陵乡户籍簿。参见连先用《走马楼吴简所见吏民簿的复原、整理与研究——以发掘简为中心》第四章《“小武陵乡吏民簿”Ⅰ—Ⅳ的整理与研究》,吉林大学博士学位论文,2018年,第258页。

12. 大田波一所,深二丈,长廿[1]五丈,败廿[2]丈,沃田十四顷,枯芜☒(叁·7220·24/37)

13. 东薄波一所,深☒(叁·6935/37)

“大田丘”为东乡属丘(参叁·2787、伍·3045、陆·1851)。[3] “东薄丘”为广成乡属丘(参壹·6854、肆·826、陆·4927)。[4] 简12、13应分别为东乡、广成乡隐核波田简。再有:

14. ☒丈二尺,[5]长卅五丈,败廿一丈,沃田十五顷,枯芜二年,可(叁·7198·2/37)

15. ☒一所,深一丈二[6]尺,长卅五[7]丈,败廿一丈,沃田□五[8]顷,枯芜二年,可用一万=☒六千夫,民大男毛布[9]、陈丈、陈建等自垦食(叁·7203·7=7206·10/37)

---

[1] “廿”,原释作“十”,据图版改。

[2] “廿”,原释作“卅”,据图版改。

[3] 简叁·3787记录西乡“大田丘”,丘名字迹漫漶,难以辨识。简伍·4603“西乡大田丘”、柒·2243“中乡大田丘”均为“东乡大田丘”之误释。

[4] 简壹·7510“都乡东簿里”为“都乡东溪里”之误释。

[5] “丈二尺”,原阙释,据图版补。

[6] “二”,原阙释,据图版补。

[7] “五”,原阙释,据图版补。

[8] “五”,原阙释,核对图版,残存“五”字下半,据补。

[9] “布”,原释作“市”,据图版改。

简15由叁·7203·7与简叁·7206·10系连而成（两简内容衔接，在揭剥图中位置临近，字体皆为楷体，书写风格一致）。简14与简15的部分内容相对应。根据简15记录的姓名，毛布、陈建为都乡高迁里户人（参简捌·1142、柒·5321）[1]，毛布当居处在都乡东溪丘（参简壹·7510、柒·2207）[2]，而陈丈（仗）为都乡邑下吏民（参简壹·7533）[3]。据此，简14应为都乡隐核波田简。

综上所论，隶书风格的隐核波田简应为专人书写的隐核波田簿合集。目前从中至少可以析分出都乡、东乡、广成乡、小武陵乡隐核波田简。其标题简为：

16.☐□田顷数为簿如牒（叁·7199·3/37）

可能残缺“临湘谨列波唐”一类的内容。临湘隐核波田合簿结尾应为以“集凡”起始的总计简和以“其”起始的分计简，现存两枚分计简：

17.☐其波十六所，田合六百卅[4]二顷七十☐（叁·6554/37）

18.其波九所，田合五……顷，唐儿民自垦☐（叁·6724/37）

此外还有为数不少的隶书风格的隐核波田简，但大多残断，或字迹漫漶而

[1] 参见连先用《吴简所见临湘“都乡吏民簿”里计简的初步复原与研究——兼论孙吴初期县辖民户的徭役负担与身份类型》，载邬文玲主编《简帛研究二〇一七（秋冬卷）》，广西师范大学出版社，2018年，第251、260页。

[2] “东溪丘”，原释作“东簿丘”，据图版改。

[3] 吴简中常见偏旁的省写，如孙义（仪）、番有（潘珛）。

[4] “卅”，原释作“卌”，据图版改。

难以辨认丘名、人名等信息(参见附录二)。期待今后能提供清晰的红外线图版,以利于进一步作业。

与隶书隐核波田简一起出现的还有两枚楷体书写的文书简。与之字迹相同,在采集简第 37 盆中还有两枚散简是与隐核波田简一起出现的。[1] 一并胪列如下:

19.⧄相君[2]丞叩头死罪敢言之(叁·7068/37)

20.□□枯芜几年,浹[3]田多少,何[4]人□[5]□□,及新故钱米已入□(叁·7218·22/37)

21.⧄头死罪敢言之。(叁·7074/37)

22.二[6]月十二日……⧄(叁·7201·5/37)

简 20 长约 23.5 厘米,容字 23 个,书写紧凑;另有书写较为宽松的文书简,仅容字 19±1 个(呈文Ⅱ类)或更少(Ⅲ类)。据此,我们将书写紧凑的文书简归为"呈文Ⅰ类"。简 19 为文书首简,残长 11.5 厘米,存 10 个字,缺失部分约 12.0 厘米,阙字当在 10 字以上。考虑到文书一般以日期起始,数字书写所占位置较小,按单简容字 23 个,简首大抵可补"嘉禾〇年〇月

[1] 与简叁·7068、7074 临近的隐核波田简有叁·7067、7069、7070、7081、7082、7083。

[2] "君",原释作"掾",据图版改。

[3] "浹",原释作"波",据图版改。

[4] "何",核对图版,疑作"用"。

[5] 核对图版,疑作"力"或"功"字。

[6] "二",原释作"五",据图版改。

〇日〇〇(干支)临湘侯”。[1] 简21残存7.2厘米(不足1/3),存6字,另有2字空白,完简容字23个不成问题。总的看来,简19—22应从属于一份书写紧凑的文书,为临湘隐核波田合簿的“呈文”。具体而言,即以临湘侯相、丞名义签发的上行文书。据呈文Ⅱ记录的“府记科令”(参见附录二),长沙郡府曾向临湘侯国下达条教(记)和指令,这份临湘隐核波田合簿应当是临湘县廷按要求回复长沙郡府的簿书。

三、隐核波田簿Ⅲ类(都、东、小武陵、平乡分簿)

第三类较易分辨的是简宽1.0—1.2厘米的窄类简。其中有都乡隐核波田簿的标题简,以及通过丘名、人名推定的隐核波田简,如下:

23.都乡谨列枯芜波长广[2]顷亩簿(叁·7204·8/37)

24.⧄一所,深一丈二尺,长卅五丈,败廿一丈,沃田□五顷,枯芜二年,可用一万=⧄六千夫,民大男毛布、陈丈、陈建等自垦食(叁·7203·7=7206·10/37)

25.民大男毛苌、□皮等合□民垦食(叁·7200·4/37)

---

[1] 完整格式为“嘉禾〇年〇月〇〇(干支)朔〇日〇〇(干支)临湘侯相君丞〇(签署)叩头死罪敢言之”。

[2] “广”,原释作“深”,据图版改。

记录姓名“毛长”的户人简柒·4931·225所在的成坨简(对应揭剥图柒·图41)基本上是都乡户口简,该简也应如此。同时,简25字迹与简24一致,为一人所书。据此,简25也应为都乡隐核波田简。上述简属都乡隐核波田分簿。

如上所论,“大田波”应属东乡。窄类简中亦有“大田波”的记录:

26.大田[1]波一所,深二丈,长⧄(叁·7021/37)

该简应从属于东乡隐核波田分簿。

窄类简中还有小武陵乡隐核波田簿的集计简,以及小武陵乡劝农掾文□(腾)的呈文简,如下:

27.右(?)小武陵乡波二所,沃田十四顷九亩,□□□十五年、廿三年□□□(叁·7207·11/37)

28.正月六日劝农掾文□白。(叁·7211·15/37)

可见,窄类简中还有小武陵乡隐核波田分簿。

此外,还有两枚将“沃田”记作“浂田”的隐核波田简及其集计简:

29.亭下波一所,深一丈七尺,长廿丈,败十一丈,浂[2]田九顷,枯芜十年,可用一万夫(叁·6320/36)

[1] 原注“‘大’‘波’间□左半残缺,右半为‘田’”,据图版及对应简叁·7220·24改。
[2] “浂”,原释作“沃”,据图版改。“浂”当即“浇”的俗体字。

30.右波二所,泼[1]田卅五顷,民[2]……(叁·7209·13/37)

吴简中所见的“亭下丘”一属平乡(参简贰·6241),一属小武陵乡(参简陆·4290)。但是,简29、30与小武陵乡集计简简27的字迹差异明显,它们应非小武陵乡隐核波田简,而可能从属于平乡隐核波田分簿。

如上所论,目前在窄类简中大致可析分出都乡、东乡、小武陵乡、平乡隐核波田分簿,一些简例与隶书临湘隐核波田合簿存在对应关系。窄类简还有一些字迹漫漶不清的完简和残缺简(参见附录二),字迹之间存在差异(但不太明显),还需要更为清晰的红外图版提供更多的信息,以便进一步析分出其他乡的隐核波田简。

四、隐核波田簿Ⅳ类(广成乡等分簿)

第四类隐核波田简完简大约长22.8—23.1厘米,宽1.4—1.6厘米,楷书字体(以楷体标示)。其形制与第二类隐核波田简相近,但字体差别明显;其字体与第三类相近(相对工整美观),但形制要宽一些。第四类隐核波田简另一大特征是编痕间距约6.0厘米,相比第二、三类要短一厘米左右。

如前所论,其中可以析分出广成乡隐核波田分簿:

[1]　“泼”,原释作“沃”,据图版改。

[2]　“民”,原阙释,据图版补。

31.逢 唐一所,长三百丈,沃田四顷,溏儿民□□长沙郡刘张、冯汉等岁自(叁·7236·40/37)

32.□唐波一所,长廿五丈,深一丈四尺,败十五丈,沃田□□顷五十[1]亩,枯芜五年,可用一千(叁·7239·43/37)

33.右唐[2]波三所,沃田一百□十□顷六亩,其一百一十八顷□□(叁·7237·41/37)

34.☑□十一日劝农掾区光白(叁·7067/37)

集计简简33记作"唐波",或与该乡陂塘之名皆有"唐"字有关。考虑到简31—33位置临近,字体风格和编绳间距一致,暂时列在一起。

除此之外的第四类隐核波田简还有不少(参见附录二),目前提供的信息还难以作进一步析分,没有疑问的是,应当还有其他乡的隐核波田简。

五、呈文Ⅱ类、批注Ⅲ类

除前文所述的临湘隐核波田合簿的"呈文"外,在揭剥图外围及采集简中还有不少与隐核波田相关的文书简,按照单简的容字数,还可以析分为其他两类。一类是单简容字19±1个的文书简(呈文Ⅱ类),我们作过初步的整理。现在看来,还可对个别文书简作增删和调整。

---

[1] "五十",核对图版,字迹漫漶,难以辨识。

[2] "唐",原释作"溏",据图版改。

前文指出揭剥图中夹杂了两枚阑入简：

35.入广……⧄(叁·7233·37/37)

36.右□家口食六人 其 四人男 二人女 ……⧄(叁·7242·46/37)

简35、36宽约0.9厘米，然而，揭剥图中绘制的两简简端均较宽，如简35比邻简叁·7234·38(宽约1.5厘米)要宽一些，简36与邻简叁·7244·48(宽约1.6厘米)等宽。由此看来，揭剥图中编号为37、46的两枚简应当不是上列残简，而是与文书简形制一致的简，很可能是空白简，疑简35、36是替换空白简补入的。

揭剥图最下方有一枚记录数值的简：

37.□□□□□九千四百四□……(叁·7246·50/37)

该简编痕间距长约7.5厘米，比其他文书简(7.0厘米)要长一些，内容也不相类，应为阑入简(该简在揭剥图中处于最外围)，今剔除。

采集简第37盆中，还有与简叁·7234文意相连的文书简叁·6825。临湘侯相“呈文Ⅱ”调整后的内容，详见附录二。

在“呈文Ⅰ”与“呈文Ⅱ”之外，还有两枚文字疏朗的文书简：

38.⧄□□□波溏长广深败，□顷亩可(叁·7245·49/37)

39.⍁□□当言[1]右田曹(叁·6993/37)

40.　　　　空白简(叁·7242·46/37)

简39字体为行草,可能是批示,也可能是补充说明的文字,暂称之为“批注”。

总的说来,呈文Ⅱ为诸乡隐核波田分簿套连之后的上行文书。簿籍与呈文之间可能编缀有空白简。批注可能是补充说明的文书,指示将整个簿书在“右田曹”归档。最后可能还编缀有空白简。

六、簿书结构与文书行政

吴简“隐核波田簿”由多个簿籍和呈文套连而成(详参附录二),具体图示如下:

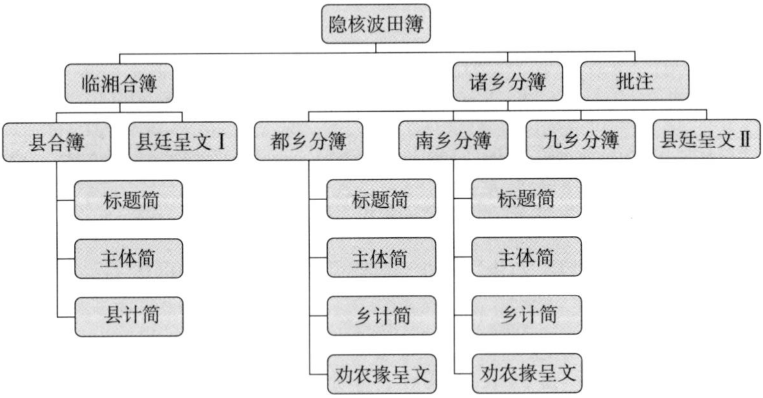

[1] “当言”,原阙释,据图版补。

考察“临湘合簿”“诸乡分簿”“批注”在揭剥图中的分布，“临湘合簿”靠近简册中心，“诸乡分簿”则散布在简册中心和外围，“批注”在最外围。考虑到采集简受到扰乱，以及吴简簿书先“簿籍”后“呈文”的编排方式（参简 J22-3-2634）[1]，隐核波田簿简册从内往外应当依次是：临湘合簿→诸乡分簿→批注。

根据呈文Ⅱ、批注和呈文Ⅰ所记内容和前文分析，兹将文书行政流程进一步梳理如下：

①长沙郡府（可能是“右田曹”）根据太守的教“记”，向临湘侯国下达文书，敕令临湘侯国根据文书存档对属乡陂塘、田亩的情况进行核实，并督促吏民耕种有利水保障的波田。

②临湘侯国接到指令，部署劝农掾隐核各乡陂塘、田亩，并且按照郡府教令鼓励农耕。

③劝农掾根据核查情况，按照要求分别制作各乡隐核波田簿（簿籍+呈文），具体记录了陂塘、田亩的实际情况，在当月廿日之前带回临湘县廷。

④临湘侯国县廷责任官吏将各乡隐核波田簿套连在一起，同时，可能由主记史起草了回复长沙郡府的上行文书（呈文Ⅱ），系连其后，从而集成“诸乡分簿”，呈报临湘侯相和丞审阅。

⑤临湘侯相君、丞或门下吏，审阅了诸乡分簿，并加以批示，或补充相关内容，形成回呈长沙郡府的簿书底本。

⑥主记史依据此簿书底本（诸乡分簿+呈文Ⅱ+批注），另外抄制“临

[1] 参见侯旭东《西北所出汉代簿籍册书简的排列与复原——从东汉永元兵物簿说起》，《史学集刊》2014 年第 1 期。

湘合簿”(县合簿+呈文Ⅰ)。具体而言,县合簿变更标题简,依次抄录主体简,剔除劝农掾呈文,将乡计简转变成分计简,并制作总计简;根据呈文Ⅱ和批注制作呈文Ⅰ,形成完整而正式的“临湘合簿”。

⑦临湘侯国复制“临湘合簿”,由临湘侯相、丞签呈长沙郡府相关部门(可能是“右田曹”)。再将“临湘合簿”+“诸乡分簿”+“批注”套连成一件簿书存档。走马楼吴简中遗存的“隐核波田簿”,当即临湘侯国存档的底本。

七、陂塘形制和陂田兴复

前文以安丰塘(古芍陂)为例,并依据今天南方丘陵地区陂塘的一般形制,提出陂塘基本上是利用山坡地势汇聚水源,在收口处兴修堤防蓄水;为了更形象地说明陂塘的形制,引马王堆汉墓《箭道封域图》(原题《驻军图》)作为佐证,指出“波”被绘作朱色横线,相当于堤坝。隐核波田简记录的“长”即指堤坝的长度。

这一意见受到沈国光先生的质疑。他倾向于认为,吴简的陂池以偏方形为主,文书要求调查“陂溏长广深败”,分别指陂池的长度、宽度(广)、深度和毁败围长,而《箭道封域图》中的“波”指整个围水。[1]

这类四周修筑堤堰围水的陂塘,工程量繁浩,是极不经济的,因而既不见于当今长沙地区用于农田灌溉的水利工程,也绝不是马王堆汉墓《箭

---

[1] 沈国光:《再论走马楼吴简“隐核波田簿”所见东吴的陂池兴修与管理》,载邬文玲、戴卫红主编《简帛研究二〇一九(秋冬卷)》,广西师范大学出版社,2020年,第296—299页。

道封域图》中所见的“波”的形态。沈文在分析时利用的是《箭道封域图》墨绘摹本，与彩绘原图相比，“波”的描绘省失了一些信息：

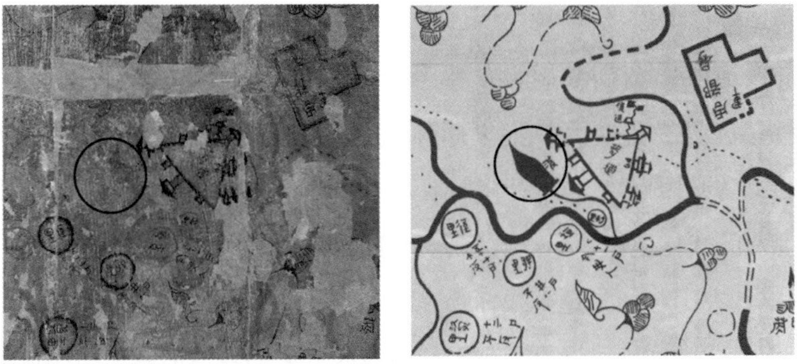

图一：《箭道封域图》原图与摹本[1]

参看《箭道封域图》原图，“波”所指的图形由双色构成。朱色直线标绘堤坝，朱笔也用来描绘城垣、道路等；浅田青色图形描绘水面，与该波（陂）通往深水的水道以及其他河流水道的颜色一致。只是，用来绘图的白色缣帛经过浸泡和氧化，变黄发暗，导致用浅田青色绘制的水面、水道因与底色相近而不易辨识。不过，朱笔标绘的陂堤仍然比较醒目。与此不同，用墨笔描绘的摹本，无法用不同颜色呈现陂堤与水面的差异。由此引起陂塘四周有堤堰围水的误解。

按沈说，吴简的陂池以偏方形为主，隐核波田简所记之“长”为陂塘一边之长，据简叁·7227记录的数据“□波一所，深一丈五尺，长十丈，败八丈，沃田七顷”，那么，该陂塘理论上的最大面积为1万平方尺（1丈=

[1] 《箭道封域图》摹图、说明及原图，请参见裘锡圭《长沙马王堆汉墓简帛集成》，中华书局，2014年，第6册第115—122页、第7册第265页。

10尺),深15尺,最大蓄水量为15万立方尺,这一蓄水量平均到604.8万平方尺(7顷=700亩,1亩=240平方步,1步=6尺)的田亩,仅深约0.0248尺(折合约0.6厘米)。[1] 很显然,该陂塘无法灌溉或淹没七顷田亩。

按《箭道封域图》绘制的陂塘,其水面远大于以陂堤为长计算的方形陂塘面积。这主要得益于山川形胜的汇水和围水作用。《周礼·考工记·匠人》云:“防必因地势。”[2]即修筑地方一定要顺地势,讲的就是这个道理。

因此,我们重申,马王堆汉墓《箭道封域图》记录“波”,即陂,指堤防、堤堰[3],在图中用朱色直线标绘,浅田青色描绘的水面即陂堤拦截、汇聚水源而形成的陂塘。这也是今天长沙地区常见的陂塘形制。即在地势收口处筑造陂堤一面拦水,利用地势三面围水,从而汇聚水源形成形状大小不一的陂塘。陂塘的形制、大小与地势、堤堰长深都有关。

与陂塘形制相关的另一个疑难问题是,据“簿籍”标题简和“呈文”内容:

41.都乡谨列枯芜波长广顷亩簿(叁·7204·8/37)

42.⧄□□□波溏长广深败,□顷亩可(叁·7245·49/37)

[1] 按孙吴前期一尺长度约24.2厘米,参见高荣墓出土竹尺,以及《隋书·律历志》所记三国魏杜夔律尺,折合24.1857厘米。参见丘光明编著《中国历代度量衡考》,科学出版社,1992年,第60页。

[2] 《周礼》卷四二《考工记·匠人》,郑玄注《十三经古注》第3册,中华书局,2014年,第618页。

[3] 《汉书》卷九一《货殖传》(中华书局,1962年,第3686—3687页):“水居千石鱼波。”颜师古注:“波读曰陂。”《汉书》卷一上《高帝纪上》(第1页):“母媪,尝息大泽之陂,梦与神遇。”

这次调查陂塘田亩情况，需要登记“波(陂)长广”“波溏(陂塘)长广深败”。但是，隐核波田简中，仅登记了陂塘“长”“深”“败”的数据，其不记“广”的原因是什么，学界对此长期以来缺乏合理的解释。

隐核波田简记录的“可用若干夫(作)”，与陂塘“败”“枯芜”的情况直接相关。既然“用人工多少”(叁·7194)可以量化，“枯芜”情形以亩积和年数衡量，陂塘毁败的情况也应可以计量。但是，隐核波田简仅登记“长”“深”“败”(前文指出即陂堤之长度、高度和毁败长度)，在不明确“广”(宽度)的情况下，无法计算出修复陂堤的工程量，按理也就无法推算出用功数。

既然文书明确要求登记陂堤之“广”，隐核波田简登记的数据就应当暗含了宽度。关于堤防的修建，《周礼·考工记·匠人》提供了一种标准或者说是理想的形态：

> 凡为防，广与崇方，其閷参分去一。大防外閷。凡沟防，必一日先深之以为式。里为式，然后可以傅众力。[1]

按郑玄注：“崇，高也。方，等也。”所谓“广与崇方”，即堤防的广(宽度)与高度一致。

这类“广与崇方”的堤防，在现实中是存在的。例如《吴郡志·水利》记载：

> 杨泖中心开河三条，共长九百四十八丈，各阔十丈，水深三赤。

[1] 《周礼》卷四二《考工记·匠人》，郑玄注《十三经古注》第3册，第618页。

随河两畔筑岸,高阔六赤……及开陆家港小河,长二百丈,阔四丈,水深三赤,筑岸高阔六赤。[1]

所列举的河堤均“高阔六赤”,即崇(高)与广(阔)相等,皆六尺。[2]

吴简隐核波田简中,以“深”表示高度(崇)。按理想状态修复,既然“广与崇方”,其“深”(高度)的数据与“广”(宽度)相同,就可以省记“广”。换言之,根据陂堤的“深(=广)”“败”长度,就可以按标准计算出修复陂堤的工程量。

《周礼·考工记·匠人》还提到“其閷参分去一”,郑玄注:“閷者,薄其上。”[3]即堤防顶宽为底宽的三分之二。至于“广”究竟指底宽,还是顶宽(抑或中宽),至今尚无定论。有学者指出:“以前大多释为堤底之宽与堤高相等,上顶宽为下基宽度的三分之二。这种堤宽过于陡峻,既难施工,又欠稳固。‘广’应指堤顶之宽,较为合理。”[4]至于堤防工程量计算,《九章算术·商功》云:

城、垣、堤、沟、堑、渠皆同术。术曰:并上下广而半之,损广补狭。以高若深乘之,又以袤乘之,即积尺。

---

[1] 范成大撰,陆振岳校点:《吴郡志》卷一九《水利》,江苏古籍出版社,1986年,第291页。

[2] 应劭撰,王利器校注:《风俗通义校注》卷二《正失·封泰山禅梁父》(中华书局,2010年第2版,第68、71页):“封者,立石高一丈二赤。”注云:“‘赤’,郎本、程本、《意林》、《史记·封禅书》正义、《续汉书·祭祀志上》补注、《御览》五三六引作‘尺’。”

[3] 《周礼》卷四二《考工记·匠人》,郑玄注《十三经古注》第3册,第618页。

[4] 闻人军译注:《考工记译注》,上海古籍出版社,2008年,第124页。

按上述诸说和隐核波田简记录的各项数据，统计修复毁败陂堤工程量的计算公式可以总结如下：

$$V=\frac{1}{2}\left(深+\frac{3}{2}深\right)\times深\times败=\frac{5}{4}深^{2}\times败$$

以简 29 为例，据“亭下波一所，深一丈七尺，长廿丈，败十一丈”，亭下波堤防深（高）17 尺，相应地，顶宽 17 尺，底宽$\frac{3}{2}\times17$ 尺，败 110 尺，代入公式，修复陂堤的工程量为 39737.5 立方尺。再按《九章算术·商功》所记堤防修筑的例子：

今有堤，下广二丈，上广八尺，高四尺，袤一十二丈七尺。问：积几何？荅曰：七千一百一十二尺。冬程人功四百四十四尺。问：用徒几何？荅曰：一十六人一百一十一分人之二。术曰：以积尺为实，程功尺数为法。实如法而一，即用徒人数。[1]

按“冬程人功四百四十四（立方）尺”，亭下波的修复仅需要 90.3125 人功。由此看来，简 29 所记的“可用一万夫”，其中绝大部分人功应当主要用于“洨田九顷，枯芜十年”这类长期枯芜田亩的重新开垦。吴简中还有一枚与陂田兴复相关的简：

[1] 郭书春译注：《九章算术译注》，上海古籍出版社，2009 年，第 170 页。

43.乡界立起波溏,合一百卌八人,并有饥穷,莯[1]除未讫,出杂禾一百卌八斛,给(?)□☒(叁·6/23)

某乡已经"立起波溏",但是"莯除未讫"。"莯",《说文解字·艹部》:"薅,拔去田艹也。莯,薅,或从休,《诗》曰:'既莯荼蓼。'"[2]"莯"为薅的异体。此处"莯除"指拔草,当即除去枯芜陂田的杂草,以便重新开发。简43"立起波溏"和"莯除"为重新垦辟枯芜陂田的两个前提条件:水源、除草。这里陂塘立起而除草未毕,或许反映了薅除枯芜陂田杂草等相比立起陂堤的用功量要大得多而迁延日久。这与前述陂堤修复所需人功数少而复垦枯芜田亩所需人功数多相一致。

由此看来,简32所记的人功数仅"一千"似乎也可以理解。□唐波"深一丈四尺,败十五丈",修复陂堤用功数约为83.5人次。该陂塘沃田亩积难以辨识,枯芜五年,每亩陂田复垦的用工数比亭下波陂田要少一些。因此,兴复陂田所需人功数为一千也不是没有可能,不一定是记录的失误。遗憾的是,隐核波田简记录的数值大多漫漶,仍然期待更为清晰的红外图版,释出更多的完整数据,以印证上述结论。

至于隐核波田简上"溏儿民"的记载,让人很容易联想到承担修护陂塘杂役的"塘丁"。不少学者坚持这一看法。我一直无意否认这一点。只是,隐核波田簿所记垦食波田之人,不仅称"唐儿民"(叁·6724),也称"民男子"(叁·6868、7082)、"男子"(叁·7202)、"民大男"(叁·7200、

---

[1] "莯",原阙释,据伊藤敏雄意见补。伊藤敏雄:《邸阁·谷物移送关系と水利关系简について》,载《长沙吴简研究报告2008年特刊》,2009年,第50页。

[2] 许慎:《说文解字》,中华书局,1963年,第27页。

7206)，看不出他们之间的身份有什么不同。而且吴简人名簿中修筑陂塘的民丁有专门的称谓“作溏民”(玖·4521)。如果呈报郡府的隐核波田簿要登记“塘丁”一类的役民，按理也应登记“作溏民”这种正式的称谓，而不是杂记“溏儿民”“民男子”“民大男”等。因此，我仍然倾向于“溏儿民”或许只是耕种陂塘田亩者的称号。

总之，孙吴临湘侯国陂塘一般在地势收口处筑造堤堰一面拦水，利用地势三面围水。陂塘的形制、大小与地势、堤堰长深都有关系。隐核波田简记录的“深”度与“广”度相等，故省记后者。根据“深”“败”数据可以从理论上统计修复陂堤的工程量。隐核波田简所记录的用夫数皆为整数(百、千的整数倍)，应当只是大略预估修复陂堤和复垦陂田的用功数。南朝齐丹阳尹萧子良建元三年(481)上表兴修京尹旧遏古塘称：“堪垦之田，合计荒熟有八千五百五十四顷，修治塘遏，可用十一万八千余夫，一春就功，便可成立。”[1]这与走马楼吴简“隐核波田簿”记录的用夫数形式相同，也为千的整数倍，都是预计的用夫数。而东晋张闿修筑曲阿新丰塘，“计用二十一万一千四百二十功，以擅兴造免官”[2]，则是兴建陂塘的实际用功数。

[1] 萧子显撰：《南齐书》卷四〇《武十七王·竟陵文宣王子良传》，中华书局，1972年，第694页。相比吴简隐核波田简记录的用人功数，此处记载的夫数偏少。如前所述，修复陂塘、田亩用功数最多的是长年枯芜的田亩。萧子良上表所记田亩，既有荒田，也有熟田，当以熟田为主，因而所需人功数相对少一些。

[2] 房玄龄等撰：《晋书》卷七六《张闿传》，中华书局，1974年，第2018页。

附录一:揭剥位置示意图(叁·图八)

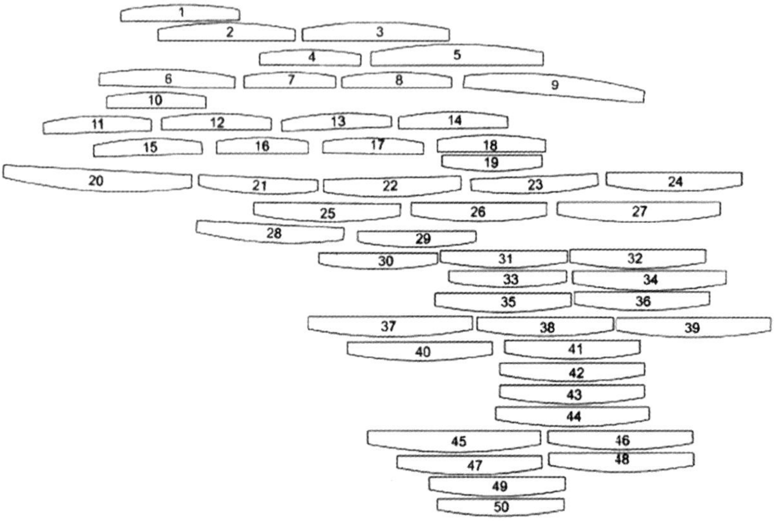

附录二:隐核波田簿整理

临湘合簿

【标题简】

▨□田顷数为簿如牒(叁·7199·3/37)

【主体简】

(都乡)

▨丈二尺,长卅五丈,败廿一丈,沃田十五顷,枯芜二年,可(叁·7198·2/37)

（东乡）

大田波一所，深二丈，长卅五丈，败廿丈，沃田十四顷，枯芜⧄（叁·7220·24/37）

（广成乡）

逢唐波一所，长三百丈，沃田四顷，溏儿民〔长〕沙郡刘张、=冯汉等岁自垦食（叁·7221·25=叁·7222·26/37）

东薄波一所，深⧄（叁·6935/37）

（小武陵乡）

⧄……□六十五丈，沃田一百一十顷，男子聂礼、张（叁·7202·6/37）

（不明乡）

□□波一所，深……长六十一丈，败五十丈，沃田八十三顷卅亩（叁·7219·23/37）

□波一所，深一丈五尺，长十丈，败八丈，沃田七顷，枯芜二[1]年，可用⧄=千夫作（叁·7227·31=叁·7223·27/37）

善等自垦食（叁·7224·28/37）

仓等岁自垦食，其卅顷枯芜廿年，可用一万夫作（叁·7225·29/37）

东卖波一所，深七丈二尺，长七十九丈，□败，沃田九十顷，枯⧄（叁·7229·33/37）

□□波一所，深三[2]丈，长八十五丈，沃田一百卅亩[3]，枯芜十

[1] “二”，核对图版，笔迹残缺，疑作“七”。

[2] “三”，原阙释，据图版补。

[3] “亩”，核对图版，疑为“顷”。

年,可用□□=四万夫[作] ☑(叁·7232·36/37=叁·6377/36)

□蒲波一所,深一丈五尺,长[九][1]□丈,败六十丈,沃田七十九顷,枯芜十☑(叁·6311/36)

枯芜五年☑(叁·6383/36)

☑波一所,深□□,[2][长]廿五丈,败十五丈,沃田六顷五十亩□☑(叁·6726/37)

☑七尺[3] 长廿[4]丈,败十一丈,沃田九顷,枯[芜]□☑(叁·6764/37)

☑ 长十一丈,败八丈,沃田四□☑(叁·6774/37)

☑ 长□□丈,败,沃田六十顷,枯芜☑(叁·6867/37)

☑□百廿[5]二顷,民男子□□[6](叁·6868/37)

☑[夫]作 ☑(叁·6870/37)

☑万[夫]作 ☑(叁·6872/37)

顷,枯芜三年,[可]☑(叁·6916/37)

☑□□[丈],沃田廿八顷,枯芜十五年,可用(叁·6948/37)

---

[1] "[九]",原释作"十",据图版改;或作"[六]"。

[2] "[深]□□"据图版补。

[3] "七尺",原阙释,据图版补。

[4] "廿",原释作"卅",据图版改。

[5] "□百廿",原阙释,据图版补。

[6] "□□",原释作"[地](?)[就](?)",核对图版,应为人名。

⧄ 芜五年,可 用[1]一千二百夫作(叁·7013/37)

⧄……败廿一丈,沃田十四顷,枯芜二年⧄(叁·7016/37)

⧄ 长卅丈,败十八丈,沃田□⧄(叁·7081/37)

⧄沃田一顷,民男[2]□⧄(叁·7082/37)

⧄□顷,枯芜二年,可用(叁·7083/37)

⧄□□四顷九十亩,枯兼三年(叁·7144/37)

⧄……十 夫……(叁·7196)

【分计简】

⧄其波十六所,田合六百卅二顷七十⧄(叁·6554/37)

其波九所,田合五……顷,唐儿民自垦⧄(叁·6724/37)

【呈文Ⅰ】

⧄相君、丞叩头死罪敢言之(叁·7068/37)

□□枯芜几年,洨田多少,何人□□□,及新故钱米已入□(叁·7218·22/37)

⧄头死罪敢言之。(叁·7074/37)

二月十二日……⧄(叁·7201·5/37)

诸乡分簿

【都乡】

(标题简)

---

[1] “芜”,原释作“与”,“可 用”,原释作“佃田”,据图版及简文格式改。

[2] “男”,原释作“界”,据图版改。

都乡谨列枯芜波长广顷亩簿(叁·7204·8/37)

(主体简)

⍁一所,深一丈二尺,长卅五丈,败廿一丈,沃田□五顷,枯芜二年,可用一万=⍁六千夫,民大男毛布、陈丈、陈建等自垦食(叁·7203·7=叁·7206·10/37)

民大男毛苌、□皮等合□民垦食(叁·7200·4/37)

【南乡】

(标题简+主体简+乡计简)

南(?)乡谨列波唐顷亩簿

□□□一所　长一百丈,沃田卌九顷,溏儿民吴金、王署等岁自垦食(叁·7216·20/37)

京□塘一所　　长一百五十丈,沃田廿顷,溏儿民陈散、李□等岁自垦食

长存一百一十八丈,沃田六十九顷(叁·7205·9/37)

【东乡】

(主体简)

大田波一所,深二丈,长⍁(叁·7021/37)

【小武陵乡】

(乡计简)

右(?)小武陵乡波二所,沃田十四顷九亩,□□□十五年、廿三年□□□(叁·7207·11/37)

（乡呈文）

正月六日劝农掾文□白。（叁·7211·15/37）

【平乡?】

（主体简）

亭下波一所，深一丈七尺，长廿丈，败十一丈，溉田九顷，枯芜十年，可用一万夫（叁·6320/36）

（乡计简）

右波二所，溉田卅五顷，民……（叁·7209·13/37）

【广成乡】

（主体简）

逢 唐一所，长三百丈，沃田四顷，溏儿民□□长沙郡刘张、冯汉等岁自（叁·7236·40/37）

□唐波一所，长廿五丈，深一丈四尺，败十五丈，沃田□□顷五十亩，枯芜五年，可用一千（叁·7239·43/37）

（乡计简）

右唐波三所，沃田一百□十□顷六亩，其一百一十八顷□□（叁·7237·41/37）

（乡呈文）

◪□十一日劝农掾区光白（叁·7067/37）

（Ⅲ类，不明乡）

(主体简)

黄唐波一所,深七尺,……丈,沃田廿顷,枯芜▨+▨年,可用三万夫(叁·6325+叁·6589/36)

□汉波一所,深二丈五尺,长十二丈,败十丈,沃田……枯芜二年,可用七千夫(叁·7208·12/37)

▨……一千□丈,沃田六顷五十八亩(叁·7210·14/37)

□□波一所,深七丈,长十丈,败□丈,沃田七顷,枯芜七年,可用七千夫(叁·7212·16/37)

□□作(叁·7213·17/37)

西波一所,□败[1],长卅一……作用二千五百夫,□沃田七顷五(叁·7214·18/37)

高□波一所,深一丈,长七十一丈,败□丈,沃田□顷,枯芜三年,可用五千夫(叁·7215·19/37)

芜……溏作(叁·7217·21/37)

▨枯芜六年,可用一万夫▨(叁·7063/37)

▨……二百……不垦食▨(叁·6829/37)

(乡计简)

·右波九所,田合五百卅一顷卅亩,唐儿[2]民自垦食(叁·7226·30/37)

---

[1] “败”,原阙释,据图版补。

[2] “唐儿”,原释作“□给”,核对图版,首字“广”旁可辨识,结合对应简例改、补。

（Ⅳ类，不明乡）

（主体简）

□□波一所，长六十丈，深□丈，败卅丈，沃田卌顷□十顷□武□□□□=年，可用一万二千夫作（叁・7230・34=7228・32/37）

可用三万一千夫作（叁・7231・35/37）

其 卅[1]顷枯芜廿年，可用一万夫作（叁・7238・42/37）

□[2]□波一所，长十一丈，深□丈七尺，败八尺，沃田四顷，枯芜三年，可用五千夫作（叁・7240・44/37）

□氿波二 所[3]……长十九丈，败七丈，沃田……顷，枯芜卅六年，可用三万（叁・7235・39/37）

▨□丈六尺，败□□，沃 田□▨（叁・6351/36）

▨沃田十四顷，枯芜　　[4]，可用万一千八[5]百夫作（叁・6414/36）

▨……枯芜廿三年（叁・6581/37）

▨垦食（叁・6758/37）

□□波一所，长……顷卅亩，枯芜五年，可用□▨（叁・7010/37）

□波一所，深……▨（叁・7020/37）？

▨沃田六十顷，枯芜□年（叁・7069/37）

---

[1] “其 卅”，原释作“田四”，据图版及对应关系改。

[2] “□”，核对图版，疑作“东”字。

[3] 核对图版，“二”字不清晰，疑误。

[4] 核对图版，“枯芜”下留空，可容纳2字。

[5] “八”，核对图版，漫漶不清，疑“丿”为干扰痕迹。

〼□□等自垦食(叁·7070/37)

〼波□□〼(叁·7127/37)?

〼胡(?)诸□□自垦食(叁·7197·1/37)

(乡计简)

·右波十六所,田合六[1]百卅二顷七十九亩……〼(叁·6316/36)

〼……波二所〼(叁·6350/36)【注】简中有朱笔涂痕。

·右□□等岁自垦食　〼(叁·6436/36)

【呈文Ⅱ】

空白简(叁·7233·37/37)

□叩头叩头死罪死罪,案文书,被勅,辄部[2]乡吏区(叁·7195/37)

光、黄肃等隐核县[3]□波唐田顷亩,令光等各列簿。(叁·7241·45/37)

□大小□□沃田顷亩,用人工多少,及得芜溲小波(叁·7194/37)

□□□少,罗列顷亩,会月廿日赍[4]簿诣廷。模(?)□(叁·7193/37)

几亩不可佃,及……久,溏波田当□悉令耕。列□(叁·7244·48/37)

---

[1] "六",原释作"五",据图版改。

[2] "部",原释作"诣",据图版改。

[3] "县",原阙释,据图版补。

[4] "赍",原释作"膺",据图版改。

督留如府记科[1]令。(叁·7243·47/37)

☑□簿复言君诚惶诚(叁·6825/37)

恐[2]叩头死罪敢言之。(叁·7234·38/37)

【批注】

☑□□□波溏长广深败,□顷亩可(叁·7245·49/37)

☑□□当 言右田 曹(叁·6993/37)

空白简(叁·7242·46/37)

[1] "记科",原释作"咨所",据图版改。

[2] "恐",原阙释,据图版补。

李学勤先生的简帛学研究

刘乐贤

（首都师范大学历史学院 北京 100089）

2019 年 2 月 24 日，被誉为“百科全书式学者”的李学勤先生辞世，这是学术界的重大损失，也是简帛学界的重大损失。

李学勤先生 1933 年出生于北京，1951 年考入清华大学哲学系，1952 年到中国科学院考古研究所参加《殷虚文字缀合》的编著。1954 年至 2003 年，李先生一直在中国科学院历史研究所（后改称中国社会科学院历史研究所）工作，从事思想史、古文字学、先秦史等方面的研究。2003 年起，李先生回到母校清华大学执教，致力于出土文献特别是清华大学藏战国竹简的整理和研究。

李先生天资过人，治学勤奋，一生笔耕不辍，直到去世前不久仍有论文和著作发表，给后人留下了丰富的学术遗产。

李先生一生涉猎的领域甚多，在中国早期文明研究的各个方面都取得了突出的成就。他在《中国古代文明十讲》的序言中，曾经这样总结自己的学术研究：

> 我所致力的领域,常给人以杂多的印象,其实说起来也很单纯,就是中国历史上文明早期的一段,大体与《史记》的上下限差不多。问题是对一段的研究不太好定位,有的算历史学,有的算考古学,还有文献学、古文字学、科技史、艺术史、思想史等等,充分表明这个领域学科交叉的综合性质。这一领域,我想最好称为"中国古代文明研究"。

从经历看,李先生的中国古代文明研究是从治古文字学开始的。古文字学可以说是李先生一生学术事业的基础,也是耗费李先生心血和精力最多的领域。李先生从事的古文字学,不是那种作为语言文字学分支学科之一的狭义的古文字学,而是广义的古文字学,大致与前人所谓"铭刻学"或今人所谓"出土文献研究"相当,研究范围宽广。李先生一贯主张,古文字学应当包括甲骨学、青铜器研究、战国文字研究、简帛学四个分支。李先生在这四个分支学科上都做出了十分重要的贡献,其著作和治学方法已经深刻地影响或推动了这些学科的发展及走向。尤为重要的是,李先生还将古文字学的研究成果融入他的中国古代文明研究之中。从古文字研究中得到的收获或体悟,在李先生重新认识和估价中国古代文明的事业中起到了至关重要的作用。为了更好地认识和弘扬李先生的学术遗产,有必要对李先生的古文字研究及影响进行分析。限于能力和篇幅,这里只拟对李先生在简帛学上的贡献及影响略作介绍。

一

近代以来的简帛发现,以20世纪初在西北地区获得的汉晋简牍为始。这些简牍的数量虽然不多,内容也以边境屯戍机构的行政文书为主,但在当时已经被王国维视为可以与甲骨文、敦煌卷子和明清档案并列的四大新发现之一。王国维指出,"此四者之一,已足当孔壁、汲冢所出",将其与在中国学术史上产生过重大影响的孔壁古文、汲冢竹书相提并论。王国维因此而撰成《简牍检署考》,随后又与罗振玉合撰《流沙坠简》,为中国的简牍研究鸣锣开道。在此之后,不仅在西北地区发现了更多的汉晋简牍,而且还在内地的湖南、湖北、山东、河南、河北、安徽、江苏、江西等地发现了多批战国至魏晋时期的简牍和帛书。这些新发现的简帛材料无论在数量还是在内容的重要性方面,都远远超过了王国维当年见到的汉晋简牍。诚如王国维所说,新发现往往会带来新学问。20世纪简帛新材料的不断发现,吸引了许多学者投身于罗振玉、王国维倡导的简帛研究之中,使简帛学发展壮大为饶宗颐先生所说的"当代学术之显学"。许多前辈学者为简帛学这一新学科的建立、发展和壮大做出了重要贡献,李学勤先生就是其中甚为突出的一位。

早在20世纪50和60年代,李先生就已经对楚地发现的简牍、帛书作过精到研究,特别是1960年对楚帛书十二月名的释读,迄今仍然是楚帛书研究史上最为激动人心的一次突破性发现。从20世纪70年代开始,李先生又相继对秦汉简帛和战国竹简作过许多具有开创意义的整理和研究工作，在马王堆汉墓帛书、睡虎地秦墓竹简、定县八角廊汉墓竹简、张家山247号汉墓竹简、郭店楚墓竹简的整理或研究上，贡献尤为突出。李先生还充分利用其学术影响，为简帛学的学科建设做了许多无人能及的筹划及推动工作。在去世前的十余年里，李先生几乎将全部精力倾注在清华简的保护、整理和研究上面。从2010年开始，他领导的团队以每年推出一辑《清华大学藏战国竹简》的速度，及时向学术界通报最新整理和研究成果。在繁忙的整理工作之余，李先生又以极大的热情投入清华简的研究之中，相继撰写并发表了一批具有引领和指导意义的论文，使清华简的研究得以不断深入。因病住院的最后阶段，李先生仍然念念不忘清华简的整理和研究工作，还坚持在病床上向助手口授对清华简的最新认识。完全可以说，简帛学与李先生一生的学术研究相始终，在李先生的学术体系中占有甚为重要的地位。李先生的重新估价中国古代文明、走出疑古时代、重写学术史等重要学术主张的形成和提出，与他的简帛研究工作有着密不可分的关系。因此，回顾和分析李先生在简帛学上的贡献及影响，对认识和了解李先生的学术体系及治学特色，对推动简帛学的深入发展，都具有十分重要的意义。

概括地说，李先生在简帛文献整理、简帛文献研究、简帛学的学科建设等方面都做了许多重要甚至是无人能及的工作，取得了非凡的成就，在简帛学史上居功甚伟。

二

李先生一生细心整理过的简帛材料很多,包括楚简、秦简、汉简,以及汉代的帛书,内容涉及战国秦汉时期的各类书籍,以及多种秦汉法律文献。

20世纪70年代,各地相继发现多批秦汉时期的简牍帛书,国家文物局随即成立整理小组,从各单位借调专家整理出版这些珍贵的出土文献。1975年初,李先生正式借调到国家文物局,专门从事秦汉简帛的整理工作。

李先生进入整理小组后承担的工作,首先是整理1973年发现的马王堆3号汉墓帛书。马王堆汉墓帛书的内容甚为丰富,几乎包括了当时书籍的所有类型,可以说是一座小型的汉代图书馆。李先生负责整理的,是其中的数术、方技两类文献。这两类文献的内容较为专门,整理相当不易。李先生与唐兰、马继兴、周世荣等学者通力合作,及时完成了马王堆简帛医籍的整理和注释工作。由李先生定稿的《马王堆汉墓帛书(肆)》,1985年由文物出版社出版。马王堆汉墓帛书中的数术文献较多,除《五星占》和《天文气象杂占》以外,都由李先生负责整理。这些包括《篆书阴阳五行》《隶书阴阳五行》《刑德》在内的文献,性质上属于《汉书·艺文志》数术略下的五行一类,内容多不见于传世文献,整理释读甚为不易。特别是抄写《篆书阴阳五行》的那件帛书,在马王堆帛书中篇幅最大,残损也最为严重,是马王堆帛书中整理、释读难度最大的一件。李先生在几位年轻助手的帮助下对这件帛书做了初步的拼缀,但一时无法达到同墓其他帛书一样的复原程度,只好暂时搁置。李先生 1978 年返回中国社会科学院历史研究所以后,虽然几度试图重新整理这件帛书,但终究未能如愿,只有少量成果发表于《文物》杂志。近年出版的《长沙马王堆汉墓简帛集成》刊出的所谓“湘博方案”,就是来源于李先生当年的拼缀成果,但又有少量变动。这件帛书的材料经《长沙马王堆汉墓简帛集成》整理发表以后,虽有学者通过观察其折叠方式而对李先生当年的拼缀方案有所调整,但在释读或理解上却未见有明显的突破。由此可以想见,李先生当年的工作为这件帛书的整理奠定了坚实的基础。

李先生在整理小组的另一项任务,是负责整理 1975 年冬天在睡虎地 11 号秦墓发现的竹简。这批竹简的内容以法律文献为主,此外还有甲、乙两种《日书》。这批竹简的整理和出版都很及时,法律文献部分先后出版过《睡虎地秦墓竹简》平装本和精装本;而且除释文、注释以外,还附有语译。《日书》部分的整理成果,则只收录于精装本中。由李先生定稿的《睡虎地秦墓竹简》,在注释简文时力求简洁,不做烦琐引证。其“凡例”中“注释尽可能引用时代接近的古籍及其注释,以供对比研究”一条,尤其令人印象深刻。李先生后来解释说,之所以“特别提出这一点,是由于秦简语言富于时代特色,只有参照同时代的文献,才能理解贯通。如以《诗》、《书》古训比附,反难认识简文本义”。

李先生在整理小组工作期间,还主持或参加了定县八角廊汉简、大通上孙家寨汉简的整理。

1978 年,李先生回到中国社会科学院历史研究所工作。在那百废待兴的年代,李先生的学术工作日渐繁忙,研究领域也越来越广,不可能再像前几年那样专门从事简帛整理了。但李先生仍然利用一切机会参加简帛整理工作,并且做出了新的贡献。除了完成上述各批简帛材料的后续整理、出版以外,他还参加并主持了张家山汉简的整理工作。1983 年至 1984 年,湖北江陵张家山 247、249、258 号汉墓发现大量西汉时期的竹简。247 号汉墓出简最多,内容以汉律为主,还有医书、兵书等类,其中的《二年律令》和《奏谳书》尤为引人注目。李先生与彭浩、李均明等学者通力合作,在 2001 年出版了精装本《张家山汉墓竹简〔二四七号墓〕》,在 2006 年又出版了平装本《张家山汉墓竹简〔二四七号墓〕》(释文修订本)。张家山汉简的整理和出版基本上是按照睡虎地秦简的模式进行,也是由李先生最后定稿。

2008 年 7 月,清华大学在李先生的建议下入藏了一批楚简,就是现在大家都已经熟知的“清华简”。为保护和利用好这批珍贵的文物,李先生提议学校成立出土文献研究与保护中心,并在很快的时间里组建了一支精干的整理、保护队伍。在李先生的指挥下,清华大学出土文献研究与保护中心的同仁从 2010 年开始,每年都向学界推出一辑新的《清华大学藏战国竹简》。在李先生去世时,《清华大学藏战国竹简》已经出到了第 8 辑。这 8 辑《清华大学藏战国竹简》的完成过程,与前述《睡虎地秦墓竹简》《张家山汉墓竹简〔二四七号墓〕》颇有相似之处,即虽然完成于众人之手,但都经过了李先生的逐字审定,因而能够保证学术质量。

李先生主持或参加的简帛整理工作较多,而且质量很高,为简帛学的发展奠定了坚实的基础。他参加并定稿的《马王堆汉墓帛书(肆)》《睡虎地秦墓竹简》《张家山汉墓竹简〔二四七号墓〕》,早已被学界公认为整理秦汉简帛的经典之作,迄今仍然是学习和研究秦汉简帛的最佳读本。李先生晚年主持出版的 8 辑《清华大学藏战国竹简》,因速度快和质量高而享誉学林,堪称战国竹简整理方面的典范。

三

李先生在简帛学的学科建设方面也颇为用心，为简帛学的发展做出了重要贡献。

李先生很早就兼治简牍和帛书，主张将简牍和帛书一并进行研究，并力主将简帛学建设为一个专门学科。随着材料的增多和研究的细化，李先生又为简帛学的发展做了新的筹划。李先生认为，典籍和文书适合于分别研究，简帛学又可以分为简帛书籍和简牍文书两个分支。他在为《当代中国简帛学研究》作序时说，“历年出土的大量简牍帛书，依其本身性质，可划分为典籍和文书两大类，对两者进行整理研究的方法途径彼此有相当大的差异，所需要的知识手段也互不相同，应当作为两个学科分支看待”，“把简帛学划分为简帛书籍和简牍文书两个学科分支，不仅是发展趋向，而且还是当前的实际了”。

为推动简帛学科的发展，李先生做了大量的筹划及组织工作。李先生在担任中国社会科学院历史研究所所长期间，大力支持并鼓动谢桂华先生成立中国社会科学院简帛研究中心，希望能够借此壮大简帛研究的力量。他与林剑鸣、谢桂华两位先生合作创办《简帛研究》杂志，并在前言中指出，“我们迫切需要为简帛研究开辟一处专门的园地”，“我们希望这一园地的范围尽可能广阔一些，使各方面不同角度的研究都能自由地参加进来”。1999 年至 2001 年，他在清华大学思想文化研究所组织“郭店楚简研读班”，吸引了许多同行参加研讨。像《简帛研究》这样的刊物、简帛研究中心这样的机构,当时在全国还没有先例,其示范和推动作用甚为明显。简帛学在今天能够发展成为一门很有影响的学科,与李先生当年的远见卓识、周密筹划、有效推动及身体力行,有着十分密切的关系。

四

李先生在简帛学上的主要贡献,当然还是体现在他对简帛文献的研究和阐释上面。李先生素来主张将简帛书籍和简牍文书分开进行研究,比较而言,他更偏爱和重视简帛书籍研究。这是因为目前所见简帛书籍的抄写年代大都在战国至汉初,正好属于李先生一生重点关注的中国古代文明的早期阶段,并且其内容大都关涉中国古代文明的主体或核心部分,因而成为了李先生研究和探索中国古代文明的最佳材料。而当时以居延汉简以降的汉晋简牍为主的简牍文书,从抄写年代到主要内容都与李先生特别关注的中国古代文明研究有一定距离。虽然李先生对这些简牍文书也作过研究,而且还颇有贡献,但它们毕竟不是他的研究重心了。

李先生分析和讨论简帛书籍的成果甚为丰富,在广度和深度上多有超越前人和时贤之处。如果按照《汉书·艺文志》对西汉皇家所藏图书的分类原则,战国秦汉时期的简帛书籍大致可以分为六艺、诸子、诗赋、兵书、数术、方技六类。李先生以其精湛的学养和不懈的努力,对这六类简帛书籍都作过研究,并且取得了令人赞叹不已的成就。

李先生对简帛六艺类文献的关注,大致是从参加马王堆汉墓帛书的整理开始的。李先生本来主要负责整理马王堆汉墓帛书中最为难懂的数术、方技两类文献，但是因为其中的帛书《周易》经传与古代文明研究关系重大，所以他一直甚为关注。为了充分认识和挖掘马王堆帛书《周易》经传的学术价值，李先生除了重点研究帛书《周易》经传本身以外，还从更多方面对《周易》经传中的各种问题进行探讨，完成并出版了《周易经传溯源——从考古学、文献学看〈周易〉》一书。后来又增补了包括上博楚简、双古堆汉简《周易》在内的新材料及相关研究成果，将其扩充为《周易溯源》一书。《周易经传溯源》及《周易溯源》不仅对马王堆帛书《周易》经传的内容作了深入细致的解读，而且还对相关出土、传世文献中的问题作了详尽的考证，澄清了易学史上的一些疑难问题，为《周易》经传的研究做出了重要贡献。上博楚简中的《诗论》一篇，对研究古代的《诗》学流传具有重要价值。李先生连续撰写了多篇专门讨论《诗论》的文章，内容涉及《诗论》的文本复原、《诗论》的性质及《诗》学的流传等重要问题。这些讨论《诗论》的文章，多数已经收入其论文集《中国古代文明研究》之中。2008 年入藏清华大学的一批战国竹简，虽然目前还没有整理公布完毕，但从已经发表的前九册整理报告看，内容以经史类文献为主，大都属于《汉书·艺文志》所说的六艺类文献，其重大学术价值现在还难以准确估计。可想而知，以经史亦即六艺类文献为主的清华简，在李先生的中国古代文明研究中是何等的重要。事实上，他晚年几乎将整个生命都奉献给了清华简。在整理清华简的繁忙工作之余，他又以极大的热情对清华简的内容及相关问题进行研究，几乎对已经发表的每一篇重要简文都作过专门分析。这些具有开创和引领意义的成果，大都已经收入《初识清华简》《夏商周文明研究》《清华简及古代文明》等论文集中。

早在 20 世纪 50 年代李先生就已经讨论过信阳长台关楚简的学派性质，开始关注并研究简帛诸子类文献。后来，他又对 20 世纪 70 年代以来出土秦汉简帛中的诸子类文献作过全面和深入的讨论,尤以对马王堆帛书《五行》《老子》《黄帝书》,定县八角廊汉简儒家文献、《文子》,张家山汉简《庄子》等儒道文献的研究最为用心。这一方面的代表作,大都已经收入其论文集《简帛佚籍与学术史》《古文献丛论》之中。郭店楚简发表以后,李先生对其中的儒道文献甚为关注,撰写并发表了一批很有影响的论文,并进而引发他对学术史上的一些重要问题进行反思,萌发了重写学术史的念头。上博楚简公布以后,他又以同样的热情对其中的诸子类文献进行研究。李先生讨论这两批楚简中诸子类文献的论文,大都已经收入《重写学术史》《中国古代文明研究》《文物中的古文明》等论文集中。

李先生在概述简帛古书时,经常会论及简帛诗赋类文献及其学术价值。此类文献目前发现较少,但李先生也发表过《〈唐勒〉〈小言赋〉和〈易传〉》《放马滩简中的志怪故事》等相关论作。

李先生对简帛兵学文献也很重视,撰写过《〈孙子〉篇题木牍与佚文》这样的专门文章。此外,他对银雀山汉简中以论兵为主的《守法守令等十三篇》作过专门研究,对张家山汉简中的兵阴阳文献《盖庐》也作过讨论。

李先生对简帛数术文献一直很有兴趣,并且作过很多精到研究。他撰写过不少讨论子弹库楚帛书、睡虎地秦简《日书》、马王堆汉墓帛书数术文献、张家山汉简《算数书》、尹湾汉简《博局占》的专文,为简帛数术文献的研究指明了方向,并提供了范例。

李先生在整理马王堆汉墓帛书、张家山汉墓竹简时,对其中的《五二十病方》《引书》等方技文献也作过研究。

李先生认为,秦汉律令虽然不在《汉书·艺文志》的著录范围,但也可以按照研究简帛书籍的方法进行研究。李先生在整理睡虎地秦简、张家山汉简中的法律文献时,对睡虎地秦律、张家山汉简《二年律令》及《奏谳书》等所反映的各种社会现象，对秦律、汉律之间的关系及它们与《周礼》的关系等，也一直甚为关注，并且已经作过专门研究。

简牍文书虽然不是李先生的研究重点，但他对包山楚简、郝家坪秦牍、龙岗秦牍、里耶秦简等年代较早的简牍文书也作过专门讨论，这些讨论对后来的研究还颇具指导和示范作用。他对楚简中涉及纪年的记载非常重视，并作过专门讨论，为几批楚简的定年这一重要问题做出了贡献。即使是对年代略晚一些的居延汉简，李先生也撰写过《谈“张掖都尉棨信”》这样的专门论文。

因为兴趣广泛、学识渊博，李先生对战国秦汉简帛的各个方面都作过研究，但他关注的重点明显是在简帛书籍特别是其中的六艺、诸子两类书籍上面。此外，他对秦汉法律文献也多有讨论。这样的侧重或偏向，固然与材料的多寡及其抄写年代的早晚有关，但更主要是与他的治学旨趣有关。李先生一生治学，以探究和重新估价中国古代文明为己任。而出土简帛中的六艺、诸子类文献，正好反映了中国古代文明的核心或精华，对了解和认识中国古代文明的高度和深度具有决定性作用。至于秦汉法律文献，对了解、认识战国秦汉社会的结构和面貌大有裨益，在古代文明研究中也具有举足轻重的地位。简而言之，李先生不只是单纯为了读懂或研究简帛文献而研究简帛文献，而是为了重新估价中国古代文明而研究简帛文献。因此，李先生的简帛研究目的明确，重点突出，因而影响深远。

五

为了完成其重新估价中国古代文明的重任,李先生在研究简帛时不仅重点突出,而且也很注重研究方法和观察角度,因而使他的简帛研究形成了独特的风格。

李先生研究简帛的方法,与他研究中国古代文明的方法基本一致,即力求对简帛材料作多学科交叉性的综合研究。具体地说,李先生大致是从古文字学的方法入手,先对战国秦汉简帛文献进行准确释读;然后在此基础上对简帛文献作多方面的考察,特别注意使用考古学所注重的比较方法,即将简帛文献与其他考古资料及传世文献进行比较;同时注意从学术史的视角,对一系列重要问题进行反思;进而将其与由相邻学科得到的认识融会贯通,因而得以形成并提出一些重新认识或估价中国古代文明的主张。

虽然李先生研究简帛的目的不只是为了读懂简帛材料,但他对读懂简帛材料这一基础性工作也十分重视,并且为之付出了极大的努力。李先生凭借其深厚的古文字学和文献学素养,首先在简帛材料的释读即简帛文本复原方面做了许多重要工作。李先生在简帛文本复原方面的成就,既体现在他主持或参与撰写的多种战国秦汉简帛整理报告之中,也体现在他撰写的许多研究文章里面。李先生不是那种以释字为唯一目的古文字学家,平时无意也不可能只专注于简帛文献的字词考释,但凭借其深厚的古文字学修养及过人的洞察能力,在简帛文献的字词考释特别是一些关键字词的考释方面也常有独到甚至惊人的发现。例如,清华简《算表》中有一个写作“釮”的字,从《算表》的运算规律可以看出,它应当表示“半”和“半”的乘积,也就是四分之一。可是“釮”为什么是一个表示四分之一的字,却不容易回答。李先生在《释“釮”为四分之一》一文中,先根据楚简中“缁”字的特殊写法,推断“釮”是“锱”的异写;又指出秦国的“半两”钱也有将“半两”写作“两甾(锱)”的情况,既然“两锱”相当于“半两”,则“一锱”自然就是“四分之一两”了。李先生还根据荆州黄山墓地出土的三件环权上分别刻有“一两”“半两”“才两”铭文,而经过实际测量后又知道它们的重量正好是以一半的比例递减,推断“才两”中的“才”也就是《算表》中的“釮”;“才(釮)两”一词的出现,说明“才(釮)”和“半”一样可以作为数字使用。又如,包山楚简中有一个表示国名的“郙”字,以往一直没有得到合理的解释。李先生在《包山楚简“郙”即巴国说》中将“郙”读作“巴”,并从多方面作了论证,很好地解决了这一疑难问题。李先生不仅善于运用古文字学的知识和方法解决简帛释读中的难题,也善于利用简帛材料中的线索去解决古文字研究中的难题,如《“桓”字与真山楚官玺》《释东周器名卮及有关文字》等文,就是利用楚系简帛材料中的线索释读古玺和金文疑难字词的范例。总之,古文字学的方法在李先生的简帛研究中起到了十分重要的作用。

与字词考释相比,李先生显然更重视分析某一篇或某一类简帛文献的内容及意义,以揭示简帛文献的独特价值。作为整理者,李先生经常要率先对新发表的简帛材料进行解读,像《江陵张家山汉简概述》、《〈奏谳书〉解说》上、《〈奏谳书〉解说》下、《初读里耶秦简》、《初识清华简》这一类文章,从标题就可以看出是在为新发表的简帛材料进行导读。在这些来不及精雕细琢的文章里面,李先生凭借其深厚的学养,在详细介绍和分析简帛材料的同时,往往还会为后续的研究指明方向或提供示范。这一方面令人印象深刻的例子,还可以举出 1985 年发表的《睡虎地秦简〈日书〉与楚、秦社会》一文。当时睡虎地秦简《日书》的整理报告尚未面世,学界对《日书》这类出土文献的内容还甚为陌生,不知道如何入手进行研究。李先生在这篇文章中指出,《日书》是选择时日吉凶的数术文献,"至少可以从两方面去研究",即可以分别从数术史和社会史的角度进行研究。后来研究《日书》的论作虽然很多,但基本上没有超出李先生指出的数术史和社会史两个方向。李先生的这篇论文,在睡虎地秦简《日书》研究史上起到了发凡举例、导夫先路的作用。

李先生另一类研究简帛文献的文章,则是对某一种简帛文献的内容或性质进行专门或深入的讨论。如马王堆帛书《黄帝书》中的第三篇《称》,内容多为格言汇编,与常见的子书议论文体颇不一样,学者虽然多有分析,但所论皆不透彻。李先生在《〈称篇〉与〈周祝〉》一文中指出,这种汇集格言的文体在古代并不罕见,在《老子》一书中就已经有所体现。李先生又举出收录在《逸周书》中的《周祝》一篇,发现其内容也多由互不连贯的格言组成,与《称》篇相类。李先生还指出,古代的"祝"与"史"相通,《称》成为《黄帝书》中的一篇并非偶然。有时候,李先生对简帛文献内容的讨论,往往与字词的考释紧密相连。例如,马王堆帛书《黄帝书》中的第二篇文献,其标题是"十大经"还是"十六经",以往学者聚讼不已。李先生在《马王堆帛书〈经法·大分〉及其他》中指出,"大""六"两字在帛书《黄帝书》中时相混淆,需要进行仔细分辨和研究。他在论证《黄帝书》中第一篇文献《经法》的第四个章题为《大分》而不是《六分》的基础上,赞成此处释"大"之说。更为重要的是他接着指出,此处涉及标题的"十大经凡四千……六"一段,应当参照《黄帝书》中第一篇文献《经法》的末尾“《名理》。《经法》，凡五千”，标点作“《十大》。《经》，凡四千[五十]六”。也就是说，《十大》与《名理》一样是章题，《经》与《经法》一样是篇题。李先生进而仔细分析帛书的内容，并援引古书中的篇题实例，对此处以《十大》为章题、以《经》为篇题作了合理的解释。这样，李先生不仅成功地解决了“十大”与“十六”的释读分歧，而且还为其中的第二篇文献找到了篇题，可谓意义重大。

李先生在简帛文献的解读上之所以经常能够超越前人或时贤，除了其深厚的古文字学、古文献学素养以外，还与他注重从学术史的视角观察问题，善于利用比较方法解决问题颇有关系。

与多数就简帛研究简帛的学者不同，李先生在研究简帛文献时，总是会将其中的线索与学术史上的问题联系起来进行思考。在谙熟学术史的李先生笔下，每一篇讨论简帛的文章都是有感而发，都是针对学术史上存在争议或误解的问题而作。例如，李先生研究马王堆帛书《周易》经传及相关文献时，总是将其与《周易》经、传的起源，《周易》经与传的关系，以及孔子与《周易》的关系等学术史上的重要问题结合起来讨论。即使是像马王堆帛书《刑德》这样的数术文献，李先生也能够从中发现重要线索，指出其中的“军吏”可以与《史记》的记载比较，还可以为解决以往战国金文中“冢子”一词的释读争议提供证据。更为重要的是，简帛材料的不断发现和深入研究还促使李先生对学术史上的一些重大问题进行反思，并形成了一些新的看法。李先生在研究 20 世纪 70 年代以来发现的秦汉简帛材料时，对楚文化的历史作用、古书的形成和流传等重要问题作了深刻反思。郭店楚简等年代更早的新资料发表以后，李先生对先秦学术中的一些重要问题又有了新的认识，并因此对以之作为基础的整个中国学术史也有了新的看法。

李先生在研究简帛文献时经常使用比较的方法,即有意将简帛文献中的记载与其他出土资料及传世文献中的记载进行比较。如《清华简〈祭公〉与师询簋铭》《由清华简〈系年〉重释沫司徒疑簋》《读〈系年〉第三章及相关铭文札记》等文,又如《秦简与〈墨子〉城守各篇》《〈鹖冠子〉与两种帛书》《竹简秦汉律与〈周礼〉》《从简帛佚籍〈五行〉谈到〈大学〉》《郭店简与〈礼记〉》《清华简与〈尚书〉〈逸周书〉的研究》等文,从标题就可以看出其鲜明特色。在这些比较研究中,李先生经常能够发人之所未发,既解决了一些以往存在争议的疑难问题,也发掘和提升了简帛文献的学术价值。

李先生治学崇尚实证,为文力求简洁,很少长篇大论。他讨论简帛的文章也大都短小精悍,语无虚发。这些短文往往言简意赅,不可等闲视之。如《〈奏谳书〉与秦汉铭文中的职官省称》一文只有两千来字,却指出了一个十分重要的现象:秦至汉初文献在记载各类机构的长官时,往往可以将其职官略而不书。这对阅读和理解秦至汉初出土文献,具有重要的指导意义。这种职官省称现象,在后来发现的里耶秦简中也很常见,有些学者因为没有充分重视李先生指出过的职官省称现象,以致对里耶秦简中涉及“守”的官称多有误解,甚至对“县令”是否为秦制也产生怀疑。其实,只要细读并承认李先生这篇短文指出过的职官省称现象,是完全可以避免上述误解的。

正是在这种崇尚实证、立足文本解读、以比较方法为主并注重与学术史研究相结合的简帛研究中,李先生感到以往对中国古代文明曾经达到的高度或深度估计不足,甚至还存在一些偏见。他在从事甲骨学、青铜器及考古学研究时,也已经对中国古代文明的长度和广度有了与以往颇为不同的估价。将这些从不同学科或领域得到的新知汇通以后,李先生觉得以往对中国古代文明的估价明显偏低，于1981年就正式提出了重新估价中国古代文明的主张。也是在研究简帛书籍并将其与传世文献进行比较的过程中，李先生与一些同行都注意到了疑古学派在古书辨伪方面存在的失误。在为一些以往被判定为伪书的书籍进行“平反”的同时，李先生已经意识到需要对古书进行一次新的反思，即他称之为对古书的第二次反思。后来，又进一步在此基础上提出了“走出疑古时代”的主张。李先生在研究简帛书籍的过程中还逐渐认识到，根据新发现的简帛书籍，加上经过“平反”以后得到重新肯定的那些传世文献，对学术史上的一些重大问题可以得出与以往颇为不同的结论，因而又提出了重写学术史的主张。李先生提出的这些主张在学术界产生了很大影响，并且已经在一定程度上改变了我们对中国早期文明的印象和认识。

李学勤先生的学问博大精深，他研究简牍帛书的成果也甚为丰富，并且涉及面非常广泛，他在简帛学上的贡献及影响值得深入研究。限于学力及篇幅，以上的介绍颇为粗略，挂一漏万。令人高兴的是，一套全面汇集李学勤先生学术论文的《李学勤文集》即将由江西教育出版社出版，李学勤先生讨论简牍帛书的论作也已经全部收入其中，相信读者一定能够通过阅读此书，而对李学勤先生在简帛学上的贡献有更为全面和深入的了解。

附记：本文初稿曾以《重估中国古代文明的高度——李学勤先生与简帛学》为题，发表于《光明日报》2019年4月8日“史学版”。

高敏先生的简牍学研究

薛瑞泽

（河南科技大学人文学院 洛阳 471023）

先师高敏先生（1926—2014），作为秦汉魏晋南北朝史的著名学者，研究领域极为广阔，涉及秦汉魏晋南北朝政治史、经济史、军事史、文化史等，研究成果多有极高的建树，成为后辈学人学习和效法的榜样。在研究过程中，高敏先生非常注重新材料的应用，无论碑刻墓志，还是秦汉魏晋简牍，他都颇为关注，不仅在许多文章中加以引用，而且也留下了多部关于简牍学研究的学术专著。从弟子目前所掌握的情况看，先师高敏先生在简牍学领域的贡献集中在睡虎地秦墓竹简研究、汉简研究、走马楼三国简牍研究和中国最早的简牍学教材建立等四个主要方面，而学习和总结高敏先生的学术研究方法及特点，无疑有助于我们完整地继承先生的学术思想，助推学术进步。

一、睡虎地秦墓竹简研究

睡虎地秦墓竹简在《文物》杂志1976年第六、七、八期刊布以后，迅速引起学术界的重视，众多学者关注并进行研究，取得了不少突破性的成果。高敏先生作为多年从事秦汉史研究的学者，睡虎地秦墓竹简一公布即迅速投入研究，在1976年10月下旬至1978年1月间，便完成《云梦秦简初探》一书，并由河南人民出版社于1979年1月出版。该书收集了包括前言在内的16篇文章。随后，高敏先生又对该书进行修改补充，增加了5篇论文，于1981年7月再版了《云梦秦简初探》(增订本)。《云梦秦简初探》(增订本)中按照研究主题可以分为徭役问题、《秦律》问题、土地制度问题、赐爵制度问题、《编年纪》问题等几个方面。

《编年纪》研究该书收录了2篇论文，其一为《〈编年纪〉的性质与作者质疑》，针对学术界《编年纪》类似后世年谱的说法，高敏先生考证后认为《编年纪》是“家谱和墓志的混合物”。关于《编年纪》的作者，陈直先生曾提出为“喜”的父亲，高敏先生指出《编年纪》“有可能是‘喜’的弟弟或同族兄弟”。其二为《秦简〈编年纪〉与〈史记〉》，主要对《编年纪》的史料价值做了系统的梳理。经过高敏先生的考述可知，《编年纪》具有印证、订正和补充《史记》的价值，还可以启示学者认识当时某些军事、政治事件之间的内在联系及其意义。对《编年纪》的史料进行发掘可以从“喜”一个人的经历管窥跌宕起伏的秦统一战争历程，其所具有的学术意义颇为明显。

《秦律》问题该书共收录了7篇论文,既有宏观的研究论文,如《商鞅〈秦律〉与云梦出土〈秦律〉的区别与联系》《从出土〈秦律〉看秦的奴隶制残余》《〈秦律〉是地主阶级压迫、剥削农民阶级的工具》《从〈秦律〉的刑罚类别看地主阶级法律的实质》《秦的奴隶制残余与秦末农民起义——读〈云梦秦简〉札记》等;也有微观的研究论文,如《关于〈秦律〉中的"隶臣妾"问题质疑——读〈云梦秦简〉札记兼与高恒同志商榷》《论〈秦律〉中的"啬夫"一官》《见于〈秦律〉中的诉讼、审讯和量刑制度》等。关于出土《秦律》的内容,高敏先生指出,其撰写年代应当是从商鞅死后到秦昭王这段时期逐步积累而成的。出土《秦律》与商鞅《秦律》有一定的差别:其一,一些见于商鞅《秦律》的条款,在出土《秦律》中却找不到;其二,出土《秦律》的分目,也不同于商鞅《秦律》;其三,出土《秦律》的某些内容,透露出其不是撰写于商鞅变法时的《秦律》。可以说,出土《秦律》是商鞅《秦律》的直接延续。首先,出土《秦律》在基本内容与精神实质上与商鞅《秦律》具有一致性。其次,出土《秦律》与商鞅《秦律》具有共同性与连贯性。最后,出土《秦律》的内容涉及官制及地方行政机构,除极少数提到的郡、郡守、郡太守等非商鞅时之制外,其余大都与商鞅时的秦制相符合。高敏先生对出土《秦律》与商鞅《秦律》的比较,弄清了《秦律》在这一长时段的历史变迁,也由之可以看出《秦律》虽然渐趋完善,但其基本精神相沿不变的实质。关于秦奴隶制的残余问题,高敏先生通过对出土《秦律》相关资料的分析,指出秦的奴隶除了从奴隶社会遗留之外,其来源主要有因犯罪而籍没、因亲属犯罪而被籍没、没收私家奴隶、临阵脱逃及战俘、用钱买来的以及奴隶的子女等。私家奴隶的来源主要有用钱买来的、官府赏赐的以及从官府借来的、私家奴隶子女等。官私奴隶的不同来源表明秦的奴隶主要是由贫苦农民沦落而来。秦时官私奴隶的服役范围,有生产性劳役与非生产性劳役两种。奴隶的生活极其痛苦,奴隶采取了多种方式的反抗。为了镇压奴隶的反抗,《秦律》制定了一系列法律条文对付奴隶的反抗。经过对史料的分析,高敏先生还指出秦的奴隶不同于奴隶社会的奴隶,有着时代的特征。首先,秦的奴隶的社会地位高于奴隶社会的奴隶,本质上只是一种贱民。其次,在经济上,秦代出现了某些既有家室,又有独立经济的奴隶,但在法律上并未得到公开承认。其三,在法律上,秦的奴隶的生命、人身仍无保障,但已经不像奴隶社会的奴隶随时有被其主人任意刑、髡和杀死的情况了。通过综合考察《秦律》关于奴隶的各项规定,高敏先生总结道,秦的奴隶制是相当严重的,奴隶的数量是不少的,奴隶制的残余已经与封建生产关系融合在一起,构成了封建剥削制度的一种补充形式,秦的统治者通过法律形式对奴隶制残余进行保护,目的是剥削和压迫农民阶级,这表明封建制度与奴隶制度之间、地主阶级与奴隶主阶级之间存在着千丝万缕的联系,秦统治者极力维护奴隶制的残余,表明地主阶级同样是残忍和剥削成性的。学术界以往对于秦的奴隶制关注不多,高敏先生通过对《秦律》的剖析,全方位论述了秦的奴隶制,具有开创性的学术意义。关于《秦律》作为地主阶级法律的实质,高敏先生在论文中开宗明义地指出其"在于维护与巩固地主阶级压迫剥削农民阶级的剥削制度,以保护其生存条件"[1],并通过对《秦律》的考察,指出《秦律》是保护地主阶级的私有财产和人身安全的重要工具,是地主阶级剥削农民阶级的沉重枷锁和压迫农民阶级的暴力手段,更是地主阶级利用奴隶制残余奴役农民阶级的专政工具。这一系列矛盾的出现表明地主阶级与农民阶级的矛盾已经逐步激化,秦末农民起义根源已久,爆发是必

[1] 高敏:《云梦秦简初探》(增订本),河南人民出版社,1981年,第75页。

然的。关于秦代刑罚的名称,史书以往的资料非常有限,出土《秦律》则透露出大量新的信息,反映了秦的刑罚类别,在名称方面继承了奴隶社会的刑罚,也有超出奴隶社会刑罚的地方,虽然有其历史进步性的一面,但这种进步是有限的。关于秦末农民起义的原因,此前学术界多与秦的酷政联系起来,高敏先生借助分析《秦律》,指出秦末农民起义同奴隶制残余有密切的联系,在秦末农民起义的参加者中有相当数量的奴隶参加起义,这次起义具有反对奴隶制残余、扫除人身奴役制的巨大历史作用。

关于《秦律》中具体人员身份的考察,有"隶臣妾""啬夫"和"有秩"等,经过高敏先生考证可知,秦律中"隶臣妾"属于贱民,且身份是终身的,汉代"隶臣妾"则属于刑徒,地位有所提高。秦的刑徒是有固定刑期的,定为城旦的刑徒可能服六岁刑。秦时"隶臣妾"可以有家室,也允许拥有独立的私有经济。秦时"隶臣妾"的生命权受法律保护。关于秦的"啬夫"一官,在以往的史书中记载较少,即使有相关内容,也多是详汉而略秦,高敏先生根据《秦律》中有关"啬夫"的资料,对"啬夫"一官做了详细的考证。针对《秦律》的具体问题,高敏先生还根据出土秦简考察了秦的诉讼、审讯和量刑制度。关于起诉的概念,高敏先生总结出《秦律》中"告""辞"与起诉概念接近,有四种表现形式,即"赏告""自告"或"自出""告"或"辞""缚诣告"。由被害者向官府起诉的"告"与"辞",按情况不同分为"公室告"与"非公室告"两类,特别是关于"家罪"的特权规定,反映了《秦律》的剥削阶级性质。在起诉机构方面,《秦律》有郡、县等。关于审讯罪犯的若干原则与规定,通过考察,高敏先生指出有不许拷打被告的原则;重证据和重调查研究,不轻信口供和主观臆断的原则;允许被告上诉和复审的原则;取缔"告不以实"的原则;保护剥削阶级利益和维护宗法等级制度的原则。至于说量刑的原则与做法,有"议爵""议官""议病”和重罚盗贼及逃犯等，特别需要提及的是对有意制造冤案、假案实行严惩的原则。高敏先生认为《秦律》既是王权的凝聚物，又是王权的护身符，是封建专制主义的法律表现。司法隶属于行政，治狱承命于官府，是秦的法律制度的要害所在。虽然《秦律》做了规定，但执行过程中如对被告严刑拷打与逼供的现象的存在，体现出秦时法律制度的严重缺陷，而刑无等差的虚伪性与消灭有病犯人肉体的落后性，是秦法律制度的阶级与时代局限性的突出表现。

二、汉简研究

高敏先生长期从事秦汉史研究，其有关汉代简牍的研究对于拓展汉代社会历史认识具有积极的意义。关于这一点，从先师早期汉简研究的《从江陵凤凰山十号汉墓出土简牍看汉代的口钱算赋制度》到《从居延汉简看内蒙额济纳旗的古代社会经济状况》等论文，都体现出他的学术追求。

1973 年 9 月，在湖北省江陵凤凰山汉墓出土了数百枚简牍，其中第 10 号墓出土的 170 多枚竹简及 6 枚木牍，记载了西汉时期的赋税、徭役、借贷、商业及土地占有等方面的情况，具有重大史料价值。高敏先生根据裘锡圭先生的考释，作《从江陵凤凰山十号汉墓出土简牍看汉代的口钱算赋制度》，揭示了这部分汉简的史料价值。

《从居延汉简看内蒙额济纳旗的古代社会经济状况》则是站在时代的高度，总结汉代在居延地区发展农业经济的经验和教训。首先，此文弄清了汉代居延地区有适宜农业发展的客观条件,并且已经建立起了完整的管理机构。汉代在居延地区屯田主要实行军屯,屯田的数量和规模相当可观,似乎还有民屯的存在。为了更好地发展屯田事业,汉代统治者还在居延地区兴修了水利,开凿了灌溉渠道。居延地区种植的粮食品种相当齐全,主要有谷子、高粱、小麦等。居延地区还有以种植树木及姜、韭、荠、葱、葵为副业的生产与经营。居延地区的粮食产量很高,实行了代田法,改进了耕作技术,建立了储积粮食的代田仓。其次,汉代居延地区存在一定数量的畜牧业和手工业,特别是官私畜牧业均得到全面发展。其三,居延地区的手工业和商业,也表现出相当程度的发展水平。手工制造业似乎都是由当地官府经营的。从商业的商品种类来说,是相当齐全的。首先是粮食的买卖最为普遍,牛马等牲畜的买卖,衣服、布匹的买卖也为数不少。出卖商品的人,有的是障卒、燧卒,有的是官吏,有的是身份不明的人,很可能包括一般民户与专门从事商业活动的商人。商品的买卖已经超出了以物易物的程度,而是以货币为等价物进行,有时甚至连黄金也进入流通过程。高敏先生总结了居延地区发展经济的历史启示,认为在居延地区发展农业经济要合理使用水利、保持水土和发展生产,鉴于这里的水源有赖于额济纳河上游的甘州河和北大河,这就涉及整个河西地区水利资源的合理利用和保持生态平衡的问题。高敏先生的这篇文章发表后,受到胡耀邦总书记的高度赞扬,胡耀邦同志看后,在甘肃省委机关干部大会上的报告中引用了高敏先生的文章,从《西游记》里的弱水(即黑河额济纳河)讲起,讲到甘肃的经济发展要"反弹琵琶",先念"草木经"。后半句的意思就是先要恢复高敏先生文章中描述的良好生态,前半句是借用他看的甘肃艺校表演的舞蹈“反弹琵琶”。[1] 高敏先生研究历史服务现实社会的理念,正体现了一代学人的担当。

1993年在连云港市东海县尹湾村汉墓中出土了133枚竹简,23枚木牍,高敏先生根据公布的简牍,在研究中指出尹湾村汉墓简牍具有重大史料价值,其中尤以“吏员定簿”简的史料价值最为突出。它不仅可以印证、补充和订正《汉书·地理志》和《续汉书·百官志》的有关记载,而且有助于认识汉代“亭”级机构的性质、“有秩”的“官”“乡”之分、县尉的左右之别,以及汉代有无“官啬夫”等重要的官制问题,值得史学界重视。[2] 高敏先生还探讨了《集簿》在当时的作用和意义。《从东海郡吏员考绩簿》可以确证西汉县尉之设置有左、右之分,此簿所载诸县“输钱都内”的时间与做法,可明汉代地方向中央上缴钱财的制度梗概;通过此簿所载,确证汉代也存在“赀戍”之制,可补史籍之缺;此簿所载“送徒民敦煌”,有可能是汉代的谪戍之制;此簿所载人名多单名的情况,有助于研究汉代民情风俗。[3]

张家山汉简自公布以后,学术界倾注了较多的精力,在《郑州大学学报》开辟的笔谈栏目中,高敏先生以《二年律令》为例初步谈了其主要价值与作用。关于刍、稾税制度问题,自秦的刍稾税制度到文、景时的刍稾税制度变化的中间环节,说明了文、景时刍稾税制度的变化,实际上始于西汉前期的汉高祖五年到吕后二年之间。文、景时期的刍稾税的巨大变

---

[1] 胡戟:《别来无恙,高夫子》,载王兆成主编《历史学家茶座》第3辑,山东人民出版社,2006年,第31—35页。

[2] 高敏:《试论尹湾汉墓出土〈东海郡属县乡吏员定簿〉的史料价值——读尹湾汉简札记之一》,《郑州大学学报》1997年第2期。

[3] 高敏:《尹湾汉简〈考绩薄〉所载给我们的启示——读尹湾汉简札记之三》,《郑州大学学报》1998年第3期。

化,不过是继承了这些变化并加以扩大和制度化而已。此外,关于土地制度问题、赐爵制度问题、西汉前期的租税制度问题等方面,高敏先生都给出了研究的方向。高敏先生随即发表了张家山汉简研究的系列论文,《汉初法律系全部继承秦律说——读张家山汉简〈奏谳书〉札记之一》《论西汉前期刍、稾税制度的变化发展——读〈张家山汉墓竹简〉札记之二》《从〈二年律令〉看西汉前期的赐爵制度》《从〈二年律令〉看西汉前期的土地制度——读〈张家山汉墓竹简〉札记之三》《〈张家山汉墓竹简·二年律令〉中诸律的制作年代试探》《读〈张家山汉墓竹简〉札记之四》《关于汉代有"户赋"、"质钱"及各种矿产税的新证——读〈张家山汉墓竹简〉》《西汉前期的"傅年"探讨——读〈张家山汉墓竹简〉札记之六》等,可以说是国内较早研究张家山汉简的系列论文,产生了广泛而深远的学术影响。

三、走马楼简牍研究

1996年,湖南长沙走马楼出土10万余枚孙吴时期简牍,1999年,《长沙走马楼三国吴简——嘉禾吏民田家莂》上、下卷正式出版问世,高敏先生在吴简公布后,迅即发表了系列论文,这些论文后结集出版为《长沙走马楼简牍研究》[1]一书。该书收录了高敏先生走马楼简牍研究的十六篇论文,分上、下两编。上编以《嘉禾吏民田家莂》为研究主题,在首篇《读长沙走马楼简牍札记之一》中,论述了"定名'长沙走马楼简牍'是合适的",考察了"孙吴未奉魏国黄初年号"而仍然使用建安年号,并考察了孙

[1] 高敏:《长沙走马楼简牍研究》,广西师范大学出版社,2008年。

吴有口钱、算赋的征收而无户调之制。《论〈吏民田家莂〉的契约与凭证二重性及其意义》认为《吏民田家莂》作为官府收受田家输纳税米、租米、布和钱之时使用的券书,具有收受输纳物的凭证或收据的性质。《〈吏民田家莂〉中所见"馀力田"、"常限"田等名称的涵义试析》认为"吏民"是国有土地的租佃者,是"吏户"与"吏民"的综称,"馀力田"是包含在佃田者所佃田亩总数之内而又不在所佃"二年常限"田之中的田地,其地租率小于"二年常限"田,租佃有"馀力田"者是少数吏民,其地为熟田(其中有旱田)而不是荒田,"馀力田"与"馀力火种田"也有区别;"火种田"基本上是旱田的代名词,其名可能与采用火耕的方法耕作有关;"二年常限"田是指按亩固定收取税米、布和钱的数量在二年之内不变动;所谓"租田",是指所收税米的定额为每亩米五斗八升六合和亩收四斗五升六合兼斛加五升者,其米可称为"租米"。《嘉禾〈吏民田家莂〉中的"士"和"复民"质疑》阐释了"士"应当是北方南迁的士人及其后代。"复民"与"复客"不是一回事,与"复田"也无关。《从嘉禾年间〈吏民田家莂〉看长沙郡一带的民情风俗与社会经济状况》指出,该地区称里为丘之制盛行;家庭以妇女为户主者不少;妇女多以妾为名;单名之风盛行;姓氏庞杂;该地区已普遍采用牛耕,商品经济发展,阶级分化、对立极为明显。从《〈吏民田家莂〉中的"诸吏"状况看吏役制的形成与演变》中郡吏、县吏、州吏、军吏等均是服役者来看,在经济上要为官府耕种"公田"并接受赋税剥削方面,在郡县吏于耕种公田之外还要担任其职役方面,以及在户籍制度已有专门的吏籍等,已具备孙休永安元年十一月诏中所提到的"吏役"制的一些主要特征,只是在缴纳限米之外的"军出又从"尚无明显反映,因而它标志着吏役制的基本形成。孙休时期的吏役制,只是在此基础上的进一步固化而已。《关于〈嘉禾吏民田家莂〉中"州吏"问题的剖析——兼论嘉禾五年改革及其效果》则考述了嘉禾四年吏民田家莂中的“州吏”具有不同于其他租田者的五大特征,在与五年田家莂的比较中,“州吏”的情况发生了许多变化,即“州吏”在嘉禾四年为特殊租田者的优异身份在五年消失了,而与其他租田者趋于同化。嘉禾五年“库吏”“仓吏”人数的增加反映出嘉禾五年有加强仓库管理的举措。嘉禾五年的改革,使租佃制度得到发展,租佃土地的地区扩大、租佃者数量增加、仓库的管理也大为加强,田家莂书写的错误率大大降低了。

《长沙走马楼简牍研究》下编,是高敏先生关于《长沙走马楼三国吴简·竹简[壹]》的系列读书札记,分别对“复民”问题、赐爵制度、户等制度、“丁中老小”之制、口钱、算赋制度、屯田制度、商品经济状况等做了全方位的研究,纠正了一些模糊认识,促进了学术进步。关于“复民”问题,先师经过考证认为在三国东吴孙权时期长沙郡的临湘侯国内存在“复民”阶层,与《嘉禾吏民田家莂》中的“复民”可彼此印证,“复民”要向官府纳税和输租米。临湘侯国所辖各乡有专门登记“复民”缴纳租钱的“月旦簿”,而且“复民”所入租钱除支出之外的盈余,也要在月旦簿中载明。这说明“复民”收入与支出都是专项未处理的,与其他民户收支是不相混同的。吴简中“复民”是“复民之田”的简称。“复民”亦非“复客”,“复客”是依附民,向官府缴纳“限米”,而“复民”则向官府缴纳租米和租钱。关于孙吴时期赐爵制度对东汉历史的继承问题,经过对吴简的梳理,高敏先生确认孙吴时期仍在实行“赐民爵”制,而且继承了东汉时期的一些做法,即“民爵不得过公乘”或“爵过公乘”,爵位可以传给儿子、兄弟或侄子,成年妇女可以获得“公乘”爵位。关于孙权时期的户等制度的探讨,因为户等制度的存废关乎政府能否征收到家庭财产税,高敏先生追述了秦汉时期征收居民家庭财产税、确立户等、评估家产等一系列做法。又西晋时期户分九品已经定型化，这其中如何从秦汉的户分三等到户分九品，出土走马楼简牍提供了重要的信息。高敏先生通过对简牍相关材料的总结分析，指出孙吴时期户分三等九级之制已经确立，且与户等制度相衔接。可以说先师的考述弥补了汉晋之间家庭财产税的演变过程。关于孙吴的“丁中老小”制度，即服役者始役与止役年龄，在缕述秦汉始役与止役年龄的演变之后，高敏先生根据走马楼三国吴简考证了孙吴的始役与止役年龄，认为三国时期的吴国，实行了以十五岁成丁，被称为“大男”“大女”，十四岁以下为小，被称为“子男”“子女”，或“小男”“小女”，六十一岁以上为老，被称为“老男”“老女”的丁中老小制度，西晋灭吴之后所实行的丁中老小制度正是在吴国的基础之上略有损益而形成的统一行之全国的制度，从而使历史发展的脉络感更为清晰。高敏先生的考证弥补了从秦汉到西晋之间丁中老小制度的缺环，具有重要的学术意义。关于孙权时期的口钱、算赋制度，高先生此前推测孙吴无户调之制，仍然实行汉代的口钱、算赋之制，走马楼吴简出土后，高敏先生据之证实了此前推测的准确无误，又进一步考证得出孙吴的口钱、算赋征收与汉代相同的结论，并且仍在实行汉代的“更赋”制度。其变化在于由现金缴纳变为实物缴纳，开启了以实物折纳口算钱的大门，为口算赋制度变成户调制创造了条件。对于学术界长期以来“中古自然经济”占统治地位的观点，高敏先生通过对长沙走马楼吴简的考察得出，孙吴时期长沙地区钱币的大量存在和流通，且以钱币纳税的税种繁多，官府所需物品除来源于赋税征收外，亦多以钱币购置，开启了南朝与隋唐“和市”之制的先河。高敏先生还根据走马楼简牍考察了孙吴实行屯田制的情况，颇具启发意义。

先师在世时，长沙走马楼简牍整理出版还在进行，高敏先生根据已经出版的部分简牍补充、纠正、完善了关于孙吴社会政治、经济多个层面的历史,对于三国特别是孙吴历史研究具有重要的学术价值,推进了学术研究向纵深发展。先师仙逝之后,长沙走马楼吴简又连续出版,惜天不假年,颇为令人遗憾。

四、简牍学研究的理论贡献

20 世纪中后期以来,史学界迎来了资料喷发的新时代,从先秦时期的金文、帛书的不断发现,到 1975 年湖北睡虎地秦墓竹简的出土,以及西北沙漠地区汉简的不断现世,甚或是 21 世纪以来井喷式的秦汉和三国简牍的整理与公布,大大丰富了秦汉史研究的资料,拓宽了秦汉史研究的新领域。高敏先生在长期的研究过程中,积累了丰富的研究经验,并将其上升到理论高度加以总结,从而形成了系统的简牍学理论,这集中体现在其所著《简牍研究入门》一书中。

首先,高敏先生初步形成了简牍研究的一套基本理论。这其中包括简牍的概念、形制和名称、编排方式及符号运用,简牍的内容与简牍学的研究对象、作用与意义,以及简牍研究的一般步骤与方法。关于简牍及简牍研究的概念,高敏先生通过对纸张发明之前书写材料演变的考述,分析了"简"与"牍"的差异,但都是书写材料的不同名称。简牍研究主要是研究竹简、木牍上的文字内容,高敏先生总结道:"'简牍'的原始涵义是古代书写材料的竹简、木牍的合称和省略。由于它是书写材料的名称,于是通过记载于其上的文字内容,又赋予了'简牍'以一种特殊的历史文献的涵义。因此,所谓'简牍研究',除了研究简牍本身的形制之外,更重要的在于研究简牍的文字内容所反映的实质、特征、作用,价值和意义。”[1]这一理论概括在今天看来显然已经为人所熟知,但在1989年中国改革开放仅有十年时间的时代,颇具学术前沿性。正如高敏先生在该书《前言》所云:“我国有计划、有组织地对地下简牍进行科学发掘的历史,还只有几十年。对简牍的研究,主要还处于整理、释文、注解、释文正误的基础阶段;对不同地区出土简牍的内容作用与意义的研究,虽有一定程度的开展,却缺乏对出土简牍进行全面的、系统的研究工作,也缺少关于简牍出土历史与地区的全面介绍,除陈梦家先生写过《由实物所见汉代简册制度》一文外,更谈不上对出土简牍的简牍制作过程、简牍形制、简牍字体、简牍文体、简牍的研究方法、简牍书写形式和简牍类别等等进行综合研究,从而还不明白简牍的发展规律和形制的阶段划分。这就是说,简牍学作为一门完整的学科体系,远没有形成。”[2]即使改革开放之后,国内外学术界关于简牍研究的宏观理论仍然非常欠缺,仅有日本大庭脩《木简》一书和林剑鸣先生《简牍概述》一书,正是在此背景之下,高敏先生从1982年开始为研究生撰写《秦汉简牍介绍与研究》讲稿,正是在这部书中,高敏先生对简牍学的基本问题做了详细的论述。

关于简牍的形制和不同名称,高敏先生通过书写材料的演变,考述了竹简至少在春秋战国之际已经使用,竹简作为书写材料的盛行时代,大致在战国和秦汉时期。魏晋时期,竹简使用逐步减少。简牍的材料除竹子外,还有柳木、毛白杨、水柳、红柳和云杉等。简牍的外形长短不一,最长为三尺,亦有二尺者,一般为一尺长。皇帝诏令、法律、历谱多用三尺简,

---

[1] 高敏:《简牍研究入门》,广西人民出版社,1989年,第2页。
[2] 高敏:《简牍研究入门》,广西人民出版社,1989年,第1页。

短简多用来书写文书和书信。简牍的宽、窄与厚、薄虽有差别,但长短的规定并不严格,简牍的外部形状都是扁平的竹片或木片,故而产生了许多不同的名称。还有简牍编排方式及其符号的运用,这一系统的带有规律性的总结对于阅读简牍极有助益。

关于简牍内容的分类总结和简牍学研究对象的总结。高敏先生在书中指出了出土简牍内容的科学分类:"一般说来,有皇帝的制诏命令,有各级官府的文书,有各个不同部门、单位或机构之间往来的公文、信札,有官府的各种名册、簿籍,有各种不同的法律条文,有形形色色的契约,有各种不同形式与内容的身份证或通行证,有医药处方,有日历记录,有官府保存的档案,有财物登记,有殉葬物登记,有各种古籍的抄本,有大事年表,有官府的布告,甚至还有私人的信件。"[1]这是一个总体内容的概括。高先生又对官府的文书进行了详细的分类,对法律文书、契约文书也做出了详细分类。简牍的名册、簿籍内容也是类别繁多。还有数十种古代典籍。高敏先生总结道:"简牍的文字内容是十分广泛而且丰富的,几乎可以说是五花八门,无奇不有,涉及到简牍所属年代的社会政治、经济、文化、思想和社会各种状况的所有方面,是一个无穷无尽的材料宝库。"[2]简牍所记述的资料往往是最原始的资料,没有经过后期加工,因此"具有高度的可靠性与准确性,充分体现出它在史料价值方面的无比优越性"。对于简牍研究对象的总结:"正因为简牍的文字内容具有如上特质,因而在简牍研究中,突出简牍文字内容的研究,弄清它的哪些内容为现存文献所有,哪些为现存文献所无,哪些同现存文献有歧异处,从而以印证现存文献之

[1] 高敏:《简牍研究入门》,广西人民出版社,1989年,第16页。
[2] 高敏:《简牍研究入门》,广西人民出版社,1989年,第17页。

准确性，以补充现存文献之残缺、散佚，以考订、校勘现存文献之讹夺、衍文。所有这些，无疑就成了简牍研究的重要内容。因此，简牍的文字内容，应当是简牍学研究的主要对象。"为了保证研究简牍的全面性，高敏先生总结道："作为简牍学的研究对象，除简牍的文字内容的性质、作用、价值和意义之外，还应当包括对简牍本身的形制、字体、书写格式、类别、编排顺序以及对简牍文字的释读，注解、拼接、复原等技术性方面的研究。质言之，所谓简牍学，应是以简牍的本身和简牍的文字内容为研究对象的一门学科。"[1]

针对先秦、秦汉史籍少、残、佚、伪的严重局限，并使之符合"多""全""准""信"等掌握史料的四大原则，高敏先生提出了开展简牍研究工作的必要性，强调"研究简牍的文字内容，是发掘、充实、增补、订正与校勘先秦、秦汉史料的不二法门，是史学研究特别是先秦史、秦汉史研究所不可缺少的渠道。"[2]关于简牍研究的一般步骤，高敏先生指出要经过整理、释读、训诂和分析等阶段。关于简牍研究的方法高敏先生做了详细的论述，他认为采取何种具体的方法，取决于研究的具体对象和所要达到的具体目的。在简牍的整理阶段、释读阶段、训诂阶段和内容研究阶段的方法也应当是有所差别的。"第一个阶段的简牍研究，应当特别重视简牍本身的形制特征，第二阶段的简牍研究，简牍的字体、文体和书写格式等等因素，就上升到了重要位置，第三个阶段的研究，则应在简文文意、字义上下功夫，第四个阶段的简牍研究，则必须强调同现存文献的结合去进行探讨。"[3]他同时指出了这四个不同阶段的特点："前三个阶段的研究方

[1] 高敏：《简牍研究入门》，广西人民出版社，1989 年，第 18—19 页。
[2] 高敏：《简牍研究入门》，广西人民出版社，1989 年，第 19—22 页。
[3] 高敏：《简牍研究入门》，广西人民出版社，1989 年，第 25 页。

法,知识性和技术性比较强;最后阶段的研究方法,则要求理性思维的程度较强。能从事前面三个阶段的研究者,一般属于考古专业工作者和文字学专家,数量是不多的;而第四阶段的研究者,则是普遍的和大量的。”[1]高先生着重谈了第四种研究方法,主要是文献材料与简牍材料进行比较、参照和互证,并称之为简牍文字与文献记载相结合的方法。这其中高敏先生又提出了研究中需要注意的七个方面,主要包括弄清简牍的年代、含义、性质和内容,然后进行简文分类排比、比较,他特别强调综合研究法与释读决疑法。

在这部书中,高先生同时还重点追述了我国简牍出土的历史,介绍了简牍文书的类别划分和书写体例、格式,对云梦秦简的史料价值进行了综合阐释,涉及秦的土地制度、阶级结构、阶级关系和社会性质、赐爵制度、法律制度、官制、租税制度与徭役制度、户籍制度、邮传制度、工商业管理制度、廪食制度以及军政事件等;关于汉简的史料价值,高敏先生对其进行了全方位的评述,涉及烽火制度、屯戍制度、河西四郡、地方官制、赐爵制度、物价等,还有汉代的赋税制度、屯田制度、养老制度、法律制度、亭制、典籍等,此外,出土简牍对于研究汉代阶级结构与阶级关系、历法、度量衡制度、劳绩制度、重大政治事件等亦有重要作用。书中,高先生展望了秦汉简牍研究的未来,提倡编制汉简综目,以利查找;出版汉简释文及图版的合集;组织专人从事已出土简牍的整理、释读工作;出版简牍研究的知识性书籍;开设专门课程培养人才;做好简牍研究的翻译工作,介绍国外动态;提倡对简牍研究的方法和规律进行总结与探索的工作,以推动简牍研究的进程。可以说,高敏先生这部书不仅为简牍研究提供了入门

[1] 高敏:《简牍研究入门》,广西人民出版社,1989年,第26页。

捷径，全书所蕴含的丰富的简帛学理论思考、认识和思想等，对于当今简帛学学科理论建设和简帛研究的深入发展，也具有重要的促进作用。

特别需要提及的是随着简牍研究的逐步深入，简牍学的理论框架已经基本形成，高敏先生又发表了《简牍研究与简牍学刍议》[1]一文，对上述理论再次进行了系统总结，以期引起学术界的重视。在文章中，高敏先生再次强调了简牍研究与简牍学构建的重要意义。他认为："简牍学应当是把全部出土简牍当作一个整体进行纵向、横向研究，从而揭示我国古代简册制度的渊源、内涵、演变及其有关规律的学问。"随后，高敏先生就简牍学包含的内容进行了综合论说，并强调："像这样的简牍学研究，是任何简牍的基础研究与运用研究都不能取代的。因此，简牍研究虽然与简牍学有密切联系，但把它完全混同于简牍学的说法是不可取的。这种说法的危害在于降低了简牍学作为一门学科体系的作用和地位。"高敏先生这种高屋建瓴的总结，对于推进简牍学的理论体系构建有着重要的作用，值得学术界的关注。

五、简牍学的研究方法及特点

随着20世纪90年代以来秦汉简牍的大量出土，高敏先生简牍研究实践的不断扩展，有关简牍学理论思考的不断深入，高敏先生在简牍研究的过程中，也逐步形成了自己的一套研究方法及特点，兹略加总结如下。

---

[1] 高敏：《简牍研究与简牍学刍议》，《光明日报》2002年4月30日。

(一)正名号

关于秦汉简牍研究,高敏先生注重新公布资料的运用,在资料使用过程中对于学术界命名不准确的地方他能够提出自己的意见,并加以申说。在云梦秦简的研究过程中,对《睡虎地秦墓竹简》某些法律条文名称的修正其实体现了学术认识的进步,高敏先生在其论著中对此也颇为关注。如秦始皇廿年四月丙戌朔丁亥发布的文书,《云梦秦简释文(一)》命名为《南郡守腾文书》。[1] 在整理出版的《睡虎地秦墓竹简》中则根据竹简"简背标题"《语书》直接命名。[2] 高敏先生注意到了这一变化,也及时修改了这一提法。在《云梦秦简初探》1979 年 1 月版"前言"中介绍为:"第一,《南郡守腾文书》……从内容来说,是秦的南郡郡守腾发布的文书,故定名为《南郡守腾文书》,简称《文书》。"[3] 在 1981 年 7 月出版的《云梦秦简初探》(增订本)"前言"中,高敏先生将其修订为:"第一,《南郡守腾文书》,竹简原题《语书》……从内容来说,是秦的南郡郡守腾发布的文书,故定名为《南郡守腾文书》,简称《文书》;《秦墓竹简》一书正名为《语书》。"[4] 在书中对相关内容也作了修正,如原书题为《南郡守腾的经历及其发布〈文书〉的意义——读秦简〈南郡守腾文书〉札记》,再版的书中则改为《南郡守腾的经历及其发布〈语书〉的意义——读秦简〈语书〉札记》,不仅文章标题中《南郡守腾文书》改为《语书》,行文中也均作了更改。这一细节体现出高敏先生对正确认识的接受。与此相类似的是《大

[1] 云梦秦墓竹简整理小组:《云梦秦简释文(一)》,《文物》1976 年第 6 期。

[2] 睡虎地秦墓竹简整理小组编:《睡虎地秦墓竹简》,文物出版社,1978 年,第 22 页。

[3] 高敏:《云梦秦简初探》,河南人民出版社,1979 年,第 3 页。

[4] 高敏:《云梦秦简初探》(增订本),河南人民出版社,1981 年,第 4 页。

事记》到《编年纪》名称的更改，高敏先生在其初版到增订本中亦作了相应的调整。需要提及的是《编年纪》的性质问题，学术界有"有些象后世的年谱""类似后来的年谱"等说法，高敏先生通过考证得出："它有些象后世的家谱和墓志的混合物更符合实际一些。""它不是正式的年表性质，而是家谱和墓志性的东西。"针对《编年纪》的作者问题，高敏先生经过考证认为"有可能是喜的弟弟或同族兄弟"[1]。对于《编年纪》性质的合理认识，有助于对其记载所反映的社会背景形成深刻的认识，对《编年纪》作者的考证则有利于认识其前后记述差异的原因。

走马楼三国吴简公布之后，高敏先生迅速进入研究状态，并且率先发布了一系列研究成果，最后结集为《长沙走马楼简牍研究》出版，在首篇《读长沙走马楼简牍札记之一》中，根据简牍整理的情况，论述了"定名'长沙走马楼简牍'是合适的"。高敏先生针对此前的报道中大都称这批简牍为"长沙走马楼吴简"，赞同《文物》杂志 1999 年第 5 期发表的简报称其为"走马楼简牍"，他认为这"表面看来好像有些不妥，实际上却是很具科学性的做法"。这一看法颇有道理，他随后谈了原因："原因在于长沙走马楼古井中出土的简牍多达十万余枚，目前已经整理者仅万枚，远不是出土简牍的全部，时代的确定，只有等全部简牍整理完毕才有可能。何况仅据目前已整理万枚简牍的情况而言，已经先后出现了建安、黄武、黄龙和嘉禾四个年号，后三个虽属于孙吴年号，但建安属于东汉献帝年号，如定名为吴简，则不能反映建安时期；定名为汉简，又不能概括吴简情况。更有未整理的九万余枚简牍，一旦整理出来，又安知不会出现更多的建安年号或建安之前的年号？出现嘉禾以后的年号也有可能。总之，其中汉

[1] 高敏：《云梦秦简初探》（增订本），河南人民出版社，1981 年，第 12—15 页。

简与吴简的比重难以判定。在这样的情况下,定名为'长沙走马楼简牍',避开时代的确定,乃是十分明智的做法,可免作茧自缚之苦。"[1]我们在这里不厌其烦地引用高敏先生的论述,其目的就是要展示高敏先生在简牍命名上的严谨性,可惜高敏先生的建议并未被采纳。且不论高先生的认识是否正确,在当时简牍并未全面公布的情况下,这种谨慎的学术态度值得肯定。

(二)正谬误

高敏先生在简牍研究中对于简牍文书纠正正史记载谬误颇为关注,从他的相关研究中可以看出,通过分析简牍的内容,纠正正史记载谬误的相关论文正体现出学术创新。兹略举数例。

秦的服役者年龄问题,此前史书没有记载,往往模糊不清。高敏先生指出:"关于这一问题,史书无明确记载,后人则往往从'汉承秦制'的角度出发,用汉制关于服役者的年龄规定去推断秦制,从而得出秦、汉都是以二十三岁为始役年龄起点和五十六岁为老免年龄标准的结论。"[2]高敏先生根据《编年纪》记载,结合史书的资料,得出从秦昭王开始,已经有了成年的标准,即十五周岁始役的定制。西汉初年,仍以十五周岁为服役年龄的起点。始役年龄的变化是在汉景帝时期,汉景帝前元二年(前155)第一次将始役年龄提到二十周岁,汉昭帝又将始役年龄上调为二十三岁。秦及西汉初年直至汉武帝时期有两种免老的规定,对有爵位者实

[1] 高敏:《长沙走马楼简牍研究》,广西师范大学出版社,2008年,第1—2页。
[2] 高敏:《云梦秦简初探》(增订本),河南人民出版社,1981年,第16页。

行五十六老免，一般情况仍为六十老免。到汉昭帝时期才与始役年龄统一更改，实行五十六老免。关于服役者年龄的变化的考察，高敏先生运用新出土的秦简，又结合《居延汉简》和文献材料加以论证，体现出对以往"汉承秦制"关于这一方面理解的谬误，颇具启发意义。

关于"闾左"问题，高敏先生系统梳理了从汉代的晁错、应劭，到曹魏时期孟康，再到唐代司马贞、颜师古等人的阐释，又通过对云梦秦简相关法律条文的梳理，指出"可知孟康、司马贞等人认为居于'闾左'的贫苦人民，本来就是复除了徭役的人的说法，是根本站不住脚的。西汉人晁错认为'谪戍'之制始于秦始皇时期和以'闾左'戍边始于秦末的说法，证以云梦出土秦简所载，可知也是不准确的。其真实的情况是：早在秦始皇统一六国之前，'谪戍'与'徭戍'之制，便已存在，而且不论是'谪戍'还是'徭戍'，主要都是由身份低下的贫苦的劳动者承担，绝不是什么先发居'闾右'的'富者'和后发居于'闾左'的贫弱者。"[1]可以说经过高敏先生利用出土秦简的系统论证，千古聚讼纷纭的错误认识得以纠正。

值得关注的是高敏先生比照了《编年纪》与《史记》，认为"凡《编年记》所载，同《史记》所载同一事件在内容上有出入的，都可用《编年记》去订正《史记》之误，也可以订正后人对《史记》有关部分的错误解释"[2]。并列举《编年纪》中昭王二年"攻皮氏"可纠正《史记》记载早一年的错误。《编年记》昭王四年"攻封陵"可证《史记》"封谷"之误。《编年记》可证《史记·正义》以"新城"作"襄城"之误。此类订正还有一些，略而不举。关于一些重要的订正，高敏先生又考证了《编年记》所载，还可以订正如

[1] 高敏：《云梦秦简初探》（增订本），河南人民出版社，1981年，第33页。
[2] 高敏：《云梦秦简初探》（增订本），河南人民出版社，1981年，第118页。

下几个问题。第一,关于张守节《史记·正义》以“垣”与“蒲阪”为一地之误。第二,关于《史记》漏载昭王十七年“攻魏取垣”事。第三,关于《史记·秦本纪》昭王十八年“攻垣”应为“攻蒲阪”之误。第四,《史记·赵世家》及《廉颇列传》关于长平之战的年代之误。第五,《史记·秦始皇本纪·索隐》关于昌平君解释之误。[1] 高敏先生在此仅据《编年纪》所载材料纠正了《史记》及其三家注中有关年代、地名等谬误,具有重要的学术价值。

以上仅以高敏先生关于《睡虎地秦墓竹简》的研究为例,说明其对史书记述谬误纠正问题的贡献,高敏先生借助秦简纠正正史记载谬误的研究亦能给我们有益的启示,即运用新的资料纠正传统史书的记载谬误,是优秀的学术传统。

(三)补不足

高敏先生运用出土秦汉简牍补充史书记载的不足,有多篇文章论及,最为典型的是《秦简〈编年纪〉与〈史记〉》一文。在这篇文章中,高敏先生列出专目“既可印证又可补充《史记》者”与“可以补充《史记》者”两目。何为《史记》缺漏,高敏先生指出:“凡《编年记》所载,而为《史记》的《本纪》、《年表》、《世家》及《列传》所无者,即为《史记》缺漏,可用《编年记》所载补充其缺精。”[2]并举例加以论证。如:“《编年记》载孝文王之后为庄王,而《史记·秦本纪》及诸《世家》均作庄襄王,无称庄王者,故《编年记》关于庄王的称谓可补其缺。”“《编年记》载秦昭王六年‘攻新城’,《史

[1] 高敏:《云梦秦简初探》(增订本),河南人民出版社,1981年,第118—126页。
[2] 高敏:《云梦秦简初探》(增订本),河南人民出版社,1981年版,第114页。

记·秦本纪》、《六国年表》及《韩世家》等，均不载是年秦'攻新城'事，而《秦本纪》昭王七年条，却有'拔新城'的记载，且与《编年记》的昭王'七年新城陷'完全一致。若无昭王六年之'攻新城'，何能有昭王七年之'拔新城'？因此，《编年记》所载，是关于新城战役的全过程，是对《史记》只记攻拔、不载始攻的很好补充。"[1]与此相似的"《编年记》载昭王八年'新城归'"；"《编年记》载昭王十三年'攻伊阙'，'十四年伊阙（陷）'"；"《编年记》载昭王廿九年'攻安陆'"；"《编年记》载昭王'卅三年攻蔡、中阳'"；"《编年记》载昭王三十二年'攻启封'"；"《编年记》载昭王五十二年'王稽、张禄死'"。通过对秦昭王对外进攻的历史补充，完整再现了秦统一战争的艰巨性。而关于秦始皇时代重大事件的相关记述的考述，则大多为《史记》所无。"《编年记》所载秦始皇十九年'□□□□南郡备警'、始皇二十年的'韩王居□山'，始皇二十一年的'韩王死，昌平君居其处，有（又）死□屈'及始皇二十三年'四月□文君死'等条，均为《史记》所无，无疑都是对它的重要补充。"[2]以上仅仅列举一篇文章所作的考证，足以显示出高敏先生对出土文献补充史书记载不足的重视程度。

高敏先生作为中国简牍学研究的开拓者之一，其研究成果受到学术界的广泛关注，据"中国知网"初步检索，引用《云梦秦简初探》一书的论文达到499篇，尚且不算其他专著和论文集中的引用。他的汉简研究也颇受学术界关注，如《从居延汉简看内蒙额济纳旗的古代社会经济状况》一文，也有8频次之多；高敏先生关于《张家山汉墓竹简》的系列论文，"中国知网"检索有327次被引用。特别需要提及的是，高敏先生将自己

[1] 高敏：《云梦秦简初探》（增订本），河南人民出版社，1981年版，第115页。
[2] 高敏：《云梦秦简初探》（增订本），河南人民出版社，1981年版，第112—118页。

的研究经验加以总结,形成了《简牍研究入门》一书,该书曾经获得 1990 年教育部考古类优秀教材二等奖,是目前国内多所高校简牍研究的教材或教学参考书。本人作为高敏先生培养的硕士与博士,受惠于先生的教育,长久以来试图对先生的简牍研究做一系统的总结,无奈才疏学浅,难以全面理解先生的贡献和学术理论。初步完成此稿,以感念先师多年来的培养之恩,勉强告慰先师的在天之灵。

附记:本文写作得到高敏先生的哲嗣、郑州大学历史学院高凯教授,首都师范大学历史学院蔡万进教授的帮助,特致谢忱!

谢桂华先生的简牍学研究

邬文玲

（中国社会科学院古代史研究所 北京 100101）

谢桂华先生（1938—2006），1963 年毕业于武汉大学历史系，同年即分配到中国科学院（1977 年更名为中国社会科学院）历史研究所（2019 年更名为古代史研究所）从事科研工作直至 2003 年退休，历任实习研究员、助理研究员、副研究员、研究员；曾任战国秦汉史研究室和秦汉魏晋南北朝史研究室主任、中国社会科学院简帛研究中心主任、中国秦汉史研究会副会长等职。谢先生从 1978 年起一直从事简牍学与秦汉历史研究，不仅取得了丰硕的研究成果，而且对简牍学的学科发展和建设做出了重要贡献。

一、新出汉简整理

谢桂华先生的新出汉简整理工作，主要集中在居延新简、尹湾汉墓简牍、额济纳汉简和肩水金关汉简整理等方面。

居延新简。1972—1982年甘肃省多家文物考古单位联合组建的居延考古队对居延地区进行考古调查和发掘,出土简牍近两万枚,学界称之为居延新简。从1978年起,甘肃省博物馆文物队、国家文物局古文献研究室、中国社会科学院历史研究所联合对这批汉简进行整理,谢桂华先生也就是从这时起开始参加汉简整理工作的。虽已年届四十,以前也没有从事整理简牍工作的经验,但谢先生努力克服困难,积极工作,在摸索中积累经验,经过全体整理者多年的奋斗,终于完成了居延新简的全部整理工作。为了使读者早日见到这批珍贵的资料,整理者先行出版简化字释文横排本《居延新简——甲渠候官与第四燧》(文物出版社1990年),1994年出版《居延新简——甲渠候官》(上、下册,中华书局1994年),附有完整的图版和释文。该书获第二届国家图书奖提名奖、第九届中国图书奖、中国社会科学院第二届优秀科研成果奖、首届郭沫若中国历史学奖三等奖等奖项。

尹湾汉墓简牍。1993年春连云港市博物馆和东海县博物馆联合对连云港市东海县温泉镇尹湾村2号、6号汉墓进行抢救性发掘,出土133枚竹简,24枚木牍,是为尹湾汉墓简牍。1995年,刚刚成立的中国社会科学院简帛研究中心有幸应邀参与尹湾汉墓简牍的整理工作,谢先生负责并参加这批简牍的整理工作,与连云港市博物馆、东海县博物馆、中国文物研究所、北京大学和中华书局的专业工作者组成了精干的整理组,通力合作,反复攻坚,历时三载,文易六稿,完成了高质量的释文,并于1997年由中华书局出版《尹湾汉墓简牍》一书。值得一提的是这次整理工作的速度之快、质量之高都是空前的,而且整理小组打破了以往“垄断”材料的风气,先将所有的整理成果及资料全部公布,以便和学界同仁一起研究，这是一种值得感佩和发扬的新风。这次整理还有意识地进行多学科领域的合作，利用高科技手段，收到了显著的效果。整理小组将尹湾汉简的原件全部调到上海复旦大学文博学院和物理二系，用红外线进行阅读，在定稿的基础上又纠正了七百多字（全文共四万多字），这是整理工作上的一大突破，海内外学界都盛赞此次整理工作水平高，日本著名学者大庭脩撰文说中国今后的简牍整理都应该采取“尹湾的模式”。

额济纳汉简。1999 年、2000 年、2002 年内蒙古文物考古研究所的工作人员三次深入居延地区进行考古发掘，共获得汉简 500 余枚，这是继 20 世纪 30 年代与 70 年代该地区大规模出土居延汉简之后的又一次重大发现，这批居延汉简分别出土于汉代居延都尉甲渠候官下属的烽燧遗址，而这些遗址均属于今内蒙古额济纳地区，故名之为额济纳汉简。2002 年至 2003 年，谢先生参加额济纳汉简的整理工作，2005 年广西师范大学出版社出版《额济纳汉简》一书。

肩水金关汉简，1973 年由甘肃省金塔县汉代肩水金关遗址出土。1980 年代初谢桂华先生参与了由国家文物局古文献研究室组织的在北京红楼对肩水金关汉简释文初稿的校改，1998 年夏秋之际在甘肃省文物考古研究所汉简研究室组织下，谢桂华先生参加了对肩水金关汉简释文的再次校改。遗憾的是，谢先生作为自始至终参加居延新简整理的学者最终未能看到肩水金关汉简的正式发表，现在《肩水金关汉简》五卷已全部出版，终于可以告慰谢先生的在天之灵了。

二、简牍释文校订

谢桂华先生在简牍文本复原方面做了大量研究工作,其中对已公布的简牍释文的校订和解读,是其学术贡献的重要方面。

《居延汉简释文合校》(上、下册),与李均明、朱国炤两位先生合著,文物出版社1987年出版,获中国社会科学院历史研究所第一届科研成果二等奖,是谢先生在简牍释文校订方面最具代表性的著作之一。居延汉简自1930年代出土以来,先后公布了三种释文本:劳榦著《居延汉简考释·释文之部》(1943年,1960年台北重订,简称《考释》)、中国社会科学院考古所编著《居延汉简甲编》(1959年,简称《甲编》)和《居延汉简甲乙编》(1980年,简称《甲乙编》)。这三种版本的释文不仅有诸多不一致之处,而且均存在大量误释、漏释或未释出者,再加上各自采用的简牍编号不同,使用起来也极为不便。谢先生等在对上述三个版本进行反复研读比对的基础之上,出版了新的释文本即《居延汉简释文合校》。该书以《甲乙编》释文为底本,参校《甲编》和《考释》释文,对照简影图版,将居延汉简的全部释文,按西北科学考察团最初在北京整理的编号顺序排列,重新释读校补,并附有《原简编号、出土地点、图版页码一览表》及《居延汉简台北本与甲乙编本简号校异》。凡是校补释文与上述三种释文不同者,均在按语中分别说明,以供读者择善而从。这样既反映了合校本释文与上述三种释文的相异之处,又反映了以往三种释文彼此之间的不同之处,令人一目了然,从而便利了运用者推敲释文的正误以定取舍的工作,也省却了使用者同时查阅三种不同释文的麻烦。加上合校本的校补工作是在整理居延新简的过程中进行的，有条件运用大量新简的材料与旧简的材料作对比研究，且尽可能充分吸收已公布的国内外有关释文的成果，在释文订补方面取得了重大突破，共校正了一万枚简中两千多枚简的释文。自合校本出版以来，即以其准确性、权威性、便利性受到学界的广泛认同和欢迎，被视为兼具学术价值与工具书使用价值的著作，从而全面取代了以往各家释文，成为居延汉简最权威的释文本。谢先生所发表的《〈居延汉简甲乙编〉释文补正举隅》(合撰)[1]、《〈居延汉简甲乙编〉释文质疑》(合撰)[2]、《〈居延汉简甲乙编〉释文平议》(合撰)[3]等论文，皆是订正居延汉简释文的先期成果。后来台北出版"中研院"历史语言研究所编著的《居延汉简补编》之后，谢先生又对其中77枚简的释文做了订正，发表了《〈居延汉简补编〉释文补正举隅》[4]一文。

2002年至2003年，谢先生参加了额济纳汉简的整理工作，出版了《额济纳汉简》(魏坚主编，广西师范大学出版社2005年)。值得一提的是，谢先生后来发现《额济纳汉简》的部分释文仍有可商榷之处，便不惜自揭其短，撰写《额济纳汉简订误》一文，对其中14枚简的释文重新做了校订。[5]

汉简草书的释读一直是难点。谢先生在这一领域多有建树，新释出

---

[1] 载《历史研究》1982年第5期。

[2] 载《中国史研究》1983年第1期。

[3] 载《敦煌学辑刊》1984年第6期。

[4] 载中国社会科学院历史研究所学刊编委会编《中国社会科学院历史研究所学刊》第2集，商务印书馆，2004年。

[5] 《额济纳汉简订误》，载孙家洲主编《额济纳汉简释文校本》，文物出版社，2007年。

许多以往无法释读或者错释的简文,他在《汉简草书辨正举隅》[1]一文中,即对10枚敦煌汉简和10枚居延汉简的草书文字重新做了订正和释读。比如,敦煌汉简497原作"六月戊午府下制书曰安众侯刘崇与相张绍等谋反已伏辜崇季父蒲及令翬解印授肉袒自护书丁卯日入到"。谢先生指出,其中"蒲及"应为"蒲反"的误释,蒲反为县名,西汉时属河东郡;"自护"应释作"自诣吏";"印授"应作"印绶"。这些释文的订正,使得该简内容得以清楚呈现,可改读作:"六月戊午,府下制书曰:安众侯刘崇与相张绍等谋反,已伏辜。崇季父蒲反令翬解印绶、肉袒自诣吏。书丁卯日入到。"从而补充了《汉书·王莽传》失载的关于安众侯刘崇起兵反王莽事件的更多细节,即在刘崇和张绍起兵反莽失败的政治背景之下,刘崇的季父、蒲反令刘翬"解印绶、肉袒自诣吏",主动向当地官府请罪,以期免遭诛连处罚。

简文的释读正确与否,不仅直接关系到简文资料的史料价值,而且涉及能否正确认识相关制度和历史问题。比如,谢先生通过研究发现,居延汉简3.14"授为甲渠城北隧长"、"授为殄北塞外渠井隧长",118.5"授为橐他石南亭长",403.11"授为登山隧长",居延新简EPT65.430"授为临之隧长"等简中的"授为"均应改释作"换为";居延汉简268.25、居延新简EPT65.335中的"授补"应改释作"换补";居延新简EPF22.60中的"薫事",以往读作"谨事"不准确,应当读作"勤事"。"授"与"换"、"谨"与"勤"虽然仅仅是一字之别,但却涉及对汉代边塞军事机构中吏员的迁转除授制度的正确认识。又如居延汉简505.20"凡五十八两,用钱七万九千七百七十四",以及502.8、506.11、506.26、506.27、505.15、505.36等相类简

[1] 载李学勤、谢桂华主编《简帛研究》第3辑,广西教育出版社,1998年。

文中的"两"和"钱",以往理解为黄金兑换钱币的价值,谢先生考辨指出,这些简文中的"两",非重量单位,不是指黄金的"两",而是与"辆"相通,系指受雇载粮的车辆。"钱"亦非指黄金兑换钱币的价值,而是指"僦钱",即雇载费。[1] 又如额济纳汉简 99ES16SF2:1 中的"茭钱",谢先生指出其与以往居延汉简所见意指用于购买茭草的专门费用的"茭钱"含义不同,它是作为编户齐民向官府所缴纳田租的附加税,相当于"稾税"。[2] 谢先生还对汉简中若干律令文书简的释文进行集中校订,并做出新的解读。比如居延汉简 4.1"律曰:臧它物非钱者,以十月平贾计。"其中的"钱"字,以往诸家皆释作"录",理解为"抄录"或者"登录"之意。谢先生通过辨识认为此字应释作"钱"字,并指出从律文来看,"钱"与"物"相对应,意即价值,此处指如何计算赃物的价值。[3] 张家山汉简发表之后,谢先生对《二年律令》中 15 枚简牍的释文、标点、排序等提出了新的校订意见。[4] 不言而喻,诸如此类的校订,从根本上改变了相关简文的史料价值。

三、散简册书复原

散简册书复原,是简牍文本复原的又一项重要基础工作,谢桂华先生

[1] 《汉简札记三则》,载《湖南省博物馆文集》第 4 辑,《船山学刊》杂志社,1998 年。

[2] 《额济纳汉简"茭钱"试解》,《历史研究》2006 年第 2 期。

[3] 《汉简所见律令拾遗》,载王子今、白建钢、彭卫主编《纪念林剑鸣教授史学论文集》,中国社会科学出版社,2002 年。

[4] 《张家山汉墓竹简〔二四七号墓〕校读举例》,载李学勤、谢桂华主编《简帛研究二〇〇二、二〇〇三》,广西师范大学出版社,2005 年。

凭借自己丰富的汉简整理实践经验和过人学识,复原了多件册书,成为散简册书复原领域的代表人物之一。

居延汉简“建平五年十二月官吏卒廩名籍”,共由23枚简组成,但现在仅存13枚,有10枚已经缺佚,是一个不完整的册书。经谢桂华先生复原,整个廩名籍的基本结构和全貌已经大体清楚:

1 建平五年十二月官吏卒廩名籍　　203.6

2 令史田忠十二月食三石三斗三升少十一月庚申自取　　133.7

3—5(缺)

6・右吏四人用粟十三石三斗三升少　　203.10

7 鄣卒张竞盐三升十二月食三石三斗三升少十一月庚申自取　203.14

8 鄣卒李就盐三升十二月食三石三斗三升少十一月庚申自取　254.24

9 鄣卒史赐盐三升十二月食三石三斗三升少十一月庚▨　　292.1

10 鄣卒□□盐三升十二月食三石三斗三升少十一月庚申自取　286.12

11—15(缺)

16・右鄣卒九人用盐二斗七升用粟卅石　　286.9

17□胡隧卒张平盐三升十二月食▨　　55.8

18□盐三升十二月食三石三斗三升少十一月庚申自取　　27.10

19—20(缺)

21 右省卒四人用盐一斗二升用粟十三石三斗三升少　　176.18,176.45

22・凡吏卒十七人凡用盐三斗九升用粟五十六石六斗六升大

254.25

23 · 建平[五年]十二月吏卒廪名籍　　203.6

通过“建平五年十二月官吏卒廪名籍”的复原，对居延等汉代西北边陲屯戍地区的吏卒廪食制度，又得到了若干新的认识：第一，凡是在居延戍边的官吏，虽然每月都由官府配给和戍卒同等数量的食粮，但不配给食盐；第二，在居延戍边的戍卒，不仅按月都由官府配给一定数量的食粮，而且同时配给一定数量的食盐，食盐的定量标准为大月每人每月三升，小月或闰月每人每月二点九升；第三，居延戍边的官吏，政府不配给食盐，他们每月所需要的食盐，通过什么渠道来供应，廪名籍并没有具体说明，通过居延汉简和文献记载，可以推测大概主要因为戍边的官吏，按月由官府发给薪俸，所以，他们所需要的食盐，是用他们所得到的俸钱来购买的，如肩水金关所出地皇三年“劳边使者过界中费”册书云：“ · 劳边使者过界中费：粱米八斗，直百六十；即米三石，直四百五十；羊二，直五百；酒二石，直二百八十；盐、豉各一斗，直卅；荠将畺，直五十； · 往来过费凡直千四百七十， · 肩水见吏廿七人，率人五十五。”说明招待这位使者在肩水金关等地所食用的米、肉、酒、盐、豉、畺，都是由肩水地区的现任官吏等廿七人，平均每人支付五十五钱来购买的。[1]

谢先生通过研究发现，1903 年至 1931 年从破城子旧出的和 1973 年至 1974 年新出的两批居延汉简中，有一部分断简是可以进行缀合和复原成册书的。他复原的“吏受奉名籍”残册，即是新、旧居延汉简册书复原的一个具体实例：

---

[1] 《居延汉简的断简缀合和册书复原》，载李学勤主编《简帛研究》第 2 辑，法律出版社，1996 年。

1 不侵隧长高仁桼月禄帛三丈三尺八月甲寅自取隧长孙昌取卩

95.7

2 当曲隧长刑晏桼月禄帛三丈☑　　EPT6:2

3 ☑八月甲寅隧长孙昌取卩　　EPT6:16

4 次吞隧长时尚桼月禄帛三丈三尺八月甲寅母□取卩　　EPT6:76

5 ☑□月禄帛三丈三尺八月癸卯妻取卩　　EPT6:6

6 ☑□桼月禄帛三丈三尺六尺计九尺适

桼尺谦丈一尺自取卩　　EPT6:5

7 城北候长周育桼月禄帛一匹留官

余帛一丈五尺五寸□□一丈三尺　　EPT43:41

8 ☑王丰桼月禄帛三丈三尺八月癸卯自取卩　　EPT43:46

9 ☑桼月禄帛三丈三尺☑　　EPT65:78

尽管上述9枚简于不同时期由不同探方出土,在书写格式等方面存在着某些差别,但是,因为它们同出土于破城子,且木质、形制和简文字体、笔迹、内容又完全相同,所以应属于同一册书。虽然它们仅仅是一个残册,但据此可知:第一,关于候长、隧长等戍边基层官吏领取俸禄的具体制度。此残册是有关候长、隧长等领取俸禄时的名籍。根据这个残册可知,在正常情况下,他们的俸禄是按月领取的;在领取俸禄时,包括官职名、姓名、俸禄总额、领取日期和领取人,均要作出详细的登记。第二,关于册书编制的具体年代。因为残存的九枚简文中均无纪年,无法直接知道册书编制的具体年代,但据简文中的"七"写作"桼","奉"写作"禄","四"写作"亖"等特殊写法,似乎可以推测它应属于王莽时期。可是,将"奉"写作"奉禄""禄"或"禄钱",并不是从王莽时期才开始的,居延新简EPT5:47"五凤四年八月奉禄簿"、EPT40.87"绥和二年十一月乙未辛亥第廿三候……受禄钱名籍一编敢言之”，均可印证。将“七”写作“桼”，虽从王莽时期开始，可是东汉光武帝建武年间仍在继续沿用，如居延新简EPT59:574“建武五年桼月”等，亦可印证。所以，仅凭简文中“七”写作“桼”，“奉”写作“禄”，“四”写作“亖”，就肯定它一定属于王莽时期，则不一定可靠。根据居延新简EPT20:31和EPT65:99可知，残册第4简所记次吞隧长时尚与隧长秦岑和吞远隧长秦恭属于同一时期的人。再据破城子22号房屋新出建武四年“秦恭爰书”中的相关记载，可以推知次吞隧长时尚所领取的桼月俸禄，很可能属于建武元年或建武二年，此即该册书编制的具体年代。第三，关于用布帛等实物来支付官吏俸禄的历史考察。根据敦煌和居延简中用布帛支付俸禄的相关资料，可以得出如下结论：(1)整个西汉时期，戍守西北边陲的官吏的俸禄，在多数情况下，是用钱来支付的，但是，有时也将俸禄折合成钱，用布帛或谷物及其他实物来支付。(2)将俸禄折合成钱，用布帛或谷物及其他实物来支付，决不是仅此王莽时期，也不是从王莽时期开始。[1]

谢先生还结合新、旧居延汉简复原了“王莽制诏”残册、“甲渠鄣候谊不留难变事爰书”残册、“元康四年赐给民爵名籍残册”等。

关于“王莽制诏”残册，他发现新、旧居延汉简中下述8枚简文不仅出土地点相同、内容和文例相类，而且简的木质、形制和简文字体、笔迹也都完全相同，应属于同一册书：

1 辨衣裳审棺椁之厚营丘龙之小大高卑簿厚度贵贱之等级 · 始建国二年十一月丙子下　　210.35

[1]《新、旧居延汉简册书复原举隅》，载中国秦汉史研究会编《秦汉史论丛》第5辑，法律出版社，1992年。

2 制诏纳言其宜官伐材木取竹箭始建国天凤三年十一月戊寅下 95.5

3 制诏纳言其令百辽屡省所典修厥职务顺时气·始建国天凤三年十一月戊寅下 EPT59:61

4 制诏纳言农事有不收藏积聚牛马畜兽有之者取之不诛·始建国天凤三年十一月戊寅下 EPT59:62、63

5 始建国天凤三年十一月戊寅下 EPT59:99

6 ▨□掌酒者秫稻必齐曲蘖必时湛饎必絜(洁)水泉【必】香陶器必良火齐必得兼六物大酋 EPT59:343

7 监之勅于酒□▨ EPT59:492

8 ▨三年十一月戊寅下 EPT59:493

根据简文纪年,可以推测,整个册书应当包括王莽所建立的新朝历年所颁布的制诏。从简文制诏的内容来看,王莽起草制诏时很可能参照了《吕氏春秋》。根据简文记录的制诏下达日期,可知王莽使用殷正,以十二月为岁首,而把相当于夏正十月的孟冬和十一月仲冬的政令,均于十一月合并颁布。根据文献记载,仅知王莽颁布政令,均是仿照周官和左传,采用古文说,但根据这个制诏残册则知其仿照月令,可见亦兼用今文经。总之,利用儒家经典施政是王莽时期政治的一个重要特征,旨在说明他建立新朝以取代汉朝,既与天和神意相符,又合乎古义。

关于“甲渠鄣候谊不留难变事爰书”残册,他发现新、旧居延汉简中下述 14 枚简不仅出土地点相同,简文内容亦相类,除了简 6 属于三面觚外,其余 13 枚简的木质和形制又相同,很可能系同一册书:

1□□□□□复使根强来曰欲言变事候故使我来召奈何不往敞复曰病未欲言根强去 EPT51:2

2 听受若又顷根强还言敞言胁恿不耐言变事　　EPT51:7

3 谊不留难敞变事满半日时令史根尉史强守塞尉万候长吕宪王充徐弘候史成遂　　EPT51:17

4 根前所白候爰书言敞后不欲言今乃言候击敞数十下胁恿▨　EPT52:178

5 万谓敞候故使万留受▨　　EPT52:357

6 ▨敞欲言变事后不欲言变事时彭(?)人(?)▨

▨不欲言变事皆证它如爰书敢言之▨　　27.21A、B

7 ▨敞后不欲言变事爰书谊数召根不肯见谊根且▨　　46.23

8 ▨□□□□□敞后不欲言变事爰书□白谊所令□□□□▨　46.26

9 ▨□□□数反欲言即来言不欲言▨　　46.28

10 ▨□送府君尉当听受敞欲言▨　　123.8

11 ▨□□也君即以根不信前居延还根等▨　　133.26

12 ▨敞欲言变事▨　　123.47

13 ▨敞辞曰初欲言候击敞数十下胁恿不耐言▨　　123.58

14 ▨坐之根意恐□谓充白根今王敞▨　　123.61

不过上述简文的字体和笔迹的情况却显得比较复杂,有的简文用恭谨的隶体书写,有的则用隶体草书或草体书写,字形有大有小,并不整齐划一。其原因可能有二:第一种可能,这些简文虽均属同一册书,但因或出自不同的书写人员之手,或因书写的时间有先有后,或者属于起草的草稿和正式文本的区别。第二种可能,它们不属于同一册书,而是分属于内容有关联的不同册书。究竟属于哪种可能,或者二者兼而有之,目前尚无法准确判断。

根据此残册及其他相关简文的考察可知,汉代命令各级地方官吏及时听受上言变事,并向朝廷直至皇帝火速报告,不得停留和阻难,即使所属部吏平时没有人上言变事,亦当定期向上级官府汇报。

贯穿此册书的中心内容和最终目的在于说明"谊不留难敞变事满半日",而与此事件有关的人共九名。"留难"意即停留阻难,亦谓于事故意作梗,无理阻挠。整个册书的内容梗概大体是这样的:候长王敞初本欲向甲渠鄣候谊上言变事,但当谊先是使甲渠守塞尉"万留受",后又复使甲渠属吏令史根、尉史强去召唤和"听受",往返多次,敞仍不欲言变事,其原因根据王敞的说法,他当初本欲上言变事,但因遭到甲渠候谊的笞击,两胁疼痛不能再言变事,但据令史根所言,谊之所以"击敞数十下",是由于敞初欲上言变事,后又不欲言变事,现在又欲言变事,前后出尔反尔导致的,未知孰是,不过从册书的文例来看,当属于爰书。

根据册书中所涉及的人物信息,参照相关简牍资料,可以推知此册书制作的大体年代,上限不会早于元帝永光五年(前39)正月以前,下限不会晚到成帝阳朔三年(前22)九月癸亥朔壬午(二十日)以后。这一点,和册书出土的破城子第五十一、五十二探方中的有明确纪年的简,正好也是元帝和成帝时期的占绝大多数完全吻合。甲渠候官制作这份册书,是为了向上级机关居延都尉府汇报没有留难部吏上言变事的详情,或者是为了请示将部吏送往居延都尉府听受其上言变事,或者两者兼而有之。[1]

关于"元康四年赐给民爵名籍残册",谢先生进行了补充完善:

1□卌三公乘郪京里马丙大故小男丁未丁未丙辰☑　　162.15

---

[1]《新旧居延汉简册书复原举隅(续)》,载李学勤主编《简帛研究》第1辑,法律出版社,1993年。

2□卌四公乘郸京里孟幸卒☑　　162.9

3□卌七公乘郸宋里戴通卒故小男丁未丁未丙辰戊寅乙亥癸巳=癸酉令赐各一级丁巳令赐一级　　162.14

4□［五十一］公乘郸池阳里解清老故小男丁未丁未丙辰戊寅乙亥癸=巳癸酉令赐各一级丁巳令赐一级　　162.10

5□五十四公乘郸池阳里陈穗☑　　162.2

6□五十九公乘郸赐里史充☑　　162.17

7☑卒故小男丁未丁未丙辰戊寅乙亥癸巳癸酉令赐各一级丁巳令=赐一级　　162.8

8☑赐里陈义☑　　162.18

9□六十五公乘☑　　162.1

10☑公乘左都里崔黄☑　　162.16

11☑脱毋细卒故小男丁未丁未丙辰戊寅乙亥癸巳癸酉令赐各一=级丁巳令赐一级　　162.13

12☑卒故小男丁未丁未丙辰戊寅乙亥癸巳癸酉令赐各一级丁巳=令赐一级　　162.12

13☑老故小男丁未丁未丙辰戊寅乙亥癸巳癸酉令赐各一级丁巳=令赐一级　　162.7

14☑令赐一级元康四年令　S　出☑　　162.6

15□五十五公乘郸池阳里孙福气☑　　EPT56:324

16☑公乘郸赐里纪宋大☑　　EPT56:321

17☑□丁未丁未丙辰戊寅乙亥癸巳癸酉令赐☑　　EPT56:327

他指出:简1—14是1930—1931年在汉代甲渠候官遗址破城子出土的,简15—17是1973—1974年在破城子出土的,两批简虽然出土时间不同,但出土地点相同,简文内容完全相类,简的质地、形制和简文的笔迹、书写格式等,也都完全相同,因此它们无疑当属于同一册书。遗憾的是,它们仍然不完整,只是一个残册。

对于前 14 枚简文,西嶋定生、鲁惟一、永田英正、陈直等学者曾作过集成研究,但仍有不少没有解决的问题,尤其是 1—6、9、15 诸简第一段的释文及含义,一直存在争议。比如这几枚简的简端第一个字,有的释作“豆”,从而将第一段简文理解为“逗留日数”;有的释作“迹”,从而将第一段简文理解为“日迹日数”。均未安。谢先生不仅结合新旧居延汉简,为此册书补充了 15—17 简,而且纠正了上述各简第一段的释文,辨认出它们均为编号,分别是卌三(简 1)、卌四(简 2)、卌七(简 3)、五十一(简 4)、五十四(简 5)、五十五(简 15)、五十九(简 6)、六十五(简 9)。虽然简端第一个字还无法确认,但它和紧随其后的数字所组成的第一段简文的意义,则非常清楚了,即它们合在一起,起一个编号的作用,说明整个赐给民爵名籍的顺序。由此,此简册的简序也可按编号作相应的调整。[1]

谢先生的散简册书复原研究,尤其是打破出土时间的限制,将出土地点相同的新、旧居延汉简结合起来进行册书复原,极大地推动和拓展了这一领域的研究。

[1] 《元康四年赐给民爵名籍残册再释》,载河南大学历史文化学院编《史学新论——祝贺朱绍侯先生 80 华诞》,河南大学出版社,2005 年。

四、简牍与秦汉史研究

谢先生一贯认为,从事简帛研究需要"爬两个坡":第一个坡是"整理坡",把简帛文字内容释读准确,是简帛研究最根本、最关键的前提性工作。第二个坡是"研究坡",即利用整理成果进行研究,达到仅仅利用传世文献所不能达到的高度。因此,谢先生在从事简牍整理释读工作的同时,也注重利用简牍资料对相关历史问题进行研究,并取得了不少突破性的进展。

(一)关于祠社稷问题。谢先生在前人的研究基础上,又从西北汉简中梳理出 42 枚与西北边塞祠社稷活动相关的简文资料,对有关祠社稷的律令,西北边塞祠社稷的实态包括程序、仪式、性质、吉日选择、斋戒、时期、次数、供品、费用等问题,展开了详细讨论。指出西北边塞自都尉府到候官和部以下,虽属屯戍系统,但其祠社稷活动,与郡、县、乡等地方行政系统毫无二致,它是从都尉府到候官、部等各级官署的重要政事活动,属于典型的官社稷。[1]

(二)关于取庸代戍制度。谢先生从敦煌汉简和居延汉简中梳检出 45 条涉及"庸"的简文资料,以往这些简文中的不少文字被误释或者未能释读,比如将"庸"字释作"属"等,从而长期湮灭了其史料价值。谢先生结合相关文献记载,对这些简文的含义、性质、书写格式等进行详细研究,

[1] 《西北汉简所见祠社稷考补》,载卜宪群、杨振红主编《简帛研究二〇〇四》,广西师范大学出版社,2006 年。

指出这些都是与取庸代戍有关的资料。认为以往将这些简文中的“庸”笼统地理解为“庸工”“雇佣”或者“佣工”是不准确的,其确切含义应指取庸代戍,即被雇者代雇主戍边。从简文资料来看,雇主和被雇者绝大多数属于内郡人,且均为同县人。因此,雇主和被雇者必然是分居两地的。雇主应居原籍,而被雇者则应在边陲或为戍卒。根据这些简文资料,可以获知汉代取庸代戍制度的以下实态:第一,西汉时期的取庸代戍,并非孤立的个别的偶然现象,而是作为义务服役制的一种补充,并与之相辅相成的普遍制度。第二,汉代的取庸代戍制度,在籍贯、年龄、爵称、取庸代戍的期限、庸价等诸方面,都有明确的具体规定。第三,汉代取庸代戍制度的出现,乃是效法雇人代役而产生的。不过从简文资料来看,从西汉武帝至东汉光武帝时期,绝大多数戍卒包括田卒、河渠卒等为自行戍边,取庸代戍的仅占极少数,说明整个西汉时期的戍边,义务服役制始终占支配地位,取庸代戍则处于从属地位。不过从这些资料中也可以看到取庸代戍和募兵制有关联的蛛丝马迹。[1]

(三)关于汉代西北屯戍盐政。谢先生从居延汉简、居延新简、武威医简等西北所出简牍中梳检出36条有关汉代西北屯戍盐政的资料,逐一进行解释和考证,并对汉代西北屯戍盐政的若干相关问题包括盐的用途、戍卒的廪盐制度、各级官府对食盐配给的管理、官吏购买食盐等展开探讨。指出盐的用途主要有食用、祭社用、俸禄用和药用;甲渠候官的鄣卒和省卒每月配给食盐三升,按月以鄣为单位直接向甲渠候官领取,甲渠候官所辖各部(候)、燧的戍卒,则以部(候)为单位,派人到甲渠候官领取回

[1] 《汉简和汉代的取庸代戍制度》,载甘肃省文物考古研究所编《秦汉简牍论文集》,甘肃人民出版社,1989年。

来分发给各燧的戍卒,但鄣的属吏不配给食盐,他们可能需用俸钱购买食盐;为了给戍卒供应和配给食盐,从朝廷的大司农至郡、都尉府、候官部(候)、鄣、燧等各级机构,曾建立和施行过一整套行之有效的账簿和文书制度。[1]

(四)关于邸阁问题。谢先生利用居延汉简中所见相关资料,对邸与阁的问题展开研究讨论。指出根据新旧居延汉简的记载可知:第一,汉代西北屯戍地区的邸与阁,都是分别设置的,这和汉魏之间史书和古印中"邸阁"连称迥然不同。第二,从居延汉简的资料来看,"邸"与"阁"均设置于候官所在地。第三,无论"邸"与"阁",每天都派有一名鄣卒或省卒轮流看守,称为"守邸"与"守阁"。这也表明"邸"与"阁"同属于军事重地和要害部门。第四,居延汉简所见之"阁",是存放官府和戍卒私人钱物的处所,所贮藏的物资十分广泛,包括官吏的俸钱、供应各部(候)的书写材料、配给戍卒的食盐、戍卒的私钱和个人布帛、衣履、私橐及其他器物。第五,无论是存入阁中的钱物,抑或取走阁中的钱物,都要履行严格的登记手续,建立了一套非常完备的账簿和管理制度。[2]

(五)关于秋射问题。谢先生从居延汉简中整理出 61 枚有关士吏、候长和烽燧长等属吏每年参加秋射考试和考课的简文,逐一进行考述和研究,揭示了不见于文献记载的汉代秋射制度的若干面向。结论指出:第一,根据简文所见功令第四十五条的规定,凡是担任部、燧两级的主要吏员,包括士吏、候长、烽燧长,均必须参加每年秋季的秋射或秋试射,时间为七月或八月,地点在候官。第二,功令不仅对参加秋射或秋试射的吏员

[1] 《汉简与汉代西北屯戍盐政考述》,《盐业史研究》1994 年第 1 期。

[2] 《居延汉简所见邸与阁》,载中国文物研究所编《出土文献研究》第 3 辑,中华书局,1998 年。

做了规定,而且对秋射时的射程、弩力、发矢数、中帮矢数和赐劳或夺劳日数,均一一做了明确具体的规定。第三,秋射时必须由长吏主持会试,并将参加秋射吏员的所属官署(包括郡、都尉府、候官),本人所任职务、爵位、姓名以及发矢数、中帮矢数一一登记,编制成“秋射名籍”或“射名籍”,作为事后申报和核准赐劳或夺劳的凭证。第四,由候官为其下属参加秋射的吏员,根据都尉府的指示,起草向都尉府报请赐劳或夺劳的“秋射爰书”或“射爰书”,并将“秋射名籍”或“射名籍”作为附件,连同爰书一道呈报给都尉府核准。[1]

(六)关于医药简牍。谢先生撰有《西北边塞散见医药简牍与敦煌医药写本之比较》(含辑录)一文,在介绍中国医药简牍和帛书的出土、研究情况的基础之上,从西北边塞所出各批简牍中辑录出一百余枚散见医药简牍,其内容大体上可以分为两大类。第一类为医方简,第二类为有关戍边吏卒疾病(包括伤亡)的各类行政文书。其中第一类医方简,包括医方、药物账簿和盛药器物等三项。医方简又分为治疗戍边吏卒的人医方和治疗马、牛疾病的兽医方两种。医方简的内容包括方名、病名、症状、药物名、用药剂量、制药和服药方法等。第二类有关戍边吏卒疾病(包括伤亡)的各类行政文书,主要包括病卒名籍、吏病及视事书卷和爰书等。文章还比较了西北边塞散见医药简牍与敦煌医药写本之间的异同。[2]

(七)关于西汉地方行政制度。谢先生在对尹湾汉墓所出《集簿》等行政文书进行标点、逐字逐句考述的基础之上,不仅对部分释文做了订

[1] 《居延简所见秋射及其相关文书考述》,《炎黄春秋》增刊《炎黄文化研究》1998年第5期。

[2] 本文英文版载 Vivienne Lo and Christopher Cullen ed. *Medieval Chinese Medicine: The Dunhuang Medical Manuscripts*, London and New York, Routledge Curzon, 2005.中文版载谢桂华《汉晋简牍论丛》,广西师范大学出版社,2014年。

正,也对相应的职官制度及有关历史问题展开了讨论。认为尹湾汉墓所出《集簿》,和上计簿之间也许存在着某些联系,有的可能构成编制上计簿时的依据和基础资料,甚至可能单独作为报簿和上计簿一道向上呈报,但不应视同为上计簿;《集簿》将乡、里和亭、邮分别列项统计,说明亭、邮与乡、里属于不同性质和不同的行政系统。[1] 谢先生还对尹湾汉墓所出《东海郡吏员簿》的主要内容和学术价值做了逐一考述,并根据相关资料详细讨论了东海郡的吏员设置,包括太守府、都尉府和各县、邑、侯国,以及盐官、铁官所辖吏员的情况。[2]

(八)关于汉初政治制度。谢先生曾对张家山汉简《二年律令》中《贼律》和《秩律》的内容及相关历史问题进行过讨论,他认为从《二年律令》的内容来看,汉初统治者虽然在行政体制方面实行分封诸侯王国和郡县并行的双轨制,但仍然奉行秦朝的法家思想和统治政策,采用军事镇压和严刑酷法来维护中央集权的专制皇权。[3]

五、学术活动组织

谢先生并不是一个只顾埋头做自身研究的书斋型学者,他同时也是一位充满激情和理想的学术活动家和组织者,具有强烈的学科意识,在简

---

[1] 《尹湾汉墓新出〈集簿〉考述》,《中国史研究》1997 年第 2 期;《尹湾汉墓简牍和西汉地方行政制度》,《文物》1997 年第 1 期。

[2] 《尹湾汉墓所见东海郡行政文书考述(上)》,载连云港市博物馆、中国文物研究所编《尹湾汉墓简牍综论》,科学出版社,1999 年。

[3] 《〈二年律令〉所见汉初政治制度》,《郑州大学学报》2002 年第 3 期。

帛学学科建设和推进简帛学的繁荣方面功不可没。

(一)筹备成立中国社会科学院简帛研究中心。谢桂华先生参与筹备并于 1995 年 3 月成立了中国社会科学院简帛研究中心。该中心是一个打破单位和地区界限的、开放性的简帛研究前沿阵地,依托中国社会科学院历史研究所的研究力量,联合国内外同仁共同从事简帛研究。多年来,中心本着"推进学术、加强合作、提高水平"的宗旨,致力于简帛学的学科建设、新出简帛的整理研究以及国内外学者的合作交流,成效显著,得到海内外简帛学界的广泛认同。

(二)参与创办、主编《简帛研究》和《简帛研究译丛》刊物。谢桂华先生参与创办、主编《简帛研究》和《简帛研究译丛》两份简牍帛书研究的专业性刊物。先后出版《简帛研究》一、二、三辑和《简帛研究二〇〇一》《简帛研究二〇〇二、二〇〇三》以及《简帛研究译丛》一、二辑。刊物所收论文体现了当时海内外简帛研究的最高水平,起到了窗口作用,极大地推动了海内外学者的互相学习、互相促进。目前《简帛研究》刊物已经成为简帛研究领域最有影响的专业性刊物之一。

(三)积极推进简帛研究学术著作的出版。谢先生积极谋求推进简帛研究学术著作的出版工作,与广西师范大学出版社合作,推出了"简帛研究丛书"系列,出版大庭脩《汉简研究》(徐世虹译),廖伯源《简牍与制度——尹湾汉墓简牍官文书考证》(增订版),鲁惟一《汉代行政纪录》(于振波、车金花译),永田英正《居延汉简研究》(张学锋译),冨谷至《秦汉刑罚制度研究》(柴生芳译)等著作。目前"简帛研究丛书"系列已改名为"简帛研究文库",继续推出高水平的简帛研究著作,已成为简帛学界标志性的著作出版系列。

(四)与有关单位共同负责筹办大型简帛学国际学术会议,即 1991 年在甘肃兰州召开的“中国简牍学首届国际学术研讨会”和2001年在湖南长沙召开的“百年来简帛发现与研究暨长沙吴简国际学术研讨会”。会议规模空前，世界各地简帛学界的代表人物齐聚一堂，可谓群贤毕至，极大促进了国内外简帛学者之间的交流互动，至今为人称道。

（五）参与发起组织简牍研读活动。多次以中国社会科学院简帛研究中心的名义参与发起组织简牍研读活动，在推进简帛研究的同时，培养更多从事简帛整理与研究的后备力量：1999年至2001年，与清华大学思想文化研究所共同组织了“郭店楚简研读班”；2002年至2004年，与中国文物研究所古文献研究室、中国政法大学法律古籍整理研究所共同发起组织了“张家山汉简研读班”；2005年，与中国人民大学国学院发起组织了“额济纳汉简研读班”。研读活动成效显著，历次均有相关研读成果发表。不少研读班的年轻成员现在已经成长为简帛学领域的生力军。

（六）积极宣传和普及简牍文化知识。谢先生撰写了不少关于简牍资料介绍和简牍研究学术史综述的文章。如他在《中国出土魏晋以后汉文简纸文书概述》[1]一文中，对我国20世纪以来先后出土的魏晋以后汉文简纸文书，包括楼兰和尼雅出土的汉文简纸文书，各地墓葬出土的魏晋以后简牍，长沙走马楼古井出土的三国孙吴简牍等的出土情况、主要内容、价值等逐一做了概述，并对长沙走马楼三国吴简中涉及吏民田家莂、隐核乡界州吏民户口、司法文书的部分简牍释文做了订正，对简牍内容及相关历史问题做了新的解读。他在《初读额济纳汉简》[2]一文中，讨论了额济纳汉简的纪年、特点、内容、价值等问题。相关论文还有《百年简

[1] 载李学勤、谢桂华主编《简帛研究二〇〇一》，广西师范大学出版社，2001年。
[2] 载魏坚主编《额济纳汉简》，广西师范大学出版社，2005年。

帛》(上下)[1]、《秦汉简帛与秦汉史研究》(合撰)[2]、《二十世纪简帛的发现与研究》(合撰)[3]、《栉风沐雨成就斐然——50年来历史所简帛研究回顾》[4]、《回顾与前瞻——百年来简帛发展历程及其检讨》[5]等。

(七)积极与海外简帛学者和研究机构建立广泛的合作与联系。谢桂华先生通过参加当时的各项有关简帛研究的国际学术交流活动,积极与海外简帛学者和研究机构建立了广泛的合作与联系。如1989年3月至6月作为中国社会科学院和日本学术振兴会的交换学者,赴日进行为期3个月的学术交流和访问;1992年应日本关西大学东西学术研究所所长大庭脩教授的邀请,出席在大阪举行的汉简研究国际讨论会;1999年11月,应韩国古代史学会会长、庆北人文大学史学科教授、博物馆馆长朱甫暾的邀请,出席由中、韩、日三国学者参加的有关咸安、城山山城木简的国际学术会议,发表题为《中国出土的魏晋以后简纸文书概述》的学术论文;同年12月,赴台北参加台湾中国文化大学文学院史学系主办的第一届简帛学术讨论会,发表题为《〈居延新简补编〉释文补正举隅》的学术论文,会后应邀到"中研院"史语所进行了一周的学术访问和交流;2000年7月,受古克礼教授和罗维前博士的邀请,赴英国伦敦大学亚非学院,参加敦煌医药写本课题的合作研究,以及敦煌医药写本国际学术研讨会,提交论文《西北边塞散见医药简牍与敦煌医药写本之比较》,在剑桥李约瑟研

[1] 载《文史知识》1999年第8、9期。

[2] 载日本国中国史学会编《中国史学》第十卷,2000年。

[3] 载《历史研究》2003年第6期。

[4] 载中国社会科学院历史研究所编《求真务实五十载:历史研究所同仁述往(1954—2004)》,中国社会科学出版社,2004年。

[5] 载长沙市文物考古研究所编《长沙三国吴简暨百年来简帛发现与研究国际学术研讨会论文集》,中华书局,2005年。

究所作了题为“陵阳子解题”的学术演讲；同年9月受日本京都大学人文科学研究所富谷至教授的邀请，赴日本共同研究三国吴简和三国碑帖等文献资料。正是通过这些学术交流活动，他的简牍研究水平和成果为海外同行所了解和认可，他也以此为契机与海外简帛学者和研究机构建立了广泛的合作与联系。

六、简帛学理论方法探索

简牍学，包括帛书，或称简帛学，是20世纪初兴起的一门学问，至今已有一百余年的历史。百余年来，简帛学的理论方法在广大简帛学者的整理研究实践中不断得到丰富和发展，谢桂华先生即是其中比较突出的一位。谢先生在简帛学理论方法方面的探索，主要体现在如下三个方面：

（一）重视简牍释文校订。谢先生自1978年起，长期工作在简牍整理一线，深感简牍文字释读的重要性，因此一直非常重视和反复强调简牍释文的准确性，他说：“文字释读准确，内容理解无误，研究结论才可靠。”（谢桂华《百年来的简帛发现与简帛学研究》，《光明日报》2019年9月4日）在这方面，谢先生身体力行，在80年代初那样技术条件简陋的年代，凭着眼力，手工翻查，在对劳榦著《居延汉简考释·释文之部》（1943年，1960年台北重订）、中国社会科学院考古所编著的《居延汉简甲编》（1959年）和《居延汉简甲乙编》（1980年）等三个版本进行反复研读比对的基础之上，与李均明、朱国炤等先生完成了对1930年代出土的居延汉简的释文校订，出版了新的释文本即《居延汉简释文合校》（文物出版社1987

年)。合校本自出版以来,即以其准确性、权威性、便利性受到学界的广泛认同和欢迎,被视为兼具学术价值与工具书使用价值的著作,从而全面取代了以往各家释文,成为居延汉简最权威的释文本。此后,这一方法,不仅在谢先生的汉简整理中得以继续使用和发挥,呈现在发表的一系列释文校订的文章中,同时在学术界产生了广泛的影响,被奉为这一领域的典范和圭臬,得到继承和发扬,如《张家山汉墓竹简[二四七号墓]》(释文修订本)、《额济纳汉简释文校本》(文物出版社 2007 年)、《敦煌马圈湾汉简集释》、《居延新简集释》、《秦简牍合集》(释文修订本)等的出版,无一不是受到《居延汉简释文合校》的影响。80 年代以来学界重视简牍释文再整理这一传统的开先河者,无疑应是谢桂华先生及其所著的《居延汉简释文合校》,今天,这一方法已成为简帛学理论方法的重要组成部分。

(二)关注散简册书复原。李学勤先生在给谢先生《汉晋简牍论丛》一书所作《序》中指出:“他的多数论文是以简牍文书为主题,又可看出他在促进简牍文书研究成为简牍学一个独立分支方面所做出的贡献。”(广西师范大学出版社 2014 年)而在简牍文书研究中最突出的,莫过于谢先生所力倡和躬行的散简册书复原工作。谢先生常说:“残简碎帛的拼合与简册的复原,可以化腐朽为神奇,使无法利用的只言片语成为一句或一段有价值的资料。”(谢桂华《百年来的简帛发现与简帛学研究》,《光明日报》2019 年 9 月 4 日)为此,谢先生在简牍文书研究方面花了大量的精力和时间,他所复原的多件简册,迄今仍是简帛学界学术的典范,利用复原简册所进行的秦汉史研究,其结论多发前人之所未发,言前人之所未言,充分显示出简册复原的神奇和魅力。谢先生在简册复原方面所留给我们的经验、方法和启示,无疑也是今天简帛学理论方法的重要组成部分。

（三）提出简帛研究大体分为基础研究和应用研究之说。谢先生在2001年9月4日《光明日报》史学周刊上所发表的题为《百年来的简帛发现与简帛学的发展》一文中，首次提出简帛研究大体上可分为简帛的基础研究和应用研究两个方面。同时他指出："所谓基础研究主要包括发掘报告、图版、释文、注释、语译、索引、字编、参考文献和论著目录等。而应用研究主要是应用新发现的简帛资料（包括简帛文字资料、实物以及器物、遗址、墓葬等），结合传世典籍研究当时的政治、法律、经济、军事、文化乃至科技、民族关系、中外关系、语言、文字、书法等各个方面。前者是前提，后者是归宿，两者相辅相成，互相促进。"这是谢先生在庆祝简帛发现与研究100周年之际对百年简帛学发展史所作的最系统、最深入、最概括的总结，深涵丰富的简帛学理论信息，在简帛学界引起了强烈争鸣。高敏先生2002年4月30日在《光明日报》以《简牍研究与简牍学刍议》为题，就简牍研究与系统科学的简牍学内涵及关系与谢桂华先生商榷。这次讨论极大推进了新世纪简帛学理论的探索、丰富和完善，因此，谢桂华先生相关学说的提出，在简帛学理论建设上的价值和意义，是怎么估量都不为过的。

谢先生离我们而去，如今已有十多个年头了，但无论是他的学生还是他的同行，对他的怀念之情却随着时间的流逝而愈加强烈和深切。先生的一生，无愧于一个简牍学家的称号，虽然跟同时代的一些简牍学家相比，谢先生的著述并不算宏富，但均以扎实严谨见长，经得起时间的检验。无论是他的简牍整理与研究成就，还是学科建设贡献，在简牍学发展史上都不会被忽视和遗忘。

附记：本文原刊于中国社会科学院历史研究所编《求真务实六十

载——历史研究所同仁述往》(中国社会科学出版社,2014 年),收入本书时,首都师范大学历史学院的蔡万进先生做了诸多重要的补充与修改,特此谨致谢忱!

根植研究实践，推进简帛学理论构建

——“第三届简帛学的理论与实践学术研讨会”述要

郭晴　王风利

（首都师范大学历史学院 北京 100089）

2018 年 9 月 21—22 日，由首都师范大学历史学院、中国社会科学院简帛研究中心共同举办的“第三届简帛学的理论与实践学术研讨会”在北京召开。来自中国社会科学院、故宫博物院、中国文化遗产研究院、北京大学、清华大学、北京师范大学、中国人民大学、中国政法大学、北京语言大学、首都师范大学、湖南大学、武汉大学、山东大学、西南大学、郑州大学、浙江师范大学、石家庄学院、兰州城市学院、甘肃简牍博物馆、长沙简牍博物馆、台北“中研院”、《中国史研究动态》编辑部、《郑州大学学报》编辑部、《首都师范大学学报》编辑部、中国人民大学报刊资料中心等全国二十余所高等院校、文博机构、科研院所和学术期刊的五十余位专家学者参加了本次会议。

此次会议是继首届、第二届之后再次召开的专注于简帛学理论探讨的学术会议。首届简帛学的理论与实践学术研讨会，于 2015 年 11 月由首都师范大学历史学院主办召开,会后组织了"简帛学理论的总结与创新"笔谈;第二届研讨会于2016年11月由首都师范大学历史学院与中国社会科学院简帛研究中心共同举办,会前组织了"国际简帛学体系的构建"笔谈。本次学术研讨会是为"第三届简帛学的理论与实践学术研讨会",承继了既往两次会议的组织模式,针对会议有关主题,于会前组织"笔谈",进而举办会议以开展深入研讨,会议共收到与会专家学者提交的学术论文39篇。

本次会议为期一天。开幕式上,首都师范大学历史学院刘乐贤教授、中国社会科学院简帛研究中心邬文玲研究员、《郑州大学学报》编辑部陈朝云教授分别致辞,表达了努力为简帛学理论建设搭建学术交流平台的意愿;闭幕式上,中国社会科学院历史研究所所长卜宪群先生通过回顾国内外一百多年来简帛学的研究历程,指出了简帛学在理论与学科体系建设中的不足与问题,强调当今推动简帛学理论与学科体系建设的必要性,同时充分肯定三次"简帛学的理论与实践学术研讨会"取得的丰硕成果以及在推动简帛学理论研究方面的贡献,对今后简帛学理论与学科体系建设的前景作出了深切的展望。与会学者围绕"简帛整理的理论与实践""简帛学史的理论总结与研究"和"新出简帛研究"等议题展开了热烈而深入的讨论,分享了各自的研究收获与学术思想。

自1901年新疆尼雅遗址近代第一枚汉晋简牍实物发现至今,出土简帛整理工作已走过了一个多世纪的历程,百余年来丰富的出土简帛整理实践,需要我们进行理论上的总结与反思。为此,会议主办方与《郑州大学学报》编辑部策划组织并刊出了一组以"出土简帛整理的理论与实践"为主题的笔谈。研讨会上,蔡万进教授详细说明了编写该组笔谈的初衷,认为笔谈所涉及的简帛资料几乎涵盖了整个简帛时代,代表了目前学界对于出土简帛整理的最前沿认识。笔谈共由五篇文章组成。蔡万进《出土简帛整理的若干理论问题》对出土简牍整理的理论做了系统的总结,文章结合出土简帛自身文物、文字、文献、史料的多重属性与特征,从简帛整理的实践出发,认为出土简帛整理一般要经过三个基本过程与八个基本环节,同时将出土简帛整理划归于传统文献学的范畴之中,并指出未来出土简帛的整理具有标准化、数字化、科技化、协同化、国际化等五个发展趋势。刘国忠《流散简帛资料的整理及其学术价值》肯定了流散简的学术价值,并以清华简为例,具体分析了流散简帛的整理方法,认为当前通过整理流散简帛资料而总结出来的简帛整理方法,相比以往的简帛整理工作而言有了显著提高,而这主要有赖于新兴的科技手段和各类简帛信息的综合利用。刘国胜等《楚地出土战国秦汉简牍再整理的学术反思》结合楚地战国、秦汉简牍再整理的实践,对简帛的再整理现象进行了理论总结与深化,重点强调了初始整理的基础信息和红外线影像的摄取在简帛再整理中的重要作用与地位。张德芳《西北汉简整理的历史回顾及启示》通过追忆西北汉简整理的历史,阐释了不同历史阶段不同的简牍整理过程,总结了西北汉简整理的八个启示,即“科学规范的发掘、标准化的编号、全部信息的完整采集、清晰的照片、准确的释文和适当的注释、科学的排版印制、发掘报告的及时公布、数字化工作的加强”。宋少华《关于长沙走马楼吴简前期整理方法的观察与思考》比较了甘肃肩水金关汉简、湖北江陵张家山汉简、清华大学藏战国竹简、北京大学藏秦简牍等四个不同历史时期、不同出土地点、不同来源、不同保存状态的简牍的前期整理方法,指出我国简牍的前期整理方法呈现“不断的精细化、规范化、程序化、数字化”的趋势;同时,通过回顾总结走马楼吴简前期的整理方法,阐释了吴简揭剥图及吴简考古信息的提取和保留在吴简整理与研究实践中的重要作用,充分肯定了考古学理论和方法在简牍整理中的作用;此外,强调侯旭东与凌文超等提出的"充分利用考古学整理信息和简牍自身信息的研究思路和实践"是今后吴简研究的一个重要途径。

其他与会学者围绕该主题进一步深入讨论。邢义田《台北"中研院"史语所藏居延汉简整理介绍》向我们展示了台北"中研院"史语所藏部分未经公布的简牍旧照以及简牍的流转历程,介绍了自 1988 年简牍整理小组成立以来,史语所藏居延汉简的整理过程及相关成果,为该方面的研究提供了丰富的资料和方法。胡东波《简牍类文物的实验室考古》通过介绍北京大学秦简实验室的考古工作,展示了实验室考古的相关内容与简牍类实验室考古的特殊性。侯旭东《西北出土汉代文书简册的排列与复原》利用新刊布的材料对汉代文书简册的排列制度进行探讨,揭示了文书类简册"左←右构造"的书写与排列方式,同时对甲渠候官 F22 出土的"建武五年迁补牒"与"建武五年以来令秋祠社稷府书"以及同出该房址的三件"除书"简册进行了再整理。李均明《简牍文书的三大类型》梳理了简帛文书分类的相关理论,依据出土状态将简牍文书分为城郭烽燧驿站遗址出土的简牍、古井窖出土的简牍、古墓葬出土的简牍三大类型,关注不同种类出土简牍文书的整理及其鲜明特点和规律,指出出土简牍种类最多的当为城郭烽燧驿站遗址,出土简牍数量最多的应是古井窖,而律令类与统计类文书是为古墓葬中最具有特色的出土简牍。刘绍刚对蔡万进关于简牍整理八个环节的讨论进行了补充,指出八个环节之外,还需增加"资料采集"环节,即对简牍脱色前和脱色后进行彩色拍照、红外扫描。

简帛学理论体系的构建,离不开学科发展史的总结与回顾。围绕"简帛学史的理论总结与研究"议题,与会学者展开了热烈讨论。戴卫红《日本、中国学者对韩国木简的研究》简述了日本学者和中国学者对韩国木简的研究历程，详细介绍了李成市、平川南、桥本繁、三上喜孝等日本学者和谢桂华、李均明、杨振红、徐建新、刘乐贤等中国学者研究韩国木简的成果，指出日本学者的研究主要集中于木简的“具体内容及其所反映的东亚简牍文化的交流”，而中国学者的研究则更加注重简牍形制的比较和释文补释，建议中国学术界加强对韩国木简的内容特点、中韩木简对比、东亚简牍文化交流等方面的研究。王素《简牍学的学科归属与理论建构——简牍学的理论与实践断想之一》对简帛学的学科归属提出了相关看法。文章采用“简牍学”概念，总结梳理业内外专家关于简帛学学科归属问题的观点，指出简牍学归属于历史文献学科的合理性，同时提出简牍学理论建设“两步走”的战略设想：第一步是为围绕历史文学理论而构建简牍学理论，第二步是为建立有深度、有体系的简牍学理论进而争取与敦煌学和古文字学鼎足而三。魏德胜《谈谈简帛文书分类和命名的研究》逐一梳理了质日简、遣策简、叶书简等三种简牍文书的分类与定名问题，总结学术界的主流观点与意见，并提出需要进一步探讨的问题。马智全《从简册编绳看汉简册书编联制度》介绍了简册编绳的材质与原则，以及简册编绳所见册书编联方式、册书结构等，同时，通过对编绳尚存的汉简册书进行观察与分析，总结了汉代边塞公文的形制状态，从而进一步加深了我们对汉代简册编联制度的认识。孙闻博《基础与综合：秦简研究的再出发——以陈伟主编〈秦简牍研究〉丛书为中心》认为陈伟主编的《秦简牍研究》丛书兼有梳理秦简牍研究学术史和开展秦简牍综合性研究的双重作用，提出在当下秦简牍整理快速发展的时期，要想立足学术前沿，做出更好的成果贡献学界，就要重视“近年所见基础整理、校核集释、综合研究的秦简牍研究模式”。郭晴《〈汉晋西陲木简汇编〉探析》通过对张凤本人及其所著《汉晋西陲木简汇编》的分析，认为该书虽饱受争议，但确为当时的中国学术界提供了新的研究资料,同时充分肯定了其在简帛学发展史与汉晋历史研究等方面的作用与价值。相关成果深化了简帛学史研究的内容和方面。

新出简帛研究是本次研讨会的又一亮点和重点,相关研究新成果备受与会学者的关注。秦简帛研究方面,袁延胜《里耶秦"邑里"户籍简探析》分析了里耶秦"邑里"户籍简,认为简中所载35户有爵者,应当是秦政府为加强对新占领的楚地的统治,而从秦国故土迁徙来的一批有军功爵之人,"从廿六户"则是上述有爵户的依附者;"一邑二里"中的"一邑"应指乡邑,很可能是都乡邑,"二里"很可能是都乡所辖的高里、阳里。刘自稳《里耶秦简牍中的正背面错置现象——兼谈"牍背"之"背"》梳理了"细目在前发送公文在后"的文书格式在里耶秦简中的适用情况,认为"牍背"可理解为书写该辞例书写面的背面,同时列举《里耶秦简》(壹)(贰)中可能存在的正、背错置简牍,并指出在判断存在簿籍等构件的文书正背面时,以收发文记录和左下角书手的书写位置作为判断依据更为准确。孙兆华、王子今《里耶秦简牍户籍文书妻从夫姓蠡测》认为里耶秦简牍户籍文书所见妻不书姓现象,反映了秦妻从夫姓的社会情形,体现了秦以户人为中心的户籍管理原则,以及出嫁从夫观念在秦边疆地带的普遍流行,同时推测西北汉简与孙吴临湘侯国户籍简牍中的妻不书姓现象,或为里耶秦简牍户籍文书中的妻从夫姓情形延及后世的证明。苏俊林《岳麓秦简〈奏谳文书〉的性质与编成》认为岳麓秦简《奏谳文书》是供基层官吏进行司法实务参考的案例汇编,主要功能在于解决判决案件方面的"疑难",或兼有教导文书写作等功能,并指出岳麓秦简《奏谳文书》是由南郡法官官署最终编制而成的。吴雪飞《岳麓简"人弟子"、"人复子"考——兼谈秦代的依附群体》认为岳麓简中"人弟子""人复子"一类的称谓皆是一种隶属性的身份，与“隶”“私属”“虏”等身份共同属于秦代的依附群体，同时指出在战国至秦代的社会大变动时期，官、私依附群体的形成虽有政治力量的推动，但社会的自发形成仍然是一种不可忽视的重要作用力。田天《北大秦简〈医方杂抄〉与秦汉时代的病方》介绍了北大秦简《医方杂抄》的主要内容，同时通过与马王堆《五十二病方》、周家台《病方及其他》等秦汉病方类文献的对比，详细地讨论了秦汉病方的编辑、传播、文书体例、内部构成变化等问题。王安宇《浅析秦“善度民力”的相关法律与法家治国理念的落实》认为秦“善度民力”的相关法律规定是出于“毋夺农时”的重农考虑，受法家思想的影响，与商鞅“农战”思想密切相关。符奎《五德终始说与司马迁的历史书写——以〈史记〉与岳麓秦简史料矛盾的考辨为中心》注意到《岳麓书院藏秦简（伍）》与《史记·秦始皇本纪》中关于湘山伐木问题的记载存在明显矛盾，从而结合邹衍五德始终说在秦、西汉的传播及实践情况，对二者的史料矛盾进行了考辩，同时在此基础上分析了司马迁的历史观及历史书写特点。宋超《〈岳麓书院藏秦简（伍）〉所见博士制度初探》推断李斯担任秦丞相的时间为秦始皇二十八年第一次东巡返回咸阳后不久，同时利用秦始皇制诏李斯的政令，分析了秦代博士制度创建的过程。王风利《浅析岳麓书院藏秦简所见“某年某月某日以来”简》认为，“某年某月某日以来”是一种令文格式用语，与赦令颁布的日期、律令的适用性密切相关，推断这种令文格式的形成年代不晚于秦王政十三年，另外结合传世文献的记载，论述了岳麓秦简以“某年某月某日”开头的律令简与嬴政在位期间的重大历史事件的关系。

汉简与吴简研究方面，陈侃理《松柏汉牍〈叶书〉考——兼论“叶”“牒”与“世”的关系》对松柏汉牍《叶书》进行了释文修定和释证，阐释了“叶”“牒”“世”三者之间的关系，认为《叶书》木牍应当具有速查年龄的

“工具书”之功用,并推测其内容中大事记录的作用亦当与推算年龄有关。邬文玲《居延汉简“功劳文书”释文补遗》对居延汉简“功劳文书”释文部分提出了新的见解,认为肩水金关汉简 73EJT30:30 与 73EJT30:29 两支简所记功劳数应该是由高到低排列的,其阅读顺序应调整为“73EJT30:30B→73EJT30:30A→73EJT30:29A→73EJT30:29B”。刘乐贤《读肩水金关汉简〈张宣与稚万书〉》通过对简文重新进行句读与训诂,指出张宣此次去信的目的是要派人去稚万处取回此前委托稚万购买的物品,并确认给稚万留下的货款是否够用,此外,根据居延汉简中所见“张宣”之名,推测写信人张宣或为曾在甲渠候官工作的一位戍吏。曾磊《悬泉汉简中的“传信”简》对散见于学者论著中的悬泉“传信”简进行了细致的整理归纳,探讨了传信简的分类、要素、使用事由、编号规则、签发部门、规格制度及传车使用等问题。庄小霞《长沙五一广场东汉简 CWJ1③:285 号木牍文书结构新析》对该文书结构提出了新的看法,认为其结构为“太守府列临湘县第一次上书、太守府第一次问责、太守府列临湘县第二次上书、太守府列贼曹史汤书、太守府第二次问责以及期望”,并对释文句读进行了相应的修定。凌文超《孙吴嘉禾元年品市布入受簿综合整理与研究》对吴简品市布入受莂进行了再整理与细致分析,发现孙吴品市布莂册由若干诸乡“一时簿”套连而成,“一时簿”之内按乡别序时编排品、市布莂,指出孙吴嘉禾元年、二年调布的做法仍然是常税户调形成的前身,品布莂上的缴纳者并非皆为纳税者,品布莂不能直接作为各吏民户缴纳调布的凭证,其所发挥的作用主要是县库与乡之间调布数量的流转和核对。又通过对签署“丞‘义’关”“关丞‘祁’”“丞弁关”的整理与研究,认为这类签署是临湘县丞及其属吏实际参与调布征缴工作的体现,颇具权威性和有效性。熊曲《嘉禾五年贫民贷食米斛数簿研究》通过对走马楼吴简中取禾简及其小结简的整理与分析，发现了临湘县嘉禾五年贫民贷食米斛数簿；又通过对中乡贫民贷食米斛数簿的研究，发现贫民贷食米斛数以2—5斛占绝大多数，且一个乡的贫民比例较低。此外，他还对比了《出禾给贷簿》与《临湘嘉禾五年贫民贷食米斛数簿》，认为两簿书具有相同的制作过程。

秦汉简牍综合研究方面，齐继伟《秦汉"妖言"再认识——基于岳麓简"以不反为反"令的考察》详细解读了岳麓秦简"以不反为反"令，通过对秦与汉唐间妖言案的比照、归纳、总结，指出秦汉"妖言"罪区别于其他言论罪的关键是"对皇帝一姓统治秩序的反逆"，同时，认为秦二世对"诽谤""妖言"律的曲解及滥用在一定程度上加速了秦帝国的灭亡。宋艳萍《秦汉简牍〈日书〉所见"失火"简探析》对秦汉简牍《日书》中所受关注较少的"失火"简进行整理研究，探寻"失火"简中吉凶占辞在传统文献中的历史依据，认为"失火"简占测结果的吉凶正是人们内心的反映，同自古而来人们与火的密切关系有着不可分割的联系。石洋《秦汉时期借贷的期限与收息周期》整理归纳了秦汉时期不同的契约期限和取息周期，分析其存在背景，探讨了借贷期限、收息周期与借贷目的之间的内在联系，并指出在探讨借贷活动时，须留意契券所约定的要素及其与借贷行为的关系。贾丽英《秦汉简牍材料中的司寇》指出里耶秦简"作徒簿"中"三人司寇""男七十二人牢司寇""二人司寇守囚"所言"司寇"是司寇事役，意为监管罪徒，而城旦舂司寇的身份是城旦舂，司寇是监管城旦舂劳役的职事。苗润洁《汉简所见西北地区的自然灾害情况初探》从出土简牍资料入手，论述了汉代西北地区自然灾害的种类、特点及影响。这些简帛研究的具体实践成果，同样为简帛学学科理论的探讨奠定了坚实的基础。

本次研讨会，从议题设置到会议讨论，自始至终贯彻了理论来源于实践的理念认识,坚持了“根植研究实践,推进简帛学理论构建”的原则,相信本次研讨会的召开,以及所讨论的议题和取得的丰富成果,对于推动简帛研究事业的发展、简帛学学科理论的建设,必将产生积极而深远的影响。

东亚简牍文化与历史

——“通过简牍材料看古代东亚史研究国际论坛”综述

尹在硕

（庆北大学史学科 韩国 大邱）

2018 年 12 月 17—20 日，由韩国庆北大学 BK 事业团亚洲研究所主办的“通过简牍材料看古代东亚史研究国际论坛”在韩国济州岛召开，共有来自韩国、中国（大陆、香港、台湾）、日本和德国的 38 名学者与会。此次会议是继 2016 年 12 月 11—13 日香港中文大学中国历史研究中心主办的“简牍与战国秦汉历史：中国简帛学国际论坛 2016”、2017 年 10 月 11—12 日武汉大学主办的“中国简帛学国际论坛 2017 · 新出土战国秦汉简牍研究会议”之后的第三次国际论坛——“中国简帛学国际论坛 2018”，同时亦是中国武汉大学陈伟教授、香港中文大学黎明钊教授、韩国庆北大学尹在硕教授于 2015 年相约，以中国、东亚出土简牍为主题在中国内地、香港、韩国三地轮流合作召开相关国际学术论坛倡议的具体贯彻落实。

本次论坛以“通过简牍材料看古代东亚史研究”为主题，围绕中国出土的战国秦汉简牍与韩国出土木简展开讨论。现将会议成果综述如下。

一、中国出土简牍研究

此次会议共收到与会学者提交的论文38篇,除与朝鲜半岛历史相关的7篇论文外,其余论文的讨论皆以中国出土简牍为中心,研究涉及简牍的文本复原和其所反映之战国秦汉史的诸多方面。

文本复原。此部分的研究以对已公布的简牍释文与异文释义的修订为主。颜世铉《说几组安大简〈诗经〉的异文》强调指出,新近发现且即将公布的安徽大学所藏战国楚简本《诗经》对于《诗》学的研究具有很高的资料价值,同时,文章针对《安大简》本《诗经》中异文的词义提出了诸多创新性意见。张俊民《〈居延汉简(贰)〉释文商榷——简牍文书的再整理》,强调了简牍释文之于简牍研究的重要性,并针对"中央研究院"历史语言研究所简牍整理小组编撰的《居延汉简(贰)》中的20例释文提出了相关意见。文章指出,准确性较高的释文是研究与认识社会问题的基础,简牍整理者与以简牍为基础进行研究的历史学者应当相互合作,共同进步。邬文玲《〈中舨共侍约〉试析》结合出土战国秦汉封泥与器物铭文等资料,考察了江陵凤凰山十号墓出土的《中舨共侍约》木牍,认为木牍中的"贩"字读作"般",并尝试对"般""般长""共侍""约乙未""为舨吏定器物及人"等木牍文字及其含义再作解析。雷海龙《西汉遣册名物考释二则》,一方面认为张家山二百四十七号汉墓遣策第35、37号简的释文"枚杯七"中的"枚"字应当修改为"牧"字,"牧杯"指黑色的杯子,即"墨杯”“黑杯”“漆杯”等；另一方面，指出湖北荆州高台汉墓 M18:35-丁木牍中所载“铊一双”之“铊”应释作意为铜鼎的“钉”。

政治史研究。众所周知，里耶秦简是描述秦代迁陵县行政结构的资料，是目前为止有关秦代地方行政制度研究中最重要的分析对象。藤田胜久《秦代地方官府的信息处理——以里耶秦简“某手”的用法为中心》以里耶秦简中的“某手”用法为中心，考察了秦代地方政府官文书等信息的发送与接收方式，对秦代文书行政的研究颇多启示。刘欣宁《从出土文献论秦汉帝国的文书传递制度》通过对秦汉代官文书传递方式的研究，分析了秦及汉初的“邮行”“县次行”，以及汉代“驿马行”“县次吏马行”“门亭行”“亭行”等用语的意义。上述两篇文章为中国秦代文书行政、秦代地方行政史以及韩日两地出土的官文书木简处理方式等问题的理解研究提供了参考与帮助。马增荣《秦代简牍文书学的个案研究——里耶秦简 9-2283、16-5 和 16-6 三牍的物质形态、文书构成和传递方式》，考察了里耶秦简中 9-2283 简、16-5 简、16-6 简的文书结构与传递方式，究明洞庭郡守发送的这三份文书途经酉阳县、到达迁陵县的过程，以及“折页”的保管方式。吴峻锡《里耶秦简牍的文书形态与正、背面的区别》通过研究里耶秦简中分别记于正面与背面的公文书简牍，指出其中部分内容与一般情况相悖，其记录收信与发信的标题文件记于背面，簿或爰书等添附文件则记于正面，并指出 9-2346 简与 9-2289 简皆属于此种情况。琴载元《里耶秦简所见秦代县吏的调动——以令史的啬夫代理为例》在重新考察里耶秦简中的“某某守”“守丞”中“守”或为“代理”“兼职”意义的同时，分析了自秦始皇二十六年始至秦二世元年止，迁陵县吏员的出任情况，并整理了县级吏员的等级及升转体系。值得一提的是，文章详细考察了无秩吏（令史、令佐，乡佐、乡史，官佐、官史）与有秩吏（啬夫、丞、尉、令、长)二者之间的界定、相互的兼职调动以及晋升的方式,相关研究结果有助于进一步理解秦代地方行政机构的运营方式。

此外,陈松长《岳麓秦简"卒令"小识》认为岳麓秦简中的"卒"是郡中管理文书事务的卒长之史,即"卒史"的略称,而"卒令"则是与官府文书的管理、传送相关的令文,并指出行书律与"卒令"二者或为相辅相成、相互补充之关系。金钟希《秦代县廷狱史的角色和都官廷的治狱功能》通过对岳麓秦简中秦代县的治狱运营特征的考察,讨论了县廷狱史与都官廷的作用、机能、地位。其中,县廷狱史数量的增多与酷刑的实行,正是随着秦朝领土的扩张,秦政府与新地民摩擦矛盾愈演愈烈的结果。唐俊峰《受令简、恒署书、执法:读〈里耶秦简(贰)〉札记三则》,以《里耶秦简(贰)》为分析材料,讨论其中受令简、恒署书和执法三个问题。文章推测,"受令简"应与徭戍有关,但并非券,更像是县发出证明该被征发徭役者的移动,经过官方授权的致书;"恒署"指固定地在原文书添加一些附加讯息;"执法"或为某类官的统称,即中央设于地方、用来执行各种特定职务的御史统称,其执法权限实可延伸至郡。

宋艳萍《从悬泉汉简所见"持节"简看汉代的"持节"制度》关注悬泉汉简所见"持节"简,考察了汉节的渊源、特征以及持节行事的详细内容。文章指出,至迟于西周初期,象征君权的六节制度已然制度化、系统化,时至秦汉,"节"的范围出现缩减,在"节"的形制上,既有对周制的保留传承,亦随着时代的变革而有所变化。孙闻博《玺书考——从光武初"但以玺书发兵"说起》通过对西北汉简中"诏书"与"皇帝玺书"的考察,整理了自秦至唐的玺书用途与变化过程。文章认为,玺书用于发兵、皇帝即位,以及命令指示等国家大事,其规格等级高于一般的诏书、策书、制书,此种制度不仅用于秦汉,延至唐时期亦有所继承。

法制史研究。杨振红《岳麓秦简（伍）有关女子重组家庭的法令与嫪毐之乱》一文分析指出，《岳麓秦简（伍）》第一组001—008号简（秦始皇二十六年十二月戊寅颁布的有关女子重组家庭的法令，笔者简称为“戊寅令”）的编制背景源于嫪毐之乱，文章指出，秦始皇戊寅令中禁止称后夫为假父、前夫与后夫的子嗣不能互称兄弟姐妹、不能将财产赠与后夫的子嗣等内容，反映出无论是社会层面还是经济层面，对后夫的打压都相当严格。与始皇之母私通生下两子的嫪毐被称为秦始皇之假父，戊寅令即是秦始皇为报复其反乱的一种手段。金秉骏《从岳麓秦简律令看秦代诏令的初期整理过程》考察了秦代诏令的整理过程，他指出，经过提案奏请得到皇帝允许而下达至各地的诏书，包含了法令制定的全部过程，但地方官吏的执行却无序无章。地方政府在整理上级下达诏令方面，采用了“及”等虚词相连接，并逐步做了更为详尽的整理修改，以达到成为律令的标准。

经济史研究。王子今《试说居延简文“鲁絮”“襄絮”“堵絮”“彭城糸絮”——汉代衣装史与纺织品消费史的考察》，考察了河西汉简资料中“絮”的用途、种类，以及其在汉代衣装史与纺织品消费史中的意义。文章认为，居延简文所见“鲁絮”“襄絮”“堵絮”“彭城糸絮”等都是寒冷地区所需的纺织品，同时也是一种流通于河西地区纺织品市场的地方品牌，同时强调此种研究对于深化对汉代西北边地生态环境史、汉代纺织史、汉代河西社会生活史以及丝绸之路贸易史认识的重要作用。此外，针对目前秦汉时期经济的相关研究相对薄弱的现状，文章亦提出了很多重要启示。

社会史研究。王健《“周家台祠先农简”所见秦代乡民私祀现象》，通过对周家台秦墓祠先农简的分析，提出了有关祷辞中先农和农夫的关系、当事人利己求富的祝祷、当事人独祠先农、秦乡民私祠先农的性质及其后世影响等问题的意见。文章指出,秦乡民私祀先农的习俗薪火相传,行之久远,以民俗形态积淀在历史长河之中。这些地方性的民间祭祀,不仅反映了农神崇拜的小传统极其顽强的再生和延续能力,也堪称秦文化遗泽后世的重要遗产,在评估秦文化历史地位时应给予充分的关注。贾丽英《秦汉社会爵制身份与徒隶身份的衔接——庶人》,整理了韩中日学界对于秦汉庶人的来源与身份存在形态、性质的众多研究成果,同时还分析了简牍资料和文献资料。认为秦汉时代身份序列为“爵刑一体”,即爵制身份和徒隶身份共同构成帝国早期的社会身份秩序。作为衔接正身份与负身份的枢纽,“庶人”的存在形态是多样的,如户籍简中的“大男子”“大女子”“小男子”、“名县爵里”文书中的“大男”“大男子”,以及“免妾”“免婢”等身份皆属于庶人。庶人身份是否自由,需根据来源的正、负身份与不同历史时期分别进行考察,不能一概而论。卞殊镇《秦代家族史研究现状与课题》一文,对韩中日学界的秦代家族史研究现状和课题进行了整理分析,特别指出,学界对于秦汉家族经济结构的研究略显不足,需要多加关注。

思想史研究。金庆浩《西汉时期〈论语〉的普及与〈齐论语〉的发现——以海昏侯刘贺墓出土〈论语〉竹简为中心》在强调竹简本《论语》研究重要性的同时,指出1973年河北省定州出土的《论语》、2009年朝鲜平壤贞柏洞出土的《论语》,以及2015年江西南昌海昏侯刘贺墓出土的《论语》,在简牍学、版本学方面的重要性,另外对西汉武帝到成帝时期在中原地区,西北、东南地区以及朝鲜半岛北部形成的儒家文化的思想史、政治史意义进行了深度讨论。

历史地理研究。陈伟《睡虎地汉简〈质日〉所见的地理问题》注意到,湖北云梦睡虎地77号汉墓出土质日简册中有多次记载安陆县名，故而文章针对西汉文帝时期隶属安陆县的乡亭、路里的位置、安陆与南郡的关系等问题提出了相关意见。文章指出，睡虎地汉简中的路里，是墓主越人家室和户籍所在，为秦汉安陆县治，即与今云梦县城部分重合的云梦古城。西汉安陆县下属有五个乡，可推定阳武乡约在今云梦县城至武汉市之间的居中或稍偏东南位置，吴阳、羡乡等则应在云梦县城其他方位的较远地方。质日中的“守府”或“府”，指南郡太守府，江陵是南郡郡治。黎明钊《长沙五一广场东汉简牍探索：商贸活动、水道与陆路交通线》就几枚五一广场东汉简牍所见的商贸活动作讨论。文章认为五一广场东汉文书所示部分商业活动是透过湘江及其支流，以及联系乡里之间水陆路线而进行的。而五一东汉简当中提及的商业活动，以长沙为中心，有至湘南贩卖布帛者，有跨州过郡的商人，溯湘江，过灵渠，可南至苍梧者。

名物研究。李天虹《楚遣册中的幔器》，考察了江陵藤店一号楚墓等楚墓出土遣册记载的“幔器”的意义。她指出，“幔”是指蒙覆器物的巾幎，以巾蒙覆器物，故而“幔器”取名于器物及其所盛放物品的封存方式；包山二号楚墓出土的陶罐等器物上的绢巾或丝帛即幔器的实物。汪雪《包山简“蒿(祭)之”献疑》将包山卜筮祭祷简中出现的“蒿之”“蒿祭之”与中山王墓出土的妤壶铭文进行比较联系，指出“蒿”或为取蒿草祭祀先王，而简文中蒿(祭)的对象东陵连嚣和兄弟无后者，皆可认为是祭祀发起者的亲属。刘国胜《秦汉简牍中的“秫米”考》整理了秦汉简牍中与“秫米”相关的简文，提出我们或可认为“秫米”即为“黍米”，同时，将“秫米”“黍米”“即米”“道米”“秫粟”“秫稻”等进行了比较与联系。

其他研究。谢伟杰《汉帝国缘边与内部的“游离群体”——兼论秦汉帝国天下观的想像与现实》，指出了秦汉帝国天下观在现实中的局限性，考察了秦汉帝国的性质。秦汉帝国从外表上来看虽然维持了天下一统,但实际上摆脱了帝国支配秩序和文化的“游离群体”已经出现于帝国内外。对这些“游离群体”的研究,一方面有助于我们了解帝国对境内外流动群体的管理与应对,另一方面也昭示着帝国边缘控制力量的盈缩和边缘不安定因素的蠢蠢欲动。

简帛学研究。鲁家亮《战国秦汉简牍文献中简首涂黑源流考——从岳麓秦简(伍)118号简中的“江”字说起》对战国秦汉时期所谓简首涂黑的内涵和源流进行了梳理。文章提出,秦代将简首涂黑称为“江(杠)其上”,即在上方划横杠,故而应当称为墨横或墨杠。分隔与标识作为墨横(或墨杠)的两个基本功能,自战国简中即已使用,至秦汉简牍中,其标识功能得到了加强。黄浩波《蒲封:秦汉时期简牍文书的一种封缄方式》考察了简牍的封缄方式。他认为“邮书刺”、官府之间的往来文书主要使用的即是“蒲封”的封缄方式,并推测这是秦时以丼或蒲、蔺等草类缠裹,以枲捆紮来封缄文书以来,为秦汉时期一般文书所惯用的。蔡万进《中国简帛学体系构建新论——兼谈国际简帛学体系构建的可能性》认为,中国简帛学虽历经百年历史,但仍未形成确定的科学体系,为此,以下六个课题当为简帛学体系构建的重点研究内容:一、对简帛学概念、定义和范畴的探讨与界定;二、对简帛学研究理论与方法的总结归纳;三、对出土简帛自身各项制度的研究揭示;四、对出土简帛文字内容本身的研究;五、对出土简帛自身的文物学研究;六、对国际简帛学体系构建的可能性探索。尹在硕《韩国学界秦汉简牍研究的回顾与展望》对2017年韩国学界的秦汉简牍研究论文进行了介绍和点评,他指出为了简牍研究的进一步深化,应当开发新的研究视角和观点,以及新的研究方法。同时强调,秦汉简牍学相关研究不仅限于秦汉史,还能将研究视角和领域拓展至同一时期的朝鲜半岛，乃至日本列岛等东亚历史舞台，也要将简牍学的研究对象扩展至中国以外的包括朝鲜半岛和日本列岛在内的“东亚简牍文化圈”。

二、朝鲜半岛出土木简研究

有关朝鲜半岛出土简牍研究的相关文章共有 7 篇。朱甫暾《韩国出土木简现况与课题》介绍了自 1975 年至今韩国出土的 600 余枚 6—8 世纪的木简之形制、内容以及历史意义，展示了韩国木简出土与研究近况。他指出，目前韩国古代史学界的研究中心逐渐从以往的以文献史书为中心的研究转向以金石文、古文书、木简为中心的研究。而针对韩国木简的出土情况，则提到韩国尚未在坟墓中发现木简或竹简，木简总体数量也与中日两国相距甚遥。但韩国的木简具有日本木简先驱形制的特点，且在韩中日三国汉字文化圈的形成过程中，发挥了重要作用。故而他提出，对汉字文化圈的历史进行进一步研究，更需要今后韩中日三国间的紧密联系，共同探索。

本次论坛上，中国与日本学者对于韩国木简的研究，最为活跃的研究学者当为中国学者戴卫红和日本学者桥木繁。戴卫红《东亚视角下百济部巷制再研究》以东亚视角探讨百济与中国都城六部尉的设置和渊源。2009 年扶余邑陵山里和扶余宫南池出土的木简显示，百济都城内的行政体系为部巷制，与中国中古时期各王朝在洛阳、建康、邺城设置“六部尉”制度有着紧密的联系，“部”的来源或许正与此相关。值得一提的是，文章并非孤立考察东亚各国的历史，而是在认可各国间互相影响的条件下，充分地阅览韩国木简资料,同时全面地分析了与魏晋隋唐行政制度相关的传世文献与出土资料,并结合了韩国学者们的意见,进而丰富研究,补充主旨。桥木繁《东亚世界中韩国木简地位——新罗〈律令〉与咸安城山山城木简》指出,新罗、百济木简填补了中国与日本之间的空白,是研究东亚文化、制度传播途径的重要资料。韩中日在东亚文化的传播中,有着密不可分的联系。文字方面,东亚汉字文化圈中汉字、论语、千字文木简的传播过程以"中国—朝鲜半岛—日本列岛"为顺序;律令制度方面,近期出土于咸安山城、扶余双北里及宫南池的新罗、百济律令木简显示,新罗、百济律令受到了魏晋隋唐时期中国律令制度的影响,而朝鲜半岛受用的中国律令制度,因地制宜,大约在7世纪时传播至古代日本,故而百济的律令制对古代日本的律令制亦影响甚远;木简的形制、用途方面,7世纪的日本木简受到了6世纪韩国木简的影响。以上戴卫红与桥木繁的研究让各界学者再次认识到,古代东亚历史文化以简牍为媒介,相互影响从而得以发展,正确理解东亚历史文化需要韩中日简牍学界的共同研究和学者间的积极交流。

另一方面,李永镐《月城垓子二号木简所见尊称语"足下"考》,结合韩中两国传世文献,将庆州月城垓子出土的2号木简中所见"足下"的表述用法与日本木简中的"足下"进行了比较分析。文中通过对木简中的"足下"与崔致远《桂苑笔耕集》卷十一、《答徐州时溥书》与《三国史记》中出现的"足下"进行分析与联系,指出这一称呼是针对王或高位官僚使用的尊称,此种用法源于中国。此外,除6世纪韩国木简中出现的"足下"外,8世纪的日本木简(天平胜宝元年木简)中亦出现"足下"一词,可见这一尊称也是以"中国—朝鲜半岛—日本列岛"为顺序得以传承的。张德芳《从出土汉简看两汉时期对北部边疆的有效管理——汉简中的乐浪郡》,通过对平壤贞柏洞 364 号墓出土户口簿和官员印章,以及居延地区出土的乐浪相关简牍进行分析,考察了汉朝在朝鲜半岛北部地区乐浪郡的管理方式。文章指出,从西汉经王莽到东汉,都对周边地区包括乐浪郡在内的所有边郡实行了有效管理,这在记载临淮海贼和乐浪辽东之事的居延汉简 33.8 简,以及记载东汉初建武五年大赦诏书中提到乐浪、玄菟的 EPF22:69、67、68 简中皆有所证,而这些简牍资料对韩国乐浪历史研究者而言亦实有大用。

尹龙九《"乐浪郡户口簿"研究 10 年》,对 2006 年朝鲜平壤贞柏洞 364 号坟出土的题为"乐浪郡初元四年县别户口多少□□"的户口簿木牍的发掘现状以及十年间相关研究进行了整理。众所周知,此资料统计了西汉元帝初元四年(前 45)乐浪郡 25 个县的户数、人口数,以及各年度增减状况,分为四个区域记载于上计户口簿,与尹湾《集簿》、松柏《二年西乡户口簿》、天长《东阳县户口簿》的书写格式、内容等皆非常相似。此外,我们可以看出,乐浪郡地区作为汉帝国的边郡之一,与内地郡县一样实施了相同的支配方式,这亦有助于理解乐浪郡作为汉帝国的郡县,是如何维持其固有的社会构造和习惯的。游逸飞《大英博物馆藏乐浪漆耳杯来历考》介绍了目前收藏于大英博物馆的金铜扣漆耳杯"全球流浪"的过程。这一器物制作于东汉初蜀郡工官,后来流入朝鲜半岛,随葬于朝鲜平壤乐浪墓。20 世纪 30 年代被日本人盗掘,1942 年至 1955 年间被日本收藏家收藏。第二次世界大战日本战败后,此物离开日本,1955 年传入英国。

三、关于加强东亚简牍文化圈研究的提议

韩国举行的此次简牍学国际论坛,与在香港、武汉举行的前两次论坛有所不同,此次韩中日三国学者的讨论对象不仅涉及中国出土简牍,还包括朝鲜半岛出土的简牍。由此可见,简牍的研究范围已经从以往以中国简牍为中心扩大至东亚地区,学界突破了过去以传世文献为中心进行古代东亚史研究的局限,把共同享有简牍这一记录文化的古代东亚社会理解为一个历史共同体。

通过相关研究,韩中日三国成为共同拥有以简牍为媒介的历史经验的文化共同体,这些地区可以被归为所谓"东亚简牍文化圈"的范畴。始于中国春秋战国、秦汉时代的以简牍为中心的记录文化,在公元前 1—2 世纪传入朝鲜半岛中北部的乐浪地区进而传播至朝鲜半岛南部地域。落脚朝鲜半岛的木简记录文化在 7 世纪前后传播至日本列岛,直到公元 9 世纪为止,木简与纸张共同成为重要的记录手段。

由此看来,朝鲜半岛作为东亚简牍文化圈的中转地,意义重大。但截至目前,朝鲜半岛发掘出土的三国时代木简数量仅为 700 枚左右,与中国的 40—50 万枚和日本的约 40 万枚相差甚远。日本列岛出土的木简绝大多数是公元 8—9 世纪的产物,朝鲜半岛的木简则约至 8 世纪,时间跨度较大。加之,由于乐浪郡户口簿与论语竹简同西汉内地出土的户口簿、论语简牍的内容、形制、书写格式等均有类似,因此,在公元前 108 年设置乐浪郡以后,西汉的简牍文化直接传入朝鲜半岛的历史事实毫无疑问,而乐

浪郡在东亚简牍文化圈的形成过程中,也起到了中转地的核心作用。从20世纪80年代到目前为止,朝鲜平壤共发掘2600余座乐浪古坟,除极少数情况,几乎从未公布汉文字资料,即便是公布的部分,其内容也相当简略。但这些被公布的包含乐浪地域汉文简牍的资料,不仅有助于韩中古代历史的研究,对于简牍文化圈形成史的研究亦是非常珍贵的资料。为此,今后乐浪地区出土简牍的公布与研究需要更多的努力。

众所周知,越南也曾是古代东亚的重要组成地区,至少于19世纪之前,应当属于汉字文化圈。特别是始自公元前3世纪至公元11世纪止,越南的历史发展与中国历史密切相关,简牍很有可能是主要的记录工具。但时至目下,越南尚未发表发现简牍的考古发掘报告,故而急需韩中日三国与越南历史学界、考古学界的共同调查和合作研究。如果可以共同进行简牍的发掘和研究工作,那么有关东亚简牍文化圈的研究将会取得名副其实的飞跃性进展。

目前世界历史学界的研究正趋向于摆脱一国史的局限,进而走向地域史,面向世界史。在这一过程中,作为人类文明发展的主要因素,有关"softpower"的研究活跃异常。因此,为确定东亚文化的形成与发展过程中出现的历史同质性,我们需要付出努力以将越南的历史纳入东亚地域史范畴。其中,汉字、简牍等东亚记录文化的形成与发展过程中,对越南记录文化的理解是必不可少的,故而迫切需要以历史学和考古学为中心的韩中日学界与越南学界的学术交流。通过相关努力,应对自汉朝以来得以传承的越南汉字资料和简牍等汉文出土资料进行共同研究,进而将此视为确定东亚文化同质性的出发点。更进一步讲,此种以东亚四国同质性历史文化为基础的探讨,或可成为寻找当今东亚共同体相互理解与繁荣的历史正当性的出发点。

韩国木简与日本木简的对话

——“韩日木简学会学术会议”综述

金秉骏

（首尔大学东洋历史系 韩国 首尔）

2019年1月19日，在日本东京市早稻田大学召开了由韩国木简学会、早稻田大学朝鲜文化研究所，以及日本木简学会共同举办的国际学术会议。自20世纪70年代在庆州雁鸭池发现韩国木简以来，韩国木简开始受到韩国学界的关注。后来，1999年以咸安城山山城发现的200余枚木简为主题，在韩国国立金海博物馆召开了国际学术会议，以至于正式开始了有关韩国木简地位的讨论。本次学术会议的主旨在于回顾自1999年以来至今二十年间的研究，促进韩日两国研究学者的对话与交流，故此，大会主题拟定为“韩国木简与日本木简的对话：韩国木简研究二十年”。单看主题便可知，此次会议不同于以往的国际会议，是非常特别的。加之，在迎来韩国木简研究二十年之际，此次会议的会址选择了日本，而不是韩国。一般来讲，都会在本国召开这样的学术会议，这次却选择在日本召开纪念韩国木简研究二十年的活动。可以说，这反映了韩国学界希望直接找到对话的对象，与其进行对话的愿望。

不仅是会议场所，就连此次学术会议的发言者也能反映出会议主办方的良苦用心。此次会议的日程，上午由佐川英治教授（东京大学）进行特别演讲，下午是学术发言的正式日程，共有四位日本学者发言，分别是市大树（大阪大学）、马场基（奈良文化财研究所）、田中史生（早稻田大学）、钟江宏之（学习院大学）。演讲和大会发言全部是日本学者，这一点是非常特别的。在学术会议的日程中，只有四位讨论者是韩国人（尹善泰、崔铅植、金秉骏、权仁翰）。此种会议人员安排的目的在于，韩方学者希望能积极地听取日本学者的“声音”。如果像以往一样，在韩国举办学术会议的话，基本上就是韩国学者夸赞有关韩国木简的研究成果，以及一两位外国学者介绍一下本国木简与韩国木简的相似之处。虽然这种方式也能让各位学者“各出己声”，但很难进行相互间的“对话”。为促进真正的对话，就要了解对方是如何理解的，也就是说，首先要做的工作便是了解对方是如何理解自己的。为此，我们就要听听日本学者有关韩国木简的意见。特别是日本学者如何定位日本木简与韩国木简的关系，并且如何将这一关系与日本史相联系，在将来研究韩国木简或东亚木简时，无疑都会成为非常重要的启示。

一、日本学者的韩国木简研究

佐川英治（东京大学）先生以题为《以4、5世纪为界限的东亚世界的变化》的讲演拉开了学术会议的序幕。这是为正式开始学术会议日程之前,准备的特别演讲。虽然这个讲演与韩日木简没有直接关系,但却介绍了有助于理解韩日木简主要发现时期的时代背景知识。讲演的核心是以公元 383 年中国的淝水之战为分界,从一元中华世界的统一转变为多元中华世界的分裂。这一时期,在中国华北试图重新复兴汉帝国秩序的前秦崩溃,江南的东晋逐渐衰退。这就意味着,在皇帝的一元支配下试图统一华夷的时代已经结束,开始进入了中国与周边世界相互认同,摸索多元世界的分裂时代。虽然在文中未直接言及木简,但提及韩国与日本木简的主要制作时期即 6—8 世纪,文中指出这是进入"认可对方的多元世界"以后的时期。这一主张也是今后木简研究中需要参考的时代因素。就是说,在这种多元化世界中,周边地区寻找自身同一性的倾向更为明显。随之,如果这种自我意识再以文字的形式被表述出来的话,那么,我们就应该关注此种自我意识在韩国与日本木简之中的表现形式。

下午的正式讨论会是由平川南先生的主题讲演拉开帷幕的。平川南先生的讲演题目为《"遇见"韩国木简》,平川南先生 1997 年 2 月在釜山博物馆首次"遇见"展出的韩国木简以后,韩国木简不仅引起了平川南先生的关注,还成为了他一直以来的研究对象。他指出了韩国木简具有古代史研究的史料价值。第一,咸安城山山城荷札木简中所见字体与日本大谷探险队在楼兰发现的《李柏文书》相似,《李柏文书》展示出的是南北朝时期行书的风貌,因此城山山城木简也具有书法史上的重要价值。第二,将新罗雁鸭池木简中所见"犭五脏"与日本平城宫出土木简中记录的鹿肉五脏相联系,将其理解为野猪(豕),并且认为它与雁鸭池一同出土的"加火鱼"一样,都是仪礼中的"牺牲"贡物。第三,百济扶余陵山里阳物形木简与日本难波宫、多贺城出土的阳物形木制品形制特征相同,百济陵山里木简记有"道缘立立立"等字,可看作是有关道祖神信仰的表述,体现了道祖神信仰从朝鲜半岛至日本列岛的发展路线。第四,百济扶余双北里出土的《佐官贷食记》木简与《与帐》题签轴木简的内容与借贷有关,平川南先生还将其与日本奈良县香芝市下田东遗址出土木简的播种、收获日期相联系进行了论述。第五,百济王都出土的荷札木简上记有“那尒波连公”与日本法隆寺墨书铭所见倭人的名称相同。第六,庆州壶杅冢出土的广开土王壶杅底部刻有的图文,以及6—7世纪新罗土器上刻有的“井”字符,也见于日本长野县下神遗址、福岛县御手千轩町遗址出土的相关文物,并认为它们具有去除“厄运”的功能。平川南先生认为庆尚南道昌宁市火旺山城出土的人形木简中所记“龙王开祭”与日本的龙王信仰也是有关系的。第七,庆州皇南洞出土木简的“椋”字,扶余陵山里寺址出土木简的“丑”字,以及罗州伏岩里出土木简的“畠”字,庆州雁鸭池出土木简的“鲍”字,分别被看作是仓库(仓)、水稻(籾)、农田(田)、腌鱼的意思。这些文字都是在中国不使用的文字,韩国造字后转播至日本,被称为“国字”。平川南先生主要是找出韩国木简内容中与日本木简相同的部分,强调指出,之前只被看作是日本木简特征的内容与韩国木简产生了共鸣。

第二位发言者是市大树先生,主题是《从日本7世纪木简看韩国木简》。据题目便可知文章以日本7世纪的木简研究成果为基础,与韩国的咸安城山山城出土木简、月城垓子出土木简进行对比研究。市大树先生认为,咸安城山山城出土木简记载被动员筑城的人们的粮食,即记录稗和麦的荷札木简。围绕其年代,他先介绍了以往两种意见。第一,木简上有官职“上干支”,以551—561年间由“干支”变为“干”为根据,认为是561年以前的木简。第二,与木简一同出土的还有7世纪初的土器,而且新罗在532年不可能在安罗筑城,因此,木简上所见壬子年纪年应是7世纪初。他还阐述了对其中干支变化的意见。认为虽然日本古代的姓出现顺序为“费直—费—直”,但也存在并用期。因此在分析“干支”与“干”的变化时也要考虑并用时期的问题。雁鸭池的纪年中出现的747年丁亥年、751年辛卯年,虽然已经开始使用“载”字,却仍旧使用“年”字。可以看出,市大树先生是站在7世纪初这一时代立场上的。另外,对于编写人或是机关,古代日本的荷札木简在“国—郡—里”的系统里,基本是编制于郡。城山山城木简应该也是编制于“州—郡—城—村”系统中的郡。木简中有关地名、人名、物品的记载情况,记录内容不定,省略较多。这一多样性也常见于日本木简,“日字+地名+人名+税目+品目+数量”为基本形式,但几乎没有完整的例子。木简形式8世纪以后逐渐出现统一趋势,但在之前形式不一,韩国木简的情况也大致相同。

针对月城垓子出土的木简,市大树先生首先进行了月城垓子2号木简的释读工作。令人印象深刻的是,他在尽量利用韩国学者最近的文章的同时,还保留了自己以往的意见。其次,他关注的是属于典型的7世纪上申文书的“某前白”的记载形式,还以2017年出土的新月城垓子木简与日本木简中的相同形式为例进行了介绍。市大树指出,日本7世纪中叶到8世纪初,“前白”木简的特征有:(1)一般将收件人记录在最前面。随着时间的推移,也有将发件人记于开头的例子。(2)一般按照收件人的地位、尊称、官职顺序进行记录。常见“大夫”等一般名词。(3)经常省略发件人,但在文中也有以第一人称的形式登场的场合。(4)几乎不记日期。韩国木简也有类似情况。另外,如在日本古代来自朝鲜半岛的渡来人(移民)负责文书工作,月城垓子木简中所见“文人周公智吉士”的“周公”也被看作是来自中国到新罗的渡来人。最后,他指出,比月城垓子木简时期更早的二圣山城、雁鸭池“前白”木简中记有日期,还按照顺序记有发件人—收件人,而日本木简的“前白”木简跟这些特征不同,与月城垓子木简更为接近,所以日本木简直接起源是6世纪月城垓子木简的可能性较大。市大树先生的发表并未止步于指出韩国木简与日本木简的相似之处,而是将韩国木简的年代、多元化的书写格式、随着时间的推移木简书写格式的变化等韩国木简的特征与日本木简相比较,并进行了深入分析。

第三位发言者是马场基先生,题目为《东亚文字文化中的韩国木简》。如题所示,该文不仅仅在日本木简,而且在包括了中国木简在内的东亚木简范畴内理解韩国木简。首先,从木简的编制方式来看,新罗与百济的木简文化具有一定差异;从文字的传播这一整体层面来看,作者认为中国大陆晋代的文字途经百济传至日本。作者指出,将荷札木简分为楬、付札(签),汉简发展为晋简时,已经出现了楬变为付札的变化。受其影响,日本古代木简中的绝大多数为付札,韩国木简也属于付札。他认为,城山山城木简下端被加工成为尖状,同时同一简上两边有切入口的情况较为特殊,但晋简、日本木简、百济木简上加工成尖状便于插入的形式和两边有切口用于捆绑的形式不见于同一简上。这种木简的形制可能反映新罗木简的特征。

针对日本列岛的地区与时代不同,文字也有所差异的情况,奈良文化财研究所曾系统地对文字进行缜密考订,同时将结果数据化。作者以此为基础,将视野拓宽至整个东亚文字范畴,考察其地域性、时代性动向。作者认为,晋代文字与百济、日本的古代文字相近,与新罗的差异较大。从发展路径来看,晋简—百济简—日本古代简相连贯。他提议,如果说新罗木简的渊源不同于其他,那么朝鲜半岛的木简则是汉代木简的多元化形制通过多种途径传入朝鲜半岛的。

第四个发言者是田中史生先生,题目是《屯仓与韩国木简——倭国史中韩国木简的可能性》。6世纪中期以后,为进行地方支配,以“某コホリ”为单位将渡来人编入户籍,此“コホリ”成为代指屯仓的支配领域的名称,并以此为基础成为郡。此种“コホリ”和屯仓的户籍是由与胆津一样的百济出身者用文字记述整理而来的,因此,户籍制度很有可能受到了百济的影响。他先指出学界已有的意见,即:从7世纪扶余宫南池出土木简和罗州伏岩里出土木简可知,8世纪日本户籍制继承的是五胡十六国、北魏—高句丽—新罗的系统,另一方面,受到亡命日本的百济人影响,西海道型户籍已经成型。随后,田中史生先生指出,6世纪阶段的倭国户籍制度已经受到百济影响的可能性较大,特别是陵山里出土299号百济木简反映出6世纪的百济很可能已经形成了丁的编制与管理。而且,百济出身的王辰尔已具有能用“数录”的文字记述能力,此种“数录”不仅见于陵山里出土“支药儿食米记”木简,还见于利用水系运送物资的新罗城山山城的荷札木简。因此,不仅是王辰尔,从新罗、百济来的渡来人出身的文字记述者也已经在7世纪前半期之前,就被安排在屯仓并从事文字记录。这虽然不能说已经确立了以文字为基础的支配体系,但至少可以知道的是,具有文字记述能力的渡来人已经在日本被安排在运送物资和劳动力征集的管理体系中。

田中史生先生在以往学界意见的基础上,即:日本古代律令支配的核心内容——户籍制度的确立过程中受百济木简影响巨大的观点基础上,认为在6世纪倭国的物资运送与劳动力征集过程中,已经受到了百济与新罗的影响。田中史生先生关注在日本古代律令制度形成之前阶段的编户、造籍问题,认为日本古代律令制度不仅受到了百济木简的影响,甚至也受新罗木简的影响。

第五个发言的是钟江宏之先生,题目是《大宝律令施行过程中日本社会的变容与韩国木简》。日本木简在 701 年实施大宝律令前后的差异显著。第一,大宝令以后,原则上要使用年号,但之前使用的是干支标记法。第二,实施大宝令之前,以“前白”为主的上申文书较为多见,大宝令以后未见此类上申文书。在日本的古代时期的木简与韩国木简中具有类似的特征。第一,日本古代荷札中包括下半部有切口的木简,韩国也出土有类似木简。第二,发现了与“前白”木简类似的表述形式。第三,未使用年号,使用干支纪年法。这些内容都反映出此种木简使用的特征是从朝鲜半岛传播至日本,并在 7 世纪逐渐成型的情况。在实施大宝令的同时,原有木简文化的变化意味着文化习惯的变化,可以说,这是从与朝鲜半岛相同要素较多的朝鲜半岛方式变为中国要素较强的中国方式的变化。钟江宏之先生强调说,到 7 世纪为止的遣隋使与遣唐使并未能引领社会,到那时为止的文化基调都是从朝鲜半岛学习而来的。日本福冈县国分松本遗址出土的户口记录木简从时期上说是早期的御野型,与朝鲜半岛的木简类似。在实施大宝令的同时,开始投入使用西海道型,户籍形制逐渐转换为更接近唐朝的形式。钟江宏之先生认为,虽然不能否定 7 世纪以来通过遣隋使直接学习了中国文明,但整体上还是以学习朝鲜半岛为主,更是以与朝鲜半岛相通的面貌为基调的。

二、韩日木简对话的价值及意义

此次发言大体上可以分为两个部分。一部分是对木简本身的比较,另外一部分是通过相关比较,来深化对于日本古代史的理解。平川南、市大树、马场基的发表都属于前者,田中史生与钟江宏之的发表则属于后者。

第一部分有关木简本身的比较研究主要集中在韩国与日本木简的相似性。第一,确认使用相同的文字或是词语。首先发现于日本木简的被称为"国字"的"丒""畠""鲍"等字也出现于朝鲜半岛,另外,过去"犭"字或是"井"字等文字都被看作是日本的特殊用法,但却都见于韩国木简。第二,集中讨论的不仅仅是文字,还有文书格式也相同的情况,特别是上申文书的收件人与发件人后面记有"前白"的格式,以及附于物品的荷札木简的格式。第三,不仅限于文书的内容,文字形态、木简形制上也发现了两者间的相似性。比如,除阳物形木简以外,荷札木简的形制从楬到付札的过程也有类似性。

以往,这些相似性只被看作是日本木简的特征,但是通过上述内容可知,这些都是在朝鲜半岛逐渐变化后传播至日本列岛的。以往学界的研究中,在中国的实例中难以发现,而多见于日本木简时,便都会被看作是在日本发生的变化,这是因为以前在研究者的研究视野中,忽略了朝鲜半岛的存在。这很可能是因为正式发现韩国木简的时期较晚,数量也很少。随着时间的流逝,虽然数量不多,但却发现了在形制和内容上非常多元化的韩国木简,这大大提高了日本木简中大多数文书格式反映朝鲜半岛出土木简格式的可能性。可以说,此次会议的发言内容再次确认了这一可能性。

就演讲的内容来讲,此次会议并未止步于韩国与日本木简的相似性。由于日本木简的数量与研究成果都呈压倒性优势,因此以日本木简的研究成果为韩国木简研究基础的主张、意见值得参考。例如,有意见指出,日本木简可以根据不同的时期发现“前白”木简书写格式的变化，那么此种变化也可能适用于韩国木简；某一用语并不是在特定的时间点发生瞬间变化，而是在相当长的时间里通过并用逐渐变化的，在考虑到这一事实的时候，就不能轻易断定韩国木简的年代；几乎没有发现荷札木简完整的记录格式，大部分都是省略地名、人名、物品名，内容不一等等。韩国学者应该从这一视角来重新理解韩国城山山城木简。

众所周知，日本木简研究擅长于精确分析与木简相关的所有事项，其中，将木简数据化，并以此为基础分析出更多信息的做法备受关注。在此次发言中，也介绍了运用此种方式精确分析文字本身的成果。分析结果发现了百济木简与新罗木简本身的差异，百济木简与日本木简相衔接的不一致，新罗木简却反映出与日本木简具有相同特征的一面。

第二部分在通过木简理解日本古代史的演讲中，也包含了非常重要的内容。韩日木简的相似性成为重新理解日本古代史的重要契机。韩国学界曾指出，扶余宫南池木简与罗州伏岩里木简中所见户籍制度对 8 世纪的日本户籍制度产生了影响。[1] 此次发言提出了早于 8 世纪的日本，6 世纪的百济就已经开始编制、管理人丁的可能性，即：根据陵山里木简推测，见于城山山城木简的物资运输管理方式，对 6 世纪倭国的物资运输和劳动力征调皆产生了影响。不仅是通过文书内容上的相似性，还通过形制上的相似性指出，大宝律令之前，日本社会的主流文化不是中国文化，而是从朝鲜半岛传入的所谓“朝鲜半岛方式”的文化，此种文化继大宝律令实施之后，又迅速地转变为与唐朝相近的形式。

20 世纪 60 年代以后，日本的古代史研究将派遣遣隋使以后至实施

[1] ［韩］尹善泰：《木简讲述的百济故事》，周留城，2007 年，第 172—180 页。

大宝律令的时期,看作是与中国隋唐进行交流,并接受中国文明的时期。70 年代以后,在留意到东亚世界的情况下,仍旧忽略了朝鲜半岛的重要地位,这是不争的事实。最近,通过中国天圣令的发现,确定了日本飞鸟净御原令与日本大宝律令间的差异。因此,学界已指出很难将日本这一期间看作是遣隋使以来的持续的文明化过程。韩国木简的发现提供了更具体的证据,必将对改变以往学界的观点产生重要影响。如果将 7 世纪看作是通过朝鲜半岛接受文明的时期,那么更进一步讲,8 世纪大宝律令所揭示的国家框架只是将来需要建设的国家规划,反映出必须要达到的目标。[1] 从这一点来讲,此次学会让学界认识到有关韩国木简的研究不仅可以改变韩国古代史,也可以使有关日本古代史的观点产生巨大变化。

三、关于韩中日三国出土简牍研究的期许

此次学术会,日本研究者对韩国木简的内容、格式、字体、形制等多个层面进行了缜密的分析。另外,这次学术会并没有停留在对韩国木简本身的研究,而是灵活运用于对日本古代史的研究;这次学术会不仅仅局限于介绍韩国木简和讨论木简在古代史研究上的意义,同时还对韩国木简与日本木简进行比较研究,这已经超越了单纯日本古代史的领域,进入了在东亚古代史范围内讨论韩国木简意义的阶段。可以说,将此次学术会主题定为韩国木简与日本木简的"对话"是非常恰当的。

---

[1] [韩]李成市:《东アジア》という歴史观》,载《闘争の场としての古代史》,岩波书店,2018 年,第 318 页。

但是,这次学术会也有美中不足之处。整体讨论都集中于韩国与日本两个国家,几乎没有关注中国的木简,多少有些惋惜,但这种情况不仅仅存在于这次学术会。过去韩日木简研究的主要关注点是从中国传来的木简文化在朝鲜半岛与日本列岛是如何变化的。从比较的视角而言,朝鲜半岛和日本列岛木简中呈现出来的不同于典型的中国木简的特征,可以理解为韩国与日本从木简文化的接受者逐渐向使用主体转变过程中产生的正常现象。在此次学术会的发言中指出的韩国与日本木简的相似性中,不少具有与中国不同的特点。例如,两国木简中所见"国"字、"井"字符号等都属于这种情况。还有众多学者们关注的户籍制度,记有"前白"上申文书的格式,荷札木简,以及木简的切口形制等特征,这些毫无疑问都是受到了中国的影响。但是,此次会议的相关发言并未充分地参考相关研究内容,甚至可说其并未言及相关情况。即便是有所言及,有关中国木简的介绍也多仅限于表面的理解。

笔者在这里想指出的是,以前的研究过于将中国木简做典型化的理解。[1] 众所周知,中国出土木简的数量远远超过韩国、日本。时期和地区的不同,会反映出相当多元化的面貌,这是理所当然的事实。但是,这种多元化的面貌被忽视,只以"中国"覆盖。虽然日本木简的数据化研究也反映出地区和时代的差异,但研究却将"日本"看作是一个个体单位。反而,对于朝鲜半岛的木简,过于强调百济与新罗木简的差异。这样做的结果是,中国与日本都具有单一化面貌,朝鲜半岛的木简则可见百济与新

[1] [韩]金秉骏:《乐浪郡的汉字使用与变容》,载《古代东亚的文字交流与疏通》,东北亚历史财团,2011年;[韩]金秉骏:《月城垓子2号木简再读——和中国出土古代行政文书的比较》,载邬文玲、戴卫红主编《简帛研究二〇一九(春夏卷)》,广西师范大学出版社,2019年。

罗间的微小差异。站在日本史的立场来看,百济与新罗在国际关系上大有不同,这并没有从根本上摆脱将王朝看作是个体单位的传统理解方式。

反之,中国的户籍制度、“前白”木简,以及荷札木简等书写格式,木简的形制、字体,都无法断定它们属于单一形态。因此,我不能同意这次会议上有些将中国单纯化的意见。比如,将字体特征分为晋简与百济间的系统和与新罗间的系统等意见,则仍需要充分地讨论分析。

在发现韩国木简以前,学界认为古代日本的历史发展主要是以直接接受中国文明为趋向的。随着韩国木简的发现与出土,朝鲜半岛的作用才凸显出来。但发言中却忽略了从中国开始发展的木简的多元化形制,仅强调了周边国家接受的方面。这可能是因为此次学术会关注的是韩国与日本木简的相遇与对话。就现在来讲,是时候再次强调,只有在同时讨论文化的发源地与传播地两方面情况的前提下,才能准确地描绘出东亚木简文化的整体面貌。因此,在这里就更加期待在 2019 年秋天、2020 年即将召开的包括中国学者的中、韩、日国际学术会议。

中、日、韩三国的木简文化是一个整体,犹如鼎足而立的三足,缺一不可。真可谓:缺一足,鼎不立!